九江统计年鉴

JIUJIANG STATISTICAL YEARBOOK

九 江 市 统 计 局
国家统计局九江调查队

中国统计出版社
China Statistics Press

积石山保安族东乡族撒拉族自治县年鉴

2018

积石山保安族东乡族撒拉族自治县人民政府　主管
积石山保安族东乡族撒拉族自治县志编辑部　主办

黄河水利出版社

《积石山保安族东乡族撒拉族自治县年鉴》（2018）是自治县公开出版的第一部综合年鉴，它全面、客观、系统地记述了2017年全县自然、政治、经济、文化、社会等各个方面的基本情况和取得的主要成就。

本年鉴图文并茂，科学分类，融思想性、科学性、系统性、资料性为一体，为各级领导进行科学决策提供县情依据，为各行各业提供咨询服务，为各界人士了解积石山起到窗口和媒介的作用。

图书在版编目(CIP)数据

积石山保安族东乡族撒拉族自治县年鉴. 2018卷/积石山保安族东乡族撒拉族自治县志编辑部编.—郑州：黄河水利出版社，2019.1
ISBN 978-7-5509-2205-1

Ⅰ. ①积… Ⅱ. ①积… Ⅲ. ①积石山保安族东乡族撒拉族自治县-2018-年鉴 Ⅳ. ①Z524.24

中国版本图书馆CIP数据核字(2018)第246217号

组稿编辑：陶金志　电话：0371-66025273　E-mail：838739632@qq.com

出 版 社：黄河水利出版社
地址：河南省郑州市顺河路黄委会综合楼14层　邮政编码：450003
发行单位：黄河水利出版社
发行部电话：0371-66026940 66020550 66028024 66022620（传真）
E-mail：hhslcbs@126.com
承印单位：河南金雅昌文化传媒有限公司
开本：787mm×1 092mm　1/16
印张：29.75
字数：580千字　印数：1-3 000
版次：2019年1月第1版　印次：2019年1月第1次印刷

定价：286.00元

《积石山保安族东乡族撒拉族自治县年鉴》2018 编纂委员会

主　任：马尚文

副主任：杨光龙　张生炜　马腾海　马锦泽　刘美芬　马力宁

委　员：马　俊　祁永仓　王进伟　魏文忠　祁文学　马　元　马成义
马腾飞　马有录　马占山　沙学英　马金华　周永祥　马正表
马正录　马雪梅　陶学茂　多文芳　杨永礼

《积石山保安族东乡族撒拉族自治县年鉴》2018 编纂人员

主　编：马力宁

副主编：杨永礼

编　辑：石河云　乔　斌　樊小兰　安玉蓉　董　娟　何生梅

编　务：关润芳　张彩虹　豆永霞　马志刚

[序] XU

中共积石山县委书记　马正业

《积石山保安族东乡族撒拉族自治县年鉴（2018）》在县委、县政府的正确领导下，通过省州业务部门的大力指导和全县各级部门文史工作者的辛勤努力，与全县广大干部和各族人民群众见面了，这是全县社会生活和文化建设中的一件大事，值得我们欣喜并庆贺。

2017年，是全县经济社会发展进程中极不平凡的一年。一年来，在州委、州政府的坚强领导下，县委、县政府团结带领全县各族人民，全面学习贯彻党的十九大精神和习近平总书记系列重要讲话精神，认真落实州委“六抓”思路举措，凝聚人心、提振信心、攻坚克难、真抓实干，统筹推进全县各项工作。2017年全县完成国内生产总值15.35亿元，同比增长3.7%；固定资产投资13.36亿元；社会消费品零售总额5.87亿元，增长8.9%；公共财政预算收入1.52亿元，增长13.13%；城镇居民可支配收入18925.6元，增长7.8%；农村居民可支配收入5239.2元，增长9.3%。各项事业得到了长足的发展，呈现出社会稳定、经济发展、宗教和顺、各族人民安居乐业的喜人景象。

2017年，发展思路不断完善，经济社会健康发展，是推进科学发展成效最为显著的一年；项目建设成效明显，特色产业发展势头良好，是县域经济实力提升最快的一年；脱贫攻坚深入推进，富民产业发展壮大，是广大群众普遍得到实惠的一年；基础设施建设有力推进，城乡一体化发展步伐明显加快，是城乡面貌发生重大变化的一年；社会事业全面发展，社会管理不断完善，是社会大局持续稳定的一年；党建整体水平有力提升，党的执政基础不断夯实，是党的建设全面加强的一年。

《积石山保安族东乡族撒拉族自治县年鉴（2018）》是依据国务院《地方志工作条例》和甘肃省《地方志工作规定》，按照省、州要求，全面系统记述2017年以来积石山自然、政治、经济、文化等方面的政府公报性地情资料工具书。编辑出版《积石山保

积石山县人民政府县长　马尚文

安族东乡族撒拉族自治县年鉴（2018）》，对于存史修志，为政府科学决策提供依据，为社会各界了解积石山、认识积石山、投资积石山提供翔实的资料，为开展县情教育和爱国主义教育将起到极其重要的作用。为了全面、客观、准确反映2017年全县各行各业取得的巨大成就和奋斗历程，县志编辑部的各位同志履职尽责，主动作为，加班加点，辛勤劳作，编辑积石山年鉴，在积石山县地方史志工作上又迈出了新的一步，为今后实现一年一鉴常态化打下了坚实的基础。

《积石山保安族东乡族撒拉族自治县年鉴（2018）》认真贯彻党的十九大、习近平系列重要讲话及省州县党代会精神，紧紧围绕全县工作大局，突出重点，展现亮点，真实生动，客观公正地记述了2017年积石山县在改革发展中取得的辉煌成就，全面客观反映了各单位的发展现状，以及重大事件，为今后修志留下了新的第一手资料，同时也为更好地宣传积石山、推介积石山搭建了新的平台。

编辑出版《积石山保安族东乡族撒拉族自治县年鉴（2018）》是一项全新综合的工作，需要方方面面的配合和支持才能完成。万事开头难，编辑人员在摸索中前进，在前进中不断积累经验。但通过本年鉴的编辑，也发现和暴露出了一些问题，主要是：编辑人员、提供撰写资料的人员的业务素质和写作水平还有待进一步提高，资料收集渠道有待进一步拓宽，部分资料不够完善、文字不够流畅、不够优美、数据不够精确等等问题，希望在今后的编辑工作中精益求精、再接再厉，使之完善，真正成为存史、资政、育人的佳作。

中国共产党积石山县第九次代表大会，为我们描绘了聚力精准扶贫，全面建成小康社会的宏伟蓝图，全县人民倍受鼓舞，精神焕发。我们确信，在县委、县政府的正确领导下，坚持不忘初心，继续前进，紧紧依靠和团结带领全县各族人民，凝聚力量，锐意进取，苦干实干，再接再厉，为全面建成小康社会而努力奋斗。

以此为序。

省委书记林铎调研积石山县社会福利院运行情况

省委统战部副部长王玺玉到积石山调研

省委组织部、省农工委领导在积石山调研

省委督察组调研宗教工作 ▸

◂ 省人大领导调研教育情况

省公安厅为郭干乡
大杨家村小学送棉衣 ▸

◀ 省公安厅为柳沟乡袁家村捐赠设备

省农科院专家来县调研指导精准扶贫 ▶

◀ 省人社厅领导调研社区工作

省妇联领导带领经销商扶持妇女刺绣工作

全国工商联领导来积石山调研

厦门市海沧区领导考察积石山县投资环境

州委书记杨元忠、州长马学礼在扶贫村调研

马有信副州长督查十九大安保工作

副州长刘富祯在调研

厦门市海沧区捐赠仪式

县委书记马正业调研“两个共同”示范点

积石山县学习考察团在永靖

县上领导春节慰问医务工作者

甘肃银行慰问环卫工人▸

◂全县项目筹划促进会

国家三类城市评估反馈会现场▸

好村民表彰会

禁毒工作巡视现场

重要会议

ZHONGYAOHUIYI

全省帮扶工作先进事迹报告会现场

县委常委“两学一做”学习会

安委会全体会议现场

省第十三次党代会精神宣讲现场

县委中心学习组一瞥

县城

大河家

居集镇

乩藏镇

大河家物资交流会盛况

大河家新城区

保安腰刀锻制技艺展示

变电所建设

积石山县社会福利院

◀ 大山深处的南部人饮工程

易地搬迁覆盖全县▶

◀ 又一条公路开通了

夏日的乩藏

连褡公路

公路建设一瞥

县城新景

◂ 开学第一天

开学啦 ▸

◂ 初级中学学生在进行防火演练

吹麻滩初级中学的早操

第33届教师节表彰会

国侨办外派教师在积石山

◀ 求知

中国小康牛奶行动在校园▶

◀ 设施完善的积石山县儿童福利院

春节秧歌（一）

春节秧歌（二）

夕阳红晨练队

① 环湖赛（一）
② 环湖赛（二）
③ 环湖赛（三）

农村电影放映工程

牧归

少数民族婚礼一瞥

全县篮球比赛现场

少数民族妇女刺绣艺术

农行杯篮球邀请赛运动员宣誓▸

◂省歌舞团送文化下乡

牛肉拉面培训班一瞥▸

积石山县奇石展

传统的浪山场一角

瀑布滩

手抓羊肉香飘山乡

出土于积石山县的彩陶

出土于积石山县安集乡三坪村的彩陶王

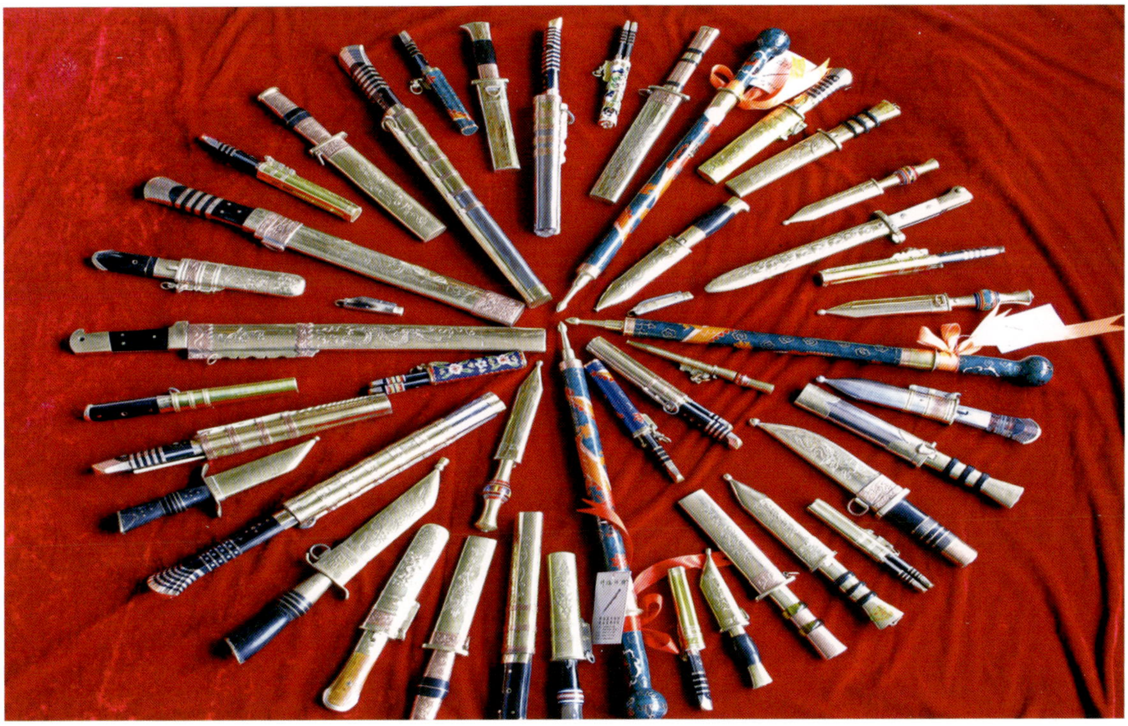

保安腰刀集锦

旱作农业的榜样——银川乡尕洼顶

美丽的洋芋花

丰收图

旱作农业一瞥

安集乡的百合远近闻名

又是一年椒香时

花椒熟了

油菜花飘香的季节到了

积石山县百合

积石山县鸡蛋皮核桃

丰收的景象

乩藏牛羊市场一瞥 ▶

◀农业科技成就展积石山县专场

民营企业家饲养的珍禽 ▶

银川乡的大红袍花椒

梯田建设一瞥

积石山的放蜂人

响水坪牧场一瞥

日光温室▸

◂现代化农业机械在山乡广泛应用

石塬乡三二家的串椒▸

冰川遗址石海公园

彩陶王出土地——三坪遗址

黄草坪风光

崔家峡水库

冬天的积石山野

尕护林秋景

积石春韵

居集狼虎滩牧场

积石景色

铺川湫池

山村晨曦

黄河流经积石山42千米处大河家段

炊烟袅袅绿意浓

黄草坪风光

旅游胜地尕护林通道

环卫工人在黄草坪

樊家峡风光

小积石山麓美丽的草场

秀丽的原野

绿意盎然黄草坪

大禹广场夜景

大禹广场景色

生态旅游是我县的主打品牌

长宁遗址

大墩峡景色

县城所在地吹麻滩全景

吊水峡瀑布

大墩峡冰瀑

大墩峡冰瀑一角

黄河流经大河家

编 写 说 明

一、《积石山保安族东乡族撒拉族自治县年鉴》（2018）为地方年鉴，旨在客观、全面、系统地记述积石山县2017年自然、政治、经济、文化、社会等各个方面的基本情况和取得的重要成就，为各级领导进行科学决策提供县情依据，为各行各业提供咨询服务，为国内外各界人士了解积石山提供窗口和媒介。

二、本年鉴以马克思列宁主义、毛泽东思想、邓小平理论“三个代表”重要思想、科学发展观、习近平新时代中国特色社会主义思想为指导，以中共十一届三中全会以来党的路线、方针、政策为把握观点的依据，运用辩证唯物主义与历史唯物主义的立场、观点、方法，实事求是，与时俱进，存实求真，努力做到客观、公正、准确。

三、本年鉴采用分类编辑法，采用条目体，主要分类目、分目、条目3个层次。条目为主要信息载体和基本的撰写形式，用【】标示。条目下有多项内容的子目加粗标示。

四、本年鉴由照片、专载、大事记、概述、中国共产党积石山县委员会、县人大常委会、县人民政府、政协积石山县委员会、军事、群众团体、综合经济与管理、农业·林果业·畜牧业、水利·电力、交通·邮政·电信、工业信息化·乡镇企业·非公经济、商业贸易、金融·保险、城镇规划与建设·环境保护·旅游、人力资源·民政·民族宗教事务、库区移民·地震服务、扶贫·社会保障·人民生活、公安·司法、教育·卫生计生·科技、文化·体育·广播电视·电影、档案·史志编纂、乡镇概况、人物、附录、编后记30个类目组成。

五、体裁采用述、记、志、传、图、表、录等。年鉴的文体，除“专载”“附录”等外，也采用了语体文、记述体。

六、行文中的统计数据一律采用县统计部门的法定数据，统计部门没有的采用专业部门数据。

七、计量单位名称、符号的使用，按国务院1984年2月27日颁布的《关于在我国实行计量单位的命令》，一律采用中华人民共和国法定计量单位。

八、年鉴资料和初稿主要由各单位、各部门、各乡镇提供，并经其主要领导审签。

九、年鉴入选人物分简介、名录、名表三种形式。人物简介为地方党、政、军正县级以上主要领导，全国党代会、人代会、政协会议代表，省级以上先进人物。人物名表为当年获得州级以上的劳动模范、先进工作者，当年入选省级各类职工劳动竞赛，获得技术比赛一、二、三等奖和在国家各部委举办的自然科学、社会科学的学术交流、研讨会、评审会上的获奖人员。人物名录收录范围为省、州、县级党代会、人代会、政协会代表，当年本地晋升的中级、高级知识分子。

目　录

专　载

大 事 记

概　述

中国共产党积石山县委员会

县委机构设置

重要决策

重要会议

县委办公室

纪检监察工作

组织工作

宣传工作

政法工作

统战工作

机关党建

信访工作

农村工作

保密工作

老干部工作

党校工作

党史工作

老龄工作

县人民代表大会常委会

机构设置

重要会议

主要工作

县人民政府

机构设置

重要会议

主要工作

办公室工作

法制工作

金融办工作

政协积石山县委员会

机构设置

政协会议

主要工作

军　事

人民武装

群众团体

工　会

共　青　团

妇女联合会

工商业联合会

科学技术协会

残疾人联合会

文学艺术界联合会

综合经济与管理

经济计划

国土资源管理

财政管理

担保中心

国家税务管理

地方税务管理

统计管理

农村调查

物价管理

工商行政管理

审计管理

质量技术监督

专卖管理

安全生产管理

食品药品监督

农业·林果业·畜牧业

农　业

农业机械化

林果业

畜牧业

水利·电力

水　利

引水工程

电　力

交通·邮政·电信

交　通

运　政

公路管护

邮　政

电信公司

移动公司

联通公司

工业信息化·乡镇企业·非公经济

工业和信息化工作

乡镇企业

非公经济

商业贸易

商　务

供销合作商业

国营粮食商业

服　务　业

集市贸易

招商引资

金融·保险

金　融

保　险

城镇规划与建设·环境保护·旅游

城镇建设

住房公积金

规　划

环境保护

旅　游

人力资源·民政·民族宗教事务

人力资源工作

就业中心

机构编制

劳务工作

民政工作

民族宗教事务管理

民族工作

宗教工作

伊斯兰教协会

佛教协会

库区移民·地震服务

库区移民

地震服务

扶贫·社会保障·人民生活

扶　贫

社会保障

医疗保险

人民生活

公安·司法

公　安

检　察

审　判

司法行政

教育·卫生计生·科技

教　育

部分学校选介

医疗卫生

部分医院及卫生院选介

科学技术

文化·体育·广播电视·电影

文　化

体　育

广播电视·电影

档案·史志编纂

档　案

县志编纂

乡镇概况

人　物

人物简介

人物名录

附　录

文献法规选编

统计公报

专载

主攻“三个战场”　打赢“三场硬仗”
努力实现全县经济社会事业新发展新突破

——在县委九届五次全体会议上的报告

马正业

（2017年12月21日）

同志们：

现在，我代表县委常委会做工作报告，并就做好2018年工作讲几点意见。

一、关于县委九届四次全会以来县委常委会的工作

县委九届四次全会以来，县委常委会团结带领全县各级党组织和广大干部群众，深入学习宣传贯彻党的十九大精神，坚持以习近平新时代中国特色社会主义思想为指导，埋头苦干，狠抓落实，全力促进县委既定思路举措落地见效。重点抓了以下七个方面的工作。

一是学懂弄通做实党的十九大精神。我们把学习宣传贯彻党的十九大精神作为党性要求和政治责任，深入学习贯彻习近平新时代中国特色社会主义思想，自觉用党的创新理论武装头脑、指导实践、推动工作。全面落实习近平总书记“在学懂弄通做实上下功夫”的要求，县委常委会先后多次集体学习十九大精神和新党章，带头原原本本学、原汁原味学、结合实际学，做到学深学实学透，领会精髓要义，在学上先学一步，在领会上更深一层，为全县各级党组织做出了示范。对所有县级干部、科级党员干部分层分批开展十九大精神集中轮训，共组织辅导讲座11场次。成立6个宣讲团，分系统、分行业、分乡镇村全覆盖宣讲。积极发挥报刊、电视、网络等主流媒体作用，组织开展系列宣讲活动，在全县营造了学习宣传贯彻十九大精神的浓厚氛围。通过深入学习宣传，增强了广大党员干部的“四个意识”和干部群众的“四个自信”，更加坚定了维护党中央权威和贯彻落实十九大精神的思想自觉和行动自觉，切实把思想和行动统一到党的十九大精神上来，不折不扣地确保党的十九大做出的各项战略部署在积石山落地生根。

二是抓细抓实脱贫攻坚“一号工程”。我们始终把脱贫攻坚作为最大政治任务和

“一号工程”，认真贯彻落实习近平总书记在深度贫困地区座谈会上的重要讲话精神，严格按照中央、省州精准扶贫精准脱贫部署要求，大力开展精细精确精微扶贫，脱贫攻坚工作取得了阶段性成效。认真贯彻中办国办《关于支持深度贫困地区脱贫攻坚的实施意见》和省州脱贫攻坚推进会议精神，积极与省州对口衔接，高质量编制了全县脱贫攻坚实施方案，精准绘制出了今后三年全县脱贫攻坚路线图、时间表、任务书，做到了目标清晰、任务明确、措施精准、责任靠实，形成了合力攻坚的行动指南。严格按照“十不算、十不脱”要求，对建档立卡底数进行了再清洗再回退，做到了符合条件的不漏户不漏人的动态化管理。紧紧扭住贫困村基础设施建设和贫困户危房改造这两个关键，整合涉农资金，全力改善贫困村路水房等基础条件。坚持“一户一策、一技一业”的思路，引导群众大力发展林果育苗、草食畜牧、劳务输出、民族民俗用品、文化旅游等富民产业，群众增收门路不断拓宽。经州县层面贫困退出验收，2017年全县脱贫3535户16911人，贫困面由年初的19.34%下降到12.2%。

三是持续推动经济健康快速发展。我们始终牢牢把握稳中求进的工作总基调，全面落实中央、省州稳增长、调结构、促改革、惠民生、防风险各项政策举措，采取一系列止滑稳增措施，倒排工期加快项目建设，促进产业协调发展，有效化解经济下行压力，保持了经济平稳健康快速发展的良好势头。前三季度，全县完成社会生产总值11.32亿元，同比增长3.4%，全州排名第二；社会消费品零售总额4.37亿元，同比增长9.8%，全州排名第二；大口径财政收入1.5亿元，同比增长7.23%，全州排名第五；城镇居民可支配收入13401.2元，同比增长7.4%，全州排名第七；农民人均可支配收入2969.1元，同比增长9.11%，全州排名第五。截至11月底，完成固定资产投资11.44亿元，同比下降50.33%，全州排名第四。近三年来，由于全县上下把扶贫先扶智作为脱贫的根本，通过全方位抓教育，人均受教育程度由6.5年提高到7.1年。认真贯彻落实省州农村“三变”改革和发展村集体经济部署要求，投入1550万元,采取“村集体＋合作社（企业）＋农户”的发展模式，在确定的19个试点村扎实推进农村“三变”改革工作，取得良好成效。

四是大力整治城乡生态环境。我们始终注重生态绿色发展，深入实施“生态立县”战略，加强生态环境保护，巩固深化全域无垃圾示范县创建工作，全面整治城乡环境。探索创新环境卫生企业化管理、市场化运营新模式，迈出了一条政府购买服务、管干分离的环境卫生市场化运作新路子，达到了提高政府行政效能、提升政府公信力、扩大就业门路的多元效应。强化大气污染、水污染、土壤污染治理，全面推行河长制，促进环境改善、生态修复。大力推进“粮改饲”，采取机械化操作、青贮黄贮全贮、揉丝打包等先进方法，秸秆综合利用率明显提升，“变废为宝”。持续整治农村乱搭、乱建、乱倒、乱堆、乱放行为，集中整顿村社周边、沟叉巷道、房前屋后环境卫生，村容村貌明显改观。

五是全力维护社会和谐稳定。我们深入开展民族团结进步创建活动，以民族团结进步宣传月、民族团结进步“十进”活动为载体，筑牢各民族共同团结奋斗、共同繁荣发展的思想基础，积极开展争创民族团结进步示范县工作。认真学习贯彻《宗教事务条例》，强化“三支队伍”能力提升，依法加强宗教事务管理，维护了宗教领域的和睦、和顺、和谐。扎实组织开展“社会矛盾大排查纠纷大化解情绪大疏导法治大宣传”活动，解决了一批涉及面广、社会影响大的矛盾纠纷和信访积案。启动“七五”普法教育，认真开展法律“八进”活动，提高了全民法治意识。建立“九位一体”社会管控体系，加强社会治安综合治理，组织开展禁毒专项整治，严厉打击各类违法犯罪活动，依法惩治“村霸”和宗族恶势力，提升了人民群众的安全感。坚持“党政同责、一岗双责、齐抓共管、失职追责”安全生产责任制，狠抓重点领域安全生产，排查治理安全隐患，保障了人民群众的生命财产安全。持续组织开展“知恩感恩大教育”活动，评选了一批“积石好村民”，唱响党的政策好、勤劳致富光荣的主旋律，传播了正能量，倡导了新风正气。

六是全面推进从严治党。我们按照十九大提出的“始终走在时代前列、人民衷心拥护、勇于自我革命、经得起各种风浪考验、建设朝气蓬勃的马克思主义执政党”的党建目标，加强和改善党的领导，充分发挥了县委总揽全局、协调各方的领导核心作用。始终坚持理论建党，扎实推进“两学一做”学习教育常态化制度化，教育引导广大党员干部牢牢把握新时代中国共产党的历史使命，以习近平新时代中国特色社会主义思想武装头脑，始终在思想上、政治上、行动上同以习近平同志为核心的党中央保持高度一致。强化基层党建基础，今年 3 月底全面完成了村“两委”班子换届选举，发展党员 326 名。近期又开展了软弱涣散村“两委”班子集中整治，整治完成了 21 个组织不健全、战斗力不强的村“两委”班子，有效解决了班子弱、是非多、人心散、村子穷的突出问题。全面落实从严治党主体责任，县委常委会专题研究党风廉政工作，及时研究解决工作中存在的新情况、新问题，积极推进监察体制改革。深入开展廉政警示教育，严格执行党章党规党纪，运用好执纪监督“四种形态”，发挥好巡察利剑作用，构建了不敢腐不能腐不想腐的制度体系。扎实开展“三纠三促”和“两查两保”专项行动，重点整治扶贫资金、项目建设和民生领域的违纪违规问题，保持惩治腐败的高压态势，今年全县共查处违纪违规案件 91 起，给予党政纪处分 113 人，党风政风干部作风明显好转，营造了风清气正的良好政治生态。在党的领导下，人大、政府、政协工作全面推进，群团组织作用有效发挥，双拥共建和国防后备力量建设进一步强化，人才、老干部、关心下一代等工作全面发展，全县上下共谋发展、共奔小康的氛围更加浓厚。

七是及早谋划了明年的扶贫和项目工作。我们坚持早着手、早谋划、早部署，先后多次组织召开脱贫攻坚实施方案编制会，专门召开脱贫攻坚工作和重点项目谋划会，精心谋划扶贫和项目工作。扶贫工作上，围绕脱贫攻坚实施方案精心谋划，突出明年预脱贫的重点村，以点带面、以点促面，关键做好到村到户的事情，确保各项扶贫政策落地见效；项目建设上，以县城建设为龙头，突出基础设施、生态旅游和产业发展，准确把握国家和省州投资导向，扎实做好项目前期工作，积极谋划争取引领带动经济社会发展的大项目，为明年各项工作有序开展奠定坚实基础。

各位委员、同志们，一年来，我们坚持既定的发展思路不动摇，咬定发展目标不放松，持之以恒推进，坚持一张蓝图绘到底，一张蓝图干到底，真抓实干不松劲，用决心、操心和苦心保持了发展的连续性、稳定性和有效性，各项工作蓬勃发展，呈现出蒸蒸日上的喜人态势。今年，我们以精准化的理念推进脱贫攻坚，整合各部门资源，集中财力办大事，探索实施了“特色产业＋技能培训＋安全住房＋扶德扶志＋村容整洁”的精准脱贫工作模式和党支部＋公司（企业、互助社、合作社、协会）＋基地（能人、大户）＋农户（贫困户）＋市场的增收模式，走出了一条符合实际、群众欢迎的脱贫攻坚新路子，我们在脱贫攻坚上所做的工作是突破性的；今年，我们着眼激发贫困群众自我发展的内生动力，在拓展深化“村民知情大会”的基础上，创造性地开展“两户”见面会这一独特做法，使贫困群众在相互交流对比中学习致富经验、找准了致富门路，解决了脱贫的瓶颈制约，“两户”见面会被汪洋副总理批示为“好做法”，我们在打通联系服务群众“最后一千米”上所做的工作是突破性的；今年，我们着眼基础设施滞后的实际，全面实施县城改造，正在建设道路 21 条、景观河 3.2 千米、管网 15 千米，动工建设 58 千米扶贫旅游路，建成了一批公共服务和民生项目，城乡面貌将日新月异，我们在改善民生上所做的工作是突破性的。

各位委员、同志们，一年来，我们坚持发扬“自力更生、艰苦奋斗”的积石精神，心往一处想，劲往一处使，同唱一台戏，共念一本经，汇聚了热爱积石山、发展积石山、建设积石山的强大合力。今年，我们坚持问题导向，大力整治党员干部队伍中的作风痼疾，及时回应群众关切，切实解决了群众反映强烈的热点难点问题，老百姓认可政府、支持党委政府的工作，各级干部为民务实的形象前所未有；今年，四大家和全县各级干部团结协作、和衷共济，一个声音，一门心思抓工作，各级干部舍小家顾大家、甘当公仆的为民情怀前所未有；今年，全县上下始终与县委同频共振、同心同德同向，共谋、共建、共享，我的家乡我建设，在脱贫攻坚、生态建设、教育卫生发展等方面献计献策、捐款捐物、出资出力，各级干部建设美丽家园的精神前所未有；今年，全县广大干部职工不比享受比奉献，不比名利比口碑，用自己的辛苦指数换取群众的幸福指数，各级干部一心为民的品格前所未有。这些成绩的取得，是州委、州政府坚强领导的结果，是四大家精诚团结、真抓实干的结果，更是全县各级干部攻坚克难、埋头苦干的结果。在此，我代表县委常委会班子向大家表示衷心的感谢。

在肯定成绩的同时，我们也应清醒地认识到，工作中还存在一些不足和问题。主要表现在：一是部分单位党员干部“四个意识”树的不牢，政治站位不高，本位主义思想严重，各自为政、资源整合力度不大，工作缺乏创新、安于现状，各项工作长期处于一般化水平、标准质量不高，在有些方面拖了后腿，甚至严重影响了全县整体工作；有些我行我素，不请示、不汇报、不研究，有的虽然汇报了，但存在着今天说、明天变，早上说、下午变，心中无数，不严肃的问题，履职服务慢作为，推进落实低水平，个别单位把上级决策部署当儿戏，工作不讲程序、不规范，工作上不给劲，你告我、我告你，单位乌烟瘴气，职工人心涣散，干不成一样像样的工作。二是部分乡镇干部不注重能力素质，对本职业务不学习、不研究，不能独当一面，缺乏履职尽责、干好本职工作的本领；作风不实，责任心、担当意识不强，对待工作高接低放，糊弄上级，蒙骗群众，工作节奏慢，粗枝大叶，推推拖拖，标准低，质量差。三是部分干部作风漂浮，群众观念和大局意识、政策意识、服务意识、责任意识、公正意识、效率意识不强，对县上的决策部署存疑心、等待观望，执行不力，工作打不开局面、迈不开步子；有些担当意识不强，奉行理由工作法，心中无事、眼中无活，基数不清、对象不准，工作中推拖绕、得过且过，遇到事情踢皮球，遇到难题绕着走，知道装作不知道，报喜不报忧，怕担责，不作为、慢作为，甚至对省州的督查问题既不报、又不改，还说没问题，最后导致成大问题，对重点难点问题研究破解不够，工作说没说头、看没看头，更没有特色亮点，山河不改、面貌依旧，单位的工作处于全州最后一名，脸不红、汗不出。四是部分乡村干部工作不主动，一味地依靠县乡干部干工作，不履行自己的职责，个别村干部不在发展上给劲出力，而是与上级离心离德，打着各自的小算盘，拉帮结派搞山头，煽动群众谋私利，给党委、政府出难题，遇事上交矛盾，一交了之，一个老鼠害一锅汤，带头捣乱、破坏团结、跑风漏气、吃拿卡要，带坏了村风、庄风、民风，等等。这些问题是在发展变化中出现的，也是在作风转变过程中凸显的，我们必须以“钉钉子”的精神正视问题不足，下大力气，花真功夫，认真研究解决，用心、用情、用力抓好各项决策部署落实，真正以解决问题的实效赢得群众的理解和支持。

二、关于2018年工作

2018年是全面贯彻落实党的十九大各项决策部署的重要一年，也是加快脱贫攻坚步伐的关键一年。做好2018年工作，对于推进全面建成小康社会进程、建设幸福美好新积石，具有十分重要的意义。

2018年工作的总体要求是：全面贯彻落实党的十九大精神，统筹推进“五位一体”总体布局，协调推进“四个全面”战略布局，牢固树立和贯彻落实新发展理念，深入贯彻落实省第十三次党代会精神和州委“六抓”思路举措，按照“高举习近平新时代中国特色社会主义思想这一伟大旗帜，坚定不移地主攻‘三个战场’（南部到户到人促脱贫、北部旅游带动强产业、中部县城改造优环境），打赢‘三场硬仗’（脱贫攻坚、旅游开发、县城建设），努力实现全县经济社会事业新发展、新突破”的全县“1332”工作思路，凝心聚力，真抓实干，努力开创全县各项工作的新局面。

预期目标是：生产总值增长9%，固定资产投资增长7%，社会消费品零售总额增长10.5%，一般公共预算收入增长5.5%，农村居民人均可支配收入增长11.5%，城镇居民人均可支配收入增长9%，居民消费价格涨幅控制在州上下达指标以内。村社道路硬化率达到100%，小巷道硬化率达到70%，自来水入户率达到100%。

围绕以上总体要求、预期目标，我们的工作原则是：

——坚持速度与质量并重，把发展的成效体现在稳中求进和好中求快上。

——坚持城镇与乡村并重，把发展的成效体现在城乡一体化上。

——坚持创新与创业并重，把发展的成效体现在增加人民群众的福祉上。

——坚持发展与稳定并重，把发展的成效体现在和谐稳定上。

——坚持规范与效率并重，把发展的成效体现在对外形象上。

2018年，重点抓好以下七个方面的工作：

（一）突出提高政治站位，用习近平新时代中国特色社会主义思想武装头脑

理想信念是魂，政治站位是根。认真学习宣传贯彻党的十九大精神，事关党和国家工作全局，事关中国特色社会主义事业，事关最广大人民根本利益。学习贯彻十九大精神，就要在学懂弄通做实上下功夫，就要旗帜鲜明讲政治，衷心拥护以习近平同志为核心的新一届党中央领导集体，坚决维护习近平总书记在党中央、全党的核心地位，坚决维护以习近平同志为核心的党中央权威和集中统一领导。更加自觉地增强政治意识、大局意识、核心意识、看齐意识，提高政治站位，增强政治能力，不折不扣地贯彻落实党中央决策部署，任何时候任何情况下都做到党中央提倡的坚决响应、党中央决定的坚决执行、党中央禁止的坚决不做，始终在思想上、政治上、行动上同以习近平同志为核心的党中央保持高度一致，把学习贯彻党的十九大精神作为一次党性修炼，作为一堂政治必修课，自觉把心思和精力凝聚到十九大精神上来，自觉做县委决策部署的贯彻者、执行者，自觉与县委同频共振、同心同向同德，提振信心，凝心聚力，鼓足干劲，推进发展。

（二）突出到村到户到人，全力打好脱贫攻坚战

“小康不小康，关键看老乡”。脱贫攻坚始终是最大的政治任务和“一号工程”，是当前最艰巨最繁重的任务，我们必须树牢必胜信念，抢抓历史机遇，全力打好脱贫攻坚战。从2018年贫困村、贫困人口分布看，37个深度贫困村中南部有16个，25个建档立卡贫困村中南部有13个；未脱贫的3.25万人中南部有2.58万人，占全县贫困人口的80%。这充分说明，南部是脱贫的坚中之坚、难中之难，2018年脱贫攻坚拔寨的主战场在南部，抓南部就是抓住了脱贫攻坚的重点，必将带动整体脱贫。我们要紧紧围绕明年脱贫的1.92万贫困人口，下足“绣花”功夫，集中人力、财力、物力、精力，精准精细精微施策，把脱贫攻坚重点措施向南部倾斜，各项到村到户项目要向南部聚焦，抓重点带全局，加快脱贫攻坚进程。

一要确保一个民族都不能掉队。要结合全县多民族的实际，突出保安、东乡、撒拉3个民族，逐村逐户摸清贫困人口，找准制约脱贫的短板不足，重点围绕增收产业、住房安全、上学就医等方面倾斜扶持，精准化帮扶，确保年内保安、东乡、撒拉3个少数民族贫困人口全部脱贫，一个都不能掉队。

二要狠抓重点村脱贫。要突出郭干乡郭干村、中咀岭乡大山村、小关乡大茨滩村等13个建档立卡重点村，紧盯“两不愁、三保障”和贫困村、户脱贫验收标准，全面推进各项

工作，要具体、务实、管用，因村因户因人施策，做到精准滴灌，不大水漫灌，全力实施好到村到户项目，确保重点村达标脱贫。

三要扎实开展“回头看”。对过去实施过整村推进项目的村,要全面开展“回头看”，查普惠政策落实，查基础设施建设，查公共服务质量，全面摸清与脱贫标准的差距，与贫困村同样扶持，缺什么补什么，需要什么解决什么，查漏补缺，迎头赶上。

四要大力培育增收产业。要始终抓住产业增收这个核心，按照脱贫攻坚实施方案确定的产业培育计划，紧扣养殖业、种植业、电商服务、劳务输转、农家乐、家庭作坊等增收产业，采取以奖代补、增设保洁员护林员、农村“三变”改革、发展村集体经济等方式，通过农户自筹、以奖代补、互助分红、企业协会带动、社会帮扶，扶持农户发展增收产业，达到户户有增收渠道、家家有致富产业。

五要激发干部群众内生动力。把帮扶工作当作锻炼干部、提高工作能力的平台，通过有效制度机制和激励措施，激发出干好工作的内生动力，县乡村干部要牢固树立强烈的责任意识、为民情怀，想干、会干、敢干，多为群众办实事好事，帮助贫困户念好家里那本“难念的经”，争当脱贫攻坚的急先锋、为民服务的排头兵。要把扶德扶志作为提振贫困群众信心决心的有力抓手，持续拓展深化“村民知情大会”“两户”见面会做法，村里的事情大家办，公家的事情要公开，让贫困群众在相互学习中增长见识，在互帮互促中增强自我发展的内生动力，摒弃等靠要思想,真正实现“要我脱贫”到“我要脱贫”的转变。

（三）突出县域经济发展，全力打好旅游开发攻坚战

我们要把旅游业作为全县“五大产业”的首位产业来抓，作为拉动县域经济发展的重要动力，抓住生态优势，大力发展旅游产业，积极推动旅游与休闲农业、民族民俗文化等产业融合发展，着力发展县域经济，为实现强县富民提供持久动力。

一要着力提升旅游产业带动作用。按照北部抓旅游的总体布局,围绕“一线两带”(一线，临大公路一线；两带，顺山旅游带和沿黄旅游带）的旅游发展思路，打造旅游发展的框架雏形，建设北部旅游大市场，以蓬勃的旅游业带动县域经济发展。顺山旅游带要以建设扶贫旅游大通道为契机，以大墩峡景区和大墩村特色村寨开发建设为龙头，从南向北，重点发展尕护林、石海冰川遗址、黄草坪、大山庄峡、大墩峡生态观光休闲度假区和民族风情体验区，建设关门段环形旅游路、游客服务中心、观景台、民俗文化村、自驾游营地等旅游基础设施，扶持发展大墩村、关门村乃至大河家片区的乡村农家乐。沿黄旅游带要依托沿黄快速通道（永大一级公路）开发建设，重点发展大河家至三二家黄河风情线，着力打造黄河水上漂流、大禹治水、临津古渡等历史古迹景观，蛋皮核桃等现代农业观光采摘和农家民俗体验，保安腰刀、蛋皮核桃为主的名优产品展销，玉蘭游乐园、山水风光写生基地等旅游项目。要加大旅游招商引资力度，鼓励和引进社会资本参与景区开发，完善各项旅游配套服务设施，依托景区带动周边村庄和农户发展。有关部门要树立大旅游观念，通盘规划，精细运作，积极争取旅游项目，以旅游基础设施

大建设推动旅游业大发展。要提升旅游服务质量，强化景区安全管理，确保游客玩得开心、舒心、放心。

二要大力发展特色优势产业。要紧紧抓住中央、省州政策扶持有利机遇，立足我县产业优势，以壮大集体经济为抓手，深入推进农业供给侧结构性改革，重点在优化区域布局、转变生产方式、延伸产业链条、打造特色品牌上下功夫，着力培育壮大草食畜牧、林果育苗、劳务输出、民族民俗用品等特色产业，为经济发展提供持久动力。要调整种养结构，突出产业化、规模化、标准化，压秋扩经，扩大油菜面积，重点扶持发展中药材、蔬菜、百合等高效作物，引导贫困户发展能繁母畜养殖和蜜蜂养殖。加大“粮改饲”力度，提高秸秆综合利用率；要优化树种布局和品种结构，大力发展核桃、花椒、啤特果等特色经济林，打造特色林果业示范基地，积极推广核桃嫁接技术，稳步扩大花椒、核桃种植面积。扶持兴办花椒籽油、核桃食品加工企业，延伸产业链条；要始终把劳务产业作为群众增收的主导产业，走“企业＋培训＋输出”的链式就业路子，制订技能培训方案，依托国侨办、省建投公司、金川公司、省公安厅等帮扶资源，多渠道举办劳务技能培训班，实现技能培训精准化，提高培训的实效性，全面提升贫困农民就业能力；要突出发展民族刺绣、保安腰刀、彩陶复制品等重点民族民俗用品，推动文化产业发展。

三要着力发展多元经济。要积极发展以城镇为中心，以农村为基地，各种多元经济成分并存的县域经济，用好省上产业扶贫专项贷款，制订好产业扶持规划，加大对非公有制经济的扶持力度。要鼓励群众发展客货运输、家政服务、农家乐等多元非公有制经济，加大农村电商、乡村旅游的扶持力度，发展农村新经济，带动更多贫困户参与新经济，拓展增收渠道。要按照省上“一县一园”的总体规划要求，以积石山经济开发区建设为平台，注重规划，基础先行，产业支撑，提质增效，打造提升吹麻滩工业园区、吹麻滩综合物流园区和大河家经济开发区，实现人流、物流、信息流、资金流的有效匹配，提升人气旺气，扩大城乡就业，促进产城互动、融合发展。

四要稳步推进农村“三变”改革。要把农村“三变”改革作为实施乡村振兴战略、促进农业农村优先发展的具体体现和现实路径，以生态旅游、中药材种植、农产品加工、规模化养殖、特色林果、电子商务等为抓手，创新发展模式，稳步推进农村“三变”改革，让资源变资产、资金变股金、农民变股东。要强化政策宣传，引导更多企业、合作社、农户以各种方式投入到“三变”改革中来，让更多的单位和群众尝到“三变”改革的甜头和好处。19个试点村要在春节前完成试点工作，取得经验，推动明年工作，全县所有行政村明年都要推行农村“三变”改革，培育壮大村集体经济，增强农村集体经济实力，提高村集体引领带动作用。

（四）突出城乡协调发展，全力打好县城建设攻坚战

“人民对美好生活的向往，就是我们的奋斗目标”。老百姓看发展、看变化，最直观的评价是路修好了没、水通了没、房建好了没、钱袋子鼓起来了没、县城靓了没。县城是全县政治经济文化中心，县城建设事关全县发展大局，抓县城建设就是抓县域经济

发展的牛鼻子。我们必须突出县城改造抓项目，把县城建设作为主战场，引领带动全县发展。

一要统筹推进城镇建设。围绕以县城为中心，以名村名镇为支点，抓好小城镇和美丽乡村这两个带的思路，加快推进城乡一体化。要狠抓县城建设这个龙头，按照东延西扩的发展布局，向东延伸到新建的临大高速公路接口，向西扩到尕护林景区，把整个吹麻滩河流域作为县城规划开发建设的大摊子、主战场，突出道路、河道、管网、景观等基础设施建设，加快推进商住楼盘、街道改造、管网铺设、休闲场所、景观河等建设，大力实施县城美化、绿化、亮化、净化工程，完善公共服务体系，提升县城综合功能。住建、环保、林业等单位，要严格把关，搞好服务和监督，统一标准，严密对接，速度和质量共赢，实现扩容增量提质，打造精品优美县城。要以县城建设辐射带动周边重点集镇，重点改造大河家、癿藏、肖红坪、居集、安集、银川等集镇。要重视集镇棚户区改造，全面拆除“三烂”，提升集镇品位，扩大集镇规模；要以重点集镇建设辐射带动美丽乡村建设，重点打造一批脱贫小康示范村，树立样板，典型引领；要以美丽乡村建设推进村容村貌提升工程，改变乡村面貌。

二要全力抓好项目建设。项目建设始终是加快全县发展的强大引擎。要扎实做好项目论证、申报、环评等前期工作，深度谋划争取一批基础设施、公共服务、生态旅游等方面的大项目、好项目。要强化项目组织管理，实行一个项目，一个县级领导，一个牵头单位，一张时间表，由县委各常委、县人大、县政府、县政协县级干部包抓重点项目，一抓到底，四大家主要领导牵头抓总，人人都要抓项目，人人都要扛责任，倒排工期，任务到人，确保重点项目建一个、成一个、见效一个，做到善始善终。确定的新建续建项目，各分管领导要督促牵头部门，在春节前做好一切前期准备工作，明年3月底开工建设。要积极衔接，全力配合省州，搞好临大高速、沿黄快速通道等重大项目及早动工建设的服务工作。

三要注重加强生态建设。深刻汲取祁连山生态环境破坏的问题教训，牢固树立“绿水青山就是金山银山”的理念，坚决做到抓项目、促发展必须坚守生态底线，严格履行生态文明建设政治责任，加快推进生态环境保护、河长制等重点生态工程，着力整治河道采砂、环境卫生和大气、水源、土壤污染，持续推进见缝插绿工程、路旁植树、退耕还林、荒山造林等工作，全面清除陈年垃圾，彻底清除垃圾存量，减少垃圾增量。要着力改善人居环境，持续推进“厕所革命”，改善村容村貌，让更多的农村群众过上像城里人一样清洁干净的生活。相关部门、各乡镇要倾心倾力，保洁公司要更好地发挥作用，全覆盖推行全域卫生保洁，优化城乡环境。

（五）突出“两个共同”示范创建，全力维护和谐稳定

习近平总书记强调，“发展是硬道理，稳定也是硬道理，抓发展、抓稳定两手都要硬”。没有和谐稳定，什么事都干不成。我们要加强社会治理制度建设，完善社会治理体制，提高社会治理水平，全力维护社会大局和谐稳定。

一要严格落实意识形态工作责任制。要自觉承担起抓意识形态工作的政治责任和领

导责任，主动谋划和推动意识形态工作，切实做到守土有责、守土负责、守土尽责。要严格落实意识形态工作责任制，按照中央、省州部署要求，加强对工作和责任落实情况的督促检查，强化考核问责，共同做好意识形态工作。要深入推进社会主义核心价值观宣传教育，用核心价值观引领社会思潮、凝聚社会共识，让主流价值导向成为每一个社会成员的自觉行动。要持续深入推进净化舆论环境专项整治工作，建立健全舆情分析研判、应急管控、回应引导、事件处置等机制，确保意识形态领域安全。

二要着力保障和改善民生。以普惠性、保基本、均等化、可持续为方向，统筹推进教育、卫生、文化等各项社会事业发展，着力提升公共服务能力和社会保障水平，不断提高人民群众获得感和幸福感。要坚定不移实施“教育强县”战略，加大农村幼儿园建设力度，加快义务教育农村寄宿制学校建设，全面提高教师队伍素质，提升教育教学质量。要围绕“三保障”抓短板，现在我县最大的短板是控辍保学，从现在到明年2月，全县上下采取一切措施，抓入学抓保学，确保每个适龄儿童、少年按时上学。健全县乡村医疗服务体系，全面提升医疗服务水平，对贫困群众加大医疗救助、临时救助、慈善救助力度。要公平公正落实城乡低保、医疗保险、养老保险等各项惠民政策，充分发挥社会保障保基本、兜底线、可持续的作用。

三要加强民族团结、宗教和顺。持续开展各种形式的民族团结进步创建活动，积极认真开展国家级民族团结进步示范县创建工作，引导群众牢固树立“三个离不开”“五个认同”“五个维护”的思想。认真实施“两个共同”示范项目，扎实做好“两个共同”示范建设工作。牢固树立“依法管理宗教是对宗教最大的保护”的理念，认真学习领会新修订的《宗教事务条例》，引导信教群众在法规政策允许范围内开展宗教活动，促进宗教关系和睦、和顺、和谐。坚持宗教中国化方向，以社会主义核心价值观为引领，教育广大信教群众牢固树立国家意识、公民意识、法律意识，积极引导宗教与社会主义社会相适应。引导宗教界人士关心、关注全县经济社会发展，在脱贫攻坚、控辍保学、生态环境、旅游开发、社会稳定中发挥积极作用。

四要深入开展矛盾纠纷大化解。围绕当前社会治理形势任务，持续深入推进“社会矛盾大排查、纠纷大化解、情绪大疏导、法治大宣传”活动，坚持早发现、早介入，及时调处各类矛盾纠纷，做到小事不出村、大事不出乡、矛盾不上交。要高度重视信访工作，注重创新群众工作的思路和方法，按照抓早、抓小、抓苗头的要求，不断增强信访工作的前瞻性、系统性和针对性。要积极稳妥协调和解决好征地拆迁、环境保护等方面的热点、难点问题，更好维护群众合法权益，对串联组织煽动聚集上访、反复缠访闹访、有滋事苗头和极端行动倾向的重点人员要依法处理，绝不手软。

五要着力推进平安积石建设。全面加强政法队伍建设，不断增强政法队伍创造力、凝聚力、战斗力，提高执法司法公信力。要进一步深化禁毒斗争，严厉打击“两抢一盗”等各类违法犯罪，提高群众安全感和满意度。认真贯彻省州依法惩治“村霸”和宗族恶势力专项斗争部署要求，持续依法惩治“村霸”

和宗族恶势力，促进农村社会和谐稳定。积极开展平安建设，突出重点领域、重点行业和重点人群管理，用法治思维和办法，主动做好社会治安综合治理。严格落实“党政同责、一岗双责、齐抓共管、失职追责”的安全生产责任体系，全面排查重点行业领域的安全风险点和危险源，确保不发生大的安全事故。

（六）突出全面从严治党，全力加强党的建设

党的十九大明确提出，“新时代要有新气象，更要有新作为，关键是我们党要全面增强政治领导力、思想引领力、群众组织力、社会号召力、永葆旺盛生命力和强大战斗力”，这是提高党的执政能力和领导水平的顶层设计，更是推动全面从严治党向纵深发展的基本遵循。广大党员干部必须做到自身始终过硬，以强有力的党建保障为各项事业发展提供坚强保证。

一要持之以恒强化理论武装。要从县委常委会班子做起，严格落实学习制度，深刻学习领会党的十九大精神，真正用习近平新时代中国特色社会主义思想武装头脑、指导实践、推动工作，以理论上的清醒保持政治上的坚定，牢固树立“四个意识”，切实把心思和精力凝聚到打赢脱贫攻坚战、全面建成小康社会上来，增强工作的责任感和使命感，不折不扣贯彻落实县委各项决策部署。

二要持之以恒强化基层党建。各项工作的落脚点在基层，联系服务群众“最后一千米”也在基层，基层党建事关各项决策部署落地生根，事关全县工作大局，要结合村“两委”班子集中整治提升活动，加强村“两委”班子的培训力度，切实解决村党组织力量偏弱、村干部能力不高、党员发展不平衡、后备干部缺乏、致富带富能力不强的问题，真正把基层党组织建设成为带领群众脱贫致富、全面小康的战斗堡垒。

三要持之以恒加强和改进作风。要大力弘扬求真务实、真抓实干的工作作风，坚决纠正不担当、不作为、弄虚作假的问题，促进干部作风明显好转。要形成主要领导带头示范、班子成员担当作为、广大干部履职尽责的良好氛围，以好党风促政风带民风，真正树立能者上、庸者下、劣者汰的鲜明导向，让想干事、能干事的干部干成事，使那些慵懒散、推拖绕的干部让位子，以作风的大转变推动各项工作的大好转。

四要持之以恒营造风清气正的政治生态。严格落实全面从严治党主体责任、“一岗双责”，始终保持惩治腐败的高压态势，严肃查处侵害群众利益的不正之风和腐败问题，以零容忍、全覆盖、无禁区的态度惩治腐败，筑牢拒腐防变的思想防线和行动底线。一把手要率先垂范、以身作则，不仅要管好自己，而且要注重家庭、家教、家风，要有“婆婆嘴”、常念“监督经”，始终守住为官底线和政治生命线，带头营造风清气正的良好政治生态。

（七）突出务实苦干担当，全力推动工作落实

美好的蓝图，宏伟的目标，如果不扑下身子抓落实，再美的蓝图、再好的目标，也只是镜中花、水中月。县委常委会班子要发挥统揽全局、协调各方的领导作用，县人大常委会要发挥依法监督作用，县政府要积极履行依法行政职能作用，县政协要充分发挥民主监督作用，监督到项目，监督到村到户，

确保各项决策部署落地生根。

一要注重强化领导抓落实。“火车跑得快，全靠车头带”。县委决策部署的全面落实，要靠四大家、各乡镇各部门同心协力去落实，更要靠坚强的组织领导去落实。四大家要树立“一盘棋”思想，各县级干部要抓好分管领域和包抓乡镇的工作，带头谋划、带头落实，多检查、多督促、多问责，以上率下，示范引领。各乡镇各部门“一把手”要切实担负起第一责任，亲自部署，亲抓落实，把压力传导到方方面面，把任务分解到具体岗位，做到任务明、底数清、责任实；班子成员要主动担责、积极作为，敢想敢抓敢干，积极主动投入到具体工作中，把任务落细落小落实，以强有力的组织领导推动任务落实。

二要注重规范程序抓落实。讲质量，出实招，做深做细才是真落实。要规范工作程序，注重环节、注重细节，切实把抓落实的措施定实、把抓工作的责任靠实，做到依法依规开展工作。要坚持民主集中制原则，公开透明，放手放权，充分调动班子成员的工作积极性。要持续采取拿来主义法、换位思考法、亲力亲为法、笨鸟先飞法、自动挂挡法、盯死看牢法等行之有效的工作方法，自我加压，不等不靠，自己的身自己翻，自己的仗自己打，一环一环抓落实，一件一件抓到位，少发牢骚，少讲理由，确保人人身上有胆子，大家齐心抓落实。要提升工作质量标准，解决工作中粗、缓、虚、哄和高接低放的问题，做到工作向实细严硬转变，推进各项工作上台阶。

三要注重提升能力抓落实。从实践工作中来看，我们一些干部不是没有抓落实的愿望和热情，工作不落实、落不实主要还是因为能力不够、办法不多，究其原因，在于不学习、不研究，不思考、不上进，知识面狭窄，眼界不开阔，心胸不宽广。各级党员干部要有强烈的本领恐慌感和能力不足感，深入学习理论知识、业务知识，学习省州县内外的典型，提高工作水平，提高谋划工作的实践本领，成为本职工作的行家里手，少走弯路、干成事。要充分发挥国侨办、厦门市海沧区、金川公司、省电投公司帮扶作用，加大党员干部技能培训，着力解决缺人才、缺技能型人才的突出问题，全面提升干部队伍整体素质。

四要注重强化责任抓落实。我们有些干部不是能力不足，而是责任担当意识不强，不愿干事，养尊处优，当一天和尚撞一天钟，重表态轻实干，重声势轻落实，重面子轻里子，一拨一转、不拨不转，占着岗位却不尽责任。没有责任心什么也干不成，广大党员干部要树立强烈的责任意识，积极主动担当，主动担责、积极作为，要把岗位当平台，要把履职当奉献，坚决扛起抓落实的责任，要以“挣死牛不翻车”的韧劲，真正把工作往深里做、往实里做，形成干事创业的正确导向和良好氛围。

同志们，乘风破浪潮头立，扬帆起航正当时。新起点要有新气象，新时代要有新作为，积石山的发展正处于攻坚克难、鼓足干劲、迎头赶上的关键时期，我们必须要有大作为、大发展、大突破。全县上下一定要紧紧围绕这次会议确定的总体要求和目标任务，以求真务实不懈怠的干劲、咬定青山不放松的韧劲、不达目的不罢休的拼劲，团结进取、合力拼搏，能任事、敢担当、重民生，打硬仗胜仗，奋力开创全县各项工作新局面。

积石山县人大常委会工作报告

——2017 年 12 月 27 日在县第十届人民代表大会第二次会议上

县人大常委会主任　马义明

各位代表：

我受县人大常委会委托，向大会报告一年来的工作，请予审议。

2017 年工作回顾

2017 年，县人大常委会在县委的坚强领导下，坚持以邓小平理论、“三个代表”重要思想、科学发展观和习近平新时代中国特色社会主义思想为指导，深入学习贯彻党的十八大、十九大精神和省、州、县党代会精神，紧紧围绕县委总体工作部署，依法履职，积极作为，圆满完成了县十届人大第一次会议确定的目标任务。

一、紧扣中心，服务大局，全面落实县委决策部署

常委会始终坚持从全县发展大局谋划和推进人大工作，依据人大工作定位和特点，主动融入，履职尽责，推动县委重大决策部署贯彻落实。

一是把增强“四个意识”放在首要位置。常委会党组以县委理论中心组学习会、民主生活会、党员活动日为抓手，以“两学一做”学习教育常态化制度化为契机，深入学习习近平总书记系列重要讲话精神和治国理政新理念新思想新战略，牢固树立政治意识、大局意识、核心意识、看齐意识，坚决把维护党中央权威和集中统一领导作为人大工作的根本要求，坚决维护县委总揽全局、协调各方的领导地位，紧跟时代节拍、紧贴群众关切，把党的领导贯穿于人大履职尽责的全过程，确保了坚持党的领导、人民当家做主和依法治国的有机统一。

二是把落实党委决策作为首要使命。常委会党组切实提高政治站位，深入学习贯彻习近平总书记视察甘肃时的重要讲话精神和“八个着力”重要指示精神，以高度的政治责任感和强烈的使命感，进一步明确了围绕中心、服务大局的着力重点。认真贯彻落实省州县委关于进一步加强人大工作的重要部署和具体要求，不断规范县乡人大工作，努力提升履职能力，切实提高履职实效。

三是把全面从严治党作为首要责任。常委会党组坚决贯彻落实党中央推进全面从严治党的决策部署，切实担负起党要管党、从严治党的政治责任，把抓班子、带队伍作为落实“一岗双责”的重要抓手，始终坚持党建工作与人大工作同部署、同落实。党组书记认真履行党建工作第一责任人职责，专题研究部署党建工作，带头以普通党员身份参加支部学习；党组成员带头讲党课，参加支部活动，常委会机关党建工作取得新进展，为县人大各项工作的开展提供了坚强的政治保证。

二、突出重点，注重实效，积极开展工作监督

常委会紧紧抓住我县经济社会发展中全局性、关键性问题和人民群众关注的热点强化监督，坚持为民代言，关注社会民生，推动共享发展。

一是围绕重点项目强化监督。常委会把助推经济社会发展作为第一要务，重点视察全县重点项目建设情况，听取和审议了专项工作报告，提出了加强项目储备、推进项目建设、落实项目资金、强化项目机制、抓好项目监管等审议意见。针对今年上半年经济下行压力持续加大、固定资产投资下降、重大项目建设后劲不足的严峻形势，听取了全县上半年经济运行情况的专题报告，提出了强化财源培植、推进项目建设、发展地方税源、坚持开源节流等审议意见，督促县人民政府抢抓国家和省上优惠政策措施，促改革、调结构、惠民生、防风险各项工作，确保了全县经济发展调速不减势、量增质更优。

二是围绕脱贫攻坚强化监督。为助力全县脱贫攻坚这一头等大事和一号工程，常委会主任、各副主任按照县委的统一安排，靠实联乡包村责任，扎实参与、督促和开展了精准扶贫工作，在贫困村基础设施建设、富民产业培育、矛盾纠纷调处、知恩感恩教育等方面做了不懈的努力。紧扣产业、教育、医疗、金融等扶贫措施落实情况，对全县脱贫攻坚工作进行了专题视察，听取了县政府关于脱贫攻坚工作的专项报告，提出了进一步加强宣传引导、强化精准管理、落实扶贫措施、培育富民产业、制定发展规划等审议意见，并向县委作了突出问题导向、建议明确具体的专题报告,得到了县委的充分肯定。

三是围绕环境保护强化监督。认真贯彻落实习近平总书记关于环境保护工作的重要讲话和指示精神，紧紧围绕打造“山水积石、绿色积石、幸福积石、美丽积石”工作目标，对全县环保工作进行了专题调研，听取和审议了县政府关于全县环保工作的专项报告，提出了进一步强化宣传教育、落实环保责任、治理面源污染、推进环保执法、强化卫生整治等审议意见。按照县委的统一安排，对全县砂石料厂停业整改情况进行了专题调研，听取和审议了县政府关于全县沙石资源开发管理办法的报告，提出了坚持“科学、有序、合理、可持续”的原则，严格执行法律法规、规范审批手续、加大监管力度等审议意见，为促进县域生态可持续发展起到了积极作用。

四是围绕民生民本强化监督。常委会对关乎群众切实利益的水利、交通、危旧房改造、新农合等工作进行了视察，深入了解民生工作情况，听取和审议了专项报告，水利方面提出了进一步加大项目争取力度、加快水利设施建设、加强水利设施监管、保证安全饮水畅通、提升可持续利用水平、加强水利队伍建设等审议意见，有效推进了全县水利工作的进一步发展。新农合工作方面提出了提高认识，加快推进；强化宣传，优化服务；明确职责，扎实工作；加强研究，完善制度；增加投入，规范管理；健全运行机制，加强监管力度等审议意见，为切实解决城乡居民因病致贫、因病返贫问题，真正达到“政府引导、财政出钱、卫生出力、百姓受益、政府得民心、卫生得发展、农民得实惠”的目的起到了有力的促进作用。

三、弘扬法治，构建和谐，着力推进法律监督

常委会坚持以推进社会主义民主法治建设、强化社会公平正义为己任，进一步加大法律监督力度，推进了全县依法行政、公正司法和全民守法。

一是开展执法检查，规范依法行政。先后配合省州人大对《产品质量法》《甘肃省产品质量监督管理条例》《中华人民共和国固体废物污染环境保护法》《甘肃省农村饮用水供水管理条例》《临夏回族自治州教育条例》《临夏州物业管理条例》等10多部法律、法规的贯彻执行情况开展了执法检查和执法调研，促进了有关法律法规在我县的有效实施。

二是强化司法监督，促进公正司法。加强对县法院、县检察院的执法监督，常委会配合州人大对县检察院规范司法行为进行了专题调研，并提出建设性意见建议，为进一步促进依法行政、公正司法做出了积极努力。

三是重视人大信访，维护和谐稳定。把受理和督办群众来信来访作为关注民生、了解民情、反映民意的重要渠道，健全完善了接访、转办、督办、反馈工作机制。常委会领导坚持亲自批办来信来访，热情接待上访群众，耐心听取群众诉求，妥善解决群众问题。一年来，共接待来访群众21批45人次，受理来信23件，依照程序进行了妥善处理，为维护全县社会稳定发挥了积极作用。

四、科学决策，规范程序，依法行使法定职权

常委会针对涉及全局性、长远性的重大事项，依法慎重地作出决议决定，确保了党委意图的落地见效。

一是正确行使重大事项决定权。立足全县重大事项，先后作出了《关于积石山县2016年国民经济和社会发展计划执行情况及2017年国民经济和社会发展计划（草案）的决议》《关于积石山县2016年财政预算执行情况及2017年财政预算（草案）的决议》《关于批准积石山县人民政府关于积石山县润泽苑公租房销售方案的报告的决议》《关于批准积石山县人民政府关于银川石塬安集三个乡撤乡建镇的决议》《关于积石山县砂石资源开发管理办法的决议》等，确保县上的重大决策变成全县各族群众的共同意愿，助推了全县经济社会的健康发展。

二是依法行使干部任免权。常委会正确处理党管干部和人大依法任免干部的关系，认真行使任免权，先后任免“一府两院”和人大常委会工作人员14名，对提请任命的干部通过任前了解、向宪法宣誓等方式，依法监督，严格把关，增强了被任命人员的法律意识、公仆意识和责任意识。

五、夯实基础，创新载体，充分发挥代表作用

常委会始终把代表工作作为基础工程来抓，尊重代表主体地位，提升代表履职水平，切实发挥代表作用。

一是强化培训，增强履职能力。注重提高代表综合素质，组织各级人大代表按时参加省州人大举办的代表培训班、现场视察观摩等，加强了对代表的培训工作。坚持邀请代表参加常委会组织的视察调研、执法检查、工作评议等活动，拓宽了代表的知情知政渠道，为代表依法履行职责创造了良好条件。

二是完善机制，增强议案办理实效。坚持把代表议案建议办理作为保障代表依法履职的重要内容，采取常委会领导重点督办、“一府两院”领导牵头领办、部门单位负责承办等措施，切实加大了代表议案建议督办的力度。十届人大第一次会议上提出的122件代表议案及建议中，已办理和正在办理100件，办结率为81.97%，列入计划办理的21件，占17.21%，因目前条件所限暂时无法办理的1件，占0.82%，代表普遍感到满意。

三是注重联系，加强对乡镇人大的指导。坚持邀请乡镇人大主席列席县人大常委会议和参加常委会组织的视察调研、集中培训、学习交流等活动，指导和支持乡镇人大依法开展工作。认真贯彻落实省委、州委《关于进一步加强和改进人大工作的意见》和县委对人大工作的部署，进一步加强了乡镇人大阵地建设，完善了相关制度，规范了工作流程，为乡镇人大依法开展工作打下了坚实基础。

六、健全机制，改进作风，切实加强自身建设

常委会把加强自身建设摆在重要位置，不断强化理论武装，改进工作作风，提高履职能力，努力打造为民务实、敢于担当、作风清廉的地方国家权力机关。

一是加强思想建设，在深化学习中增强政治定力。坚持把思想政治建设贯穿始终，严守党的政治纪律和政治规矩，强化增强了依法履职的思想基础。坚持每周一次集中学习，每月一次党日活动，两月一次视察前学法，常委会组成人员政治定力、行动自觉明显增强，依法履职、服务大局的能力显著提升。

二是加强作风建设，在清廉务实中展示良好形象。认真贯彻党风廉政建设责任制，严格落实中央“八项规定”精神和省、州、县关于党风廉政建设的要求，以“三纠三促”和“两查两保”专项行动为抓手，努力改进视察调研、执法检查、工作评议等工作程序，规范公务接待，减少“三公”经费支出，持续推进“四风”整治，有力地推动了常委会各项工作依法、规范、有序开展。

三是注重工作交流，在互相学习中提升能力水平。常委会坚持把加强对外学习交流作为创新人大工作的重要途径，吸纳借鉴兄弟县市在制度建设、政务公开、法律监督、预算审查等方面的成熟工作经验，拓宽了工作视野，提高了工作水平。

各位代表，过去一年取得的成绩，是县委坚强领导的结果，是常委会组成人员和全体代表共同努力的结果，是“一府两院”和各乡镇人大大力支持、积极配合的结果，也是社会各界和全县各族干部群众积极参与的结果。在此，我代表县人大常委会，向大家并通过你们向全县各族群众表示最衷心的感谢和最崇高的敬意！

回顾一年来的工作历程，我们深刻地体会到：

——做好人大工作，必须坚持党的领导。一年来，我们自觉将县人大工作置于县委的领导之下，进一步主动围绕县委工作大局，及时通过法定程序将县委主张转变为全县上下的共同意志和自觉行动，县人大的政治站位得到进一步强化。

——做好人大工作，必须围绕中心工作。一年来，我们积极主动落实县委工作部署，紧紧围绕脱贫攻坚、项目建设、生态保护、民生民本等中心工作，勇挑重担，主动作为，得到了上级人大和县委的充分肯定。

——做好人大工作，必须保障代表履职。一年来，我们积极引导各级代表在经济社会发展中创一流、争先进，努力为群众办实事、做好事、解难事，释放代表正能量，县人大工作局面更加生动、成效更加显著。

——做好人大工作，必须强化基层基础。一年来，我们把加强乡镇人大建设作为重点，坚持常委会领导联系乡镇人大工作制度，积极探索上下联动、同频共振的工作机制，乡镇人大工作水平得到显著增强。

在总结成绩的同时，我们也清醒地认识到，常委会工作与宪法和法律赋予的职责相比，与全县人民群众的期望相比，监督实效还需进一步增强，代表作用还需进一步发挥，基层人大工作还需进一步推进，常委会自身建设还需进一步加强等方面问题和不足。对此，我们将采取切实有效的措施，在今后的工作中认真加以改进。

2018年工作安排

各位代表：2018年是全面贯彻落实党的十九大精神的开局之年，也是实施精准扶贫精准脱贫工作攻坚拔寨的关键一年。县人大常委会的总体工作思路是：在县委的坚强领导下，全面贯彻落实党的十九大精神，高举习近平新时代中国特色社会主义思想伟大旗帜，按照统筹推进“五位一体”总体布局和协调推进“四个全面”战略布局的要求，紧紧围绕州十二次党代会精神和县委九届五次全委会确定的“1332”工作思路，践行发展新理念，积极适应新常态，突出监督新领域，依法落实新要求，凝心聚力，真抓实干，依法履职，锐意进取，为全面打赢全县深度贫困脱贫攻坚战做出积极贡献。

一、坚持党的领导，推动全面发展

要始终把坚持党的领导，作为人民代表大会制度发展完善的基本前提，作为人大工作的根本保证。

一是要学习宣传贯彻落实十九大精神。按照中央、省、州、县委的总体安排部署，全面学习贯彻党的十九大精神，深刻学习领会中国特色社会主义进入新时代的新论断、新特点、新目标、新要求，在学懂弄通做实上下功夫，自觉用习近平新时代中国特色社会主义思想武装头脑、指导实践、推进工作。

二是要坚持正确的政治方向。始终把坚持党的领导贯穿于依法履职全过程，落实到人大工作各方面。要主动围绕县委中心开展工作，不折不扣贯彻落实县委决策部署，坚持重大事项、重大问题向县委请示报告制度，及时通过法定程序把县委重大决策和重要意图变为人民群众的自觉行动，积极争取县委对人大及其常委会依法行使职权的大力支持，为人大常委会开展工作创造良好的政治环境。

三是要全力推进重大决策部署落实。把带头贯彻执行县委决策部署作为人大工作的根本任务，紧扣党代会、人代会确定的目标任务和人民群众普遍关心、关注的热难点问题，认真开展调查研究，适时作出决议、决定，积极回应人民关切，保证县委重大决策部署得到有效贯彻落实。

四是要实现党管干部与人大任免有机结合。自觉把坚持党的领导、充分发扬民主和严格依法办事高度统一起来，通过完善任前法律知识考试、表态发言、颁发任命书、向宪法宣誓等程序和方法，保证选举任免工作程序合法、客观公正。

二、强化监督职能，增强监督实效

要始终紧紧围绕发展第一要务，切实加强监督工作，促进我县经济社会全面协调发展。

一是要加强对经济工作的监督。强化计划执行监督，定期听取和审议全县国民经济和社会发展计划执行情况的报告，对计划涉及的经济指标和安排的重点项目，适时开展视察检查，注重发现存在问题，查找分析问题的根源，提出可行性意见建议，促进计划的全面完成。强化财政预决算监督，加强对财政预决算执行、审计整改和专项资金使用等情况的监督，建立规范化的预算审查监督程序，逐步完善预决算审查监督体系，增强公共财政资金的使用效率。强化重点工作监督，突出经济发展方式转变、经济结构调整、项目建设、招商引资等重点工作，综合运用听取和审议专项工作报告、执法检查、调研视察、跟踪督查等多种形式，加大监督力度，促进经济健康发展。

二是要加强对脱贫攻坚工作的监督。以推动精准扶贫“一号工程”为主线，促进民生改善为重点，围绕脱贫攻坚、生态环保、美丽乡村、食品安全、文化教育、医疗卫生、公共服务等民生事项，按照“深入到基层，视察到项目，监督到贫困户”的监督思路，督促和支持“一府两院”及时回应群众关切，全力办好民生实事，不断提高公共服务的整体水平，努力让人民群众过上更好的生活。

三是要加强对法律法规的监督。持续推进法治建设，深入开展普法宣传。加强对公、检、法、司的工作监督和法律监督，促进依法行政，公正司法，维护社会和谐稳定。加强对规范性文件的备案审查工作，建立备案审查衔接联动机制，规范备案审查范围，完善备案审查程序。

四是要加强对干部作风的监督。充分运用工作评议、质询等手段，加强对干部履行职责和责任担当方面的有效监督，促使其尽职尽责，不辜负党和人民的重托。

三、重视代表工作，发挥代表作用

要始终坚持代表主体地位，不断丰富活动形式，积极拓宽民主渠道，切实保障人大代表的知情权、参与权、表达权和监督权。

一是要重视培训。县乡（镇）两级人大都要高度重视对代表的培训工作，今年县人大常委会将采取多种形式和方法，完成对县级以上人大代表的集中轮训，着力提升代表依法履职的能力和水平。

二是要搭建平台。完善和拓展代表在闭会期间的活动，深入推进闭会期间代表履职活动规范化、常态化。进一步规范代表列席县人大常委会议，参与视察调查、执法检查、工作评议等工作，拓宽代表知情知政渠道。

三是要加强管理。要不断完善代表议案建议办理机制，规范办理程序，对上年度未办结的议案建议，必须列入下年度继续办理，提高办理质量和水平。认真贯彻落实中央、省、州、县委关于进一步加强和改进人大工作的意见，探索建立代表履职激励、考勤、约束机制，树立典型，带动全局。

四是要强化指导。立足乡镇人大作用发挥的薄弱环节，县人大常委会要进一步强化对乡镇人大工作的指导，建立常委会领导联系乡镇人大工作制度，切实加强对乡镇人大工作的指导，努力提高基层人大工作水平，真正使基层国家权力机关发挥出应有的作用。

四、加强自身建设，提升履职能力

要始终立足县人大常委会组成人员和县人大机关干部是开展工作监督和法律监督的载体和依托，努力建设一支政治素质高、履职能力强、整体形象好的人大干部队伍。

一是要强化思想教育，树立良好形象。要讲政治、守规矩，始终坚持和依靠党的领导，毫不动摇地在思想上、政治上、行动上同以习近平总书记为核心的党中央保持高度一致，坚持依法履职，依规行事。牢固树立强烈的责任意识和担当精神，牢记人大工作的使命和职责，牢记全体代表和全县人民的重托，尽职尽责、恪尽职守、敢于监督、善于监督。守纪律，树形象，严守做人做事的底线，树立人大干部的良好形象，努力开创人大工作新局面。

二是要大兴学习之风，提高履职能力。要教育和引导常委会组成人员和人大机关干部树立学习为本、终身学习的理念，把学习作为政治责任和人生追求，努力营造浓厚的学习氛围。有计划、有组织地学习相关法律法规、时事政治和党的方针政策，积极参加上级人大机关组织的各类学习培训，开阔视野，增长知识，提高水平，指导实践，使人大工作者成为开展监督指导的行家里手。

三是要增强创新意识，争创一流业绩。学习借鉴先进工作经验，不断创新工作方法，促使常委会和人大机关工作每年都有新亮点、新突破，指导乡镇人大工作不断探索新方式、取得新成效。

四是要健全管理制度，规范履职行为。要适应新形势、新要求，着力加强制度建设，进一步修订完善《人大常委会议事规则》和人大机关办文、办会、办事等各项规章制度，严格议事程序，规范履职行为，增强工作实效。

五是要重视宣传工作，营造良好氛围。进一步强化人大制度和人大工作的宣传力度，加强对人大重要会议、重大活动、重点工作的宣传报道，突出对人大代表履职尽责先进事迹的宣传，积极推广代表在联系选民、反映民声、为民办事、脱贫攻坚方面的好经验、好做法，全方位、多角度唱出人大制度好声音、讲出人大工作好故事、写出代表履职好新闻，努力营造向人民负责、受人民监督的良好社会氛围。

各位代表：在中国特色社会主义进入新时代，全力打赢深度贫困地区脱贫攻坚战，全面建成小康社会的伟大事业中，搞好今后的县乡人大工作，机遇难得、使命光荣、责任重大、任务艰巨。让我们在县委的坚强领导下，以党的十九大精神和习近平新时代中国特色社会主义思想为指导，按照十九大报告提出的“使人大及其常委会成为全面担负起宪法法律赋予的各项职责的工作机关，成为同人民群众保持密切联系的代表机关”的要求，紧紧依靠和动员全县人民，同心同德，群策群力，攻坚克难，锐意进取，在新的历史起点上奋力开创人大工作的新局面，为加快建设幸福美好新积石做出更大的贡献！

政 府 工 作 报 告

县长　马尚文

（2017 年 12 月 26 日）

各位代表：

现在，我代表县人民政府，向大会做工作报告，请予审议，并请政协委员和列席人员提出意见。

一、2017 年工作回顾

县十届人大一次会议以来，面对严峻复杂的经济环境和艰巨繁重的脱贫攻坚任务，在州委、州政府和县委的坚强领导下，在县人大和县政协的监督支持下，县人民政府团结带领全县各族人民，坚持以习近平新时代中国特色社会主义思想为指引，认真执行中央和省上决策部署，全面贯彻州委“六抓”思路举措[①]和县委总体工作要求，坚持稳中求进工作总基调，积极适应经济发展新常态，聚焦脱贫攻坚，着力改善民生，较好地完成了县十届人大一次会议确定的各项目标和任务，在实现同步小康的道路上迈出了坚实步伐。预计全年完成生产总值 15.82 亿元、增长 4.5%，固定资产投资 13.02 亿元、下降 49.63%，社会消费品零售总额 5.92 亿元、增长 10%，大口径财政收入 2.16 亿元、增长 4.29%，一般公共预算收入 1.5 亿元、增长 6.5%，农村居民人均可支配收入 5320 元、增长 11%，城镇居民人均可支配收入 19206 元、增长 8.5%。

——脱贫攻坚聚焦精准。遵照习近平总书记关于“绣花”式扶贫的重要指示精神，大力开展精细精确精微扶贫，全年完成减贫 3535 户 16911 人，贫困面由年初的 19.34% 下降到 12.21%，脱贫工作取得阶段性成效。着力弥补发展短板。投资 2.15 亿元，硬化村社道路 381.56 千米、小巷道 202.06 千米；改造农村 D 级危房 3937 户，彻底消除了农村 D 级危房；实施易地扶贫搬迁工程，建成搬迁点 2 个，搬迁群众 56 户 279 人；实施中部农村饮水安全巩固提升工程，尕阴洼净化水厂建成投入使用。精心编制规划方案。立足县情实际，广泛征求意见，反复酝酿讨论，多次修改完善，编制完成了全县脱贫攻坚实施方案（2018—2020 年）和 17 个乡（镇）脱贫攻坚实施方案，脱贫攻坚工作的目标更加精准，重心更加突出，措施更加得力。逐步完善保障机制。实行县级干部包抓贫困村责任制，调整充实了 61 个深度贫困村驻村

① 州委“六抓”思路举措：抓脱贫攻坚一号工程、抓项目引擎带动、抓生态绿色发展、抓教育百年大计、抓社会和谐稳定、抓党建根本保证。

帮扶力量。定点帮扶和东西协作工作力度加大，厦门市海沧区帮扶资金2550万元、国侨办帮扶资金234.55万元。深入开展“百企帮百村”和贫困大学生捐助活动。专项扶贫、行业扶贫、社会扶贫互为补充的“三位一体”大扶贫格局进一步完善。

——项目建设扎实推进。紧盯国家宏观政策和投资导向，坚持把实施项目、扩大投资作为促进县域发展的主要抓手，集中力量实施了一批事关全局发展的基础性项目。实施500万元以上重点建设项目112项，完成投资19.28亿元。康乐莲麓至积石山大河家扶贫旅游大通道积石山段、S309线鹦鸽嘴桥至安集段、县城旧城区道路改造及配套设施工程等38个新建项目开工建设。大河家生活污水处理厂、中西医结合医院、大中型水库特困移民避险解困、县公安局业务技术用房等45个续建项目进展顺利。签约招商引资项目24个，签约资金11.29亿元，伟凯饲料厂、民族文化苑、滨河花苑二期工程、昌隆家园、祥林苑住宅小区等20个招商项目落地实施。成功举办甘青两省四县·大河家商贸活动，500多家企业商户参加展示展销，有效促进了区域经济协同融合发展。

——富民产业持续壮大。坚持“一户一策、一技一业”的思路，积极引导和支持群众发展特色种植、林果育苗、草食畜牧、劳务、文化旅游等富民产业，促农增收取得良好成效。种养殖产业规模扩大。推广旱作农业26.1万亩，膜侧油菜5万亩，中药材2.31万亩。栽植核桃1万亩，花椒0.5万亩，啤特果1万亩，完成核桃嫁接改良0.7万亩。对全县重点贫困户户均补助6000元，投放基础母牛1148头，基础母羊19666只，改造圈舍4640处。“粮改饲”[②]工作成效显著，打包秸秆饲料16.1万吨，提高了秸秆饲料化综合利用水平。旅游产业势头迅猛。大墩峡景区设施不断完善，游客呈井喷式增长。全县新建农家乐10家，建成专业旅游村3个，旅游扶贫试点村1个、重点村12个。预计全年接待游客81.3万人（次），比上年增加22.3万人（次）、增长37.8%，旅游收入达到3.53亿元，比上年增加1.01亿元、增长40.08%。劳务产业稳步发展。多渠道举办劳务技能培训42期，完成各类培训2.53万人（次），输转城乡劳动力6.91万人（次），实现劳务收入11.1亿元。

——民生福祉不断提升。着力解决关系群众切身利益的突出问题，群众的获得感明显增强。认真落实救灾补助、大病救助、助学贷款等保障性政策，发放医疗救助1100万元，临时救助340万元，残疾人“两项补贴”[③]630万元，孤儿保障金640万元，五保户供养金1180万元，残疾户、因灾因病贫困户实现了政策性兜底保障。发放困难家庭寄宿生生活补贴1049万元，家庭贫困大学生救助金1214名678万元、助学贷款3163名1881万元。引导150名高校毕业生进企业就业，发放生活补贴292.5万元。保障房分配入住推进顺利，累计分配公租房（廉租房）1450套。省列10件为民办实事项目基

② “粮改饲”：农业部开展的农业改革，主要引导种植全株青贮玉米，因地制宜，在适合种优质牧草的地区推广牧草，将单纯的粮仓变为“粮仓＋奶罐＋肉库”，将粮食、经济作物的二元结构调整为粮食、经济、饲料作物的三元结构。

③ 残疾人“两项补贴”：困难残疾人生活补贴和重度残疾人护理补贴。

本完成。办结人大代表议案和政协委员提案181件，办结率达到81.9%。完成城镇新增就业2810人，城镇失业率2.7%。

——生态建设有效推进。深入实施“生态立县”战略，积极提升“无垃圾县”创建水平，全县生态和城乡环境面貌显著改善。开展造林绿化工程，新增造林面积7.1万亩，森林覆盖率提高到18.72%，完成县城广场绿化苗木栽植39.56万株（丛）。实施国家水土保持重点建设工程，新增综合治理面积25平方千米。结合中央环保督察反馈问题整改，狠抓环境污染整治，依法关停拆除非法采砂场31家，整治砖厂29个，淘汰拆除10蒸吨以下燃煤锅炉42台，安装餐饮场所油烟净化装置90套，有效改善了城乡环境质量。赴宁夏、山西等地考察学习垃圾收集处理先进经验，引进中科康洁环卫公司，率先实行了生活垃圾企业化运营管理。

——社会事业稳步发展。坚持以人为本，全面提升公共服务水平，改革发展的成果更广泛更公平地惠及各族群众。全面贯彻“教育强县”战略和“11223346”全县教育工作思路④，实施改薄项目17个，投资5427.85万元，教育基础设施进一步改善。修订完善控辍保学7项硬措施，强化校长和教学骨干队伍建设，教育教学质量进一步提升。加强卫生基础设施建设，县中西医结合医院基本完工，县妇幼保健站综合业务楼、县疾控中心业务楼项目可研已批复。全面实施大病保险二次报销政策，重大疾病保障水平稳步提高。公共文化服务体系不断完善，建成乡村舞台项目106个，成功举办了保安族口头文学与语言和保安族腰刀锻制技艺大赛、大山庄峡花儿歌手大奖赛和第七届敦煌行·丝绸之路国际旅游节暨“农行杯”篮球运动会。

——社会大局和谐稳定。认真贯彻中央民族、统战、宗教工作会议精神，民族宗教领域始终保持和谐、和顺的良好局面。全国民族团结进步示范县创建工作取得良好成效，今年12月顺利通过国家评审命名，“两个共同”⑤示范创建活动成果进一步巩固提升。依法加强宗教事务管理，集中培训宗教工作管理人员和宗教界人士5750人，宗教工作“三支队伍”⑥整体素质有了新的提升。认真落实县级干部信访接待日和信访积案包案制度，及时化解群众矛盾纠纷，调处各类矛盾纠纷1159起。持续开展“法律八进”⑦和法制宣传活动，严厉打击各类违法犯罪，积极开展交通违法行为查处、校园周边环境整治和食品药品安全、生产安全、消防安全隐患排查整治，营造了和谐稳定的良好发展环境。

---

④ “11223346”全县教育工作思路：围绕一个目标，树立一个意识，提升两种能力，提高两率，抓好三条线，突出三抓措施，狠抓四风，建立六项机制。围绕一个目标，就是提高劳动者素质；树立一个意识，就是向发达地区看齐这一意识，不与民族地区比高低、不靠民族照顾讲成绩；提升两种能力，即教师教学和校长管理；提高两率，即义务教育阶段入学率和巩固率；抓好三条线，即政府管理线、教育督导线、社会支持线；突出三抓措施，即小学抓入学、中学抓控学、全面抓质量；狠抓四风，即教职工工作作风、学校校风、教师教风、学生学风；建立六项机制，即校长聘任、教师交流、教师培训、激励奖惩、人才引进、学校考核。

⑤ “两个共同”：共同团结奋斗，共同繁荣发展。

⑥ 宗教工作“三支队伍”：党政领导干部、宗教工作干部和宗教界代表人士。

⑦ “法律八进”：法律进机关、法律进单位、法律进企业、法律进学校、法律进乡村、法律进社区、法律进家庭、法律进宗教场所。

——廉政建设全面加强。严格落实党风廉政建设责任制，强化教育引导，完善工作机制，政府廉政建设取得新成效。坚持用习近平新时代中国特色社会主义思想武装头脑，深入推进“两学一做”学习教育常态化制度化，扎实开展党章党规党纪学习和依法行政、廉政警示教育，政府系统干部政治意识、法治意识、纪律意识、规范意识进一步增强。认真贯彻落实中央八项规定精神，进一步规范办公用房、公务接待、会议活动等行政行为。坚持从廉政风险集中、问题易发多发的领域入手，深入开展“三纠三促”⑧和“两查两保”⑨专项行动。以整治窗口单位、执法单位政风行风为重点，持之以恒地整治不正之风。持续强化行政监察和审计监督，认真落实约谈制度，违规违纪问题得到有效防范，政府系统廉政建设水平进一步提升。

——行政效能优化提高。认真落实简政放权、放管结合、优化服务各项决策部署，积极推进“三张清单一张网”⑩建设，简化和规范行政事项办理流程，真正做到让人民监督权力，让权力在阳光下运行。加大对行政审批事项的事中事后监管，组织开展行政审批制度改革“回头看”，加快推进“双随机一公开”⑪工作，行政审批行为进一步规范。积极探索建立政府向社会购买服务机制，不断创新完善公共服务供给模式，政府系统行政效能和服务水平不断提升，行为规范、运转协调、公正透明、务实高效的行政服务机制进一步健全。

同时，全县人武、侨务、统计、粮食、物价、气象、档案、地震、地方志等各项工作均取得新进步。

各位代表，奋斗的历程充满艰辛，取得的成绩令人欣慰。即将过去的2017年，我们坚持以习近平新时代中国特色社会主义思想为指引，始终把实现同步小康目标作为历史使命和责任担当，大力发扬“自力更生、艰苦奋斗”的积石精神，攻坚克难，苦干实干，在真诚服务和无私奉献中激发出干事创业的巨大热情，描绘出一幅幅加快发展、赶超跨越的生动画卷！

一年来，我们坚持党的领导不动摇，牢固树立政治意识、大局意识、核心意识、看齐意识，坚决维护以习近平同志为核心的党中央权威，坚决服从县委领导，不折不扣地执行县委决定，始终与县委同频共振、同心同向。全县上下共谋、共建、共享的积极性和主动性空前活跃，释放出群策群力、携手攻坚的正能量，形成推动改革发展稳定的强大合力，全县经济社会发展沿着正确的方向行稳致远。我们始终同心协力、奋力建设美丽家园的精神和状态显现出前所未有的新面貌。

一年来，我们坚持脱贫攻坚不懈怠，深入贯彻落实扶贫开发战略部署，积极探索实施精准脱贫和富民增收新模式，趟出了一条符合县情实际、群众普遍欢迎、社会广泛认可的脱贫攻坚新路子。坚持扶贫与扶志、扶

⑧ “三纠三促”：纠正不担当、不作为和弄虚作假问题，促进中央和省委省政府决策部署落实，促进全省经济社会平稳健康发展，促进党员干部作风明显好转。

⑨ “两查两保”：查处不正之风、保障扶贫政策落实，查处腐败问题、保障扶贫资金安全。

⑩ “三张清单一张网”：政府工作部门权责清单、财政专项资金管理清单、扶贫清单，政务服务网。

⑪ “双随机一公开”：在监管过程中随机抽取检查对象，随机选派执法检查人员，抽查情况及查处结果及时向社会公开。

智相结合，拓展深化“村民知情大会”，创造性地在全县范围开展了“两户”见面会，集中民智、互学互鉴，有效激发了贫困群众自我发展的内生动力，得到国务院汪洋副总理的肯定和赞许。我们坚持精准施策，合力推进脱贫攻坚的部署和举措涌现出前所未有的新活力。

一年来，我们坚持项目带动不松劲，始终把项目建设作为统揽经济社会发展的总抓手，承顶压力，矢志不移，千方百计引进和实施大项目好项目，建成了一批具有良好社会效益的公共服务和民生项目。特别是启动实施了建县以来规模最大的县城改造项目、横贯串联西部顺山风景带的扶贫旅游大通道，开启了积石山未来发展的美好前景。我们紧盯夯实基础，发挥项目引擎作用的决心和魄力展现出前所未有的新意志。

一年来，我们坚持改革创新不停歇，按照循序渐进、试点先行的原则，采用“村集体＋合作社（企业）＋农户”的模式，将市场机制和资本运作模式引入农村，促使各类资本要素流动起来，创新推动了全县农村“三变”改革。探索建立环境卫生企业化管理、市场化运营新模式，迈出了一条政府购买服务、管干分离的环境卫生市场化运作新路子，达到了提高政府行政效能、提升政府公信力、扩大就业门路的多元功效。我们立足县情实际，锐意创新改革制度的模式和途径凸现出前所未有的新效应。

一年来，我们坚持以民为本不偏离，时刻不忘初心、牢记使命，始终把为人民谋福利作为一切工作的出发点和落脚点，充分考虑民情，广泛征求民意，切实将民情、民意吸纳充实到工作标准和具体举措的制定中。大力整治脱离群众的作风痼疾，及时回应群众关切，竭尽全力为群众办实事、解难题，始终和群众同呼吸、共命运、心连心，使改革发展的成果更多、更公平、更实在地惠及广大人民群众。我们倾力改善民生、务实高效真挚为民的政风和作为呈现出前所未有的新气象。

这些成绩的取得，是州委、州政府和县委坚强领导的结果，是县人大、县政协监督支持的结果，更是全县各族干部群众同心协力、奋力拼搏的结果。在此，我代表县人民政府，向给予我们工作大力支持的人大代表、政协委员和社会各界人士，表示崇高的敬意和衷心的感谢！

各位代表，一年来，我们取得的成绩有目共睹，但是存在的问题更不容忽视。我们清醒地认识到，当前我县的整体发展和政府工作还存在着不少困难和问题，与人民群众对美好生活的需求和期待相比，还有不小的差距。主要表现在：一是县域经济发展缓慢。经济总量小、财政收入少、发展层次低，产业规模小、自主创新能力弱，县域经济发展的内在动力不强、水平不高。二是贫困程度深、脱贫难度大。目前，全县仍有贫困人口2.59万、贫困发生率高达12.21%，贫困面大、贫困程度深，短板制约问题突出，支撑脱贫攻坚的基础不牢固，脱贫攻坚任务依然十分艰巨。三是公共保障基础薄弱。交通路网结构不完善，农村公路建设标准低。农田水利基础设施薄弱，农村安全饮水保供率不高。农村危旧房、土坯房仍有不少存量，群众整体住房条件有待提升。四是社会事业发展滞后。卫生基础条件和医疗水平普遍不高，贫困群众看病难、看病贵问题依然突出。教育基础设施标准不高，城乡教育发展不均衡，师资力量相对薄弱，义务教育还有欠账。公共文化服务基础设施不完善，文物保护和文化资源开发力度还需进一步加大。五是政府自身建设亟待加强。个别部门和干部“四个意识”不强，贯彻党委、政府决策部署不彻底、不到位，标准不高，作风漂浮，缺乏责任担当，相互补位、协同联动的意识弱、能力低。有些干部不注重理论学习，不研究思考工作，思想观念、能力素质与形势任务和要求不相适应。

对于这些问题，我们将高度重视，认真分析研究，采取有效措施，在今后的工作中努力加以解决。

二、2018 年工作任务

2018 年，是全面贯彻落实党的十九大精神的开局之年，也是打赢脱贫攻坚战的关键之年。我们面临着重大挑战，更将迎来新的重大机遇。一方面，经济下行压力持续增大，呈现出增速放缓、结构调整、发展转型等阶段性特征和趋势性变化，发展的矛盾和问题更加凸显。另一方面，国家进一步加大对贫困地区的支持力度，特别是出台了涵盖临夏州在内的，支持三区三州深度贫困地区脱贫攻坚的实施意见，为我们攻克贫困堡垒、确保全面建成小康社会提供了有力支撑。

各位代表，党的十九大明确提出了新时代坚持和发展中国特色社会主义的基本方略，确定了开启全面建设社会主义现代化强国新征程的战略目标。刚刚闭幕的县委九届五次全会，确定了“高举‘一个旗帜’、主攻‘三个战场’、打赢‘三场硬仗’，努力实现全县经济社会事业新发展、新突破”的全县“1332”工作思路，为全县发展勾画了新蓝图、确立了新坐标、凝聚了新共识，为我们搞好 2018 年工作提供了重要遵循和有力指导。我们要在县委的坚强领导下，团结和依靠全县广大人民群众，坚持既定工作思路不动摇，紧紧抓住发展机遇，从容应对各种挑战，凝心聚力、奋发有为，不断开创全县经济社会发展的新局面。

2018 年政府工作的总体要求是：高举习近平新时代中国特色社会主义思想伟大旗帜，全面贯彻落实党的十九大精神，紧紧围绕“五位一体”总体布局[⑫]和“四个全面”战略布局[⑬]，坚持稳中求进工作总基调，牢固树立新发展理念，按照高质量发展的要求，认真贯彻落实州委“六抓”思路举措和全县“1332”工作思路，求真务实，苦干实干，不断推进全县各项事业再上新台阶，为坚决打赢脱贫攻坚战、全面建成小康社会奠定坚实基础。

“1332”工作思路，高举习近平新时代中国特色社会主义思想这一伟大旗帜，坚定不移地主攻‘三个战场’（南部到户到人促脱贫、北部旅游带动强产业、中部县城改造优环境），打赢‘三场硬仗’（脱贫攻坚、旅游开发、县城建设），努力实现全县经济社会事业新发展、新突破。

主要预期目标是：生产总值增长 9%；固定资产投资增长 7%；消费品零售总额增长 10.5%；一般公共预算收入增长 5.5%；农村居民人均可支配收入增长 11.5%；城镇居民人均可支配收入增长 9%；居民消费价格

⑫ “五位一体”总体布局：经济建设、政治建设、文化建设、社会建设、生态文明建设。

⑬ “四个全面”战略布局：全面建成小康社会、全面深化改革、全面依法治国、全面从严治党。

涨幅控制在州上下达标以内。

工作原则是：

——坚持速度与质量并重，把发展的成效体现在稳中求进和好中求快上。

——坚持城镇与乡村并重，把发展的成效体现在城乡一体化上。

——坚持创新与创业并重，把发展的成效体现在增加人民群众的福祉上。

——坚持发展与稳定并重，把发展的成效体现在和谐稳定上。

——坚持规范与效率并重，把发展的成效体现在对外形象上。

围绕上述要求和目标，重点抓好以下八个方面的工作：

（一）聚焦到村到户到人，全力打好精准脱贫攻坚战

脱贫攻坚是我们当前最大的政治任务、最大的民生工程，要站在事关党和国家发展全局的战略高度，紧紧围绕“两不愁、三保障”[⑭]目标，下足精细精确精微的“绣花”功夫。坚持从薄弱入手，片区攻坚，集中突破，以南部为脱贫攻坚主战场，保证人力、财力、物力、精力向南部倾斜聚焦，突出保安族、东乡族、撒拉族3个少数民族贫困人口、13个建档立卡重点村、1.9万预脱贫人口三个重点，以到村到户到人帮扶为抓手，以补短板强弱项为突破口，坚决打赢脱贫攻坚硬仗。

着力改善农村基础条件。大力推进自然村道路硬化建设工程，完成737千米通自然村道路硬化、326千米小巷道硬化、4695户41万平方米农户庭院硬化，村社道路硬化率达到100%，小巷道硬化率达到70%。实施小型集中及分散供水改造工程，解决53个贫困村2211户贫困人口安全饮水问题，自来水入户率达到100%。改善贫困群众住房条件，改造农村危房2000户。统筹易地搬迁和城镇保障房项目资金，实施县城东区易地搬迁小区工程，安置贫困群众638户3195人。实施光纤网络宽带提升工程，实现光纤网络宽带行政村全覆盖。升级改造9个乡镇15个行政村19个自然村农村电网，不断提升农网供电保障能力。

积极开辟农民增收渠道。坚持把培育壮大村级集体经济作为贫困村稳定脱贫、持续发展和夯实基层组织的重要支撑。充分发挥财政资金的卵化效应，壮大村级产业发展互助社规模，增加集体经济积累。建立村级集体经济发展启动资金，积极扶持深度贫困村发展光伏发电能源项目。实施电商扶贫创业增收工程，新建和改造提升县级公共服务中心、物流配送中心，建成大河家电商产业园，逐步完善农村电商综合体系。

注重强化民生服务保障。深入推进农村低保制度与精准扶贫政策有效衔接，将符合农村低保条件的贫困家庭全部纳入保障范围，做到应保尽保。加强临时救助工作，有效解决因病、因学、因残等返贫问题。以养老福利机构为依托，把特困和重度残疾老年人等重点对象纳入供养范围。通过政府注资、社会募集、慈善捐助等方式，设立教育基金，逐步扩大贫困学生救助受益面。推进大病集中救治覆盖所有深度贫困村，实施贫困人口慢病签约服务管理和重病兜底保障，切实降低贫困群众医疗负担。

健全完善工作联动机制。严格履行脱贫

⑭ “两不愁、三保障”：稳定实现扶贫对象不愁吃、不愁穿，保障其义务教育、基本医疗和安全住房。

攻坚责任制实施办法，全面落实脱贫攻坚实施方案，做到责任到位、工作到位、效果到位。按照“三位一体”大扶贫格局部署，进一步深化帮扶工作机制，推动定点扶贫、东西部协作和社会帮扶协同发力，促进帮扶资源与贫困户精准对接。要突出南部脱贫攻坚主战场，聚焦到村到户到人促脱贫，倾斜扶贫资金，整合扶贫力量，确保完成年度减贫任务。围绕普惠政策落实、基础设施建设、公共服务质量，扎实开展“回头看”，摸清差距，补齐短板。严格执行财政扶贫专项资金管理办法，切实规范资金管理，加大项目稽查力度，确保扶贫项目资金使用效益最大化。认真落实脱贫验收责任体系，坚决防止弄虚作假、数字脱贫等问题。

（二）突出特色产业培育，全力打好旅游开发攻坚战

坚持把“育产业”作为稳增长、强县域的长期性工程，充分利用资源禀赋和生态优势，矢志不渝地将旅游业作为全县“五大产业”之首来抓，积极推动旅游与休闲农业、民族民俗文化等产业融合发展，全力打好旅游开发攻坚战。统筹发展劳务、特色林果、种植、养殖等富民产业，着力培育发展新动能，做到户户有增收渠道，家家有致富产业，为实现强县富民提供持久动力。

主攻北部战场，坚决打赢旅游开发硬仗。按照北部抓旅游的总体布局，围绕“一线两带”[⑮]旅游发展思路，打造旅游发展的框架雏形，建设北部旅游大市场，做足做活乡村旅游、休闲观光、民族风情游等文章，逐步实现从单个景区旅游向全域旅游、季节性旅游向全季节旅游的转变，以蓬勃的旅游业带动县域经济发展。顺山旅游带要以建设扶贫旅游大通道为契机，以大墩峡景区和大墩村特色村寨开发建设为龙头，从南向北，重点发展尕护林、石海冰川遗址、黄草坪、大山庄峡、大墩峡生态观光休闲度假区和民族风情体验区。建设关门段环形旅游路、游客服务中心、观景台、民俗文化村、自驾游营地等旅游基础设施，扶持发展大墩村、关门村乃至大河家片区的乡村农家乐。沿黄旅游带要依托沿黄快速通道（永大一级公路）开发建设，重点发展大河家至三二家黄河风情线，着力打造黄河水上漂流、大禹治水、临津古渡等一批富具特色的旅游项目和古迹景观，积极开发蛋皮核桃等现代农业观光采摘和农家民俗体验、山水风光写生等旅游项目。突出民族传统特色，充分汲取民俗文化要素养分，拓展开发保安腰刀、彩陶复制品、民族刺绣等名优旅游产品，提升旅游产业综合效益，培育民族民俗文化旅游新业态。鼓励和引进社会资本参与景区开发，注重完善停车场、旅游厕所等辅助设施，不断健全完善景区配套服务和延伸服务功能，带动周边村庄和农户发展。加大旅游招商引资力度，积极吸纳社会资本投入旅游开发，用战略的思维、发展的眼光、改革的精神、市场的手段、攻坚克难的勇气，有效破解旅游发展中的机制性难题，努力取得重大突破，实现质的跨越。年内创建4A级景区1家，三星级旅游饭店1家以上，年接待游客100万人（次）以上，实现旅游收入4.4亿元以上。

坚持市场导向，统筹发展特色优势产业。坚持以劳动力资源市场布局和需求为导向，

⑮ “一线两带”：临大公路一线，顺山旅游带、沿黄旅游带。

始终把劳务产业作为解决就业、促进增收的主导产业。着眼提高技能培训实效性，充分利用国侨办、厦门海沧区、省建投公司、金川公司、省公安厅等帮扶单位优势资源，积极开展专项劳务技能培训，完成农民实用技术和劳务技能培训2600人以上。加大电商培训力度，支持建档立卡贫困未就业大学生和贫困青年开展电商创业。依托东西协作对口帮扶单位龙头企业和省直帮扶单位，着力开拓劳务基地。加大劳务输转力度，年输转劳动力7万人以上，实现劳务收入12亿元以上。积极调整种植结构，突出产业化、规模化、标准化，重点扶持发展中药材、蔬菜、百合等高效作物。坚持因地制宜、因势利导，大力发展核桃、花椒、啤特果种植和畜牧养殖特色产业，打造特色林果业示范基地，带动群众增收致富。推广旱作农业25万亩，膜侧油菜6万亩，中药材5万亩。新建花椒示范基地0.5万亩，完成花椒低产林改造1万亩，新建核桃示范基地1万亩，完成核桃嫁接改良1万亩，新建啤特果示范基地5000亩，带动贫困户4400户。积极扶持能繁母畜养殖产业，新增蜜蜂养殖户2500户。继续实施秸秆饲料化利用项目，秸秆综合利用率达到80%以上。强化科技支撑作用，推进标准化种养、病虫害防治、疫病防控等技术培训。全面推广农业保险，形成涵盖农牧业产加销各环节的"保险网"，切实防范农业经营风险。突出发展民族刺绣、保安腰刀、彩陶复制品等重点民族民俗用品，全力推动文化产业发展。

（三）聚力改造优化环境，全力打好县城建设攻坚战

县城是全县政治经济文化的中心，人口集中，业态富聚，是展示全县面貌和形象的窗口。县城建设事关全县发展大局，在整个县域经济发展中具有举足轻重的特殊地位，必须坚持现代化方向、高起点规划、高标准建设、精细化管理、人文化服务，从完善基础设施和公共服务入手，全力打造宜居宜游的美丽山城。统筹利用城乡优势资源，推进新型城镇化建设，促进农业转移人口市民化，实现城乡之间相互支撑、共同发展。

坚决打赢县城建设硬仗。按照东延西扩发展布局，向东延伸到新建的临大高速公路接口，向西扩展到尕护林景区，将整个吹麻滩河流域纳入县城规划开发建设的总盘子，突出道路、河道、管网、景观等基础设施建设，加快推进商住楼盘、街道改造、管网铺设、休闲场所、景观河等建设，不断完善公共服务体系，全力提升县城综合功能。认真实施县城总体规划、控制性详细规划和专项规划，建成吹麻滩城区段河道治理工程、旧城区道路改造及配套设施工程、南北滨河路景观提升综合管网改造工程、农贸路大桥改造工程、县城生活污水处理配套管网工程、城区生活垃圾收运系统工程，开工建设东城区道路及给排水工程、县城污水处理厂二期扩建工程，改造完成街道21条、管网15千米、景观河3.2千米，全面提升县城品位和综合承载能力。

着力提高城镇管理水平。实施城市绿化、亮化、美化、净化及精细化管理"五化"工程，着力解决交通拥堵、环境污染、资源紧缺等城市病，逐步将城镇管理重心从治脏、治乱、

治差转移到做优、做靓、做美上来。坚持日常监管与集中整治并重的原则，进一步加大综合执法力度，坚决处置未批先建、乱修乱建等违法建设行为。建立健全常态化管理机制，探索建立物业管理新模式，有序规范城镇管理秩序，提升城镇服务功能，营造整洁、舒适、宜居的工作生活环境。

稳步促进城乡融合发展。以实施乡村振兴战略为着力点，以县城为中心，以名村名镇建设为支点，抓好美丽乡村和小城镇建设，打造产业兴旺、生态宜居、乡风文明、治理有效、生活富裕的新乡村。统筹城乡基础设施布局，加快公共交通、供水、垃圾处理、消防等基础设施向农村延伸，推动教育、卫生、文化、体育、养老等公共资源向农村倾斜。以石塬、银川、安集 3 个乡撤乡建镇为契机，积极推进集镇道路、管网改造等基础设施建设。落实户籍制度改革政策，推进城镇基本公共服务常住人口全覆盖。巩固和完善农村基本经营制度，深化农村土地制度改革，完善承包地“三权”[16] 分置制度。加强农村基层基础工作，健全自治、法治、德治相结合的乡村治理体系。

（四）紧盯夯实发展基础，全力抓好项目建设

坚持把抓发展的着力点聚集到项目上，高水平谋划，全方位争取，加大建设力度，严格规范管理，以项目建设拉动投资，力促全县经济企稳回升、提质增效。

全力以赴抓项目建设。实施 500 万元以上重点建设项目 51 项，计划总投资 96.4 亿元。其中，计划新开工 33 项，计划总投资 81.66 亿元；续建 18 项，总投资 14.74 亿元；力争签约招商引资项目 10 个以上，签约资金 15 亿元以上。尽早开工建设临夏至大河家高速公路、2017—2018 年易地扶贫搬迁、大河家中学、大河家黄河大桥、大河家至炳灵寺电站航运、农村面源污染综合整治、县城南北滨河路景观提升综合管网改造等新建项目。加快建设旅游扶贫大通道、S309 线积石山县段改建、小型集中及分散供水改造、县城旧城区道路改造及配套设施、临夏路银川路道路及给排水等续建项目进度，力争吹麻滩河城区段河道治理、大墩峡旅游基础设施等项目建成投入使用。以积石山经济开发区建设为平台，打造提升吹麻滩工业园区、大河家经济开发区和吹麻滩综合物流园，实现人流、物流、信息流、资金流的有效匹配，努力以园区开发带动县域经济发展。

潜心竭虑抓项目谋划。抢抓国家支持深度贫困地区的一系列政策机遇，集中精力研究分析，及时掌握项目动态，多方捕捉项目信息，立足全县发展所需和特色优势，精心谋划储备一批质量高、效益好、带动能力强的大项目好项目。争取刘集至大河家公路升级改造工程、农村初中改扩建、义务教育阶段中小学危房改造和标准化学校建设、农村学校教师周转宿舍、两馆一中心、县城环滨河路体育健身长廊、大河家体育健身广场等项目早日立项。积极推行 PPP[17] 等新型投融资模式，在基础设施、特色产业、公共服务领域推出一批适合民间投资的优质项目，努

⑯ 承包地“三权”：农村土地所有权、承包权、经营权。

⑰ PPP：政府和社会资本合作，是公共基础设施中的一种项目运作模式。PPP 为英文 public-private partnership（公私伙伴关系）的缩写。

力实现储备项目有序接替、支撑有力。

持之以恒抓项目管理。全面落实“三重、三一”⑱工作方案和“六个清单”⑲管理制度，严格执行项目法人责任制、招标投标制、合同管理制、工程监理制和工程质量终身负责制，强化项目规划许可、土地预审、环境影响评价、社会稳定风险评估等前置手续，加大项目资金的审计监督和稽查力度，严格项目竣工验收，保障项目建设质量。认真落实县级干部包抓重点项目责任制，主动协调指导，及时跟踪问效，有效解决土地征用、拆迁安置等突出问题。

（五）立足增进民生福祉，全力推进基本服务均等化

始终坚持把人民的利益摆在至高无上的地位，着力提高公共服务共建能力、共享水平和均等化程度，不断提升人民群众的获得感和幸福感。

均衡提质发展教育事业。深入推进“教育强县”战略部署，加大教育基础设施建设力度，不断改善教育教学条件。新建幼儿园52所，实施51所学校农村义务教育阶段信息化建设项目，实施13所薄弱小学改造，完成13所寄宿制学校宿舍楼附属配套工程，开工建设投资1.21亿元的大河家中学。运用综合手段，发动各方力量，强化政府行为，落实各级责任，进一步加大“控辍保学”力度，补齐欠账，确保义务教育入学率达到99%。健全完善教育体系，改善提升县职教中心实训条件和水平，鼓励开展以短期技能培训、精准培训为主的职业技能培训。多渠道开展师资力量培训，提高教师队伍整体素质。优化配置教育资源，下功夫解决农村学校分散办学、师资薄弱问题，推动教育均衡提质发展。

构建完善卫生医疗体系。加大医疗基础设施建设，实施县人民医院二期住院部、县妇幼保健站综合业务楼、县疾控中心业务楼、吹麻滩镇中心卫生院等项目，建成15个标准化村卫生室，实现深度贫困村卫生室标准化建设全覆盖。多渠道培训医疗卫生队伍，提高医疗水平和服务质量。加强重大疾病、传染病和地方病防控工作，优化重点人群健康服务。鼓励支持社会办医，发展健康产业。坚持计划生育基本国策，稳步推进全面二孩政策。深入开展爱国卫生运动，倡导健康文明生活方式。

优化就业和社会保障。积极拓宽转移就业渠道，着重帮助特殊困难群体转移就业，鼓励高校毕业生、就业困难人员、复转军人自主择业创业。建立引导大学生就业长效机制，对符合条件的贫困家庭劳动力实施就业援助，按规定享受公益性岗位补贴、社会保险补贴等政策，增加农村保洁、绿化、护林、护路等公益性岗位1000名。积极推进医养结合试点，建成银川乡、石塬乡养老院。高度重视解决农民工欠薪问题，建立健全政府工程农民工工资保障机制。全面实施机关事业单位养老保险制度改革，推进异地就医直接结算。调整完善大病保险相关政策，提高重特大疾病高额医疗费用保障水平。严格落实困难残疾人生活补贴和重度残疾人护理补贴制度，实施残疾儿童康复救助工程，发挥

⑱　“三重、三一”：重点项目落地、重大产业培育、重要政策落实和一业一策、一企一策、一事一议。

⑲　“六个清单”：全省重大前期项目清单、投资项目清单、计划新开工项目清单、审批项目清单、重大建设项目清单以及重点招商引资落地项目清单。

好社会保障保基本、兜底线、可持续的重要作用。

统筹推进公共文化事业。继续实施文化惠民扶贫项目，实现贫困村综合性文化服务中心全覆盖，不断提升公共文化服务保障水平。保护和发展文化遗产，积极申报入围非物质文化遗产名录，健全完善保安族口头文学与语言和保安族腰刀锻制技艺传习所文化传承功能。依托保安族等少数民族文化资源和县域内文物遗存，保护复原临津古渡、禹王庙、彩陶王出土地等历史遗址遗迹。健全完善广播影视服务体系，提高县域内自办台收看覆盖率。积极实施全民健身计划，提高体育运动水平。

（六）强化环境卫生治理，全力提升生态文明水平

牢固树立绿水青山就是金山银山的理念，以创建全域无垃圾县为抓手，不断强化生态环境保护与综合治理，着力解决突出环境问题，努力打造绿色健康的空间格局和生产生活方式。

稳步实施重大生态工程。继续推进天然林保护、三北防护林建设、退耕还林还草等重大生态工程，完成造林5.5万亩，其中营造人工林1.5万亩、退耕还林3万亩、封山育林1万亩。建立生态补偿机制，新增生态护林员167名。建成库区沿岸及42千米黄河干流沿岸生态走廊，新建水保林、护岸林2万亩。加强水土保持小流域治理、梯田建设和地质灾害恢复治理，新修梯田7500亩。落实新一轮草原补助奖励政策，完成草畜平衡21万亩、草原禁牧23万亩。

全面提升综合治理水平。坚持治防结合，确保中央环保督察反馈问题整改到位。全面开展全国第二次污染源排查和土壤污染监测调查，摸清县域水、土、气污染源底数，有序开展防治工作。全面推行落实河长制，加强水域沿线保护和河流纳污管理，保护和恢复河道生态系统功能。加强燃煤锅炉整治，全面完成县城燃煤锅炉淘汰并网。强化生态文明制度建设，完善激励约束制度体系。依法打击环保违法行为，建立生态环境保护长效机制。坚持整体推进和重点突出原则，探索创建生态文明示范乡镇、示范村，通过以点带面的榜样功效，全面促进农村生态文明建设健康发展。大力倡导绿色低碳生活方式，不断提升全社会共同参与环境保护的意识和水平。

巩固治理乡村环境卫生。持续推进全域无垃圾创建工作，着力破解农村垃圾污染治理难题，努力改善人居环境。利用卫星遥感手段加大环境监控力度，集中整治乡村环境卫生。积极推进“厕所革命”，稳步实施改圈、改灶、改院工程。加强农业面源污染防治，全面清除陈年垃圾存量，千方百计减少垃圾增量。实施全域环卫一体化项目，实现城乡垃圾收集、转运、处理、保洁市场化运营全覆盖。设立乡镇规划建设环保工作站，加强对乡镇、村庄无序建设、环境污染等方面的监管整治工作。

（七）坚持完善社会管理，全力维护社会大局稳定

深入推进法治积石、平安积石建设，着力打造共建、共治、共享的社会治理格局，增进政府治理和社会调节良性互动，持续巩固民族团结、宗教和睦、社会和谐稳定的良好局面。

深入开展矛盾排查化解。持续开展“矛盾大排查、纠纷大化解、情绪大疏导、法治大宣传”活动，集中解决一批涉及群众利益的突出矛盾和问题。充分发挥综治、维稳、信访、公安等部门协作联动机制，依法处置信访活动违法行为，确保一般社会矛盾消除在萌芽状态。深入推进社会治安防控体系建设，建成县乡村三级规范化综治中心。严厉打击村霸和宗族恶势力，依法防范和惩治“两抢一盗”[20]、非法集资、制贩毒品、校园暴力等违法犯罪活动。

加强民族团结和宗教管理。认真贯彻党的民族政策，深化民族团结进步教育，加强各民族交往、交流、交融，促进各民族共同团结奋斗、共同繁荣发展。持续推进民族团结进步和“两个共同”示范创建活动，不断巩固和发展平等团结互助和谐的社会主义民族关系。全面贯彻党的宗教工作方针，积极引导宗教界人士在执行政策、社会管理、营造发展软环境等方面带好头、做表率，发挥好宣传员、调解员、教导员的作用。加强对宗教政策法规的宣传教育，引导广大宗教界人士和信教群众自觉在政策和法律允许的范围内开展正常的宗教活动，做到爱党、爱国、爱教，始终与党委、政府同心同向同步。加强民族宗教队伍能力素质建设，不断提升做好新时期民族宗教工作的能力和水平。

持续强化安全生产监管。严格落实安全生产责任体系，加强安全生产监管和应急救援能力建设，及时排查整治安全隐患，坚决遏制重特大事故发生。加大食用农产品源头治理力度，集中治理农兽药残留超标等突出问题。持续开展食品药品生产流通领域专项整治，强化监督监测，严惩制假售假等违法犯罪行为，确保群众饮食和用药安全。大力开展道路交通、消防领域、校园周边、建筑工地安全专项整治行动，保障人民群众财产和生命安全。

（八）探索调整结构模式，全力激发改革发展活力

着眼多点突破、纵深推进，积极稳妥地推动中央省州各项改革举措，破除机制弊端，不断增强改革的系统性、整体性和协同性，激发市场活力，释放改革红利，为经济社会发展增添动力。

积极推动供给侧结构性改革。认真落实“三去一降一补”[21]重点任务，进一步严把项目准入关、审批关和信贷投放关，杜绝“两高”项目[22]上马。加大对农业转移人口购房、城镇居民改善性住房支持力度，促进房地产库存持续下降，解决供需失衡结构性矛盾，提高供给质量和效益。深入推进农业供给侧结构性改革，合理调整种植业内部结构，扩大高效农作物面积，推进农作物种植规模化、

⑳ “两抢一盗”：抢劫、抢夺、盗窃（包括入室盗窃和盗窃机动车）等三类多发性侵财案件。

㉑ “三去一降一补”：去产能、去库存、去杠杆、降成本、补短板。

㉒ “两高”项目：高耗能项目、高污染项目。

标准化、产业化。按照“政府补贴、部门指导、乡村配合、企业运作、农户参与”的模式，稳步推进“粮改饲”工作。

深入推进“放管服”改革。按照国家关于转变政府职能的总体部署，全面推动简政放权、放管结合、优化服务改革向纵深发展。深化审批制度改革，继续取消合并一批行政审批事项，加快行政审批事项标准化建设，实现项目在线审批和网上监管，进一步提高简政放权的协同性和联动性。推动“双随机一公开”实现全覆盖，强化事中、事后监管，着力优化监管效能。加快构建“互联网 + 政务服务”体系，推动实体政务大厅与网上服务平台深度融合，进一步提高行政服务质量和水平。

持续开展农村“三变”改革。把农村“三变”改革作为实施乡村振兴战略的重要路径，在寨子沟乡尕马家、关家川乡白家沟和李家山三个村先行试点的基础上，全面推开农村“三变”改革工作。按照“村集体 + 合作社 + 农户”和“村集体 + 企业 + 农户”等发展模式，着眼生态旅游、中药材种植、农产品加工、电子商务等产业项目，探索土地、房屋产权转化为股份后参与企业、合作社或其他经济组织经营的新模式，引导更多的社会力量参与到“三变”改革中来，努力让资源变资产、资金变股金、农民变股东，不断拓展农民增收渠道，盘活农村经济。

三、加强政府自身建设

完成2018年的目标任务，对于政府自身建设提出了新的更高要求。我们要以习近平新时代中国特色社会主义思想为指引，牢固树立“四个意识”，深入开展“不忘初心、牢记使命”主题教育，巩固拓展“两学一做”学习教育成果，努力建设为人民服务、受人民监督、让人民满意的政府。

旗帜鲜明讲政治，不断提高政治站位。始终把维护以习近平同志为核心的党中央权威作为最大的政治和最高的原则，进一步增强政治意识、大局意识、核心意识、看齐意识，始终做到思想上高度认同核心、政治上忠诚维护核心、组织上坚决服从核心、行动上自觉紧跟核心，在政治立场、政治方向、政治原则、政治道路上同以习近平同志为核心的党中央保持高度一致。始终做到党中央提倡的坚决响应，党中央决定的坚决执行，进一步增强贯彻落实党中央各项决策部署的政治自觉和行动自觉，不断提高政治站位、增强政治定力。

注重学习提本领，着力提升执政水平。深入学习贯彻党的十九大精神和习近平新时代中国特色社会主义思想，自觉用党的最新理论成果武装头脑，切实在学懂弄通做实上下功夫。深刻领会习近平总书记视察甘肃“八个着力”重要讲话和视察临夏时的重要指示精神，加强对宏观经济、政策法规、社会管理等方面知识的学习研究，提高研究把握政策的能力。注重思考全局性、前瞻性问题，开拓思维，创新理念，及时把学习成果转化为工作动力。同时，积极学习借鉴先进经验，找准工作的着力点和突破口，善于发现问题，勤于解决问题，不断提高执政能力和水平。

依法行政促规范，全面优化行政效能。始终把法治思维和法治方式贯穿于政府工作全过程，牢固树立“法无授权不可为、法定职责必须为”的理念，严格按照法定权限和程序行使权力、履行职责，全面推进依法治县。自觉接受县人大的法律监督、工作监督和县政协的民主监督，主动接受社会舆论和网络媒体监督。不断扩大行政权力运行、财政资金使用等方面的政务公开范围。加快推进政务服务平台建设，加载完善便民服务事项，不断提高行政效率。加强政府门户网站建设，及时发布信息、解读政策、办理反馈网民留言，推进政民互动，促进阳光透明行政。充分发挥法律专家咨询委员的作用，做到科学决策、依法决策。持之以恒加强法治教育，组织开展依法行政专题培训，推动政府工作在法治轨道上加速、提质、增效。

履职为民谋福祉，持续改进工作作风。始终坚持以人民为中心的发展思想，把人民对美好生活的向往作为奋斗目标，进一步践行群众路线、树牢群众观念。充分尊重民情，广泛征求民意，积极回应群众关切，努力办群众期盼、希望的事，办群众认可赞成的事。不断加大民生投入，补齐民生短板，维护公平正义，不断增强人民群众的获得感和幸福感。进一步增强工作的责任感和使命感，坚定干事创业的信心和决心，兢兢业业履职，踏踏实实干事，切实提高政府的公信力和执行力。注重工作质量，加快工作节奏，强化工作落实，不折不扣地贯彻落实州委州政府和县委的各项决策部署。大力弘扬甘于奉献、勇于担当的时代精神，努力营造务实高效、落实有力的干事氛围。

从严治党重廉洁，全面推进廉政建设。严格履行从严治党主体责任，坚持抓经济社会发展与抓党风廉政建设同谋划、同部署，强化警示教育，注重风险防控，深入推进政府系统党风廉政建设。严守纪律规矩，严格落实组织生活和“三会一课”㉓制度，自觉接受纪律约束和组织监督。认真贯彻落实中央八项规定精神，坚决防止“四风”问题反弹，持之以恒正风肃纪。持续规范财政资金、国有资产使用管理，强化工程建设领域监管，严控“三公”经费㉔和一般性支出，降低行政运行成本。全面加强行政监督监察，从严执纪问责，形成预防有效、整治有力的工作新格局，始终保持人民政府忠诚担当、清正廉洁的良好形象。

各位代表，在奋力实现中华民族伟大复兴中国梦的新时代，积石山已经开启决胜全面建成小康社会的新征程。让我们更加紧密地团结在以习近平同志为核心的党中央周围，高举习近平新时代中国特色社会主义思想伟大旗帜，在县委的坚强领导下，不忘初心、牢记使命，众志成城、砥砺奋进，为夺取全面建成小康社会的新胜利，开创积石山更加美好的明天而努力奋斗！

㉓ “三会一课”：党员支部大会、党支部委员会、党小组会，党课。

㉔ “三公”经费：政府部门人员因公出国（境）经费、公务车购置及运行费、公务招待费产生的消费。

关于县十届人大一次会议代表议案建议办理情况的报告

积石山县人民政府

（2017 年 12 月 26 日）

各位代表：

现将县人民政府办理县十届人大一次会议代表议案及建议意见情况报告如下，请审议。

一、基本情况

在县十届人大一次会议上，全体人大代表以高度的政治责任感和强烈的使命感，对县政府工作报告进行了积极广泛的讨论，紧紧围绕县委、县政府的中心工作和全县各族干部群众普遍关心的问题，坦陈己见、建言献策，共商富民兴县大计。坚持从全县稳定、发展、改革、民生大局出发，提出了许多切合实际的议案、建议意见，有力支持了政府各项工作的全面开展。会议期间共立案议案建议 122 条，其中议案 111 件，建议意见 11 条，全部由县政府办理。议案内容涉及交通方面 41 件，占总数的 36.94%；教育方面 17 件，占 15.32%；建设方面 16 件，占 14.41%；文化方面 11 件，占 9.91%；水利方面 10 件，占 9.01%；环保方面 6 件，占 5.41%；卫生、国土方面各 2 件，各占 1.8%；发改、财政、农业、旅游、食品药品、土地整理方面各 1 件，各占 0.9%。建议意见内容涉及交通方面 8 条，教育、林业、环保方面各 1 条。

二、主要做法

新一届县人民政府在认真总结近几年工作经验的基础上，进一步提高思想认识，改进工作作风，以求真务实的态度办理人大议案，使人大议案办理质量和水平有了新的提高。主要做法有以下几个方面：

（一）加强领导，建立健全工作机制

县政府进一步建立健全议案建议办理责任制，调整成立了由常务副县长任组长、各有关部门主要领导为成员的议案建议办理工作领导小组。及时召开交办会议，明确承办单位，落实办理责任。办理过程中，坚持由一名副县长分管、督查室具体负责办理的工作机制。各承办单位进一步完善了主要领导抓安排部署，主管领导抓质量进度，相关股室具体落实的办理机制，形成了上下一条线、纵横连成片的工作格局。

（二）突出重点，全力推进办理工作有序开展

县政府主要领导、分管领导围绕县委、县政府中心工作，对群众关注度高、涉及面广的议案建议，亲自组织研究，想方设法解决。各承办单位本着对人大代表高度负责的态度，突出项目建设、精准扶贫，重点研究办理了市政建设、农业、农村基础设施、产业发展等方面的议案建议。通过办理工作，使城乡面貌有了新的变化，农村生产生活条件进一步改善。

（三）加强督办，确保议案办理工作如期完成

今年9月，县政府分管副县长主持召开推进会，听取议案办理进展情况，对议案办理工作进行了再安排再部署。要求各承办单位对条件成熟的议案建议，集中精力全力办；对一时难以办理的，认真谋划，逐步解决，并向代表说明原因，做好解释工作。县政府督查室不定期对议案建议办理进展情况进行督查，对一些办理成效不理想的，责成承办单位重新办理，并提出相关要求，对办理进展缓慢的单位及时进行催办。

（四）立足转化，力求议案办理取得实效

县政府积极引导各承办单位，自觉把议案建议中事关经济社会发展全局、关系国计民生的重大事项，人民群众普遍关心的热点难点问题作为办理答复的重点，努力创造条件进行办理。力求通过人大代表议案建议的办理，切实把全县各族干部群众紧紧地团结在党和政府周围，把主要精力和智慧凝聚到维护稳定、加快发展、改善民生上来，以全面打赢脱贫攻坚战和建成小康社会为己任，全力推进全县经济社会跨越式发展。

三、办理成效

通过县政府的重视、县人大及广大代表的支持与配合、各承办单位的积极努力，积石山县十届人大一次会议转交的122件议案建议全部落实到位。从办理结果来看，已办理和正在办理的议案建议100件，占81.97%；列入计划议案建议21件，占17.21%；因目前条件限制暂时无法办理的议案建议1件，占0.82%。

（一）已办理和正在办理的100件议案建议

第1号：马鹏飞等代表“关于要求硬化大河家镇梅坡村社道路的议案”。

办理情况：民委承办。投入资金43万元，硬化梅坡村道路1.6千米。

第2号：韩彦青等代表“关于要求硬化刘集乡阳洼村、陶家村、刘集村社道路10千米的议案”。

办理情况：扶贫办承办。投资171万元，硬化阳洼村社道路5.7千米；投资90万元，硬化刘集村社道路3千米。

第3号：韩彦青等代表“关于要求硬化刘集乡崔家村社道路的议案”。

办理情况：扶贫办承办。投资156万元，硬化崔家村社道路5.2千米。

第4号：马元等代表“关于要求解决石塬乡肖红坪至石塬建设项目的议案”。

办理情况：交通局承办。已纳入“油返砂”数据库，已上报上级交通部门，争取明年建设。

第6号：马进英等代表“关于要求硬化柳沟乡尕集村三个社巷道的议案”。

办理情况：民委承办。投入资金42万元，硬化尕集村七社道路1千米。

第 7 号：马进英等代表“关于要求硬化柳沟乡柳沟村巷道的议案”。

办理情况：交通局承办。已纳入三年规划，正在进行设计，争取明年实施。

第 8 号：马进英等代表“关于要求拓宽硬化柳沟乡赵王家至阳山村道路的议案”。

办理情况：交通局承办。已纳入三年规划，正在进行设计，争取明年实施。

第 9 号：马进英等代表“关于要求硬化柳沟乡樊家沟村九个社巷道的议案”。

办理情况：扶贫办承办。投资 486 万元，硬化道路 11.3 千米。

第 10 号：马进英等代表“关于要求硬化柳沟乡马家村巷道的议案”。

办理情况：交通局承办。已纳入三年规划，正在进行设计，争取明年实施。

第 11 号：李小军等代表“关于要求硬化胡林家乡胡林家村道路的议案”。

办理情况：民委承办。投资 102 万元硬化胡林家村至山庄村道路 1.9 千米。

第 12 号：李小军等代表“关于要求硬化胡林家乡山庄村八社道路的议案”。

办理情况：扶贫办承办。投资 120 万元，硬化山庄村八社道路 5.1 千米。

第 14 号：董国胜等代表“关于要求硬化关家川乡宁家村巷道的议案”。

办理情况：民委承办。投资 159 万元，硬化宁家村巷道 5.9 千米。

第 15 号：董国胜等代表“关于要求硬化关家川乡关集村社道路的议案”。

办理情况：交通局承办。已纳入三年规划，正在进行设计，争取明年实施。

第 16 号：马正荣等代表“关于要求硬化安集乡红路岭村委会至安家坪社道路的议案”。

办理情况：交通局承办。通过移民基础设施建设项目投资 70 万元，硬化安家湾村红路岭社道路 1.8 千米。

第 17 号：樊成晖等代表“关于要求硬化寨子沟乡麻沟村巷道的议案”。

办理情况：交通局承办。通过人口较少民族发展专项资金投资 240 万元，硬化麻沟村社道路 6 千米。

第 18 号：樊成晖等代表“关于要求硬化寨子沟乡东坪寺村巷道的议案”。

办理情况：交通局承办。县发改局投资 95 万元硬化东坪寺村社道路 2 千米，县扶贫办硬化东坪村村社道路 6 千米。

第 19 号：樊成晖等代表“关于要求硬化寨子沟乡侯家坪村二社至四社道路的议案”。

办理情况：交通局承办。已纳入三年规划，正在进行设计，争取明年实施。

第 20 号：樊成晖等代表“关于要求硬化寨子沟乡麻沟村四社至曹窑小学道路的议案”。

办理情况：交通局承办。通过 2017 年第一批财政专项扶贫资金，实施硬化麻沟村社道路 5.6 千米。

第 21 号：马海录等代表“关于要求硬化徐扈家乡长家寺村、五十里铺村社道路和巷道的议案”。

办理情况：扶贫办承办。投资 231 万元，硬化长家寺村社道路 8 千米。

第 22 号：马海录等代表“关于要求建设徐扈家乡乔干村、长家寺村道路排水设施的议案”。

办理情况：发改局承办。投资 160 万元，硬化长家寺村社道路4千米，并配套排水设施；乔干村待项目下达后实施。

第23号：马云良等代表“关于要求硬化居集镇居集村、田家村、强滩村巷道的议案”。

办理情况：民委承办。投资46.7万元，硬化田家村社巷道1.5千米；投资476万元，硬化强滩村社道路11.1千米。

第25号：马云良等代表“关于要求硬化居集镇居集社区巷道的议案”。

办理情况：交通局承办。已纳入三年规划，正在进行设计，争取明年实施。

第26号：丁有杰等代表“关于要求硬化中咀岭乡大山村巷道的议案”。

办理情况：交通局承办。已纳入三年规划，正在进行设计，争取明年实施。

第27号：马成海等代表“关于要求拓宽硬化乩藏镇乩藏至纳莫沟村道路的议案”。

办理情况：交通局承办。发改局投资250万元，硬化纳莫沟村社道路5千米，扶贫办投资222.2万元，硬化纳莫沟村纳莫沟至红星一社道路7千米。

第28号：马长福等代表“关于要求硬化小关乡大寺村六社至唐藏村道路的议案”。

办理情况：交通局承办。已纳入三年规划，正在进行设计，争取明年实施。

第30号：马成海等代表“关于要求硬化铺川乡张巴等六个村道路的议案”。

办理情况：交通局承办。县财政局投资633.63万元，硬化张巴村、下庄村、戴家山村、湫池村、铺川村、上庄村村社道路22.1千米。

第31号：马成海等代表“关于要求拓宽改造铺川乡铺川村庄禾社至界山坡道路的议案”。

办理情况：交通局承办。已纳入三年规划，正在进行设计，争取明年实施。

第32号：马成海等代表“关于要求拓宽改造铺川乡张巴村姚沟寺社至张巴小学道路的议案”。

办理情况：交通局承办。县财政局投资32.69万元，拓宽改造张巴村姚沟寺社至张巴小学道路。

第33号：李文垚等代表“关于要求硬化银川乡水陈村一社巷道的议案”。

办理情况：交通局承办。已纳入三年规划，正在进行设计，争取明年实施。

第34号：李文垚等代表“关于要求硬化银川乡胡李村打柴沟社道路的议案”。

办理情况：交通局承办。库区移民局硬化胡李村打柴沟社道路2.78千米。

第35号：李文垚等代表“关于要求硬化银川乡胡李村马家山社至阳坡村丁家山社道路的议案”。

办理情况：扶贫办承办。已完成招投标工作，正在组织实施，计划投资143万元，硬化3.2千米道路。

第36号：李文垚等代表“关于要求硬化银川乡新庄村七社巷道的议案”。

办理情况：交通局承办。县财政局投资60.29万元，硬化新庄村社道路1.9千米。

第37号：李文垚等代表“关于要求硬化银川乡工匠村前庄社、大庄社巷道的议案”。

办理情况：交通局承办。已纳入三年规划，正在进行设计，争取明年实施。

第38号：李文垚等代表“关于要求硬化银川乡阳坡村六社、七社巷道的议案”。

办理情况：民委承办。投资16万元，

硬化阳坡村道路 0.5 千米。

第 39 号：李文垚等代表“关于要求硬化银川乡龙光村阴洼社巷道的议案”。

办理情况：民委承办。投入资金 108.5 万元，硬化龙光村道路 3.4 千米。

第 40 号：李文垚等代表“关于要求硬化银川乡鲁家湾村上湾社道路的议案”。

办理情况：交通局承办。硬化鲁家湾村社道路 1.3 千米。

第 41 号：李文垚等代表“关于要求硬化银川乡柏杨树村柏杨树社道路的议案”。

办理情况：交通局承办。已纳入三年规划，正在进行设计，争取明年实施。

第 42 号：马鹏飞等代表“关于要求加强大河家镇各村校、幼儿园师资力量的议案”。

办理情况：教育局承办。今年特岗计划补充 5 人，“公建民营”项目补充 3 人。

第 43 号：韩彦青等代表“关于要求对刘集乡河崖小学进行‘改薄’项目的议案”。

办理情况：教育局承办。投资 275 万元建成教学楼一幢。

第 44 号：马如花等代表“关于要求修建吹麻滩镇中庄村、前岭村幼儿园的议案”。

办理情况：教育局承办。中庄村投资 290 万元，正在修建教学楼，幼儿园已规划其中。前岭村小学目前校园面积不达标，计划整体搬迁。

第 45 号：马如花等代表“关于要求维修吹麻滩初级中学教学楼楼顶和楼面防水的议案”。

办理情况：教育局承办。维修方案正在进行设计批复。

第 46 号：李小军等代表“关于要求修建胡林家乡大庄小学的议案”。

办理情况：教育局承办。正在争取改扩建项目。

第 47 号：李小军等代表“关于要求修建胡林家乡何家村幼儿园的议案”。

办理情况：教育局承办。新建教学综合楼一幢，附设幼儿学前班。

第 48 号：李小军等代表“关于要求修建胡林家乡娄子湾村幼儿园的议案”。

办理情况：教育局承办。娄子湾小学已设学前班。

第 50 号：韩晓春等代表“关于要求修建郭干乡酸李树村幼儿园的议案”。

办理情况：教育局承办。酸李树村小学投资 280 万元，正在修建教学楼，幼儿园已规划其中。

第 51 号：马成海等代表“关于要求扩建癿藏镇杨家岭、红星、纳莫沟、甘藏沟、大庄六个小学的议案”。

办理情况：教育局承办。杨家岭、红星、甘藏沟小学已列入 2017 年改薄项目，教学楼已竣工。

第 52 号：马成海等代表“关于要求将癿藏镇纳莫沟小学建成六年制小学的议案”。

办理情况：教育局承办。今年修建了红星小学，纳莫沟村在红星小学服务半径之内。

第 53 号：马长福等代表“关于要求修建小关乡尕阴洼、大寺、大茨滩小学的议案”。

办理情况：教育局承办。已列入 2018 年改薄计划，正在开展前期工作。

第 56 号：马娜等代表“关于要求聘请高中专业骨干教师的议案”。

办理情况：教育局承办。2016 年从西北师大引进 11 名高中紧缺学科教师，今年从西北师大签约 2 名硕士。

第 57 号：马娜等代表“关于要求将民族中学、移民中学给予后续资金支持的议案”。

办理情况：教育局承办。今年县上筹措资金 82 万元用于民族中学、移民中学后续建设。

第 58 号：马娜等代表“关于要求提高班主任费补助标准的议案”。

办理情况：教育局承办。对所有班主任每人每月发放工作津贴 100 元，提标问题正在调研论证。

第 61 号：马元等代表“关于要求解决石塬乡肖红坪街道附属设施资金的议案”。

办理情况：住建局承办。已投资 200 万元实施肖红坪街道建设项目。

第 62 号：马如花等代表“关于要求在吹麻滩镇方家村埋设污水管道的议案”。

办理情况：住建局承办。县上正在实施县城道路及管网改造项目，明年全部建成。

第 63 号：马如花等代表“关于要求硬化县城滨河社区农贸路至花苑小区道路的议案”。

办理情况：住建局承办。县上正在实施县城道路及管网改造项目，明年全部建成。

第 67 号：马正荣等代表“关于要求解决安集街道排水设施和太阳能路灯的议案”。

办理情况：住建局承办。已列入“十三五”项目规划，正在开展前期工作，争取明年实施。

第 71 号：马云良等代表“关于要求实施居集街道亮化工程的议案”。

办理情况：住建局承办。正在争取项目，计划明年实施。

第 72 号：马成海等代表“关于要求解决乩藏镇街道美化亮化工程的议案”。

办理情况：住建局承办。正在争取项目，计划明年实施。

第 73 号：李文垚等代表“关于要求建设银川街道人行道的议案”。

办理情况：住建局承办。已列入“十三五”项目规划，正在进行可研等前期工作，列入明年项目实施。

第 75 号：马鹏飞等代表“关于要求修建周家村灌溉提灌的议案”。

办理情况：水电局承办。农发办对周家村提灌进行了升级改造，水电局对泵站引水坝进行了维修。

第 76 号：韩彦青等代表“关于要求改造刘集乡崔家村、团结村灌溉渠的议案”。

办理情况：水电局承办。已完成实施方案，计划实施积石山县五小水利工程。

第 77 号：韩彦青等代表“关于要求建设刘集河刘集段河堤的议案”。

办理情况：水电局承办。县发改局投资 470 万元，实施刘集河刘集段河堤工程，现已完工。

第 78 号：马如花等代表“关于要求维修原旧医院门口至上红嘴渠道的议案”。

办理情况：水电局承办。已完成实施方案，计划实施积石山县城防洪工程。

第 81 号：马云良等代表“关于要求治理居集镇居集河堤的议案”。

办理情况：水电局承办。计划投资 1556.6 万元实施银川河居集段堤防治理工程，正在办理“两证一书”。

第 82 号：马成海等代表“关于要求治理乩藏镇纳莫沟、红星、学文、旧城村河堤的议案”。

办理情况：水电局承办。计划投资2324.9万元实施银川河乩藏段堤防治理工程，正在办理“两证一书”。

第83号：马成海等代表“关于要求治理乩藏镇阴洼滩、旧城、桥头河床的议案”。

办理情况：水电局承办。计划投资2324.9万元实施银川河乩藏段堤防治理工程，正在办理“两证一书”。

第84号：马长福等代表“关于要求治理小关乡唐藏村、吴家堡村河床的议案”。

办理情况：水电局承办。计划投资2324.9万元实施银川河乩藏段堤防治理工程，正在办理“两证一书”。

第86号：马鹏飞等代表“关于要求保护大河家镇大墩村特色民族村寨的议案”。

办理情况：文化局承办。已列入民委保护规划，每年补助50万元，已实施三年。

第87号：韩彦青等代表“关于要求修建刘集乡陶家村文化广场的议案”。

办理情况：文化局承办。今年没有“六位一体”文化广场项目，但已建成乡村舞台。

第88号：韩彦青等代表“关于要求修建刘集乡崔家村文化广场及‘六位一体’为民服务中心的议案”。

办理情况：文化局承办。今年没有“六位一体”文化广场项目，但已建成乡村舞台。

第89号：韩彦青等代表“关于要求修建刘集乡阳洼村文化广场的议案”。

办理情况：文化局承办。今年没有“六位一体”文化广场项目，但已建成乡村舞台。

第90号：董国胜等代表“关于要求修建关家川乡白家沟村、赵家湾村文化广场的议案”。

办理情况：文化局承办。今年没有“六位一体”文化广场项目，但已建成乡村舞台。

第91号：马正荣等代表“关于要求修建安集乡三坪村彩陶王纪念馆的议案”。

办理情况：文化局承办。正在争取三坪遗址保护项目。

第92号：樊成晖等代表“关于要求修建寨子沟乡麻沟村‘六位一体’文化广场的议案”。

办理情况：文化局承办。今年没有“六位一体”文化广场项目，但已建成乡村舞台。

第93号：马海录等代表“关于要求修建徐扈家乡长家寺村‘六位一体’文化广场的议案”。

办理情况：文化局承办。今年没有“六位一体”文化广场项目，但已建成乡村舞台。

第94号：丁有杰等代表“关于要求修建中咀岭乡马家咀村文化广场的议案”。

办理情况：文化局承办。今年没有“六位一体”文化广场项目，但已建成乡村舞台。

第95号：马长福等代表“关于要求修建小关乡吴家堡村文体广场的议案”。

办理情况：文化局承办。今年没有“六位一体”文化广场项目，准备建设乡村舞台。

第96号：马进英等代表“关于要求修建柳沟乡尕集街道垃圾点、公共厕所和购置垃圾车的议案”。

办理情况：环保局承办。已实施国家农村环境连片整治项目，并进行企业化运营。

第97号：马云良等代表“关于要求解决居集镇环境卫生整治垃圾车及垃圾运输费的议案”。

办理情况：环保局承办。已实施国家农村环境连片整治项目，并进行企业化运营。

第 98 号：马云良等代表“关于要求新建居集镇垃圾处理填埋场的议案”。

办理情况：住建局承办。已列入“十三五”项目规划，正在进行可研等前期工作，列入明年项目实施。

第 99 号：马成海等代表“关于要求建设癿藏镇生活垃圾点的议案”。

办理情况：环保局承办。已实施国家农村环境连片整治项目，并进行企业化运营。

第 100 号：马成海等代表“关于要求解决癿藏镇专职公路保洁员的议案”。

办理情况：环保局承办。已实施国家农村环境连片整治项目，并进行企业化运营。

第 101 号：马成海等代表“关于要求解决小关至癿藏、铺川、银川、安集及临大公路沿线环境卫生人员、设备、经费的议案”。

办理情况：环保局承办。已实施国家农村环境连片整治项目，并进行企业化运营。

第 102 号：马鹏飞等代表“关于要求解决大河家镇中西医结合医院医生紧缺问题的议案”。

办理情况：卫计局承办。已上报需求报告，正在审批。

第 103 号：马成海等代表“关于要求修建铺川乡湫池村、上庄村、下庄村、张巴村 4 所卫生室的议案”。

办理情况：卫计局承办。下庄村卫生室 2009 年已建成，其余已列入扶贫项目，待项目下达后修建。

第 104 号：李小军等代表“关于要求治理胡林家乡胡林家村、何家村山坡滑坡的议案”。

办理情况：国土局承办。已邀请技术单位踏勘，设计文本已上报，待批复后进行治理。

第 106 号：韩彦青等代表“关于要求修建刘集乡刘集村异地搬迁点桥梁的议案”。

办理情况：发改局承办。投资 72 万元，新建桥梁一座。

第 107 号：马如花等代表“关于要求将县乡村公路管养经费列入县级财政预算的议案”。

办理情况：财政局承办。已在调整预算时从存量资金中拨付交通局县乡村公路管养经费 113 万元。

第 108 号：马海录等代表“关于要求扶持徐扈家乡乔干村、长家寺村蜜蜂养殖的议案”。

办理情况：农业局承办。蜜蜂蜂箱正在招标购置。

第 109 号：马鹏飞等代表“关于要求加大全县各学校附近小卖铺垃圾食品监管力度的议案”。

办理情况：食药局承办。与教育局联合整治，成效明显。

第 110 号：马鹏飞等代表“关于要求加大大河家镇大墩峡旅游景点开发力度的议案”。

办理情况：旅游局承办。已通过政府投资加民间投资的方式加大开发力度。

第 111 号：马海录等代表“关于要求对徐扈家乡长家寺村进行土地整理的议案”。

办理情况：土地整理中心承办。正在向省国土厅上报土地整理项目。

1 号建议案：韩晓春等代表“关于要求硬化郭干乡王家小学至王家村三社、八社道路的建议”。

办理情况：扶贫办承办。已完成招标投

标工作，正在组织实施，计划投资 74 万元，硬化道路 2 千米。

2 号建议案：韩晓春等代表“关于要求建设郭干乡徐家村两座便民桥的建议”。

办理情况：财政局承办。硬化徐家村社道路 2.25 千米（含便民桥 1 座）、海家村 1.6 千米（含便民桥 1 座）。

3 号建议案：韩晓春等代表“关于要求硬化建设郭干乡徐家村通村公路的建议”。

办理情况：交通局承办。已纳入三年规划，正在进行设计，争取明年实施。

4 号建议案：丁有杰等代表“关于要求硬化中咀岭乡金昌村道路的建议”。

办理情况：交通局承办。已纳入三年规划，正在进行设计，争取明年实施。

6 号建议案：马成海等代表“关于要求拓宽改造铺川乡湫池村陈家沟至陈家阴洼道路的建议”。

办理情况：财政局承办。硬化湫池村陈家沟社道路 1.6 千米。

8 号建议案：马成海等代表“关于要求拓宽改造蒲川乡张巴村嘴头至银川乡新庄村道路的建议”。

办理情况：交通局承办。已纳入三年规划，正在进行设计，争取明年实施。

9 号建议案：马腾飞等代表“关于要求修建大河家镇各村生活垃圾和垃圾处理厂的建议”。

办理情况：环保局承办。已实施国家农村环境连片整治项目，并进行企业化运营。

10 号建议案：马娜等代表“关于要求解决公开招聘引进教师待遇问题和制定长效性管理办法的建议”。

办理情况：人社局承办。已将马娜工资待遇按同等条件教师发放。

11 号建议案：韩晓春等代表“关于要求扶持郭干乡核桃种植产业的建议”。

办理情况：林业局承办。已嫁接核桃苗 1 万株，建成了 2 个示范基地。

（二）列入计划的 21 件议案建议

第 5 号：马元等代表“关于要求修建石塬乡刘安至三二家段便民桥的议案”。

办理情况：交通局承办。已列入数据库，并纳入三年规划，争取明年下达该项目建设计划，落实资金后实施。

第 13 号：李小军等代表“关于要求修建胡林家乡胡林家村架滩便民桥的议案”。

办理情况：交通局承办。已列入数据库，并纳入三年规划，争取明年下达该项目建设计划，落实资金后实施。

第 29 号：马长福等代表“关于要求铺设小关乡唐藏村道路边沟 U 形槽的议案”。

办理情况：交通局承办。争取明年下达建设计划。

第 49 号：马海录等代表“关于要求修建徐扈家乡徐扈家村、周家村幼儿园的议案”。

办理情况：教育局承办。已被列入脱贫攻坚三年计划。

第 54 号：马成海等代表“关于要求修建铺川乡湫池村、上庄村 2 所幼儿园的议案”。

办理情况：教育局承办。已列入脱贫攻坚三年规划。

第 55 号：李文垚等代表“关于要求修建银川乡新庄村幼儿园的议案”。

办理情况：教育局承办。已列入脱贫攻坚三年规划。

第 59 号：马鹏飞等代表“关于要求安装大河家镇各村太阳能路灯的议案”。

办理情况：住建局承办。通过积极汇报争取，将在以后的工作中解决。

第 60 号：韩彦青等代表“关于要求安装刘集乡河崖村、肖家村太阳能路灯的议案”。

办理情况：住建局承办。通过积极汇报争取，将在以后的工作中解决。

第 64 号：李小军等代表“关于要求安装胡林家乡高关村路灯的议案”。

办理情况：住建局承办。通过积极汇报争取，将在以后的工作中解决。

第 65 号：李小军等代表“关于要求安装胡林家乡胡林家村架滩社路灯的议案”。

办理情况：住建局承办。通过积极汇报争取，将在以后的工作中解决。

第 66 号：董国胜等代表“关于要求在关家川乡白家沟村、赵家湾村主干道安装太阳能路灯的议案”。

办理情况：住建局承办。通过积极汇报争取，将在以后的工作中解决。

第 68 号：樊成晖等代表“关于要求安装寨子沟乡寨子沟村文化广场至乡政府路灯的议案”。

办理情况：住建局承办。通过积极汇报争取，将在以后的工作中解决。

第 69 号：马海录等代表“关于要求安装徐扈家乡长家寺村、乔干村太阳能路灯的议案”。

办理情况：住建局承办。通过积极汇报争取，将在以后的工作中解决。

第 70 号：韩晓春等代表“关于要求安装郭干乡酸李树村至徐扈家乡毛家村路灯的议案”。

办理情况：住建局承办。通过积极汇报争取，将在以后的工作中解决。

第 74 号：李文垚等代表“关于要求安装吹桥公路银川段路灯的议案”。

办理情况：住建局承办。通过积极汇报争取，将在以后的工作中解决。

第 79 号：李小军等代表“关于要求治理胡林家乡胡林家村、高关村河道的议案”。

办理情况：水电局承办。已列入水利脱贫攻坚实施方案和“十三五”规划，计划实施吹麻滩河堤防治理工程。

第 80 号：马云良等代表“关于要求修建居集镇深沟村、田家村农田灌溉水渠的议案”。

办理情况：水电局承办。已列入水利脱贫攻坚实施方案，计划实施积石山县五小水利工程。

第 85 号：马鹏飞等代表“关于要求开发大河家镇临津古渡遗址的议案”。

办理情况：文化局承办。已列入“十三五”建设规划。

第 105 号：马云良等代表“关于要求治理居集镇劳动村五个社山体滑坡的议案”。

办理情况：国土局承办。将在今后的工作中研究解决。

5 号建议案：马成海等代表“关于要求修建蒲川乡乡村社道路边沟的建议”。

办理情况：交通局承办。争取明年下达该项目建设计划，落实资金后实施。

7 号建议案：马成海等代表“关于要求维修蒲川乡蒲川村董下大桥的建议”。

办理情况：交通局承办。已列入数据库，并纳入三年规划，争取明年下达该项目建设计划，落实资金后实施。

（三）因目前条件限制暂时无法办理的1件议案建议

第24号：马云良等代表“关于要求改造居集镇深沟村八社路段临大二级公路涵洞的议案”。

各位代表，人大代表提出议案建议是法律赋予代表的一项重要职权，是人大代表反映民情民意，参与行使国家权力的重要途径。随着人民代表大会制度的不断完善，人大代表依法履职的意识正在不断增强，履职能力正在逐步提高，人大代表代表人民提出议案建议的积极性也日趋高涨，所提数量逐年上升，质量不断提高，涉及领域更为广泛。在新的一年里，我们将在县委的坚强领导下，深入学习习近平新时代中国特色社会主义思想以及习近平总书记系列重要讲话精神和治国理政新理念新思想新战略，认真贯彻党的十九大精神，紧紧围绕统筹推进“五位一体”总体布局和协调推进“四个全面”战略布局，贯彻落实新发展理念，按照县委九届二次会议和十届人大二次会议精神，尊重人大的地位和职能，自觉接受县人大及全体代表的监督，积极为人大开展工作创造良好的条件。同时，在认真总结以往办理人大议案建议经验的基础上，针对存在的问题，深化认识，加强领导，采取有力措施，加大督办力度，切实推进人大议案依法办理进度，在提高解决率、满意率上狠下功夫，不断办出新的水平和新的成效。

最后，对县人大及全体代表们对县人民政府工作的关心、支持和理解，表示衷心的感谢！

中国人民政治协商会议
积石山保安族东乡族撒拉族自治县第九届
委员会常务委员会工作报告

——在政协积石山县第九届委员会第二次会议上

李征云

（2017 年 12 月 25 日）

各位委员、同志们：

我受政协积石山县第九届委员会常务委员会委托，向大会作第九届委员会常务委员会工作报告，请予以审议。并请各位列席人员提出意见、建议。

2017 年工作回顾

2017 年，县政协在中共积石山县委的坚强领导下，始终高举中国特色社会主义伟大旗帜，全面贯彻党的十八大和十八届三中、四中、五中、六中全会精神，认真学习党的十九大精神，深刻领会习近平新时代中国特色社会主义思想，牢固树立“四个意识”，切实增强“四个自信”，紧紧围绕统筹推进“五位一体”总体布局和协调推进“四个全面”战略布局要求，认真贯彻落实省州县党代会精神和县委决策部署，紧紧围绕全县工作大局，认真履行政治协商、民主监督、参政议政职能，充分发挥协调关系、汇聚力量、建言献策、服务大局作用，全面完成了九届一次会议以来确定的各项目标任务，为推动全县经济社会发展做出了应有的贡献。

一、加强理论武装，坚定理想信念，广泛凝聚团结奋斗正能量

县政协常委会始终把学习作为加强自身建设、提高履职水平的重要举措。深入学习贯彻党的十八大、十八届三中、四中、五中、六中全会精神、习近平总书记系列重要讲话精神、《中国共产党章程》、《政协章程》、《中国共产党党内监督条例》、《中国共产党纪律处分条例》、《关于新形势下党内政治生活的若干准则》，省州县党代会精神和“两会”精神。通过信息平台及时向委员编发党章党规、政协知识、精准扶贫、优化环境、控辍保学、禁毒、十九大精神等信息 58 条，让委员了解政策，认清发展形势，明确工作任务，进一步做好政协工作、履行政协职能的责任感和使命感。组织机关全体干部职工收看了党的十九大开幕会，仔细聆听了习近平总书记代表十八届中央委员会所作的报告。多次组织机关干部职工对十九大精神深入系统的学习，并进行交流发言。邀请州县党校教授教师对全体政协委员、机关全体干部职工进行了十九大精神专题辅导。通过集体学习、专题培训、心得交流、自学等形式，全面贯彻习近平新时代中国特色社会主义思想，深刻领会党的十九大提出的一系列新理念、新思想、新战略，牢固树立政治意识、大局意识、核心意识、看齐意识，坚定道路自信、理论自信、制度自信、文化自信，坚决维护以习近平为核心的中共中央权威，坚决服从中共中央集中统一领导，确保了人民政协事业沿着正确的政治方向前进。通过学习，提高了自身素质、提升了履职水平，增进了思想共识，夯实了各族各界委员团结奋斗的共同思想政治基础。

二、围绕中心工作，发挥政协优势，积极发出议政建言好声音

一年来，县政协常委会坚持县委的领导，主动争取政府的支持，使政协工作始终与县委、县政府政治上同向，思想上同心，工作上同力，紧紧围绕县委确定的实施“生态立县、教育强县两大战略，围绕一线布局抓文旅、主攻五大流域抓扶贫、突出组团协同抓发展”总体发展思路，以全面实施“十三五”规划、加快脱贫攻坚步伐、保障民生改善、促进社会和谐、加强协商民主为重点，立足于县情民情，着眼于民生民事，积极有为履职尽责。

（一）常委会重视调动政协委员的积极性和主动性，认真履行民主监督职能，积极反映社情民意，畅通群众利益诉求渠道，有效推动了政府部门的工作。倡导委员自觉担负起组织赋予的政治责任，通过出席各种会议、参加调研视察、提交提案、参与县上组织开展的监督、检查、行风评议等多种机会，积极主动地了解和反映党风、政风和行风方面的问题和不足，提出意见和建议。

（二）主席、各位副主席自觉服从县委的统一安排部署，经常深入基层，全面落实脱贫攻坚帮扶责任，经常深入联系村和联系户家中，与他们商讨脱贫致富路子，帮助解决发展中遇到的困难和问题。认真倾听群众呼声，了解和掌握大量的社情民意，并通过各种渠道，积极向县委、县政府反映基层的呼声，促进了县委、县政府决策的民主化、科学化。

（三）在全委会期间，委员们不仅围绕政协常委会工作报告、提案工作情况的报告和“一府两院”工作报告，进行了认真全面的协商，坦诚发表意见建议，而且就全县经济社会发展的重点问题及群众普遍关注的热点问题，积极努力地谋科学发展之举，建稳定和谐之言，献富民惠民之策，充分发挥了政治协商的职能作用，增强了协商议政的广泛性和实效性。全体县级干部出席政协开幕、闭幕大会，参加委员小组讨论并听取委员们的意见建议，提振了委员们参政议政的积极性。切实增强了委员们为全县经济社会发展服务的思想自觉和行动自觉，更加坚定做好政协工作、服务积石发展的信心和决心。

三、强化民主监督，促进民生改善，努力突出履职为民主旋律

（一）加大提案办理力度。提案工作是政协履行职能中最直接、最有成效的方式之一。为了使委员提案得到及时办理，积极与县政府协调召开提案交办会，督促承办单位加大提案办理力度。九届一次会议以来共收到委员提案105件，立案99件，截止11月底，已办理落实和正在办理的81件，占提案总数的81.82%；列入计划的12件，占12.12%；因条件所限暂无法办理的6件，占6.06%，各承办单位都向提案者实事求是地说明了情况，提案反映的生态建设、脱贫攻坚、社会养老等民生问题得到了重视和逐步解决，产生了良好的社会影响。

（二）做好民主评议工作。选派政协委员担任政风行风监督员，积极配合政风行风评议活动；组织部分委员参加县上主要领导的述职会、征求意见会等活动，为促进县委、县政府工作部署落实，优化政务环境和法治环境发挥了重要的监督作用。

（三）紧扣全县发展大局，积极建言献策。主席、各位副主席按照各自的分工安排，结合实际，组织各专委会围绕脱贫攻坚、重点项目建设、旅游产业发展、提案办理等方面自选课题，对县旅游局、交通局、环保局、重点项目工作进行调研视察。为了确保调研视察工作取得实效，我们及时成立了调研视察组，从7月份开始，深入实地，通过查、看、听，对全县重点项目、精准扶贫、旅游产业、环境保护、提案办理等工作有了进一步的了解，对发现的问题及时反馈相关部门。根据阶段安排，我们于9月份对全县重点项目建设情况、旅游产业发展、提案办理情况进行视察，分别形成专题报告，进一步助推了相关工作的开展。

四、加强团结、发挥优势，积极为全县经济社会发展献计出力

县政协常委会坚持以促进全县发展为己任，注重自身优势，充分发挥政协联系广泛、沟通协调、团结群众的优势，鼓励广大政协委员主动作为，努力为群众办实事、办好事。一是各族各界委员自觉担当组织赋予的重任，主动履行职责，在不同的岗位上谋思路、出实招，说实话、办实事，建诤言、献良策；充分利用自身的威望和影响，深入基层、深入群众，积极响应政协倡议，带头参与争创全域无垃圾示范县活动，带头争做文明出行模范。二是认真扎实开展精准扶贫、精准脱贫工作。县政协主席、各位副主席率先垂范，经常深入联系乡镇和农户，详细了解贫困户基本情况，认真指导精准扶贫、精准脱贫各项工作。县政协机关抽调41名同志组成的驻村工作队，分别深入关家川乡何家村和胡林家乡高关村，与自己帮扶的贫困户对接，扎实开展帮扶工作。同时为寨子沟乡东坪寺村委会、刘集乡崔家村委会捐赠电脑、办公桌凳、资料柜共40多件。三是动员政协委员为社会公益事业捐款助力，王志胜、张学财等委员为“精准扶贫专户”捐款共计130多万元，以自己的实际行动为困难群众解难题、办实事、办好事。总之，广大政协委员积极响应县政协常委会的号召，紧紧围绕全县中心工作，各尽其能，为促进全县经济社会持续健康发展做出了积极的贡献。

五、坚持与时俱进，推动工作创新，注重树立政协履职新形象

县政协常委会主动适应新形势新任务的

时代要求，把加强自身建设摆在突出位置，提升了政协工作的科学化水平，为政协履行职能提供了重要保障。一是强化机关党的建设。县政协党组自觉担负在政协工作中的领导重任，及时召开党组会议，研究部署政协工作中的重大事项，积极履行党组主体责任。健全“三会一课”制度，建立主题“党日”制度，党组书记带头讲党课、交流心得，举办庆“七一”系列党性教育活动，深入推进机关党的建设。二是推进“两学一做”学习教育常态化、制度化和“三纠三促”专项行动，以解决突出问题为重点，以提升机关效能为抓手，以推动重点工作为目的，不断增强机关干部政治意识、大局意识、核心意识和看齐意识，营造了风清气正的干事创业环境。三是认真贯彻习近平总书记关于党风廉政建设责任制的一系列重要论述和中央八项规定精神、省委“双十条”、州委“五要十不准”、县委“六个必须十二个严禁”规定精神，对调研视察、民主监督、会务会风、机关管理等方面作出了详细的规定，减少会议，精简文件，控制“三公经费”支出。把党纪、党规挺在前面，完全落实到行动上，进一步强化纪律意识、规矩意识、责任意识、廉政意识。四是按时完成了28万字的《积石山县史话》再编工作，现已出版发行。同时整理完成了《积石山县组织史*2012–2017年政协篇》编写任务。五是加强协作配合交流。积极配合全国政协在我县开展视察调研1次，省政协调研2次，州政协视察调研6次，兄弟县（市）政协学习考察活动2次，向州政协报送调研报告4份。六是强化委员管理。认真开展联络服务、履职统计，主席、各位副主席走访了151名政协委员，与他们促膝而谈，了解他们的履职情况，完善档案，鼓励他们继续为全县发展贡献力量。

各位委员，过去的一年，县政协工作所取得的成绩，是中共积石山县委坚强领导的结果，是县人民政府和社会各界大力支持、热情帮助的结果，是各族各界委员共同努力的结果，与县直有关单位、各乡镇以及各位领导的支持是分不开的。在此，我谨代表政协积石山县第九届委员会常务委员会，向所有关心和支持政协工作的各位领导和同志们表示崇高的敬意和由衷的感谢！

在看到成绩的同时，我们也清醒地认识到自身工作中的问题和不足。与县委的要求和人民群众的期望相比，与新形势下人民政协承担的任务相比，工作中还存在一些不足，需要切实加以改进。如议政建言的质量还有待提高、民主监督办法还不够多、社情民意信息工作不够畅通、委员管理机构不健全，委员主体作用发挥不够充分，一些委员履行职责的积极性不高、主动性不强，有的委员既不参加会议、不提提案，也不反映社情民意的问题等等。在此，真诚希望广大委员对常委会工作提出批评和建议，以利于我们把今后的工作做的更好。

2018年工作打算

2018年是全面贯彻中共十九大精神、决胜全面建成小康社会、开启全面建设社会主义现代化强国新征程的重要一年，做好政协工作意义重大。县政协工作的总体要求是：高举中国特色社会主义伟大旗帜，以习近平新时代中国特色社会主义思想为指导，深入学习贯彻党的十九大精神，坚决维护以习近平总书记为核心的党中央权威和集中统一领导，牢固树立和践行政治意识、大局意识、核心意识、看齐意识，始终坚定道路自信、理论自信、制度自信、文化自信。认真落实中央、省委、州委重大决策部署和县委九届五次全委（扩大）会议精神，紧紧围绕“1332”工作思路，按照习近平总书记“有事好商量，众人的事情由众人商量”的要求，把协商民主贯穿于政治协商、民主监督、参政议政全过程，不忘初心，牢记使命，坚定信念，积极履职，充分发挥人民政协协调关系、汇聚力量、建言献策、服务大局的重要作用，努力开创新时代政协工作新局面，为打赢脱贫攻坚战、决胜全面建成小康社会、建设幸福美好新积石做出积极贡献。

一、围绕学习党的十九大精神，着力提升履职能力和水平

深入学习贯彻十九大精神，是当前和今后一个时期县政协的一项首要政治任务，贯穿到政协工作的始终，通过举行委员座谈会、专题报告会、集中培训和心得交流等多种形式，在全县广大政协委员和政协机关中兴起学习贯彻大会精神的热潮，深刻领会十九大精神实质，坚定高举中国特色社会主义伟大旗帜，走中国特色社会主义道路的决心和信心，进一步增强做好政协工作的责任感和使命感。要把学习贯彻十九大精神与贯彻落实省州党代会精神结合起来，与贯彻落实全县发展思路及县委、县政府2018年工作重点结合起来；要把学习贯彻大会精神与科学履行政协职能结合起来；要采取多种形式，把政协委员和各族各界人士的思想和行动统一到党的十九大精神上来，统一到省委、州委和县委重大决策部署上来，找准政协工作的着力点，为打赢脱贫攻坚战、全面建成小康社会，更加广泛地凝聚共识、凝聚智慧、凝聚力量。

二、围绕推进全县转型跨越发展，深入开展视察调研

认真贯彻县委主攻“三个战场”（南部到户到人促脱贫、北部旅游带动强产业、中部县城改造优环境），打赢“三场硬仗”（脱贫攻坚、旅游开发、县城建设）的工作思路，充分发挥政协优势，集中力量研究协商事关全县发展的重大问题，为推进经济发展集思广益、建言献策。一是围绕精准脱贫工作，组织委员到村到户开展调研，研究致贫原因，思考对策建议，为我县脱贫攻坚献计献策。二是对项目建设进行实地视察，研究分析全县项目争取工作中存在的困难和问题，对已开工建设的项目，针对抓好工程质量和安全生产、了解项目监管情况及相关人员责任落实情况等提出意见建议。

三、围绕保障和改善民生，不断加大民主监督力度

要按照省委、州委出台的《关于进一步加强政协工作推进人民政协协商民主建设的实施意见》，认真履行民主监督职能，不断加大民主监督力度。围绕县委、县政府重大工作的部署落实，促进和服务于全县经济社会科学发展、跨越发展、和谐发展。以加快旅游业发展强产业和改造城区优环境为主题，开展委员活动日，关注我县旅游业发展和城区改造过程中的突出问题，提出加快旅游业发展和促进城区改造的意见建议。同时要围绕食品安全等事关群众切身利益、反映强烈的热点、难点问题，开展专题议政会，及时准确地反映居民的意见和呼声。把提案作为保障和改善民生问题最有效的途径，认真做好九届二次会议提案的筛选、归纳、整理、审查立案、分解交办工作。实行重大提案党政领导阅批、重要提案政协主席、副主席督办制度，使办结率得到进一步提升。

四、围绕发挥委员作用，着力提升委员整体素质

要进一步丰富活动内容，创新活动形式，完善激励约束机制，要求全体政协委员不断增强责任意识和履职意识，主动履行自己的职责，认真撰写提案、反映社情民意，积极参加政协组织的各种活动。组织引导各族各界委员广泛深入地宣传党的民族宗教政策，不断增进我县各族群众对伟大祖国的认同、对中华民族的认同、对中华文化的认同、对中国特色社会主义道路的认同，筑牢中华民族共同体意识。政协委员要带头开展“三个离不开”教育，加强各族群众之间的交流交往交融，促使全县各族人民像石榴籽一样抱在一起，共同团结奋斗、共同繁荣发展。继续深入开展委员助力脱贫攻坚行动，倡导各族各界委员特别是经济界、工商界、民族宗教界的委员继续开展扶贫济困、爱心救助等社会活动，尽心尽力帮助困难群众和弱势群体解决生产生活困难，诚心诚意为群众办好事、办实事，真正把“人民政协为人民”的理念体现到履行职能的各项工作中。

五、着力加强自身建设，不断提高政协工作水平

全面落实新时代对人民政协工作的新要求，进一步加强自身建设，着力提高履职能力，不断提升政协工作水平。一要切实加强机关党的建设。始终坚持党对政协工作的领导，协商议政的内容报请县委审定，重大事项及时请示县委，重要工作和活动邀请县委、县政府领导指导。自觉落实两个责任，严守政治纪律和政治规矩，继续贯彻落实习近平总书记关于党风廉政建设责任制的一系列重要论述和省委、州委、县委关于党风廉政建设责任制的有关规定精神，确保把党的主张不折不扣地落实到政协工作中，贯彻到社会各界的广泛共识和共同行动之中。二要切实加强委员队伍建设。根据省委州委《关于进一步加强政协工作推进人民政协协商民主建设的实施意见》，报请县委，成立县政协委员联络室，进一步强化对委员的管理。不断提高政治把握能力、调查研究能力、联系群众能力、合作共事能力，努力打造一支“懂政协、会协商、善议政”、“守纪律、讲规矩、重品行”的政协委员队伍，更好地发挥政协委员在政协工作的主体作用、本职工作中的带头作用、界别群众的代表作用。三要切实加强专委会建设。着力提高各专委会的思考谋划能力、协调组织能力、调查研究能力、协商议政能力，使专委会真正成为联系委员的纽带、协商民主的平台、发挥界别优势的载体，更好地体现专委会在人民政协工作中的基础性作用，全面活跃政协工作。四要切实加强机关作风建设。要认真学习贯彻习近平总书记关于进一步纠正“四风”、加强作风建设的重要批示精神，坚定不移贯彻落实中央八项规定及其实施细则精神，坚持问题导向，以永远在路上的恒心和韧劲抓好作风建设，用过硬的措施抓好整改落实，以领导干部的“头雁效应”带动机关作风转变，坚持锲而不舍地抓作风建设。教育干部职工牢固树立为委员服务、为政协工作、为全县发展服务的责任意识。努力造就一支政治坚定、作风优良、学识丰富、业务熟练的高素质政协干部队伍，进一步增强做好政协人、干好政协事的责任感和使命感，确保政协工作顺利开展。

各位委员、同志们，新思想引领新时代，新使命开启新征程。我们要更加紧密地团结在以习近平同志为核心的中共中央周围，在中共积石山县委的坚强领导下，高举中国特色社会主义伟大旗帜，以习近平新时代中国特色社会主义思想为指引，不忘初心，牢记使命，同心同德，埋头苦干，攻坚克难，为决胜全面建成小康社会、建设幸福美好新积石做出新的贡献，谱写人民政协事业发展的新篇章！

关于政协积石山县九届一次会议委员提案办理情况的报告

积石山县人民政府

（2017 年 12 月 25 日）

各位委员：

现将县人民政府办理政协积石山县九届一次会议委员提案建议情况报告如下，请提出宝贵意见。

一、基本情况

在政协积石山县九届一次会议期间，参加会议的全体委员以高度的政治责任感和严肃负责的态度，认真履行政治协商、民主监督、参政议政的职能，对县政府工作报告进行了积极而广泛的讨论协商，紧紧围绕县委、县政府的中心工作和全县各族干部群众普遍关心的问题，坦陈己见，建言献策，共商富民兴县的大计。县政协九届一次会议以来，共立案提案建议案 99 件，其中提案 96 件，建议案 3 件，全部由县政府办理。提案建议案涉及交通方面 30 件，城管方面 10 件，文化方面 9 件，教育方面 8 件，组织、水电方面各 6 件，农业、水保方面各 4 件，医疗卫生、城乡建设方面 3 件，环保、统战、旅游、林业方面各 2 件，人社、发改、科技、社保、医保、畜牧、工商联、乩藏镇方面各 1 件。

二、主要做法

新一届县人民政府在认真总结近几年工作经验的基础上，进一步提高认识，改进方法，使办理质量和水平有了新的提高。主要做法有以下几个方面：

（一）提高认识，加强领导，明确责任，确保提案办理工作顺利进行

县政府十分重视政协提案办理工作，接到县政协转交的提案后，及时召开提案交办会，按职能分工交有关部门承办。办理过程中，各承办部门深化认识，切实加强对提案办理工作的领导，形成了“主要领导高度重视，分管领导亲自挂帅，业务部门具体承办”的工作机制。对一些涉及面广、办理难度较大的提案，县政府各县长、各部门主要领导亲自抓，认真研究，督促协调，掌握进展，确保了办理工作的顺利进行。

（二）健全制度，规范程序，完善管理，使提案办理工作依法、有序和规范

一是抓好建章立制，从提案的承接、交办、督促、答复等各个环节，坚持严格的工作制度、工作程序和工作纪律，使办理工作

实现了制度化、程序化和规范化；二是印发有关制度规定、表格资料，供承办部门参照学习和使用，并利用交办会对各部门具体承办人员进行业务指导，就办理工作各个环节的要求及规范进行详细的讲解；三是办理过程中加强对各个环节的督促检查和协调工作，确保事事有人办，件件有答复。

（三）改进方法，加强督办，协调配合，注重了提案办理实效

各承办单位以认真负责的态度，深入调查研究，根据政策规定和现有条件，实事求是地给予办理和作出答复。对提案事项及要求符合现行政策又有条件办理的都给予及时办理，确保提案办理取得实效；对提案事项及要求合理，但目前条件还不具备的，争取尽快办理，或列入计划逐步办理；对提案事项及要求不符合现行政策或因权限、资金等因素限制，确实难以办理的，将在以后的工作中尽力研究办理。在办理过程中县政府加强对办理工作的组织协调、督促检查和业务指导，今年9月，县政府分管县长召开推进会，对提案办理工作进一步进行了部署要求和督促指导。县政府督查室定期或不定期对有关承办单位进行督查，督促有关单位加快工作进度，抓好工作落实。

三、办理成效

通过县政府的重视、县政协及广大委员的支持与配合、各承办单位积极努力，县政协九届一次会议转交的99件提案全部落实到位。从办理结果来看，已办理和正在办理的提案建议81件，占81.82%；列入计划的提案建议12件，占12.12%；因条件限制暂时无法办理的提案建议6件，占6.06%。

（一）已办理和正在办理的81件提案建议

第2号：马俊武等委员“关于维修乩藏镇阴洼滩、旧城、桥头农路的提案”。

办理情况：交通局承办。阴洼滩桥已于9月开工建设，现已完工，其他两座桥已列入计划。

第4号：马国潮等委员“关于请求硬化刘集乡高李村4、5、6社村社道路的提案”。

办理情况：交通局承办。已纳入三年规划，正在进行设计，争取明年实施。

第5号：白向林等委员“关于请求硬化寨子沟乡东坪寺村社道路的提案”。

办理情况：交通局承办。通过财政专项扶贫资金投资190.6万元，硬化东坪寺村社道路6千米；通过中央预算内投资95万元，硬化东坪寺村社道路2千米。

第6号：白向林等委员“关于请求硬化寨子沟乡麻沟村四社至曹姚小学道路的提案”。

办理情况：交通局承办。通过积石山县财政专项扶贫资金，硬化麻沟村社道路5.6千米。

第7号：白向林等委员“关于请求硬化寨子沟乡侯家坪村二社至四社道路的提案”。

办理情况：交通局承办。已纳入三年规划，正在进行设计，争取明年实施。

第8号：白向林等委员“关于请求硬化寨子沟乡麻沟村社巷道的提案”。

办理情况：交通局承办。通过较少民族发展专项投资项目硬化麻沟村社道路6千米，投资240万元。

第9号：马如祥等委员“关于请求解决郭干乡大杨家村至铺川乡道路拓宽硬化的

提案”。

办理情况：交通局承办。通过财政专项扶贫资金投资 69.9 万元，硬化大杨家村村道路 2.2 千米；通过中央预算内投资 450 万元，硬化杨家村社道路 9 千米。

第 10 号：马有忠等委员“关于请求拓宽硬化大河家镇韩陕家到关门乡村道路的提案”。

办理情况：交通局承办。已纳入三年规划，正在进行设计，争取明年实施。

第 11 号：宗桑吉等委员“关于请求解决中咀岭乡金昌村巷道硬化的提案”。

办理情况：交通局承办。已纳入三年规划，正在进行设计，争取明年实施。

第 12 号：马成虎等委员“关于请求硬化银川乡阳坡村台子社至胡李村马家道路的提案”。

办理情况：交通局承办。已纳入三年规划，正在进行设计，争取明年实施。

第 13 号：马维明等委员“关于请求硬化居集镇深沟村、田家村、茨滩村农户巷道的提案”。

办理情况：交通局承办。已纳入三年规划，正在进行设计，争取明年实施。

第 15 号：马维明等委员“关于请求硬化居集镇居集村社区农户巷道的提案”。

办理情况：交通局承办。已纳入三年规划，正在进行设计，争取明年实施。

第 17 号：杨在鹏等委员“关于解决安集乡红路岭村至安家坪社道路硬化的提案”。

办理情况：交通局承办。通过库区移民基础设施建设项目投资 70 万元，硬化红路岭社道路 1.8 千米。

第 20 号：韩学义等委员“关于请求硬化中咀岭乡中咀岭村社巷道的提案”。

办理情况：交通局承办。通过库区移民基础设施建设项目投资 48 万元，硬化中咀岭村一社、二社巷道 1.6 千米。

第 21 号：张登新等委员“关于请求对关家川乡白家沟村、赵家湾村村社巷道硬化的提案”。

办理情况：交通局承办。通过中央预算内资金投资 120 万元，硬化白家沟村大山社至何家庄社道路 2 千米；通过以工代赈项目投资 120 万元，硬化赵家湾村社道 2.9 千米。

第 22 号：张春芳等委员“关于请求建设石塬乡肖红坪村至石塬村公路的提案”。

办理情况：交通局承办。已纳入“油返砂”数据库，上报上级交通部门，争取明年建设。

第 23 号：马胜明等委员“关于治理铺川乡张巴村窑沟寺水土流失，阳山社巷道急需硬化的提案”。

办理情况：交通局承办。通过库区移民基础设施建设项目投资 48 万元，硬化一、二、三、四社道路，正在编制施工图设计。投资 48 万元，硬化窑沟寺社至张巴村小学道路。阳山社巷道已纳入数据库，争取明年下达建设计划。

第 25 号：马录退等委员“关于请求硬化胡林家乡山庄村社道路的提案”。

办理情况：交通局承办。已纳入三年规划，正在进行设计，争取明年实施。

第 26 号：马录退等委员“关于请求硬化胡林家乡胡林家村社道路的提案”。

办理情况：交通局承办。已纳入三年规划，正在进行设计，争取明年实施。

第 27 号：陈有鑫等委员“关于请求硬

化团结社区巷道的提案”。

办理情况：交通局承办。已纳入三年规划，正在进行设计，争取明年实施。

第 29 号：穆国真等委员“关于请求硬化吹麻滩镇林坪村移民安置点巷道的提案”。

办理情况：交通局承办。已纳入三年规划，正在进行设计，争取明年实施。

第 30 号：杨在鹏等委员“关于请求硬化吹桥公路至杨家湾村委会道路的提案”。

办理情况：交通局承办。通过库区移民基础设施建设项目投资 40 万元，硬化杨家湾村后头沟社道路。未硬化道路已列入交通局数据库，争取明年实施。

第 31 号：张二月花等委员“关于请求修建银川乡阳坡、鲁家湾、水陈、张家四个村村校教学楼的提案”。

办理情况：教育局承办。阳坡、鲁家湾、水陈、张家小学校舍完好。水陈、张家村于 2016 年修建村级幼儿园。

第 32 号：马占林等委员“关于在胡林家乡山庄村曹家庙修建幼儿园等提案”

办理情况：教育局承办。山庄村已于 2016 年修建村级幼儿园。

第 33 号：杨在鹏等委员“关于请求重建安集乡杨家湾小学校舍的提案”。

办理情况：教育局承办。安集乡杨家湾小学校舍重建项目已列入计划，正在争取项目。

第 34 号：马占林等委员“关于胡林家乡娄子湾村修建幼儿园的提案”。

办理情况：已在娄子湾小学开办了学前班，招收该村适龄幼儿接受学前教育。

第 35 号：马占林等委员“关于胡林家乡何家村修建幼儿园的提案”。

办理情况：教育局承办。依托改薄建设项目新建综合教学楼一幢，附设幼儿学前班。

第 36 号：马占林等委员“关于请求修建胡林家乡胡林家架滩小学及幼儿园的提案”。

办理情况：教育局承办。县上计划在县城东区建设一所幼儿园，正在进行可研等前期工作。

第 37 号：马占林等委员“关于请求修建胡林家乡大庄小学的提案”。

办理情况：教育局承办。大庄村于 2016 年修建村级幼儿园，正在争取改扩建项目。

第 38 号：马俊武等委员“关于请求建设乩藏镇桥头村、甘藏沟村幼儿园的提案”。

办理情况：教育局承办。甘藏沟村幼儿园正在建设，桥头村幼儿园正在争取项目。

第 39 号：安福雄等委员“关于请求修建柳沟乡樊家沟村文化广场的提案”。

办理情况：文化局承办。今年没有安排“六位一体”文化广场建设项目，但已建成乡村舞台。

第 40 号：安福雄等委员“关于请求修建柳沟乡马家村文化广场的提案”。

办理情况：文化局承办。今年没有安排“六位一体”文化广场建设项目，但已建成乡村舞台。

第 41 号：马玉辉等委员“关于请求建设积石山县大河家镇保安族古城的提案”。

办理情况：文化局承办。正在积极争取上报。

第 42 号：马青等委员“关于请求召开积石山县文学艺术界联合会的提案”。

办理情况：县文联承办。正在筹备，计划 2018 年召开。

第 43 号：王志胜等委员“关于请求在安集乡三坪村鲁坪社修建‘彩陶王’纪念馆的提案”。

办理情况：文化局承办。正在争取三坪遗址保护项目。

第 44 号：马哈三等委员“关于请求在小关乡吴家堡村修建文化广场的提案”。

办理情况：文化局承办。今年没有安排“六位一体”文化广场建设项目，计划建设乡村舞台，正在选址。

第 45 号：冶成仁等委员“关于请求帮助建设大河家镇文化广场项目的提案”。

办理情况：文化局承办。计划在大河村二社修建占地 26550 平方米的文化广场，现已完成征地拆迁和场地平整。

第 46 号：马俊武等委员“关于请求帮助建设乩藏镇桥头、甘藏沟、杨家岭、学文、阴洼滩、红星、纳莫沟、麻坝八个村文化室的提案”。

办理情况：宣传部承办。旧城村、吊地洼村、甘藏沟村、阴洼滩村、麻巴村、桥头村已建成村综合文化服务中心，红星村、学文村已完成初步建设计划，正在筹措资金。

第 47 号：白向林等委员“关于请求安装寨子沟乡寨子沟村文化广场至乡政府道路路灯的提案”。

办理情况：财政局承办。正在编制上报项目，待资金落实后实施。

第 48 号：马哈给等委员“关于请求安装徐扈家乡长家寺村、乔干村、五十里铺村太阳能路灯的提案”。

办理情况：财政局承办。正在编制上报项目，待资金落实后实施。

第 49 号：马哈三等委员“关于请求在小关乡大茨滩村、阴洼滩村、唐藏村安装太阳能路灯的提案”。

办理情况：财政局承办。正在编制上报项目，待资金落实后实施。

第 50 号：张德虎等委员“关于请求在吹麻滩镇方家村六、七社安装太阳能路灯的提案”。

办理情况：财政局承办。正在编制上报项目，待资金落实后实施。

第 51 号：白向林等委员“关于请求修建寨子沟乡麻沟村‘六位一体’文化广场的提案”。

办理情况：文化局承办。今年没有安排“六位一体”文化广场建设项目，但已建成乡村舞台。

第 52 号：余文奎等委员“关于请求解决居集镇社区办公场所的提案”。

办理情况：组织部承办。已列入《积石山县村级活动场所建设三年计划》，正在开展前期工作，计划明年建设。

第 53 号：马占林等委员“关于请求修建胡林家乡山庄村委会、吊坪村委会的提案”。

办理情况：组织部承办。山庄村委会、吊坪村委会已于 2017 年 10 月建成投入使用。

第 54 号：崔国仁等委员“关于请求修建刘集乡崔家村‘六位一体’便民服务中心的提案”。

办理情况：组织部承办。崔家村委会修建工程已于 2017 年 6 月动工，于 2017 年 10 月建成投入使用。

第 55 号：马东云等委员“关于请求提高和落实乡村残疾人专职委员和专门协会委员工作补助的提案”。

办理情况：残联承办。已将乡镇和社区残疾人专职委员纳入公益性岗位，村级残疾人专职委员和专门协会委员补助争取2018年落实。

第56号：张登新等委员“关于请求修建关家川乡张家村委会的提案”。

办理情况：组织部承办。张家村委会修建工程已于2017年4月动工，于2017年9月全部建成，已投入使用。

第57号：马安有等委员“关于请求修建大河家镇四堡子村‘六位一体’便民服务中心的提案”。

办理情况：组织部承办。对原村委会进行了维修，现已正常办公。

第58号：马维明等委员“关于解决居集街道路灯亮化工程的提案”。

办理情况：城管局承办。正在争取项目，计划明年实施。

第59号：祁永胜等委员“关于取缔居集街道马路市场的提案”。

办理情况：城管局承办。已开展联合执法，并签订了“三包”责任书，引导经营户规范经营。

第60号：陈有鑫等委员“关于取缔吹麻滩镇农贸路马路市场的提案”。

办理情况：城管局承办。已开展联合执法，并签订了“三包”责任书，引导经营户规范经营。

第62号：马进贵等委员“关于加大县城基础设施建设力度的提案”。

办理情况：住建局承办。正在实施总投资2.92亿元的县城道路管网及配套设施改造工程，计划2018年8月完工并投入使用。

第63号：武彩霞等委员“关于滨河社区农贸路至花苑小区道路硬化的提案”。

办理情况：城管局承办。县上正在实施县城管网及道路改造工作，明年8月完工并投入使用。

第64号：杨在鹏等委员“关于解决安集街道排水及路灯安装工程的提案”。

办理情况：城管局承办。已实地进行丈量核算，正在编制实施方案。

第65号：武彩霞等委员“关于解决银川路路灯不亮问题的提案”。

办理情况：城管局承办。正在实施临银路道路及配套设施工程。

第66号：武彩霞等委员“关于团结社区、滨河社区安装太阳能路灯的提案”。

办理情况：城管局承办。正在实施县城道路及配套设施工程。

第67号：张二月花等委员“关于维修银川乡银川、龙光等7个村自来水管道的提案”。

办理情况：水电局承办。投资4256万元的积石山县农村饮水小型集中供水和分散式供水改造工程于11月15日开工，银川乡7个村在项目实施范围之内。

第68号：余文奎等委员“关于治理居集河河堤的提案”。

办理情况：水电局承办。计划投资1556.6万元实施银川河居集段堤防治理工程，目前正在办理“两证一书”。

第69号：余文奎等委员“关于修建居集镇深沟村、田家村基本农田灌溉水渠的提案”。

办理情况：水电局承办。已完成实施方案，计划投资2800万元实施积石山县五小水利工程。

第 70 号：马俊武等委员“关于治理小关乡小关河、风沟河、黑沟河 8 千米河堤的提案”。

办理情况：水电局承办。正在开展前期工作，计划投资 3800 万元实施农村河道防洪治理工程。

第 71 号：马俊武等委员“关于对桥头后河河堤治理的提案”。

办理情况：水电局承办。计划投资 2324.9 万元实施银川河乩藏段堤防治理工程，目前正在办理“两证一书”。

第 72 号：马哈三等委员“关于对小关河河床治理的提案”。

办理情况：水电局承办。计划投资 2324.9 万元实施银川河乩藏段堤防治理工程，目前正在办理“两证一书”。

第 74 号：马占林等委员“关于请求治理胡林家乡胡林家村、何家村山体滑坡的提案”。

办理情况：国土局承办。设计文本已上报省国土厅，待省国土厅勘查现场后实施治理项目。

第 75 号：马哈三等委员“关于对小关乡尕阴洼村、唐藏村 1000 亩土地整治的提案”。

办理情况：水保局承办。小关乡唐藏村已纳入 2017 年水保项目治理范围，对该村土地进行了整治，小关乡尕阴洼村土地整治将列入 2018 年水保项目中进行整治。

第 77 号：马维明等委员“关于在居集镇建社垃圾处理场的提案”。

办理情况：住建局承办。已列入“十三五”项目规划，正在进行可研等前期工作，列入明年项目实施。

第 78 号：任彦虎等委员“关于请求修建吹麻滩河胡林家架滩河至县医院东南大桥的提案”。

办理情况：住建局承办。已列入“十三五”项目规划，正在进行可研等前期工作，列入明年项目实施。

第 80 号：马占明等委员“关于增加积石山县中西结合医院医技人员的提案”。

办理情况：卫计局承办。已上报需求报告，正在审批。

第 82 号：马俊武等委员“关于在乩藏镇桥头、甘藏沟、杨家岭、学文、麻坝五个村修建村级卫生室的提案”。

办理情况：卫计局承办。甘藏沟村卫生室于 2016 年 5 月建成使用，桥头村卫生室正在上报项目，杨家岭、学文、麻坝村卫生室已列入“三州三区”扶贫攻坚项目中。

第 83 号：马光耀等委员“关于改造建设大河家镇下水排污设施建设的提案”。

办理情况：住建局承办。大河家镇生活污水处理厂项目已于 2015 年 3 月开工，目前已竣工验收，正在进行调试。

第 84 号：马俊武等委员“关于新建积石山县乩藏镇生活垃圾处理厂的提案”。

办理情况：住建局承办。已列入“十三五”项目规划，正在进行可研等前期工作，列入明年项目实施。

第 85 号：毛学虎等委员“关于居集镇业卜湾村红崖寺林木保护的提案”。

办理情况：林业局承办。已列入明年造林项目计划，正在积极争取三北退化防护林等造林绿化项目。

第 86 号：善忠元等委员“关于在寨子沟乡善家大坪进行工程造林的提案”。

办理情况：林业局承办。已列入明年造林项目计划，正在积极争取三北退化防护林等造林绿化项目。

第 87 号：马仲仁等委员“关于提高县

政协委员生活费的提案”。

办理情况：统战部承办。已将符合条件的县政协委员从每人每月 441 元提高到每月 701 元。

第 88 号：马超雄等委员“关于增加大河家镇城镇管理局职工的提案”。

办理情况：人社局承办。已统计各单位超缺编情况，明年给予支持和倾斜。

第 92 号：马哈三等委员“关于小关乡吴家堡村九社十社、唐藏村十一社十二社群众进行易地搬迁的提案”。

办理情况：发改局承办。计划在县城修建易地扶贫搬迁住宅小区，确定小关乡吴家堡村九社集中安置对象 2 户。

第 94 号：马香梅等委员“关于将非公企业人士的培训考察列入县委县政府的培训计划的提案”。

办理情况：工商联承办。今年 11 月组织全县 46 名非公企业人士在省社会主义学院进行了为期 6 天的培训考察。

会后提案：马青等委员“关于请求提升我县尕护林、黄草坪等旅游景点质量的提案”。

办理情况：旅游局承办。开展了旅游安全和市场的规范整治，并对环境卫生进行了联合整治。

1 号建议案：毛学虎等委员“关于解决居集镇环境卫生整治、各村配备垃圾运输车、运输费的建议”

办理情况：城管局承办。已委托中科康洁公司企业化运营。

2 号建议案：马木洒等委员“关于加强全县民族团结、深入开展知恩感恩活动的建议”

办理情况：宣传部、统战部承办。已在全县范围内开展了“村民知情大会”“两户见面会”等一系列知恩感恩活动。

3 号建议案：陈世文等委员“关于协助马学明清除通向大墩峡道路障碍的建议”

办理情况：旅游局承办。争取国家投资 1250 万元，硬化景区入口道路 1 千米，对关门群众进行宣传疏导，人为设置道路障碍情况得到有效解决，保证了景区道路通行。

（二）列入计划的 12 件提案建议

第 3 号：张二月花等委员“关于请求修建银川乡阳坡、刘王、龙光等村四条通村道路边沟的提案”。

办理情况：交通局承办。已列入交通局安全生命防护工程计划，争取明年下达。

第 16 号：马哈给等委员“关于请求修建徐扈家乡仙家村 2 千米排水渠和长家寺村 3.7 千米排水渠的提案”。

办理情况：交通局承办。已列入交通局安全生命防护工程计划，争取明年下达。

第 19 号：张登新等委员“关于请求硬化关家川乡何家村至卢家庄村道路排水渠、杓家村至李家山村道路排水渠的提案”。

办理情况：交通局承办。已列入交通局安全生命防护工程计划，争取明年下达。

第 24 号：马哈三等委员“关于请求修建小关乡大寺村四、五、六、七社三座便民桥的提案”。

办理情况：交通局承办。已纳入三年规划，计划逐年实施。

第 61 号：马俊武等委员“关于请求设立乩藏镇城管分局的提案”。

办理情况：城管局承办。将积极汇报，争取设立。

第 73 号：余文奎等委员“关于治理居集镇劳动村一社、二社、六社、八社、十二社 3 处山体滑坡的提案”。

办理情况：国土局承办。将在今后的工

作中研究解决。

第 79 号：祁永浩等委员“关于重建吹麻滩镇农贸路大桥的提案”。

办理情况：住建局承办。计划在明年的项目中实施。

第 81 号：张登新等委员“关于解决新农合参保问题的提案”。

办理情况：卫计局承办。全县新农合参合率低，新农合基金存在透支的风险，计划以后研究解决。

第 89 号：韩世强等委员“关于请求对卫生系统合同工纳入公益性岗位管理的提案”。

办理情况：人社局承办。目前就业专项资金紧张，争取明年给予支持和倾斜。

第 90 号：马国潮等委员“关于请求立项建设‘青少年科技活动中心’或‘青少年科技宫’的提案”。

办理情况：科技局承办。在今后的工作中积极争取项目。

第 91 号：马俊武等委员“关于在小关乡小关村四社、五社修建养殖场的提案”。

办理情况：畜牧局承办。在今后的工作中积极协调，争取更多的资金和项目。

第 95 号：马俊武等委员“关于请求建设积石山县乩藏镇停车场的提案”。

办理情况：乩藏镇承办。已列入工作计划，待项目申报成功后办理。

（三）因条件限制暂时无法办理的 6 件提案建议

第 1 号：马俊武等委员“关于请求建设乩藏镇南滨河路的提案”。

第 14 号：马维明等委员“关于请求对临大二级公路居集镇深沟八社路段涵洞改造的提案”。

第 18 号：马统虎等委员“关于请求开通大河家镇新旧区连接桥梁道路的提案”。

第 28 号：韩学俊等委员“关于请求立项修建临夏至积石山至青海省民和县铁路的提案”。

第 76 号：韩学义等委员“关于解决中咀岭乡中咀岭村二、三社水路问题的提案”。

第 93 号：穆国真等委员“关于解决处理非农业户口居民的医疗保险问题的提案”。

各位委员，中国共产党领导的多党合作和政治协商制度是我国的一项基本政治制度，是具有中国特色社会主义政治体制的重要组成部分。随着我国依法治国进程的加快以及民主政治建设的不断发展和完善，人民政协在党的正确领导下，以宪法为依据，在参与国家事务管理中认真履行职能，通过提案这一最直接、最有效的方式，开展政治协商、民主监督，参政议政的水平和积极性不断提高，这对于促进人民政府加强民主决策和科学决策，坚持依法行政和政务公开，做好各项工作提供了十分难得的监督和支持。在新的一年里，我们将在县委的坚强领导下，深入学习习近平新时代中国特色社会主义思想，认真贯彻党的十九大精神，坚持依法治县和依法行政，尊重人民政协的地位和职能，自觉接受县政协及全体委员的民主监督，积极为县政协开展工作创造良好的条件。同时，在认真总结以往办理政协提案经验的基础上，针对存在的问题，深化认识，加强领导，采取有力措施，加大督办力度，切实推进政协提案依法办理进度，在提高解决率、满意率上狠下功夫，不断办出新的水平和新的成效。

最后，对县政协及全体委员们对县人民政府工作的关心、支持和理解，表示衷心的感谢！

大 事 记

1月

5日　金川公司驻刘集乡精准扶贫技能培训站挂牌暨第一期电焊技能培训班在刘集乡肖家村举行。

8日　省公安厅副厅长周功华，省公安厅国保总局局长杨和平一行在州公安局副局长石玉珠、政治部主任李云平的陪同下，对基层派出所进行春节前慰问活动。

是日　金川公司在刘集乡肖家村开展春节慰问演出活动，干部群众5000余人观看演出。

9日　省新闻出版广电局公共服务处处长雷永林一行在州政府副秘书长拜淑玲，州广电局负责人的陪同下来县评估验收乡镇综合文化站及乡村舞台建设工作。

是日　全县公安工作总结表彰会议召开。

是日　县委副书记、县长马尚文，县政协主席李征云等县上领导及全县1000多名干部群众在大禹广场观看由临夏州纪委、州文化广播影视新闻出版局联合举办的“清风临夏·廉洁颂歌”廉政文化巡演。

10日　县领导马正业、马义明、马尚文、李征云、王育泽一行先后到县人武部、武警中队、县公安局、县城管局、县人民医院、积石中学、县检察院、县法院、消防大队开展春节前慰问活动。

是日　县委书记马正业在县人民法院主持召开新形势下加强社会管理创新工作座谈会，县委政法委、县委统战部、县法院、县公安局、县检察院、县司法局、县民政局、县宗教局等相关单位负责人参加会议。

是日　2017年春运工作动员会议召开。

11日　县委书记马正业在县信用联社主持召开金融工作座谈会。

是日　2017年度第一次安委会（扩大）会议召开，全体在家县级干部，各乡镇党委书记、乡镇长，县委各部委、县直及州驻县各单位负责人参加会议，会议由县委副书记杨光龙主持，县委书记马正业作了讲话。

是日　县委副书记、县长马尚文及相关部门负责人在县分会场收听收看了全国安全生产电视电话会议。

是日　州委第四巡察组来县反馈巡察情况，县委副书记李尚勇及被巡察单位班子成员，部分人大代表、政协委员参加会议。

是日　县委常委、统战部负责人到居集镇、中咀岭乡开展春节慰问活动。

12日　县上举办村（社区）党支部书记培训班。

13日　县委组织部对全县17个乡（镇）党建办主任进行业务培训。

16日　国务院侨办主任裘援平，国务院侨办经济科技司司长左志强，国务院侨办国内司副司长张毅，国务院侨办经济科技司副司长夏付东一行在副省长夏红民，省政府外事办公室主任王代喜、副主任唐晓玲、副巡视员张春生的陪同下来县开展春节慰问活动。州委副书记、州长马学礼，州委常委、常务副州长蔚俊，州政府秘书长马有信及州外侨办负责人，县委书记马正业，县委副书记、县长马尚文陪同慰问。

是日　县政协主席李征云，县委常委、统战部负责人、纪委书记马海明、副县长姬洪涛、组织部部长马永智等县上领导，县直有关单位负责人，县纪委、监察局班子成员在县分会场参加中国共产党甘肃省第十二届纪律检查委员会第七次全体会议。

17日 县领导马正业、马尚文、李征云、姬洪涛、马海明及县直有关部门负责人在县分会场收听收看了全省安全生产会议暨省安委会2017年第一次全体扩大会议和全州安全生产会议暨州安委会2017年第一次全体扩大会议。

是日 州公安局交警支队副支队长鲁永昌一行来县督查春运工作开展情况，副县长戚永杰及县运管、公安局交警大队负责人陪同督查。

是日 全县重点项目规划工作汇报会召开，县委书记马正业主持会议并作了讲话。

18日 县委书记马正业，副县长戚永杰及县交通局负责人一行深入刘集乡、大河家镇对涉县旅游扶贫大通道线路规划进行实地调研。

是日 县政协召开2016年度民主生活会。

19日 州政协主席王正君，州人大常委会副主任马琼，州政协秘书长肖永华，州民政局局长马子仁一行来县开展春节慰问活动，县上领导马正业、李征云、姬洪涛陪同慰问。

是日 甘肃建投公司董事长苏海明一行在县委书记马正业的陪同下到中咀岭乡开展春节慰问活动。

21日 全国政协委员、省人大常委会委员、甘肃省社会主义学院院长郭层城，省美协常务副主席、甘肃民革画院院长樊威一行到石塬乡刘安村开展送春联活动。

是日 县委常委会班子2016年度民主生活会召开，省督导组成员、省委组织部公务员管理处处长张灵贤，州委督导组组长、州委常委、常务副州长蔚俊，州委督导组副组长、州人大常委会副主任、党组副书记杨龙，州委督导组成员、州委组织部副部长马斌，州委督导组成员、州纪委常委张居之等其他州委督导组成员应邀参加并指导会议，县委各常委、县人大常委会主任、县政协主席参加会议，县委书记马正业代表县委常委会作了发言。

是日 甘肃太昊职业培训学校农村困难留守妇女救助关爱示范项目在县启动，副县长马占彪及有关部门负责人参加启动仪式。

23日 县委副书记、县长马尚文，副县长戚永杰一行实地考察调研卧龙沟至大河家扶贫旅游大通道规划修建工作。

25日 县委常委、政法委书记王育泽，县公安局局长陕世毅，政委马学良一行到交警大队、消防大队检查指导节前安保工作和值班备勤工作。

2月

6日 县委常委扩大会议在县会议中心召开。

9日 2016年度贫困县党政领导班子和党政正职经济社会发展实绩考核准备会议召开。

是日 全县纪检监察干部约谈会议在县会议中心召开。县委常委、纪委书记马海明主持会议。州纪委第二督查室主任刘晓琪，县纪委委员，各乡镇纪委书记，县直及州驻县各单位纪检员，县纪委、县监察局全体干部参加会议。

是日 中国共产党积石山县第九届纪律检查委员会第二次会议召开。

10日 县委九届三次会议暨全县经济工作会议召开。

是日 积石山秧歌队在县委常委、宣传部部长张生炜及县委宣传部、县文化局、安集乡负责人的带领下到州上表演，为全州广大老百姓送上节日的美好祝愿。

14日 全县公安机关警示教育大会召开。

15日 州供销社副主任马文俊一行来县宣讲深化供销社综合改革的文件精神。

是日 刘集乡肖家村组织召开精准扶贫“两户”见面会。县委书记马正业，县人大常委会主任马义明，县委副书记、县长马尚文及全体县级干部，县委组织部、宣传部，县扶贫办等部门负责人，各乡镇党委书记、乡镇长，刘集乡各驻村工作队队长，乡村社干部参加会议。

是日 县住建局举行县城东区润泽苑廉租房公开摇号抽签仪式。副县长韩德祥，部分县人大代表、政协委员，县司法局公证处负责人，县住建局全体干部和廉租房配售对象参加抽签仪式。

16日 副县长任志勇带领县林业局技术人员和核桃种植大户赴循化县考察学习核桃产业发展情况。

17日 铺川乡元林村组织召开精准扶贫“两户”见面会。

是日 石塬乡刘安村组织召开精准扶贫“两户”见面会。

是日 寨子沟乡阳洼庄村组织召开精准扶贫“两户”见面会。

18日 居集镇茨滩村组织召开精准扶贫“两户”见面会。

20日 县委工作会议在县会议中心召开。

是日 县委政法工作会议召开。

21日 县工信局在县中医医院会议室组织召开积石山县普通高校毕业生到企业服务工作座谈会。州工信局负责人及全县37家服务企业和部分高校毕业生代表参加会议。

22日 县领导马正业、马义明、马尚文、李征云、张生炜、任志勇、刘红、戚永杰及相关部门负责人对全县重点项目进行调研。

24日 县十届人大常委会第四次会议在县人大一楼会议室召开。会议听取和审议通过了《积石山县2016年国民经济和社会发展计划执行情况及2017年国民经济和社会发展计划（草案）的报告的决议》和相关人事任免等事项。

是日 全县老干部工作座谈会召开。

26日 省发改委项目评审中心二部部长冯万静一行在副州长、项目办主任魏贺生，州交通局局长兰永清，州发改局副局长田永新的陪同下来县对临大高速公路积石山段项目进行实地考察。

27日 第九届县委第一轮党风廉政建设专项巡察会议在县会议中心召开。

28日 州委组织部副部长李铁前带领督查组来县就村“两委”换届选举工作进行督查。

是日 州卫计委副主任田生龙带领考核组来县对2016年基本公共卫生服务项目进行绩效考核。

3月

1日 州禁毒办副主任马东柱一行来县检查督导禁毒工作。

是日 县政府第一次全体会议暨党风廉政建设工作会议召开。

2日 州委常委、副州长舒国华，州政府应急办副主任苟光峡，州住建局调研员马生华，州工信委副调研员马琳一行来县检查地震应急工作。

3日 县上组织召开纪念“三八”国际劳动妇女节暨妇联七届五次执委（扩大）会议。

6日 全国工商联扶贫与社会服务部副巡视员邵逸一行在省工商联副主席肖建胜，州委常委、州委统战部部长马国兴的陪同下来县调研“万企帮万村”精准扶贫行动。

7日 省民政厅救灾处副处长王伟一行来县督查冬春困难群众基本生活安排和社会救助政策落实情况。

是日 州卫计委负责人金有录带领干部职工和医护人员来县开展白内障患者筛查活动。

9日 省委副书记欧阳坚在州委书记杨元忠的陪同下来县调研脱贫攻坚工作，县委书记马正业，县委副书记、县长马尚文陪同调研。

是日 省委第六考核组组长、省交通厅副巡视员赵生跃一行在副州长赏进孝的陪同下来县考核党政领导班子和党政正职2016年度经济社会发展实绩和脱贫攻坚工作。

14日 县乡（镇）党政主要领导干部学习贯彻党的十八届六中全会精神专题研讨班。

16日 县上举行2017年劳务技能培训启动仪式，州人社局副局长王培旭，金川公司职工培训中心主任于文燕参加。

17日 县人大常委会主任马义明，县政协主席李征云及相关各部门负责人在县分会场收听收看了全省学习贯彻全国“两会”精神领导干部电视电话会议。

是日 县委书记马正业主持召开全县统战工作领导小组会议。

19日 州委统战部副部长马忠英一行来县督查调研全国、全省宗教工作会议精神贯彻落实情况。

20日 县委书记马正业主持召开全县重点项目工作促进会。

21日 省妇联党组书记、主席苏君一行在州委副书记苟天宏的陪同下来县调研基层妇女工作。

是日 州委常委、副州长刘富祯一行来县督查第一季度重点项目进展情况。

是日 县委书记马正业到安集乡风光村参加“党日”活动。

是日 县委副书记、县长马尚文带领县政府办负责人到中咀岭乡，就2014—2016年度脱贫人口核查工作进行全面督查。

22日 省委统战部副部长郭清祥一行在州委副书记苟天宏，州委常委、统战部部长马国兴的陪同下来县督查调研民族宗教工作。

是日 州委常委、政法委书记王国志，州人大常委会副主任马琼，州公安局禁毒办主任熊斌一行来县督查政法工作。

是日 州委第一巡察组巡察积石山县动

员会议在县科技局和居集镇分别召开。

23日 副州长赏进孝一行来县调研畜牧产业发展情况。

是日 州卫计委副主任孔同信一行来县开展县创建省中医药先进县评审验收工作。

24日 “中国好老师”公益行动计划临夏州地区启动仪式在县吹麻滩小学举行。

26日 县委书记马正业到刘集乡阳洼村参加“党日”活动。

27日 县委书记马正业，县委副书记、县长马尚文一行就全县产业发展、项目建设、农村义务教育均衡发展等当前重点工作进行督查调研。

28日 省妇联主席胡兰一行在州妇联主席程虹的陪同下来县调研手工制品产业发展情况。

是日 州人大常委会副主任马琼一行来县调研检察院规范司法行为工作。

是日 州环保局局长马超一行来县督导检查环境保护工作。

是日 积石山段卧龙沟至大河家建设工程征地拆迁安排部署会议召开。

29日 “一带一路”甘青两省四县物资交流展会对接筹备会议在大河家经济开发区召开。

30日 县委书记马正业带领相关部门负责人一行到关家川、胡林家乡检查指导危房改造等当前乡镇重点工作。

4月

6日 县上组织全县145个村的村社干部、典型户、寺管会主任等成员组成的考察团，由县委常委、组织部部长马永智带队，分批分次赴临夏县掌子沟乡达沙村考察学习。

10日 州上派出的扶贫资金专项审计组进驻积石山县。对全县2015—2016年扶贫政策措施落实和扶贫资金分配管理使用情况进行为期2个月的专项审计调查。

10—11日 县委书记马正业，县人大常委主任马义明，县委副书记、县长马尚文，县政协主席李征云带领县四大家全体县级干部以及办公室主任组成观摩督查团对全县各乡镇以及各部门当前项目工作开展情况进行督查观摩活动。实地观摩督查结束后，11日下午，在县会议中心组织召开全县2017年项目观摩督查总结会议。

11日 省国土厅执法监察局副局长王景辉一行组成的督查组来县对国土资源执法监察工作进行专项督查。

是日 州委督查组一行来县督查公务用车制度改革情况。

是日 州文广局党组成员、总工程师江发涟一行来县督查广播电视安全播出工作。

12日 县人大常委会副主任马维祥率执法检查组先后到大河家、吹麻滩等乡镇超市、药店对《产品质量法》和《质量监督管理条例》贯彻实施情况开展执法检查。

是日 县上组织由县委组织部干部带队的大河家韩陕家村，居集劳动村，铺川张巴村的村社干部、典型户、寺管会主任等100多人组成的考察团赴临夏县掌子沟乡达沙村进行考察学习。

13—17日 全国政协常委、副秘书长、民革中央原副主席何丕洁一行组成的全国政协扶贫监督性调研组在省政协农业和农村工作委员会副主任何永清，省扶贫办巡视员张森，州政协副主席马文科等领导的陪同下来县调研精准扶贫、精准脱贫工作。

14日 全国政协“实施精准扶贫中存在的问题和建议”监督性调研组在州委书记杨元忠，州政协主席王正君陪同下来县调研精准扶贫精准脱贫工作。

是日 县上组织由县委常委、组织部部长马永智带队的大河家镇周家村，居集镇强滩村、深沟村，郭干乡王家村以及铺川乡的各村社干部及群众代表共160人，赴临夏县掌子沟乡达沙村考察学习。

15日 县教育局负责人带领由小学教学骨干及部分校长共70人组成的小学教育考察团赴定西市临洮县第一实验小学和西街小学考察学习。

15—16日 省发改委第二稽查组来县对中央预算内投资项目推进情况进行稽察。

17日 州委副书记苟天宏带领州直相关部门负责人组成的调研组来县对小关、东坪寺两个特困村精准脱贫工作开展调研。

18日 州信访局局长周子良一行来县督查信访工作并召开座谈会。

19日 州委常委、副州长霍志亚在州金融办主任张维忠，州政府办副调研员喇黎明的陪同下来县就开展打击和处置非法集资及大病医疗工作情况进行调研。

是日 县上组织召开大河家物资交流会大山庄峡花儿会及农行杯篮球运动会协调会议。

是日 县禁毒委在县公安局举办了全县禁毒工作业务知识培训班。

19—21日 新华社甘肃分社“一带一路看甘肃”系列融合报道组来县聚焦保安腰刀锻制技艺与传承。

21日 县委副书记、县长马尚文，县政协主席李征云，县委副书记杨光龙，县委常委、政法委书记王育泽等部分县级领导干部到中咀岭乡金昌村狼虎滩参加义务植树活动。

24日 县委常委会暨县委理论学习中心组学习会议在县委四楼会议室召开。

是日 县上召开全县领导干部警示教育大会。

是日 县上召开“积石好村民”表彰大会。

是日 县上召开第七次全县法治宣传教育工作会议。

25日 2017年国侨办外派教师行前培训开班仪式在县人大一楼会议室举行。省侨办侨务工作处处长尹清敏等相关负责人及来自陕西、宁夏、甘肃的外派教师们参加了开班仪式。

是日 县上举办马铃薯全程机械化种植现场演示及操作技术培训活动。

是日 州政府副秘书长任玉岗带领州安委会成员单位相关负责人组成的检查组来县就“五一”期间安全生产工作进行检查。

26日 国务院侨办经济科技司副司长夏付东带领调研组在省外侨办副主任唐晓玲，州委常委、副州长蔚俊，州政府副秘书长、州政府外侨办主任苏靖宁等省州部分领导的陪同下前来县就扶贫工作进行调研。

是日 县人大常委会主任马义明，县委常委、副县长姬洪涛，县人大常委会副主任马国庆、马维祥、马腾海、樊有忠一行观摩、视察了全县重点项目和工作。

是日 县上召开巡察工作汇报会。

是日 2017年全县卫生计生暨地方病防治工作会议在县会议中心召开。

是日 2017年食安委暨食品药品监管工作会议在会议中心召开。

27日 由国侨办主办，甘肃省侨办和积石山县承办的2017年国侨办外派教师（陕甘宁）行前培训班在自治县圆满结业。

28日 第七届敦煌行·丝绸之路旅游节五一“农行杯”篮球运动会开幕。

5月

3日 县委常委会暨县委理论学习中心组学习会议在县委四楼会议室召开。

4日 省新闻出版广电局印刷发行处处长张东林一行在州文广局文化市场综合执法支队长马霆的陪同下来县督查印刷复制发行工作。

是日 县委书记马正业带领县委办、县安监局等部门负责人，先后到县城移民佳苑施工现场、县城汽车站、鑫源加气站、民族中学、交警大队对全县安全生产工作进行了检查指导。

5日 全县质量发展暨标准化工作会议在政府二楼会议室召开。

是日 县上组织对全县党政机关、事业单位及公共服务行业工作人员共1200人进行普通话培训。

9日 省委统战部副部长陈元龙参加完临夏州第十四个民族团结进步宣传月活动启动仪式和积石山县创建全国民族团结进步示范县动员会后，在州委副书记苟天宏的陪同下来县宗教场所调研民族宗教工作。

是日 全州第十四个民族团结进步宣传月活动启动仪式在大禹广场举行。

是日 县十届人大常委会第六次会议召开，会议应到常委会组成人员26名，实到21名，符合法定人数。

10日 香港田家炳基金会总干事戴大为一行在西北师范大学教育学院院长李瑾瑜、副院长李泽林的陪同下，来县田家炳中学就基金课题项目进行研讨。

是日 副州长连坤明与州扶贫办负责人居志虎到积石山县调研厦门东西协作项目开展情况。

是日 县委书记马正业主持召开县委理论中心组学习会议，并就当前重点工作全面进行了安排部署。

13日 省新闻出版广电局公共服务处处长雷永林带领相关工程技术和财务人员前来积石山县检查验收中央投资项目工程建设情况。

14日 县委常委、宣传部部长张生炜及县文明办负责人在兰州参加了由甘肃省文联、省摄影家协会、临夏州委宣传部、临夏州文联主办，临夏州8县（市）委宣传部、8县（市）文联、临夏州摄影家协会承办的“百名摄影家看临夏”摄影采风创作活动启动仪式。

16日 州政协副主席金存智带领部分州政协委员来县视察全域旅游无垃圾创建活动。

是日 县委副书记、县长马尚文及县安监局负责人在大河家开展安全生产工作检查活动。

17日 临夏州出席第十三次党代会代表观摩积石山县工作。

18日 马尚文、李征云，在相关部门负责人的陪同下，到大河家各展区查看商贸活动开展情况。

是日 全州第二十四个“防治碘缺乏病日”暨全州地方病防治巡回宣讲活动在积石山县召开。

19日 县上组织人大代表政协委员以及宗教界人士参观了正在举办的喜迎第七届敦煌行丝绸之路国际旅游节·甘青两省四县·大河家商贸活动。

22日 州委农工办主任摆瑞瑄一行来县督查指导改善农村人居环境暨美丽乡村建设工作。

是日 县委副书记、县长马尚文，县委副书记杨光龙，县委常委、纪委书记马海明，县委常委、宣传部部长张生炜，县委常委、组织部部长马永智等县上领导同机关广大党员干部一同在政府四楼会议室集中收听收看了省第十三次党代会盛况。

是日 县委副书记、县长马尚文，副县长戚永杰带领县政府办、教育局、安监局负责人到学校单位检查指导工作。

23日 省安全生产督查组在州安监局副局长丁鹏的陪同下来县督导检查安全生产工作。

24日 州人大常委会副主任马琼一行来县检查贯彻落实《临夏州教育条例》工作情况。

24—25日 东乡县和酒泉市的相关领导带领考察团先后来县就全域旅游无垃圾创建活动进行考察学习。

25日 州委副书记郑筱筠一行来县调研精准扶贫和产业发展工作。

27日 州质监局副局长何克虎一行来县督查工作落实情况。

是日 全县传达学习贯彻省第十三次党代会精神大会在会议中心召开，集中传达学习省第十三次党代会精神和省纪委工作报告。

30日 积石山县喜迎第七届敦煌行丝绸之路国际旅游节恒基杆花儿歌手大奖赛在大山庄正式拉开帷幕。

6月

6日 县政协专题传达学习省第十三次党代会精神会议在县召开。

7日 县人大专题传达学习省第十三次党代会精神会议召开。

8日 国务院机关党委常务副书记、发部司司长刘能填一行前来积石山县，就定点扶贫的相关工作进行考核调研。

14日 银川乡召开精准脱贫“两户”见面会。

15日 县人大常委会主任马义明，县委副书记、县长马尚文，县委副书记杨光龙，县委常委、纪委书记马海明，县委常委、政法委书记王育泽，县政协副主席马晗霞，副县长任志勇，县法院院长喇时雄对部分乡镇的部分低保户、五保户、残疾户、老党员、人大代表、政协委员、宗教界人士开展斋月慰问活动。

是日 寨子沟乡召开精准脱贫“两户”见面会。

16日 县委常委、组织部部长马永智，县人大常委会副主任马国庆，副县长刘玉刚，县政协副主席刘美芬对部分乡镇的部分低保户、五保户、残疾户、老党员、人大代表、政协委员、宗教界人士开展斋月慰问活动。

17日　省水利厅厅长魏宝君带领的督查组一行在州委常委、州政府常务副州长蔚俊的陪同下对黄河甘肃防汛、工程积石山段建设工作进行督查。督查组先后来到大河家镇、银川等乡镇，通过现场查助、听取汇报、质量抽检等方式，对积石山县大河家标段和银川标段黄河干流防洪工程建设情况进行督查。

19日　省住建厅党组成员、副厅长蔡林峥带领督导组对全县农村D级危房改造工作进行督查。

是日　县委常委李平，副县长韩德祥带领县住建局、环保局负责人到大河家、刘集、石塬、吹麻滩等临大公路沿线乡镇检查环境整治情况。

20日　州人大常委会副主任马琼一行深入双联联系点中咀岭乡，为梳木小学和中咀岭小学300多名学生送去了价值达5万元的学习用具和文体用品。

是日　州委党校校长周俊一行来县调研“两户”见面会工作开展情况。

21日　县上结合当前罂粟生长节律和非法种植罂粟的特点，对全县范围内集中开展了禁种踏查行动。

22日　金川集团公司邀请甘肃农业大学中药材系教授晋小军在联系村柳沟乡、刘集乡开展了中药材种植技术培训活动。

是日　县委副书记、县长马尚文，县委常委李平，副县长韩得祥带领县城管局、环保局负责人深入到吹麻滩镇、寨子沟、居集、乩藏等临大公路沿线检查环境整治情况。

23日　县禁毒委成员单位在县城十字联合开展以“青少年与合成毒品”为主题的普法宣传活动。

28日　国务院侨办机关党委常务副书记、人事司司长刘继坤一行来积石山县就定点扶贫的相关工作进行考察调研。

29日　县上召开全县脱贫攻坚工作推进会议。

是日　县上召开环境保护工作会议。

是日　积石山县四大家主要领导马正业、马义明、马尚文、李征云、李平、戚永杰前往县人武部、驻县武警中队、县消防大队，对广大驻县子弟兵表示亲切慰问。

7月

3日　积石山县在政府四楼会议室召开残疾人基本服务状况和需求数据动态更新培训会。

4日　积石山县在县委四楼会议室召开“明查暗访督查年”工作会议，安排部署相关工作。

5日　中国侨商投资企业家—积石山县扶贫考察团一行12人在省侨办调研员朱全业及州政府副秘书长苏靖宁、州外侨办副主任马忠林的陪同下前来考察扶贫项目并举行了捐赠仪式。

是日　国家三类城市语言文字工作评估反馈会在县会议中心召开。

5—6日　省扶贫办副主任王海明带领省委组织部、省农工办调研组，在州委常委、组织部部长黄树宝的陪同下来积石山县调研村“两委”班子、村第一书记和驻村帮扶工作队作用发挥情况。

6日 州环保局调研员侯自忠一行受州政府委托，前来积石山县考核上半年目标责任书，水、大气污染防治和中央环保督察反馈意见整改工作进展情况。

9日 积石山县组织各乡镇扶贫专干，驻村帮扶工作队业务人员，县脱贫攻坚领导小组办公室全体干部召开了全县精准扶贫建档立卡工作业务培训。

是日 大河家“梦之队”钓友俱乐部组织的“积石山县大河家桃园垂钓园第二届钓友邀请赛”在桃园举行，来自西宁、民和、兰州、定西、临洮以及全州各兄弟县市62名选手参加比赛。

10日 省劳务办主任刘晓明一行在州人社局局长李文俊的陪同下到积石山县调研劳务产业发展工作。

11日 省政协副主席张世珍来积石山县调研脱贫攻坚工作。

是日 在积石山县会议中心举行了“百名法学家百场报告会”，邀请北京大学法学博士，最高人民法院与中国社科院联合培养博士后，甘肃政法学院兼职教授、甘肃省委“党内法规专家咨询组”成员，省“双百”活动宣讲团专家库核心成员、省委政法委执法督导处处长冯之东作了“推进依法行政，建设法治政府”为主题的专题辅导报告。

是日 积石山县组织70名环卫工人到黄草坪开展垃圾清理工作。

是日 省委宣讲团在积石山县开展省第十三次党代会精神宣讲报告会，邀请省委宣讲团成员、省委党校副校长、教授李润强作了专题辅导报告。

是日 州人大常委会副主任党组副书记、副主任沈国伟一行来积石山县调研乡镇人大工作。

是日 积石山县纪检监察系统工作推进会议在县会议中心召开。

12日 由兰州城市学院副院长莫超为组长的省州语言文字评估验收团对积石山县国家三类城市语言文字达标县创建工作进行评估验收。

13日 州政府依法行政工作督查组一行来积石山县督查上半年依法行政工作。

14日 积石山县精准识别农村低保对象和扶贫开发政策有效衔接工作会议在会议中心召开。

是日 在积石山县政府四楼会议室召开易地扶贫搬迁工作动员会议。

14—16日 厦门市选派特级教师协会陈芬、黄聚宝、黄献磅三名教育专家对积石山县中小学综合、英语和数学薄弱学科教师进行了为其三天的培训。全县共有500多名教师参加了培训。

15日 州政协副主席杨杰芳、马维刚带领的视察组一行在积石山县视察精准脱贫工作。

是日 积石山县召开县委第二轮巡察工作动员会。

是日 省档案局副巡视员冯志萍一行在州档案局局长陈鹏的陪同下来积石山县检查档案安全管理及项目推进情况。

16日 在积石山县会议中心召开全县“三支队伍”培训会，邀请州宗教局副局长王云辅导培训。

是日 州文化广播影视新闻出版局主办，州文化馆承办，县文化体育局协办的“喜迎党的十九大送文化进基层”文艺巡演活动专场在大禹广场举行。

是日 积石山县对高中阶段音体美、政治、地理、历史、生物等8门学科的县级教学骨干进行了评选。

17日 暨南大学医疗专家在积石山县开展医疗送健康培训讲座并开展义诊活动。

是日 省外事办脱贫攻坚帮扶工作领导小组组长张宝军一行在州委常委、常务副州长蔚俊的陪同下前来积石山县调研脱贫攻坚帮扶工作。

是日 积石山县委第二巡查组对畜牧局开展为期2个半月的巡察工作。

是日 州委常委、副州长霍志亚带领州政府办公室、州国税、地税，州工信委、州统计局、州工商局负责人前来积石山县调研非公经济发展及工业经济运行情况。

是日 暨南大学前来积石山县开展扶贫慰问及助学捐赠活动，为胡林家蔚林小学捐赠了12000余元的体育体材和教学用品、并看望慰问了贫困户和困难教师。

17—18日 由省委农工办副主任朱宝莹一行深入积石山县对精准脱贫工作开展调研。

18日 华侨大学旅游学院院长、华侨大学海峡旅游发展研究院院长、博士黄远水带领华侨大学项目组的专家教授，对积石山县的旅游业发展情况进行了为期3天的实地考察调研，了解全县旅游产业基本情况，并召开了积石山县旅游发展总体规划和沿黄河旅游带发展概念性规划座谈会。

是日 州地病办副主任安常义一行前来积石山县督导检查上半年地方病防治工作开展情况。

是日 白银田家炳中学校长顾克晅和县民族中学校长陶学乾签订了互助协议，成为帮扶友好学校，签约仪式在民族中学礼堂进行。

是日 州委组织部组织全省民族地区（临夏）村党支部书记示范培训班学员约100余人前来积石山县观摩学习。

20日 全县旅游无垃圾整治动员会暨“两学一做”学习教育、环湖赛筹备、禁毒等重点工作推进会在县会议中心召开。

是日 州卫计委副主任刘洪生带领州卫计委疾控科、州疾控中心的专家组成的督导组，对积石山县承担基本公共卫生服务项目的县级医疗单位及基层医疗机构开展情况进行考核。

21日 积石山县在统办楼会议室召开公务用车改革、取消车辆拍卖会。

是日 州县电视自办节目全覆盖工作会议在县广电局会议室召开。

是日 县领导马正业、马尚文、杨光龙、马占彪、马晗霞一行前往刘集乡肖家村调研肉牛产业培育工作。

22日 由中央党校财务行政管理局副局长刘志刚带领的中央党校课题调查组在州政府副秘书长苏靖宁的陪同下前来积石山县就厦门—临夏东西协作扶贫开发工作进行调研。

是日 在积石山县会议中心召开“三纠三促”专项行动动员大会。

23日 积石山县对中央大中型水库移民避险解困工程安置房进行分配摇号，369户移民家庭喜得安置房。

是日 州人大常委会副主任沈国伟带领州人大执法检查组来积石山县检查督导《中华人民共和国农产品质量安全法》贯彻执行情况。

24 日　村级干部学习贯彻省第十三次党代会精神集中轮训班开班，全县 411 名科级干部参加轮训。

是日　第十六届环湖赛第九赛段进行至积石山县，途经大河家镇、刘集乡、石塬乡、柳沟乡、县城（吹麻滩镇）、寨子沟乡、居集镇及乩藏镇，比赛赛程全程 60 千米。

25 日　县上对新任的领导干部进行集中任前廉政谈话。

是日　省民委信息宣传处处长姜好利一行组成的检查组在州民委副调研员陈昭晖陪同下到积石山县检查民族团结进步创建工作，就积石山县拟命名的全省民族团结进行示范单位教育基地示范家庭开展实地检查。

25—28 日　省委副书记孙伟在州委副书记、州长马学礼陪同下来县检查工作。

是日　临夏州农机事故应急联合演练现场观摩会在积石山县召开。

是日　省检察院党组成员、反贪局局长高连城一行 3 人到积石山县检察院督导调研反贪污贿赂工作。

是日　积石山县第十届人大常委会第七次会议召开。

是日　厦门市海沧区经济和信息化局局长蔡德进一行组成的工作组前来积石山县考察对接东西部扶贫协作工作。

是日　积石山县在县会议中心召开全县第三次安委会（扩大）会议。

27 日　县委常委、政法委书记王育泽，公安局局长陕世毅在县公安局会议室组织召开专题会议，对县城交通秩序的集中整治工作进行安排部署。

是日　州委常委、政法委书记王国志带领州公安、消防、交通等单位领导组成的督查组前来积石山县督查消防道路交通安全综合治理工作开展情况。

29 日　州委第七巡查组巡察积石山县大河家镇、石塬乡、胡林家乡动员会议在三个乡镇分别召开。

是日　中共积石山县县委九届四次全体会议暨全县脱贫攻坚推进大会召开，审议通过了《中国共产党积石山县第九届委员会第四次全体会议决议》。

是日　积石山县第十届人大常委会第八次会议在县人大一楼会议室召开。

30 日　由州人大常委会副主任杨龙带领的调研组一行，前来积石山县就近三年来规范性文件备案审查工作开展情况进行调研。

是日　州纪委常务副书记、监察局局长李文瑞带领的督查组，对全县今年来党风政风监督工作进行督查调研。

是日　县城旧城区道路改造项目安排会议在县政府四楼会议室召开。

是日　积石山县召开了第一批砖瓦窑厂能源审计评审会。

是日　县委常委、统战部负责人带领县委统战部、县宗教局负责人深入到柳沟、石塬、刘集、吹麻滩等乡镇的学校、宗教场所，通过听取介绍、询问了解、座谈交流等方式对适龄儿童失辍学情况进行检查，督促控辍保学工作抓实见效。

8月

1 日　积石山县委理论中心组学习会议暨扶贫工作专题会议在县委四楼会议室

召开。

是日 由省旅游发展委副主任王富民组成的省政府第六督查组在州住建局局长韩玉林的陪同下前来积石山县专项督查全域无垃圾工作。

2日 州政协副主席金存智带领州政协办公室负责人及部分政协委员前来积石山县调研住建系统各项工作。

4日 积石山县举行新媒体宣传培训会议。

是日 州总工会副主席马月英看望慰问积石山县环卫工人。

4—5日 国侨办经济科技司副司长夏付东，华侨大学校长贾益民一行在省外侨办副主任朱继君、州侨办副主任马忠林的陪同下前来积石山县开展扶贫及支教工作督查慰问。

7日 省卫计委调研组来积石山县对健康扶贫工作进行调研。

是日 积石山县农村道路交通安全综合治理暨县城道路交通秩序集中整治动员会议在县会议中心召开。

8日 积石山县人大常委主任马义明带领各人大副主任及部分人大代表对全县水电、项目建设、全域无垃圾等工作进行了全面视察。

9日 州禁毒办副主任马东珠一行前来积石山县检查督导禁毒工作。对1—5月环境保护工作作了通报。

是日 临夏州农机事故应急联合演练现场观摩会在积石山县召开。

是日 省检察院党组成员、反贪局局长高连城一行3人到积石山县检察院督导调研反贪污贿赂工作。

是日 积石山县第十届人大常委会第七次会议召开。

是日 厦门市海沧区经济和信息化局局长蔡德进一行组成的工作组前来积石山县考察对接东西部扶贫协作工作。

10日 省劳务办主任刘晓明一行在州人社局局长李文俊的陪同下到积石山县调研劳务产业发展工作。

10—11日 省政协副主席张世珍来积石山县调研脱贫攻坚工作。

11日 在县会议中心举行了“百名法学家百场报告会”，邀请北京大学法学博士，最高人民法院与中国社科院联合培养博士后，甘肃政法学院兼职教授、甘肃省委“党内法规专家咨询组”成员，省“双百”活动宣讲团专家库核心成员、省委政法委执法督导处处长冯之东作了“推进依法行政，建设法治政府”为主题的专题辅导报告。

14日 积石山县精准识别农村低保对象和扶贫开发政策有效衔接工作会议在会议中心召开。

是日 在积石山县政府四楼会议室召开易地扶贫搬迁工作动员会议。

14—16日 厦门市选派特级教师协会陈芬、黄聚宝、黄献磅三名教育专家对积石山县中小学综合、英语和数学薄弱学科教师进行了为其三天的培训。全县共有500多名教师参加了培训。

15日 州政协副主席杨杰芳、马维刚带领的视察组一行在积石山县视察精准脱贫工作。

27日 州委常委、政法委书记王国志带领州公安、消防、交通等单位领导组成的督查组前来积石山县督查消防道路交通安全综合治理工作开展情况。

31日 国家环保部环境发展中心工程师吴娜伟一行在省州环保部门领导的陪同下前来积石山县调研农村环境综合整治和畜禽养殖污染防治工作。

9月

9日 国家医疗队复旦大学附属华山医院专家组在积石山县人民医院举办“服务百姓健康行动”大型义诊周活动。

11日 州人大常委会主任马明杰，州人大常委会副主任沈国伟、马锦峰、马琼及部分州人大代表在州委常委、副州长蔚俊的陪同下前来积石山县视察全县工作开展情况。

12日 县委常委、统战部负责人，副县长韩得祥一行组成的督导组深入积石山县各乡镇村社、学校等民族团结进步创建单位，督导检查积石山县创建全国民族团结进步示范县工作。

14日 省图书馆辅导部主任董隽带领省文化厅评估组在州文广局调研员喇光明的陪同下前来积石山县就全省县级以上公共图书馆进行第六次评估定级工作。

是日 省妇联组织的巾帼心向党，喜迎十九大“陇原妇女面对面·母亲讲堂乡镇行”宣讲活动走进积石山县，为积石山县近400名农村妇女面对面传经送宝。

15日 省民委副主任秦耀带领督察组，在州民委领导的陪同下，对积石山县创建全国民族团结进步示范县工作开展情况进行督查。

18日 民建甘肃省委副主任杨贵言一行前来积石山县商谈开展脱贫攻坚民主监督工作有关事宜。

是日 省人大常委会委员、省人大民侨委主任委员周兴福带领调研组一行在州人大常委会副主任马琼的陪同下前来积石山县就教育扶贫工作进行调研。

19日 省宗教局局长张文学带领督查组一行在州委统战部，州宗教局相关领导的陪同下前来积石山县对宗教工作进行督查。

19—20日 北京大学医学部副教授崔斌带队的国家卫计委卫生发展研究中心调研组到积石山县调研贫困地区医疗卫生服务工作。

20日 省编办督查处处长李卫一行对积石山县控编减编工作进行了专项督查。

22日 州委副书记苟天宏带领相关工作人员前来积石山县开展巡河工作。

23—24日 临夏州现代职业学院教育系的6名教师，深入积石山县寨子沟乡善家小学进行教育扶贫活动。

24日 厦门市委常委、海沧区台商投资区党工委书记、区委书记林文生一行组成的工作组来积石山县考察对接东西部扶贫协作工作。

是日 武警甘肃总队政治部副主任何又新带领的省双拥办检查评估工作组在州民政局局长马子仁的陪同下前来积石山县检查评估双拥工作。

25日 厦门市海沧区教育局局长田云慧带领的海沧区各学校对口帮扶团在积石山县鹭岛幼儿园召开座谈会，并签约对口帮扶校际协议。

27日 江苏省民委副厅级干部张全录

带领的检查调研组在省州民委领导的陪同下来积石山县检查少数民族发展资金管理使用工作情况。

是日 著名藏族歌手索南扎西及他的公益慈善团队为积石山县民族中学、安集中学、癿藏中学的学生捐赠价值46万元的棉衣1300件。

28日 澳大利亚魏基成“天籁列车”助听器发放活动在积石山县青年志愿者协会大院举行，志愿者们为听障儿童和贫困老人发放了400余套由澳大利亚魏基成夫妇捐赠的助听器。

是日 省人民医院口腔临床医学中心副主任、口腔颌面外科主任、硕士研究生导师刘瑞敏一行15人到积石山县中医院举行医联体签约挂牌仪式。

是日 正值国庆中秋双节来临之际，国家一级演员、甘肃省形象大使、著名藏族歌手索南扎西携手爱心企业家李永福、杨林专程前来积石山县电视台开展节前慰问活动，为电视台捐赠了价值3万元的空调设备。

是日 县文化局积极会同公安、消防、工商、广电等部门对积石山县的文化市场进行全面清理整治。取缔了无证销售图书店2家，影像制品店3家，关停无证经营游戏厅1家。

是日 县委宣传部、妇联、民政局、文明办联合开展的喜迎十九大“倡移风易俗、树文明新风”宣传活动及县妇联2017年度劳务品牌家政服务培训班第七期在安集乡安家湾村文化广场举办。

是日 由中国人民银行积石山县支行、县金融办、民族中学共同组织的金融知识宣传教育基地授牌仪式暨金融知识普及教育活动在县民族中学举行。

是日 州教育局局长张居贵带领全州各县市教育局长、高中学校校长组成的高中学校工作现场观摩团来积石山县观摩。

29日 积石山县召开十九大期间社会维稳暨信访工作安排部署会议。

是日 州政协党组副书记、副主席马维刚一行来积石山县专题调研义务教育控辍保学工作。

10月

6日 副州长魏贺生带领州安监、旅游等部门，深入积石山县大墩峡景区，检查指导国庆小长假期间旅游安全工作。

9日 州政府办公室副主任邓世文带领州政府检查组前来积石山县对行政审批制度改革及政务公开政务服务工作进行专项检查。

10日 积石山县召开2017年度贫困退出验收工作安排会议。

11日 省委副书记孙伟带领省直有关部门负责人深入积石山县调研脱贫攻坚工作。

是日 省信访局局长秦仰贤一行在州信访局局长周子良的陪同下前来积石山县调研信访工作开展情况。

12日 州委统战部副部长马忠英带领的督查组一行在积石山县督查统战工作“明察暗访督查年”活动及十九大维稳工作。

13日 州十九大维稳安保第四督导组组长、州国家安全局副局长江伟及督导组成员参加了党的十九大维稳安保工作积石山县再动员再部署工作会议。

15日 省第一宣讲团团长、省委农工办副主任闫敬明，州委农工办主任摆瑞瑄参加了积石山县进行全省帮扶工作先进事迹宣讲报告会。

16日 省农牧厅农经处处长徐麟辉带领工作组一行前来积石山县召开农村土地确权登记颁证成果省级验收工作。

是日 州工信委副主任笵多学带领州政府调研组前来积石山县大河家经济开发区进行调研。

17日 在县政府四楼会议室召开积石山县高层建筑消防安全综合治理约谈会议。

是日 中国红十字基金会项目办主任殷涛、甘肃省红十字会赈济救护处处长、州卫生和计划生育委员会调研员安勃、临夏州红十字会专职副会长马如花等参加了中国红十字基金会在吹麻滩小学举行的“牛奶助学”定向捐赠仪式。

18日 临夏州医院管理现场会在积石山县召开。

19日 省外事办副主任朱继君一行在州委常委、副州长蔚俊、州侨办副主任马忠林的陪同下，来积石山县居集镇红崖、业卜湾两村开展互助社注资和赠送国旗、党章仪式。

20日 县委书记马正业，县人大常委会主任马义明，县委副书记、县长马尚文，县政协主席李征云带领交通、国土、林业等部门负责人深入积石山县扶贫旅游大通道项目建设现场，实地督查调度项目进展情况。

21日 省教育厅厅长王海燕一行到积石山县调研教育脱贫攻坚工作。

是日 临夏现代职业学院、积石生态园在善家小学开展“送温暖、送爱心”公益活动。

25日 省财政厅农发办综合处处长米关成一行在州农发办主任黎鹏的陪同下前来积石山县开展2017年度农业综合开发项目和资金综合检查工作。

是日 县委书记马正业主持召开积石山县农村“三变”改革暨“粮改饲”工作推进会议，传达学习全州“粮改饲”工作现场会暨农村“三变”改革推进会精神，安排部署当前农村“三变”改革暨“粮改饲”工作。

是日 国家“福康工程”研究中心副主任杨开学一行深入积石山县银川乡胡李村对“福康工程”项目手术康复和假肢装配患者进行回访。

是日 东乡县畜牧兽医局组织畜牧产业发展培训班学员来积石山县参观考察畜牧产业发展情况。

27日 省食品药品监督管理局组织抽调的检查验收组，对积石山县食品药品监督管理所规范化建设进行抽查验收。

28日 副州长马有信在州宗教局局长陕国贤的陪同下前来积石山县就村两委班子集中整治及矛盾纠纷化解等相关工作进行调研。

31日 在会议中心召开县委常委扩大会议。

11月

1日 积石山县首批赴厦门市海沧区务工人员欢送仪式在县劳务办院内举行

是日 州卫计委副主任刘红生及相关业务科室负责人一行对积石山县卫生和计生重

点工作任务完成情况及责任书指标的落实情况进行了综合调研督查。

是日 在县城大禹广场举行“反恐怖主义法宣传月”启动仪式。

是日 积石山县组织部分离退休老干部视察了全县项目建设工作。

是日 兰州艺术机构公益联盟、兰州多琳琴行在善家小学隆重举行了爱心捐助活动。

2日 由厦门市海沧区商务局局长张勇带领的厦门海投供应链运营公司执法董事、总支书记林尚云一行来县考察电子商务工作。

是日 中庄村致富带头人马成云、马进山、关永平三位爱心人士筹措资金购买200多套校服及学习用具，送到了吹麻滩镇中庄小学。

是日 金川公司驻村工作队组织的养殖培训班在寨子沟乡麻沟村委会举行。

是日 兰州普瑞眼科医院的医生带着医疗设备来到联系村左家小学和蔚林小学，为这里的小学生开展眼科疾病免费义诊暨青少年近视防控公益行动。

是日 县政协机关组织全体干部职工召开会议集中传达学习十九大会议精神。

是日 县公安局缉捕组在酒泉市瓜州县抓获一名潜逃26年的命案逃犯，时隔26年之久的命案成功告破。

8日 省政府参事室调研组一行来积石山县调研脱贫攻坚工作。

是日 积石山县组织部分村幼儿园园长、小学校长，教育局工作人员，由县委常委、宣传部长张生炜，县委常委、副县长姬洪涛，州政府督学鲁振伟带队赴东乡县考察学习农村幼儿全托试点工作。

是日 兰州工业技术学院宣讲党的十九大精神报告会在胡林家乡会议室举行。

9日 积石山县组织开展了道路交通运输突发事件应急救援演练活动。

是日 州地病办主任石生才一行到精准扶贫联系点安集乡辉光村开展了党的十九大精神宣讲送健康送温暖活动。

是日 全县召开砖瓦窑厂能源审计及生态恢复治理推进会。

10日 积石山县邀请省州专家在兰州召开规划评审会议。积石山县城供热、县城燃气专项规划和县域乡村建设规划及三个美丽乡村建设规划，一致通过专家评审。

13日 州文明办副主任赵婷带领复查验收第二组前来积石山县，对往届省级文明单位进行复查和重新认定，同时考核验收今年新申报的全州第九批州级文明单位。

是日 由县委宣传部、县文体局主办的《记忆积石：镜头中的变迁》摄影作品展在县博物馆展出。

14日 易地扶贫搬迁督查问题反馈暨政策宣讲会在县政府四楼会议室召开。

15日 民进中央参政议政特邀研究员、上海社科院社会学所原所长周建明一行来积石山县调研片区规划和片区政策、非贫困村的脱贫攻坚政策落实情况及加强基层基础工作助力脱贫攻坚的经验，民进甘肃省委员会主委，民进兰州市委会主委陈伟和州委统战部副部长马进孝陪同调研。

是日 县委书记马正业主持召开全县重点工作安排会，安排部署年末各项重点工作，谋划明年重点工作思路。

是日 甘肃银行积石山县支行为积石山

中科康洁工程有限公司环卫工人举办冬季送温暖活动，活动中送出总价值6万元的暖瓶600个。

是日 积石山县贫困地区村综合性文化服务中心设备器材发放仪式在县博物馆举行。

是日 州林业局局长史有志带领林业技术人员在联系点银川乡阳坡村、柏杨树村和鲁家湾村开展花椒产业提质增效田间培训活动。

是日 兰州市五十四中学校长张俊带领骨干教师一行12人与甘肃省联合国教科文组织负责人王文清来到吹麻滩中学，在学校和县教育局负责人陪同下，参观了吹中学生经典诗文诵读、音乐、美术等校园社团活动。

16日 国务院侨办副主任郭军在积石山县调研定点扶贫工作。

17日 县委副书记、县长马尚文，县委副书记杨光龙，县委常委、副县长姬洪涛带领县住建局、县规划局负责人对县城区道路及管网改造工程进行了检查。

21日 县人大常委会主任马义明在联系村居集镇强滩村为基层党员群众宣讲党的十九大精神。

是日 积石山县举办全县建档立卡贫困户人均可支配收入核算培训会。

22日 州委统战部副部长苏建明带领的督察组一行前来积石山督查、指导并巩固、提升全国民族团结进步创建活动示范周工作。

是日 在县政府四楼会议室召开民用散煤燃用及销售情况调查摸底工作会议。

23日 党的十九大精神县委宣讲团第一宣讲组在县委四楼会议室举行宣讲报告会。

24日 安委会2017年第四次全体会议暨环保工作安排会在县政府四楼会议室召开。

是日 积石山县开展冬季安全生产大检查工作。

27日 州委宣讲团来县开展党的十九大精神报告会。州委组织部常务副部长马斌为与会人员专题解读了党的十九大报告。

是日 州委宣讲团成员、州委党校副教授李永伶深入积石山县关家川乡胡林家乡开展十九大精神辅导宣讲。

是日 厦门市海沧区——积石山县东西部劳务协作市场专场招聘会在县劳务办举行，来自全县各乡镇的贫困务工青年踊跃应聘，为用工单位和务工青年搭建了一个双向交流平台。

是日 州委第四讲师团教育卫生系统专场报告会在积石中学举行，州委党校副教授马淑英做宣讲报告。

29日 州委宣讲团成员、州委党校副校长杜刚来县经济口各单位，全体干部职工在统办楼会议室专题解读党的十九大报告。

是日 县委常委、统战部长张振华深入联系村郭干乡大杨家村、酸梨树村，宣讲党的十九大精神，与村干部一道谋划脱贫攻坚工作。

是日 东乡县政协副主席马忠率考察团来县考察学习易地扶贫搬迁工作经验。

是日 州委宣讲团党的十九大精神报告会在县会议中心举行。

30日 县委县政府组织召开全县脱贫攻坚领导小组会议。

是日 积石山县委、县政府组织召开项目工作谋划会议，对 2018 年项目工作进行了安排部署。

12月

1 日 州委统战部“两个共同”办公室副主任王景海带领州委统战部、州宗教局、州扶贫办相关人员组成的督查组前来积石山县就宗教活动场所管理工作进行督查。

5 日 积石山县在会议中心召开全县宗教工作“三支队伍”专题培训会。

是日 省综治办副主任孙燕飞带领的省委政法委综合考核组在州委常委、政法委书记王国志的陪同下前来积石山县，对积石山县综治、执法监督等各项工作进行考核。

是日 积石山县扶贫工作安排部署会议召开。

是日 由州政府副秘书长任玉刚、州安监局党组成员、副局长苏得俊带队的州政府安全生产考核组对积石山县 2017 年安全生产工作进行考核。

6 日 积石山县第二届保安族腰刀锻制技艺大赛在大河家镇经济开发区举行。

7 日 州委常委、副州长蔚俊深入帮扶联系村刘集乡阳洼村，向该村党员群众讲解党的十九大精神。

是日 州委常委、副州长蔚俊对积石山县农民工工资支付工作开展情况进行督查并召开汇报会。

是日 省委农工办督查积石山县精准脱贫和农村“三变”改革工作反馈会议召开。

是日 省志办副主任郝宗维带领考核组在副州长王方太及州志办主任谭得胜的陪同下前来积石山县考核地方史志工作目标任务完成情况。

7—8 日 全国政协委员、民建甘肃省委主委宁崇瑞一行前来积石山县调研脱贫攻坚工作。

8 日 积石山县第二届保安族腰刀锻制技艺大赛在大河家镇经济开发区圆满落下帷幕。

9 日 全省人民银行 2017 年维修改造项目推进会在中国人民银行积石山县支行召开。

12 日 积石山县第十届人大常委会第十次会议召开。

14 日 积石山县政协召开第九届委员会常务委员第二次会议

16 日 临夏州工商局非公党工委携手 TCL 集团、百顺电器两家企业在积石山县开展“宣讲十九大党建助扶贫”公益捐赠活动。

19 日 积石山县控辍保学工作座谈会在高关中学召开。

是日 “澳大利亚魏基成慈善列车冬衣捐赠活动”在积石山县秦阴等十所小学举行。

20 日 州委副书记、州长马学礼深入积石山县调研。

是日 由东乡县县委常委、常务副县长马永福、县人大常委会副主任陈维孝、县政协副主席马忠孝带领东乡县各有关部门及各乡镇党委书记组成的考察团来积石山县考察城乡卫生整治及厕所革命工作。

是日 厦门双十中学海沧附属学校“情暖冬季、关爱儿童、爱心捐赠”活动在积石山县前庄小学举行。

21 日 州委第七巡查组在积石山县胡林家乡、石塬乡、大河家镇三个乡镇召开问题反馈会，对参会乡镇在巡查工作中存在的问题进行了反馈。

22日 积石山县委常委组织召开“坚决全面彻底肃清王三运流毒和影响，恢复整治生态山清水秀”专题民主生活会。

是日 州食药局调研员喇忠华带领州政府督查组前来积石山县就春节前食品药品安全工作进行督查，并对2017年食品药品安全目标责任完成情况进行考核。

23日 积石山县在大河家镇举办保安族腰刀锻造技艺培训班。

24日 积石山县邀请州委党校副校长、管理学副教授、临夏州电视台关注栏目特约评论员潘进哲进行党的十九大精神专题辅导。

是日 珠海市翠薇公益慈善副会长张丽带领来自广东、安徽、江苏、浙江、甘肃的15名志愿者到积石山县关家川李家山、白家沟、卢家庄三所小学开展翠薇公益慈善甘肃贫困山区助学公益活动。

是日 省卫计委交叉考核组一行对积石山县卫计22项重点工作进行了督查考核。

26日 积石山县第十届人民代表大会第二次会议在县会议中心开幕。

是日 政协积石山县第九届委员会常务委员会第三次会议在县政协会议室召开。

27日 积石山县第十届人代会第二次会议举行第二次大会。

是日 政协积石山县第九届委员会第二次会议在县会议中心召开闭幕大会。

是日 积石山县第十届人大常委会召开第十一次会议。

28日 积石山县邀请了省人大常委会内务司法委主任李世红、州委党校副校长潘进哲进行党的十九大精神专题辅导。

是日 积石山县举行监察委员会揭牌仪式。

概　述

【地理位置】 积石山保安族东乡族撒拉族自治县位于甘肃省西南部，临夏回族自治州西北角的小积石山东麓，东经102°41′～103°06′，北纬35°34′～35°52′，海拔1735～4309米。东南与临夏县接壤，西与青海省循化撒拉族自治县毗邻，北与青海省民和县隔河相望，东北部与永靖县以黄河为界，南北宽约33千米，东西长37千米。全县总面积为909.97平方千米。

【自然资源】

一、土地资源 2017年全县土地总面积为909.09平方千米，其中耕地面积27.55万亩，人均耕地1.16亩。

二、水资源 积石山县水资源主要发源于积石山麓，汇集流入黄河的河流主要有五条，即银川河、吹麻滩河、刘集河、清水峡河和大河家河，年平均流量0.8～2.13立方米，其中银川河、吹麻滩河和刘集河汇水面积、流量较大，流域面积分别为450平方千米、157平方千米、81.5平方千米，年平均流量分别为2.13立方米每秒、0.52立方米每秒、0.16立方米每秒。黄河县境内流经全长约40千米，年平均流量667立方米每秒，在本县境内水面坡降为1.5%～1.9%。全县水资源总量228.52亿立方米，其中自产地表水14223.3万立方米，占水资源总量的0.6%；地下水1729.1万立方米，占水资源总量的0.1%；黄河过境水227.07亿立方米，占水资源总量的99.4%。全县水能资源的蕴藏量达78000千瓦，可开发量为36500千瓦，已开发6000千瓦。

三、矿产资源 县境在地质构造上成矿条件比较单一，已发现矿产有金、铜、花岗岩、石英石、砂石、黏土等6种。其中，金、铜主要分布在黑大山、大墩峡等地；石英石主要产在安集乡安家山一带，探明储量31.6吨；花岗岩产在中咀岭一带，估算地质储量900万立方米；砂石、黏土矿产资源储量丰富，分布广泛，砂石大量存在于黄河、刘集河、吹麻滩河、银川河及其支流居集河、乩藏河流域的河床及其阶地中，绝大部分直接外露，也有部分被黄土覆盖下整合于第三条红色砂岩之上，估算总贮藏量约3亿立方米，砖瓦黏土普遍存在于县域内的冲积、洪积和风积物中，广泛分布于各乡镇，估算总贮藏量约3016万立方米。另外，银川乡龙光村出土的狗熊头、犀牛上下颌等古动物化石资源和吹麻滩尕护林发现的东西约10千米，南北约18千米，出露面积约5485公顷的冰川遗迹，具有很高的科研、科普、观赏和收藏价值。

四、旅游资源 积石山横亘在自治县西南部，全长50余千米，有雷帝山、五台山、黑大山、葱花岭、拉锯山、尕尖山、拉扎山、青石山、桦林山、石榴山等山峰，山势连绵起伏，巍峨挺拔。大山峻岭之间有幽邃曲折、小溪潺潺、鸟语花香的崔家峡、樊家峡、五台峡、大峡、吊水峡等美丽的峡谷，山麓有天高云淡、碧草如茵、牛羊成群的宽阔的黄草坪、响水坪等天然牧场。特别是被古人以“积石奔流”“积石神功”列入河州八景之第一景观的积石关，国家AA级旅游风景区积石民俗村，极具科考价值的古冰川遗迹石海。县东北与著名的炳灵寺石窟隔黄河相望，西与青海省循化县孟达“天池”国家级自然保护区毗邻。现珍藏于中国历史博物馆的“彩陶王”出土于安集乡三坪村。大墩峡，被誉为西北的“西双版纳”，植物物种极为丰富，西北杜鹃、紫丁香等漫山遍野、姹紫嫣红，特别是“红桦”“华山松”全国少有。大墩峡景区不仅有优美的自然环境，还有独特的区位优势。景区位于黄河岸边，与保安山庄山水相连，与大墩村静安堡隔谷相望，积石雄关、长宁古驿、临津古渡等历史遗迹尽在眼底。2014年，大墩峡景区被评为国家AAA级旅游景区，2015年由国家旅游局和国家开发银行等9家银行联合组织遴选，被确定为甘肃省2015年全国优选旅游项目名录。2017年，大墩峡景区被评为国家AAAA级旅游景区。

五、动植物资源　动物资源有野生动物20多种，主要有狍、獾、香獐、岩羊、苏门羚、兰马鸡、雪鸡、猞猁等，其中苏门羚、兰马鸡、雪鸡为国家二类保护动物。野生和种植的药材达40余种，当地的当归、党参、黄芪、大黄、甘草被誉为“五大宝”，驰名全国，远销海外。黄河沿岸干旱山区栽植的花椒，产量高、品质好、香味浓，已成为全县农村经济的支柱产业和特色产业，累计栽植量达256550亩，积石山县被国家林业局命名为“中国花椒之乡”。沿积石山麓的蕨菜资源丰富，质地脆嫩、色味俱佳，是纯天然的无公害绿色食品，年出口量达60吨以上。大河家生产的“鸡蛋皮核桃”最为有名，这种核桃壳光滑而薄，似“鸡蛋皮”，用手轻轻一捏即可破壳，脱仁容易，仁醇肥香甜，品质优良且出仁率高，营养丰富，具有一定的知名度和发展前景。

【行政区划】　全县辖13个乡、4个镇，145个行政村、6个居委会，1296个村民小组，49316户，26.68万人，其中城镇人口4.6万，占总人口的17.24%。

【人口与民族】　2017年全县总人口26.68万，比上年增加0.09万，常住人口24.46万，比上年增加0.05万，人口出生率14.38‰，人口自然增长率为5.85‰，死亡为8.53‰，城镇人口4.60万，城镇化率18.81%。在总人口中，汉族122844人，占46.04%；回族84658人，占31.73%；东乡族22611人，占8.47%；保安族18297人，占6.85%；撒拉族10307人，占3.86%；土族6419人，占2.4%；藏族1557人，占0.58%；其他少数民族107人，占0.04%。

【国民经济和社会发展情况】　2017年全年实现生产总值153539万元，比上年增长3.70%。其中：第一产业增加值35571万元，比上年增长5.20%;第二产业增加值8215万元，比上年增长–5.10%;第三产业增加值109753万元，比上年增长3.90%。全县人均生产总值6277元。

全县一、二、三产业的比重由2016年的25.1 ：7.8 ：67.1调整为2017年的23.2 ：5.3 ：71.5。第一产业比重减少1.9个百分点，第二产业比重减少2.5个百分点，第三产业比重上升4.4个百分点。

2017年年末耕地面积27.55万亩，人均耕地1.16亩。全年粮食作物播种面积28.53万亩，比上年增长0.41%。油料播种面积5.98万亩，比上年下降0.26，油料产量15939吨，比上年增长1.88%。药材播种面积0.57万亩，比上年增长1.78%。粮食产量达到102738吨，比上年增长0.15%，平均亩产达到372.9千克，比上年增长3.05%，农民人均占有粮443.38千克，比上年增长0.23%。农业总产值达到72210万元，比上年增长0.15%，农业增加值36229.56万元，比上年增加5.23%。

2017年大牲畜存栏7.26万头，比上年增长5.29%；肉类总产量4553.65吨，比上年增长4.59%。

2017年林业生产情况。当年造林合格面积7.42万亩，比上年下降2.25%，全年花椒面积20.53万亩，花椒产量达到2772吨，核桃产量达到760吨。

全县农业生产条件进一步改善，农业机械化水平进一步提高。农用化肥施用实物量13575.6吨，比上年增长7.88%，农村用电量达到1660.89万度，比上年增长1.73%，保证灌溉面积达到6.7万亩，比上年增长0.01%，有效灌溉面积9.01万亩，比上年增长0.02%，水平梯田达到27.18万亩，比上年增长0.18%。

全年劳务输转6.91万人（次），同比增长1.32%，实现劳务收入11.01亿元，同比增长9.88%。

全年完成工业增加值8215万元，比上年下降16.7%。

实施500万元以上的重点项目45项，计划总投资26.09亿元，其中新开工40项、续建5项，全年完成固定资产投资133646万元，同比增长–48.31%。

全年客运周转量12284.19万人/千米，比上年增长10%，完成货物周转量10661.57万吨/千米，比上年增长10%。

全年接待游客83.29万人次、增长41.17%，实现旅游收入3.6亿元，同比增长42.86%。

年末全县从业人员9331人，在岗职工平均人数9285人。全县从业人员工资总额52396.6万元。全县城镇新增就业2900人，城镇登记失业率2.74%，失业人员实现再就业人数215人，其中困难人员实现再就业95人。

全年完成社会消费品零售总额58664.5万元，比上年增长8.9%。其中：城镇社会消费品零售额34281.3万元，比上年增长5%，乡村社会消费品零售额24363.2万元，比上年增长15%。按行业分：批发贸易业8578万元、零售贸易业40711.3万元、住宿业132.8万元，餐饮业9222.4万元，分别比上年增长9.75%、12.5%、11.6%、5.9%。按消费形态分：餐饮收入9355.2万元，商品零售49309.3万元，分别比上年增长7.23%、9.22%。

全年累计完成大口径财政收入21859万元，比上年增长5.53%。公共预算收入15290万元，比上年增长8.19%，全年完成财政支出238117万元，比上年增长20.55%。

全县金融机构各项存款余额299544万元，比上年增长2.10%。金融机构各项贷款余额296709万元，比上年增长3.88%，积极支持了地方经济建设。

共计完成各项税收收入6648万元，与上年同期相比增长44.87%。其中，增值税完成4311万元，企业所得税696万元，车购税完成1635万元，其他税收收入6万元。

2017年末全县拥有县级文化单位县艺术团、博物馆、文化馆、图书馆、民族文化苑、县野外文物保护管理所、非物质文化遗产保护中心、文化市场综合执法支队各1个；

影剧院 2 个，乡镇综合文化站 17 个，农家书屋 145 个；建成文化信息资源共享工程县级支中心 1 个。

全县共有各级各类医疗卫生机构 362 个，其中县级机构 6 个，乡级机构 16 个，其他机构 340 个；县、乡两级共有在编在岗医疗卫生人员 362 名，县级 239 人，乡级 122 人，全县拥有病床数 1017 张。2017 年，完成业务收入 9894.55 万元。

全县教职工 3972 人，其中专职教师 2944 人，在校学生数 49711 人。全县高考民族本科以上上线 145 人，省内外高校录取 1401 人。2017 年底，全县适龄儿童入学率达到 99.81%，全县共有学校 221 所。其中：独立高中 2 所，初级中学 10 所，小学 171 所，幼儿园 37 所，职教中心 1 个。

全县高考民族本科以上上线 145 人，省内外高校录取 1401 人。2017 年底，全县适龄儿童入学率达到 99.81%，全县共有学校 221 所。其中：独立高中 2 所，初级中学 10 所，小学 171 所，幼儿园 37 所，职教中心 1 个。

2017 年全县总人口 26.68 万人，比上年增加 0.09 万人，常住人口 24.46 万人，比上年增加 0.05 万人，人口出生率 14.38‰，人口自然增长率为 5.85‰，死亡为 8.53‰，城镇人口 4.60 万人，城镇化率 18.81%。在总人口中，汉族 122844 人，占 46.04%，回族 84658 人，占 31.73%，东乡族 22611 人，占 8.47%，保安族 18297 人，占 6.85%，撒拉族 10307 人，占 3.86%，土族 6419 人，占 2.4%，藏族 1557 人，占 0.58%，其他少数民族 107 人，占 0.04%。

2017 年全县城镇居民人均可支配收入为 18924.1 元，同比增长 7.8%，农村居民人均可支配收入 5239.2 元，同比增长 9.3%。

2017 年农村居民工资性收入为 1563.5 元，同比增长 9.2%，占可支配收入的 29.8%，继续稳居主导地位。

2017 年农村居民家庭经营净收入为 1719.11 元，同比增长 6.9%，占可支配收入的 32.8%。

2017 年，农村居民人均财产净收入为 65.6 元，同比增长 14.5%。成为农民增收的一个重要补充。农村居民人均转移性收入为 1891.1 元，同比增长 11.5%，占可支配收入的 36.1%。

2017 年全县参加新型农村合作医疗人数 186921 人，参合资金 2803.81 万元，参合率达到 78.21%

城市低保户数 1735 户，人口 5990 人，发放金额 2511375377 元。农村低保户数 15097 户，人口 65082 人，发放金额 98197356 元。

共办理建设项目环评 141 家，其中登记表 128 家，报告表 11 家。削减 COD：1754.66 吨、氨氮 109.72 吨，生活垃圾得到了及时有效的处理。

严格落实安全生产“一岗双责”责任制，组织开展专项整治行动，严防发生生产事故，全县安全生产形势稳定。全县共发生各类安全生产事故 5 起，死亡 4 人，受伤 1 人，直接经济损失 0.1 万元。

中国共产党积石山县委员会

县委机构设置

领导名录

县 委 书 记：马正业

县委副书记：马尚文

杨光龙

李尚勇（挂职，2017 年 7 月离职）

张武功（挂职，2017 年 8 月任职）

县委委员

中共积石山县委第九届委员会（2016 年 10 月—2017 年 12 月）

委员共 33 名：

马　元、马　俊、马义明、马玉兰、马正业、马正表、马正荣、马占良、马占彪、马永智、马成祥、马延平、马尚文、马海明、马锦泽、马腾飞、马如花、王进伟、王育泽、祁文学、李　平、李征云、杨生东、杨光龙、张生炜、张福友、陕世毅、姬洪涛、戚永杰、韩德祥、喇时雄、鲁振伟、樊成晖

候补委员共 6 名：

张学云、马占山、马学良、马清明、沙学英、张福林

常务委员 11 名：

马正业、马尚文、杨光龙、李尚勇、马海明、张生炜、张福友、王育泽、姬洪涛、李　平、马永智

【工作部门】 县委办公室（挂靠单位：机要局、信访局、档案局、党研室、保密局）、县委纪律检查委员会（含监察委）、县委组织部、县委宣传部、县委统战部、县委政法委、县直机关工委、县委党校、县总工会、团县委、县妇联、县科协。

重要决策

2017 年全县经济工作的总体要求是：全面贯彻落实党的十八大和十八届三中、四中、五中、六中全会精神以及中央、省委州委经济工作会议精神，深入学习贯彻习近平总书记系列重要讲话精神，按照“五位一体”（经济建设、政治建设、文化建设、社会建设、生态文明建设）总体布局和“四个全面”（全面建成小康社会、全面深化改革、全面依法治国、全面从严治党）战略布局，坚持稳中求进工作总基调，牢固树立和贯彻落实新发展理念，适应把握引领经济发展新常态，以提高经济发展质量和效益为中心，以推进供给侧结构性改革为主线，深入贯彻落实州委“六抓”（抓脱贫攻坚一号工程、着力抓项目引擎带动、着力抓生态绿色发展、着力抓教育百年大计、着力抓社会和谐稳定、着力抓党建根本保证）思路举措，按照县委既定工作思路、措施、模式，全面做好稳增长、促改革、调结构、惠民生、防风险各项工作，促进经济平稳健康快速发展，以优异成绩迎接党的十九大胜利召开。全县总体发展思路是：实施生态立县、教育强县两大战略，围绕一线布局抓文旅、主攻五大流域抓扶贫、突出组团协同抓发展。围绕以上目标思路，重点实施好十一项工程：一是推进基础设施建设，提升县域经济发展保障工程；二是加快壮大特色优势产业，增强经济社会发展支撑工程；三是加快城乡建设，促进县域经济

协调发展工程；四是建立商贸物流体系，激发县域经济发展活力工程；五是推进精准扶贫，补齐县域经济发展短板工程；六是推进农村重点领域改革，激发县域经济发展内生动力工程；七是加大招商引资，提升县域经济发展水平工程；八是加强交通道路建设管理，解决发展瓶颈制约工程；九是大力发展非公经济，促进大众创业万众创新工程；十是创新社会管理，创造经济社会发展良好环境工程；十一是抓好主责主业，加强党建保障工程。

重要会议

【全委会（含全委扩大会议）】 中国共产党积石山县第九届委员会第三次会议于2017年2月9日在县城吹麻滩召开，马正业同志主持会议。会上县委常委会班子做了工作报告；安排部署了2017年全县经济工作；通报了县委常委会班子2016年度民主生活会情况和乡科级班子考核结果；签订了2017年度工作目标责任书。

中国共产党积石山县第九届委员会第四次会议于2017年8月29日在县城吹麻滩召开，马正业同志主持会议。会上传达学习了州委十二届五次全会暨全州脱贫攻坚推进大会精神；通报了2017年前8个月全县经济社会发展情况，安排部署了后4个月经济工作；签订了脱贫攻坚责任书；通过了《中国共产党积石山县委第九届委员会第四次全体会议决议》。

中国共产党积石山县第九届委员会第五次会议于2017年12月21日在县城吹麻滩召开，马尚文同志主持会议，会上宣读了《中共中央办公厅印发习近平总书记关于进一步纠正“四风”、加强作风建设重要批示的通知》；县委常委会班子做了工作报告；宣读通过了《中国共产党积石山县第九届委员会第五次全体会议决议》（审议稿）。

【常委会（含常委扩大会议）】 2017年2月25日，县委召开常委会议，专题研究审议第九届县委第一轮党风廉政建设巡查工作实施方案和调整县委巡查领导小组人员，汇报了2016年全县巡查工作情况。

2017年3月10日，县委召开常委会议，研究了2017年全县组织工作要点，对全县2017年党建工作进行安排部署。

2017年5月2日，县委召开常委会议，审定了《关于2016年度计划生育目标管理责任书考核情况》《积石山县创建国家级民族团结进步示范县实施方案》《关于2017年积石山县民族团结进步创建示范单位的建议名单》和《关于做好全省民族团结进步创建示范单位和示范家庭及第二批全省民族团结进步示范教育基地推荐名单》。

2017年5月10日，县委召开常委会议，集体学习了习近平总书记关于安全生产工作的重要论述，学习了《中共中央国务院关于推进安全生产领域改革发展的意见》，研究了全县安全生产工作，讨论了党风廉政建设的考核办法。

2017年6月29日，县委召开常委会议，研究了党建工作有关事项，审定了《积石山县机关党建工作规范的通知》《积石山县农村党建工作规范》《积石山县社区党建工作规范》《积石山县非公有制经济组织党建工作规范》《积石山县社会组织党建工作规范》

《积石山县教育系统党建工作规范》《积石山县卫生计生系统党建工作规范》和《关于推进基层党建任务落实的通知》。

2017 年 8 月 1 日，县委召开常委会议，传达学习了习近平总书记在省部级主要领导干部“学习习近平总书记重要讲话精神，迎接党的十九大”专题研讨班上的重要讲话精神，传达学习省委十三届二次全体会议精神，传达了州委常委会安排部署全域无垃圾工作的精神，专题研究了全县扶贫工作，研究了全县意识形态工作。

2017 年 8 月 10 日，县委召开常委会议，听取了关于九届县委第一轮巡查工作开展情况的总结汇报，审定了《关于开展九届县委第二轮党风廉政巡查工作领导小组的通知》《关于开展九届县委第二轮党风廉政建设专项巡查的通知》《中共积石山县委巡查工作领导小组规则》（试行）、《中共积石山县委巡查工作流程》，专题研究部署第二轮巡查有关工作。

2017 年 8 月 14 日，县委召开常委会议，听取了近期巡查工作汇报，审议了九届县委第二轮党风廉政建设专项巡查领导小组各成员职责，安排部署第二轮巡查工作。

2017 年 8 月 29 日，县委召开常委会议，审定了县委全委会工作报告，审定了县政府党组提交的关于全县前八个月经济社会发展情况和后四个月工作安排的报告，审定了《关于高辉同志挂任副县长的事宜》。

2017 年 9 月 6 日，县委召开常委会议，审定了县教育局提交的有关事宜和第 33 个教师节庆祝活动相关请示，研究党风廉政考核工作，审议通过了党风廉政考核情况（上半年）。

2017 年 10 月 26 日，县委召开常委会议，传达学习了中国共产党第十九次代表大会习近平总书记报告，传达学习了全省城市基层党建工作会和全省抓党建促脱贫攻坚工作推进会暨州委党建工作推进会精神，研究审定了省十三届人大代表人选名单，研究了全县第一批专业技术拔尖人才事项，研究审定了 2017 年度落实职务与职级并行待遇人员名单，审定了《积石山县乡（镇）纪委书记提名考察办法》（试行）、《积石山县纪委派驻（出）纪检员考察办法》（试行）。

2017 年 10 月 31 日，县委召开常委会议，传达学习了中国共产党第十九次代表大会习近平总书记报告，通报全县当前精准扶贫有关问题，安排部署当前扶贫重点工作。

2017 年 11 月 10 日，县委召开常委会议，传达学习了中国共产党第十九次代表大会习近平总书记报告，审定了《关于认真学习贯彻宣传党的十九大精神的安排意见》《积石山县深化监察体制改革试点工作小组》《积石山县深化监察体制改革试点工作方案》。

2017 年 12 月 11 日，县委召开常委会议，传达学习了习近平总书记对信访工作的重要批示和第八次全国信访工作会议上的讲话精神，传达学习省委林铎书记在全省贫困地区脱贫攻坚专题工作会议上的讲话精神，研究审定了县委全委会工作报告，审定了《县人大党组关于召开县十届人大二次会议有关事宜的请示》和县人大常委会报告，审定了县政府工作报告，审定了 2017 全县国民经济和社会发展计划（草案）的报告，审定了 2017 年全县财政预算执行情况及 2018 年财政预算（草案）的报告，审定了政协党组《关于召开政协积石山县第九届委员会第二次会议的请示》和县政协报告，审定了法院工作报告，审定了检察院工作报告，审定了县委统战部提交《关于建议调整增补张振华等同志为政协积石山县第九届委员会委员的报告》，审定县委办公室提交的《关于调整县委常委工作分工》的建议。

2017 年 12 月 22 日,县委召开常委会议，传达学习了《中共甘肃省委关于坚决全面肃清王三运流毒和影响进一步净化政治生态的意见》，县委各常委开展了对照检查，研究了人事任免调整事项。

【主要会议】 2017 年 1 月 11 日，全县 2017 年度第一次安委会（扩大）会议在会议中心召开，县委书记马正业传达学习了习近平总书记新年致辞，学习了总书记在十八届纪委第七次全体会议上的讲话，学习传达中国共产党第十八届纪律检查第七次全体会议公报，安排部署了全县安全生产工作。

2017 年 1 月 13 日，全县金融工作座谈会在县信用联社七楼会议室召开，会议就围绕财税金融工作如何服务县域经济发展，如何支持地方工业发展，如何解决贷款难、融资难问题这三个主题开展讨论，县委书记马正业对全县精准脱贫工作作了总结讲话。

2017 年 1 月 17 日，全县扶贫和项目工作汇报会在县委四楼会议室召开，县委副书记杨光龙汇报了 2016 年度剔除户核实情况，县委常委、副县长姬洪涛汇报了项目工作情况。

2017 年 2 月 9 日，积石山县纪委九届二次全体会议在会议中心召开，会上传达学习了中纪委七次全会、省纪委十二届七次全会精神，县委书记马正业就全面从严治党面临的任务作了重要讲话，县委常委、纪委书记马海明代表县第九届纪委常务委员会作了报告，签订了党风廉政建设主体责任书。

2017 年 2 月 20 日，县委工作会议在会议中心召开，会上传达学习了习近平总书记在省部级主要领导干部学习贯彻十八届六中全会专题研讨班开班仪式上的讲话，县委书记马正业总结了去年全县扶贫、农村、统战、宣传、组织、环保等工作，安排部署了 2017 年各项工作。

2017 年 3 月 20 日，全县重点项目汇报会在县委四楼会议室召开，会上集体传达学习了《新形势下党内生活的若干准则》和《中国共产党党内监督条例》，县委书记马正业安排部署了当前各项重点工作，会上汇报了县城城区改造项目进展情况，吹麻滩河治理项目进展情况，光伏扶贫项目进展情况，大河家中学建设进展情况，临大高速、沿黄旅游公路、旅游扶贫路、全域旅游无垃圾项目进展情况。

2017 年 3 月 22 日，《中共中央国务院关于推进安全生产领域改革发展的意见》甘肃省宣讲会在县政府四楼会议室召开，林铎省长主持会议。会上宣讲了安全生产领域改革发展的意见，林铎省长强调要切实做好安全生产领域各项工作。

2017 年 4 月 11 日，全县 2017 年项目观摩督查总结会在会议中心召开，县长马尚文、县政协主席李征云、纪委书记马义明对观摩活动做了点评讲话，县委书记马正业对各项工作做了总体评价，安排部署了当前各项工作。

2017 年 4 月 24 日，全县领导干部警示教育大会在会议中心召开，纪委书记马海明通报了2016年查处的违纪违规典型案例，县委书记马正业就贯彻中央、省州党风廉政建设的重要举措进行了讲话，并对与会同志上了警示教育课，提醒广大干部要思想自觉、行动自觉，为建设全面小康社会打下坚强的纪律基础。

2017年5月9日，全州民族团结进步创建活动推进会暨积石山县创建全国民族团结进步示范县动员会在会议中心召开，省民委副主任秦耀、省民委监督检查处副处长措钦才让、州人大常委会副主任马锦峰、州政府副州长马有信、州政协副主席马维正、州直有关部门负责人、各县市分管领导参加了会议，会上各县市进行了交流发言，县长马尚文做了动员讲话，副州长马有信就我县认真贯彻省州政策、抓组织、抓落实、抓推动取得良好成效做了讲话，省民委副主任秦耀做了总结讲话，鼓励大家要凝聚共识、坚定信心，全面完成示范县创建的各项任务。

2017年5月19日，全县推进“两学一做”学习教育常态化制度化工作会议在会议中心召开，会上集中学习了习近平总书记关于对推进“两学一做”学习教育常态化制度化的重要指示精神，并对“两学一做”学习教育常态化制度化进行了交流发言，县长马尚文传达了州委杨书记调研我县时的指示精神并安排部署了“两学一做”学习教育常态化制度化及当前重点工作。

2017年6月12日，全县“明察暗访督查年”活动暨“两查两保”专项行动推进会在会议中心召开，会上传达学习了全州农村基层党员干部警示教育大会精神，县委副书记杨光龙通报了“明察暗访督查年”活动和“两查两保”专项行动开展情况，并交流经验做法，安排部署了下一步工作任务。

2017年6月29日，全县脱贫攻坚工作推进会在会议中心召开，会上县长马尚文传达学习了习近平在深度贫困地区脱贫攻坚座谈会上的讲话精神，传达学习了全省脱贫攻坚推进会精神，副县长马占彪宣读了省脱贫攻坚领导小组办公室《关于开展贫困人口动态调整工作的通知》和《积石山县精准扶贫精准脱贫突出问题整改方案》，县委副书记杨光龙就全县六个方面的突出问题作了讲话并安排部署了下一步各项工作。

2017年6月29日，全县审计工作安排会在会议中心召开，县委副书记杨光龙通报了我县在扶贫、易地搬迁等工作方面审计反映出的问题，并安排部署了反馈问题的整改工作，县长马尚文作了重要讲话，提醒大家要高度重视，做好整改工作。

2017年7月20日，积石山县全域无垃圾整治动员大会在会议中心召开，县委副书记、县长马尚文安排部署全域无垃圾整治工作，县委书记马正业就环境卫生整治工作的必要性作了讲话，安排部署了环青海湖国际自行车比赛筹备工作。

2017年7月27日，积石山县“三年扶贫行动计划”筹备会在县委四楼会议室召开，县委书记马正业安排部署了脱贫攻坚三年行动计划的编制工作。

2017年7月28日，积石山县脱贫攻坚现场会在会议中心召开，省委副书记孙伟、省直相关部门、州委州政府主要领导出席了会议，县委书记马正业就我县脱贫攻坚工作作了汇报，各省直帮扶单位做了表态发言，孙伟副书记就我县的现状和下一步怎么干做了重要讲话。

2017年8月14日，全县精准识别农村低保对象和扶贫开发政策有效衔接工作会议在会议中心召开，县长马尚文安排了全县当前各项工作，县委书记马正业作了重要讲话。

2017年8月22日，全县“三纠三促”专项行动动员会在会议中心召开，县委书记就深入贯彻习近平总书记“八个着力”重要指示精神，纠正“四风”的重要性作了讲话。

2017年8月29日，积石山县脱贫攻坚三年行动计划工作会议在县委四楼会议室召开，省委农办副主任朱宝莹出席了会议，县委书记马正业汇报了三年行动计划编制工作，现场观看了行动计划PPT，县委副书记杨光龙汇报了行动计划主要内容，现场征求了各部门的意见建议。

2017年9月13日，全县脱贫攻坚“三支队伍”培训暨深度贫困地区专题动员会在会议中心召开，州长马学礼就全县精准扶贫工作作了重要讲话，县长马尚文在会上解读了《精准扶贫政策汇编》，涵盖了农业、林业、畜牧、民政、发改、国土、住建、交通、教育、卫计、社保、劳务、扶贫、妇联、党建等方面的惠农政策，县委副书记杨光龙解读了精准识别流程。

2017年9月18日，积石山县全域无垃圾整治工作推进会在会议中心召开，县长马尚文安排部署了全域无垃圾整治工作，要求各乡镇、有关部门要认真贯彻落实全域无垃圾整治工作，加强制度执行和日常监管，县委书记马正业就认真贯彻中央和省州“乡村美，中国美”精神做了讲话，安排部署了近期各项工作。

2017年9月24日，厦门市海沧区——临夏州积石山县党政联席会议在县委四楼会议室召开，县长马尚文汇报了全县精准脱贫工作开展情况和厦门市海沧区对我县的帮扶情况，厦门市海沧区台商投资区党工委书记林文生做了重要讲话，要重点做好资金帮扶、拓展帮扶领域、开展携手奔小康、加大劳务协作力度方面的工作。

2017年10月11日，积石山县脱贫攻坚行动计划讨论会在县委四楼会议室召开，省委副书记孙伟、州委书记杨元忠、州长马学礼出席了会议，孙伟副书记征求了与会同志对规划的意见建议，对规划的编制表示了肯定。

2017年10月13日，党的十九大维稳安保工作积石山县再动员再部署会议在县委四楼会议室召开，县长马尚文安排部署了全县十九大维稳安保工作，州国家安全局副局长长江伟做了讲话，县委书记马正业为贯彻落实州委州政府10月10日对十九大维稳安保工作再动员再部署会议精神做了重要讲话，要旗帜鲜明讲政治、正视问题抓保障、强化责任抓落实。

2017年10月31日，全县精准扶贫、精准脱贫工作安排部署会在会议中心召开，会上明确了县脱贫攻坚考核县级干部分组名单，县委副书记杨光龙安排部署当前精准扶贫、精准脱贫工作，通报了州县两级退出验收发现的问题，传达了甘肃省脱贫攻坚领导小组办公室《关于做好2017年度扶贫对象动态管理工作的通知》，与会同志做了交流发言，县委书记马正业做了重要讲话。

2017年11月15日，全县重点工作安排会在县委四楼会议室召开，会上传达学习了《全州村“两委”班子集中整治方案》，县委书记马正业安排部署了基层党建、精准扶贫、卫计、住建、畜牧、交通、水电、发改等工作。

2017 年 11 月 30 日，全县专题研究讨论暨乡村脱贫攻坚实施方案编制工作会议在县委四楼会议室召开，会上提交了《全县脱贫攻坚实施方案》编制工作情况，并征求了有关部门意见建议，县委书记马正业就《方案》的编制作了重要讲话，要求各部门要力求精准，要讲政治、讲纪律、讲原则，要管好项目和资金，不犯错误。

2017 年 12 月 16 日，全县精准脱贫考核会议在县委四楼会议室召开，会上宣读了考核通知、考核纪律要求，传达学习了省考核动员会上的讲话，县委书记马正业做了表态发言，要严格执行省上考核要求，要认真搞好考核服务保障，要全力做好考核配合工作。

【主要工作】 2017 年，全县完成生产总值 15.35 亿元，同比增长 3.7%；完成固定资产投资 13.36 亿元，同比下降 48.31%；社会消费品零售总额 5.86 亿元，同比增长 8.9%，排名全州第二；大口径财政收入 2.19 亿元，同比增长 5.54%；一般公共预算收入完成 1.53 亿元，同比增长 8.19%，排名全州第二；一般公共预算支出 23.81 亿元，同比增长 20.55%，排名全州第二；农村居民人均可支配收入 5237.1 元，同比增长 9.3%，排名全州第二；城镇居民人均可支配收入 18924.1 元，同比增长 7.8%。完成的主要工作：

深入学习宣传贯彻党的十九大精神。把学习宣传贯彻党的十九大精神作为党性要求和政治责任，深入学习贯彻习近平新时代中国特色社会主义思想，自觉用党的创新理论武装头脑、指导实践、推动工作。全面落实习近平总书记“在学懂弄通做实上下功夫”的要求，县委常委会先后多次集体学习十九大精神和新党章，带头原原本本学、原汁原味学、结合实际学，做到学深学实学透，领会精髓要义，在学上先学一步，在领会上更深一层，为全县各级党组织作出了示范。对所有县级干部、科级党员干部分层分批开展十九大精神集中轮训，共组织辅导讲座 11 场次。成立 6 个宣讲团，分系统、分行业、分乡镇村全覆盖宣讲。积极发挥报刊、电视、网络等主流媒体作用，组织开展系列宣讲活动，在全县营造了学习宣传贯彻十九大精神的浓厚氛围。通过深入学习宣传，增强了广大党员干部的“四个意识”（政治意识、大局意识、核心意识、看齐意识）和干部群众的“四个自信”（道路自信、理论自信、制度自信和文化自信），更加坚定了维护党中央权威和贯彻落实十九大精神的思想自觉和行动自觉，切实把思想和行动统一到党的十九大精神上来，不折不扣地确保党的十九大作出的各项战略部署在积石山落地生根。

狠抓脱贫攻坚“一号工程”。遵照习近平总书记“绣花”式扶贫的指示精神，大力开展精细精确精微扶贫，扶贫工作取得阶段性成效，全年完成减贫 3535 户 16911 人。整合涉农资金 1.82 亿元，硬化村社道路 381.56 千米、小巷道 202.06 千米。改造农村危房 3937 户，彻底消除了农村 D 级危房。实施易地扶贫搬迁工程，建成搬迁点 2 个，搬迁群众 56 户 279 人。实施中部农村饮水安全巩固提升工程，尕阴洼净化水厂建成投入使用。坚持扶贫与扶志、扶智相结合，在 17 个乡镇组织开展“两户”（贫困户和脱贫户）见面会，通过面对面交流传授致富门路经验，培养贫困群众自我发展潜力，激发脱贫致富内生动力。实行县级干部包抓预脱贫村责任制，调整充实61个深度贫困村驻村帮扶力量。定点帮扶和东西协作工作力度加大，协调落实厦门市海沧区帮扶资金2550万元、国侨办帮扶资金234.55万元。深入开展“百企帮百村”和贫困大学生捐助活动。专项扶贫、行业扶贫、社会扶贫互为补充的“三位一体”大扶贫格局进一步完善。立足县情实际和工作动态，经过广泛征求意见、反复酝酿讨论、多次修改完善，编制完成了《积石山县脱贫攻坚实施方案（2018—2020年）》和17个乡（镇）脱贫攻坚实施方案，全县脱贫攻坚工作的目标更加精准，重心更加突出，措施更加得力。

全力推动经济健康快速发展。始终牢牢把握稳中求进的工作总基调，全面落实中央、省州稳增长、调结构、促改革、惠民生、防风险各项政策举措，采取一系列止滑稳增措施，倒排工期加快项目建设，促进产业协调发展，有效化解经济下行压力，保持了经济平稳健康快速发展的良好势头。2017年实施500万元以上重点建设项目112项，完成投资19.28亿元。康乐莲麓至积石山大河家扶贫旅游大通道积石山段、S309线鹦鸽嘴桥至安集段建设项目、县城旧城区道路改造及配套设施工程等38个新建项目开工建设。大河家生活污水处理厂、中西医结合医院、大中型水库特困移民避险解困、县公安局业务技术用房等45个续建项目进展顺利。签约招商引资项目24个，签约资金11.29亿元。伟凯饲料厂、民族文化苑、滨河花苑二期工程、昌隆家园、祥林苑住宅小区等20个招商项目落地实施。成功举办甘青两省四县·大河家商贸活动，近500多家企业商户参加展示展销，有效促进了区域经济协同融合发展。认真贯彻落实省州农村“三变”改革和发展村集体经济部署要求，投入1550万元，采取“村集体＋合作社（企业）＋农户”的发展模式，在确定的19个试点村扎实推进农村“三变”（资源变资产、资金变股金、农民变股东）改革工作，取得良好成效。

千方百计发展富民产业。按照“一户一策、一技一业”的思路和“七个一批”（发展生产脱贫一批、易地搬迁脱贫一批、结合生态保护脱贫一批、发展教育脱贫一批、医疗保险和医疗救助脱贫一批、社会保障兜底一批、一事一议帮扶脱贫一批）的要求，精心培育特色种植、林果育苗、草食畜牧、劳务输转、文化旅游等富民产业。种养殖业方面，2017年完成旱作农业26.1万亩，膜侧油菜5万亩，中药材2.31万亩。栽植核桃1万亩、花椒0.5万亩、啤特果1万亩，完成核桃嫁接改良0.7万亩。对全县重点贫困户户均补助0.6万元，投放基础母牛1148头，基础母羊19666只，改造圈舍4640处。大力推进“粮改饲”，采取青贮黄贮和揉丝打包的方法，打包秸秆饲料13.86万吨，提高了秸秆饲料化综合利用水平。旅游业方面，积极推进全域旅游，新建农家乐10家，专业旅游村3个，旅游扶贫试点村1个，重点村12个。大墩峡景区投资力度持续加大，基础服务设施不断健全，游客接待量呈井喷式增长。全县共接待游客共计81.3万人（次），比上年增加30.1万人（次）、增长37.78%，旅游收入达到3.53亿元，比2016年增加1.4亿元、增长40.23%。劳务产业方面，多渠道举办劳务技能培训42期，完成各类培训2.53万人（次），输转城乡劳动力6.91万人（次），实现劳务收入11.1亿元。

稳步推进生态建设。深入实施“生态立县”战略，积极提升“无垃圾县”创建水平，全县生态环境和城乡环境显著改善。积极开展造林绿化工程，新增造林面积7.1万亩，森林覆盖率提高到18.72%，完成县城广场绿化苗木栽植39.56万株（丛）。认真实施国家水土保持重点建设工程，新增综合治理面积25平方千米。结合中央环保督查反馈问题整改，狠抓环境污染整治，依法关停拆除非法采砂场31家，整治粘土砖厂29个，淘汰拆除10蒸吨以下燃煤锅炉42台，安装餐饮场所油烟净化装置90套，有效改善了全县城乡环境质量。同时，探索创新环境卫生企业化管理、市场化运营新模式，迈出了一条政府购买服务、管干分离的环境卫生市场化运作新路子，达到了提高政府行政效能、扩大就业门路的多元效应。强化大气污染、水污染、土壤污染治理，全面推行河长制，促进环境改善、生态修复。持续整治农村乱搭、乱建、乱倒、乱堆、乱放行为，集中整顿村社周边、沟叉巷道、房前屋后环境卫生，村容村貌明显改观。

着力保障和改善民生。始终坚持以人为本，全面提升公共服务水平，改革发展的成果更广泛更公平地惠及各族群众，人民群众的获得感明显增强。全面贯彻“教育强县”战略和“11223346”：“围绕一个目标”（提高劳动者素质），树立一个意识（向发达地区看齐这一意识，不与民族地区比高低、不靠民族照顾讲成绩），提升两种能力（教师教学和校长管理），提高两率（义务教育阶段入学率和巩固率），抓好三条线（政府管理线、教育督导线、社会支持线），突出三抓措施（小学抓入学、中学抓控学、全面抓质量），狠抓四风（教职工工作作风、学校校风、教师教风、学生学风），建立六项机制（校长聘任、教师交流、教师培训、激励奖惩、人才引进、学校考核）的教育工作思路，投资5427.85万元，实施改薄项目17个，教育基础设施明显改善。研究出台控辍保学7项硬措施，强化校长队伍和教学骨干队伍建设，教育教学质量进一步提升。加强卫生基础设施建设，县中西医结合医院基本完工，县妇幼保健站综合业务楼、县疾控中心业务楼项目已批复可研。全面实施大病保险二次报销政策，重大疾病保障水平稳步提高。公共文化服务体系不断完善，建成乡村舞台项目106个，成功举办了保安族口头文学与语言和保安族腰刀锻制技艺大赛、大山庄峡花儿歌手大奖赛和第七届敦煌行·丝绸之路国际旅游节暨“农行杯”篮球运动会。对因灾因病因学致贫返贫的贫困户，落实救灾补助、大病救助、助学贷款等保障性政策，对残疾户、因灾因病贫困户实现政策性兜底保障。

全力维护社会和谐稳定。始终把维护社会稳定作为压倒一切的基础工程，靠实维稳责任，不断创新社会治理，营造了加快发展的良好软环境。认真贯彻执行中共中央《党委（党组）意识形态工作责任制实施办法》及省委《实施细则》，县委常委会带头学习领会习近平总书记关于意识形态工作重要指示精神，坚决贯彻落实中央、省委和州委关于加强和改进意识形态工作的一系列重大决策部署，定期分析研判意识形态领域情况，全面提升意识形态工作科学化水平。深入开展争创民族团结进步示范县创建活动，以民族团结进步宣传月、民族团结进步“十进”（进家庭、进社区、进乡村、进机关、进学校、进寺院、进企业、进军营、进医院、进市场）活动为载体，筑牢各民族共同团结奋斗、共同繁荣发展的思想基础。认真学习贯彻《宗教事务条例》，强化“三支队伍”（宗教工作领导干部、宗教工作干部和宗教界人士）能力提升，依法加强宗教事务管理，维护了宗教领域的和睦和顺和谐。扎实组织开展“社会矛盾大排查纠纷大化解情绪大疏导法治大宣传”活动，解决了一批涉及面广、社会影响大的矛盾纠纷和信访积案。启动“七五”普法教育，认真开展法律“八进”（法律进机关、法律进单位、法律进企业、法律进学校、法律进农村、法律进社区、法律进家庭、法律进市场）活动，提高了全民法治意识。建立“九位一体”社会管控体系，加强社会治安综合治理，组织开展禁毒专项整治，严厉打击各类违法犯罪活动，依法惩治“村霸”和宗族恶势力，提升了人民群众的安全感。坚持“党政同责、一岗双责、齐抓共管、失职追责”安全生产责任制，狠抓重点领域安全生产，排查治理安全隐患，保障了人民群众的生命财产安全。持续组织开展“知恩感恩大教育”活动，评选了一批“积石好村民”，唱响党的政策好、勤劳致富光荣的主旋律，传播了正能量，倡导了新风正气。

全面落实从严治党主体责任。把抓好党建作为最大政绩，认真履行党建主体责任，营造风清气正的良好政治生态。扎实推进“两学一做”（学党章党规、学系列讲话，做合格党员）学习教育常态化制度化，教育引导广大党员干部牢牢把握新时代中国共产党的历史使命，以习近平新时代中国特色社会主义思想武装头脑，始终在思想上政治上行动上同以习近平同志为核心的党中央保持高度一致。认真落实“三会一课”（定期召开支部党员大会，支部委员会，党小组会；按时上好党课）制度，以“七个一”（每季度召开一次联席会议，每半年开展一次在职党员进社区履岗尽责评查活动，每半年开展一次主题党日活动，每年邀请社区党员代表、居民代表、行业代表参加一次“检察开放日”活动，每年联办一次文艺汇演，每年开展一次献爱心、送温暖活动，在全县集中开展了主题“党日”活动。强化基层党建基础，2017 年 3 月底全面完成了村“两委”班子换届选举，发展党员 326 名。注重党员干部学习培训，先后组织 14 个后进村村社干部及群众代表 420 余人，赴外县学习观摩，教育后进村干部群众摒弃陈规陋习，增强赶超意识，凝聚团结力、向心力。认真开展了软弱涣散村“两委”班子集中整治，整治完成了 21 个组织不健全、战斗力不强的村“两委”班子，有效解决了班子弱、是非多、人心散、村子穷的突出问题。认真贯彻落实省委、州委党风廉政建设工作要求，狠抓“两个责任”落实、纪律规矩执行和惩防体系建设，积极推进监察体制改革。深入开展党性党风党纪教育、理想信念宗旨教育、廉政警示典型教育，集中观看大型反腐专题片《永远在路上》《镜鉴》和《警钟》，筑牢拒腐防变的思想道德防线。结合“明查暗访督查年”活动和“三纠三促”（纠正履行职责不担当、为民服务不作为、落实任务弄虚作假，促进中央和省市县委决策部署落实、促进全镇经济社会平稳健康发展、促进党员干部作风明显好转）

专项行动，持之以恒加强和改进作风，着力解决慵懒散、推脱绕、不作为、慢作为、说虚话、说空话的突出问题，推动各项工作高标准高质量落实。严格落实中央八项规定精神，紧盯元旦、春节等重要节点，严明纪律要求，加强监督检查，推进作风建设落实落细。全面落实廉政谈话、约谈、“三述”（述纪、述廉、述作风）等制度，支持纪检监察机关加大案件查处力度，组织开展“两查两保”（查处不正之风、保障扶贫政策落实，查处腐败问题、保障扶贫资金安全）专项行动，严厉惩治各类违纪违法问题特别是发生在群众身边的不正之风，营造了风清气正的良好政治生态。2017 年，全县共查处违纪违规案件 91 起，给予党政纪处分 116 人。

县委办公室

【机构】 县委办公室内设督查室、信息中心、机要局，2017 年共有工作人员 47 名，其中男 44 名，女 3 名；汉族 8 名，保安族 3 名，东乡族 5 名，撒拉族 8 名，回族 13 名，土族 7 名，藏族 3 名；研究生 1 名，本科 26 名，大专 8 名，高中及以下 12 名。

领导名录

主　任：马　俊

副主任：马邦天

　　　　杨春文

　　　　张进祥

信息中心副主任：冯光杰

　　　　　　　　杨文地

督查局副主任：宗明江（2017 年 3 月离任）

机要局副局长：赵国俊

　　　　　　　马玉龙

【工作综述】 一年来，县委办公室在县委的正确领导下，紧紧围绕县委中心工作和全县工作大局，主动适应新形势，准确把握新常态，进一步强化学习教育，加强自身建设，从“严”从“实”发挥参谋助手、督促检查、综合协调和后勤保障职能作用，认真履职尽责，“三服务”工作水平进一步提升，较好地完成了各项工作任务，有力地推动了县委各项决策部署的高效落实。一是坚持学习教育与实践锻炼相结合，干部综合素质有了新提升。二是坚持履行职责与主动担当相契合，抓工作落实的能力有了新提升。三是坚持改进作风与遵规守纪相融合，机关形象有了新提升。

【公文撰写】 严格按照《甘肃省党的机关公文处理暂行规定》的要求，严把文件起草、审核关、收发关，确保文稿质量。2017 年县委及县委办公室发文 220 件，撰写汇报材料、领导讲话 140 余篇，没有出现歧义和差错，全部符合规定要求，并做到了当日签署，当日印发，确保了县委各项工作及时、准确地安排部署。

【信息工作】 在信息报送工作中，注重增强信息工作的针对性、时效性，充分发挥信息工作的参谋作用，把热点、难点问题作为首选题材，着力发掘有一定高度的深层次信息，不断加强办公室内部信息工作队伍的建设，积极选派人员到州委秘书处信息科跟班培训，有力地提高了办公室信息工作整体水平，2017年共上报信息84条，被省上采用2条,州上采用15条,信息直报点上报15条。

【督查】 重点对县委决策部署情况、精准脱贫攻坚工作以及群众关注的热点问题进行了督查。一是围绕县委重要会议、重大决策的贯彻落实情况进行了督查，2017年开展了县第九次党代会，对重点工作、驻村帮扶工作队驻村工作开展情况进行了一次督查；二是积极办理领导批示件。2017年共收转省州委督查室《督办通知》117件，全部处理完毕，并及时向有关部门和网民做了答复处理，做到了件件有回应、事事有结果。

【协调】 充分发挥主观能动性，预先安排工作，做到事前勤沟通、事后多反馈，确保了工作准备充分，衔接紧密。一是搞好领导之间的协调。二是加强与人大办、政府办、政协办的协调。三是搞好部门、乡镇之间的协调。四是搞好上下级之间的协调。

【机要】 县委机要局主要承担县级机要密码通信工作任务，充分发挥密码通讯的主渠道作用，保证中央、省、州重大决策和重要工作部署的迅速贯彻落实，上情下达，下情上报，迅速及时地传达各级各类政令指示信息。加强党内文件的收发、处理和存档等工作，进一步提高办文质量，确保了各类机要文件的及时安全正常运转及县委与上级党委机关的工作联系和信息畅通。2017年共收/发电报950份4850页,处理上级文件350份、期刊295份，传递机要信件255件，县委发文219份（其中县委76份,县委组字52份，县委督字91份）。

【后勤服务】 2017年对县委常委办公楼进行了墙面粉刷和地板铺设，对县委机关后勤服务中心进行了屋顶防水及部分设施维修，对县委机要局进行了机房装修、墙面粉刷和铺设地板，更换了县会议中心照明灯、会标显示器等，购置了电脑、打印机等办公设备，提高了办公室工作效率和后勤服务水平。一是重新硬化了县委大院，扩大了院内的活动范围，方面了人员和车辆通行。二是重新划分轿车放置范围，车辆规范放置，确保了院内的整齐划一。三是修整花园，修剪花草，为广大干部职工创造了绿色、舒心的工作环境。

纪检监察工作

领导名录

县委常委、县纪委书记：马海明

副书记：唐占全

　　　　马成福

　　　　马福成

　　　　王国智（2017年12月离职）

县监察委员会主任：

　　马海明（2017年12月任职）

县监察委员会副主任：

　　唐占全（2017年12月任职）

　　马成福（2017年12月任职）

县纪委常委、县监委委员：

　　马福林（2017年12月任县监委委员）

县纪委常委：窦春花

县纪委常委、县监委委员：

　　陕玉林（2017年3月至今任常委、12

月担任县监委委员）

县纪委常委：张　培（2017 年 3 月任职）

马仲华

县监委委员：

陈　亮（2017 年 12 月任职）

县监委委员：

李景诚（2017 年 12 月任职）

监察局长：

马福成（2017 年 12 月离职）

监察局副局长：马晓琴

监察局副局长：何延龙

【机构】 积石山县纪委监察局有干部 39 人，3 月从原来的 10 个科室调整为 8 个科室（办公室、党风政风监督室、信访室、第一纪检监察室、第二纪检监察室、第三纪检监察室、第四纪检监察室、案件审理室），12 月调整为 11 个科室（办公室、党风政风监督室、信访室、案件监督管理室、第一纪检监察室、第二纪检监察室、第三纪检监察室、第四纪检监察室、第五纪检监察室、第六纪检监察室、案件审理室）。设书记 1 名，副书记 2 名，常委 7 名，县监察局局长 1 名（县纪委 1 名副书记兼任）、副局长 2 名。12 月县监察委员会成立，县纪律检查委员会、县监察委员会合署办公，履行纪检、监察两项职能，实行一套工作机构、两个机关名称。县监察委员会设主任 1 名，由县纪委书记兼任；副主任 2 名，由县纪委副书记兼任，委员 4 名，其中县纪委常委兼任 2 名。

【两个责任落实】 县纪委在协助党委推进全面从严治党、加强党风建设和组织协调反腐败工作的同时，强化监督执纪问责，县委、县纪委分别与各乡镇党委、纪委（县直单位纪检组）主要负责人签订了党风廉政建设两个责任书。下发《积石山县 2017 年度纪检监察工作要点》，从作风纪律建设、执纪审查、压力传导等 7 个方面细化分解了 21 项重点工作任务。按照责任清单，修订完善《积石山县党风廉政建设责任制考核办法》。年中、年终两次对全县各乡镇、各单位执行党风廉政建设责任制情况进行了考核，并将考核结果进行了通报。

【净化党内政治生态】 按照州县部署要求，下发《关于对维护政治生态领域工作开展自查自纠的通知》，组织全县各乡镇、各单位开展自查自纠。全体县级干部深入到各自联系乡镇、单位对维护政治生态领域工作开展自查自纠和执行政治纪律等情况进行督查指导。县纪委常委会带头执行党的组织生活制度，通过民主生活会、组织生活会，开展批评与自我批评，上党课，增强班子凝聚力、战斗力。会同组织部门督导各乡镇、各单位民主生活会。贯彻执行扶贫攻坚、意识形态、生态环境保护、民族宗教、安全生产 5 大领域重大决策部署，共立案 70 件，处理 83 人。同时，以推进“两学一做”学习教育常态化制度化为抓手，组织党员干部深入系统学习习近平总书记系列重要讲话精神和《党章》《廉洁自律准则》《纪律处分条例》《宪法》等党纪法规。根据《关于向民主党派通报党风廉政建设和反腐败工作情况的实施办法（试行）》，向民主党派通报党风廉政建设和反腐败工作。

【纪律审查】 共受理群众来信来访和电话、

网络举报共148件188人（次）。共立案查处各类违纪违规案件102件，结案96件，给予党政纪处分119人。其中查处扶贫领域违纪违规案件66件，占69%。对45个反映失实问题予以了澄清，并函告了被反映人，开展回访鉴定11人，按期解除行政处分11人。执行办案工作联席会议制度，加强与公检法司机关的协作配合，与公检法机关相互移送案件13件。注重办案安全，修订完善《纪检监察机关办案安全制度》，规范办案安全工作。

【作风建设】 制订下发《作风纪律规定落实情况监督检查工作实施方案》，加大暗访、查处、追责、曝光力度，推进作风建设制度化、常态化、长效化。共开展明察暗访29次，查处违反中央八项规定精神问题5起，给予党政纪处分6人，通报批评1起。结合“明查暗访督查年”活动、“三纠三促”专项行动，对4起不作为不担当弄虚作假的问题进行了通报，对未按要求参加会议的9个单位在全县范围内进行了通报，对主体责任不落实、上班纪律执行不严的4个单位主要负责人进行了约谈。查处侵害群众利益的不正之风和腐败问题27起，党政纪处分34人，移送司法机关1人。

【反腐倡廉宣传教育】 以中央、省州下发的违纪违法案件和本县群众身边的“四风”腐败问题为反面教材，举一反三、警钟长鸣。在县委常委会、全县干部大会、警示教育会等会上县委主要领导主持主讲，传达学习。今年4月召开的全县领导干部警示教育大会上，县纪委主要负责同志对自治县的4起违纪违规典型案例点名道姓进行了通报，9月对13起扶贫领域腐败及不正之风集中进行了通报。编发纪检监察信息46期，上级纪委和媒体采用25期，对评先选优单位和个人，人大代表、政协委员等出具廉政意见320份。利用重要时间节点编发廉政短信、格言警句、家风家教等廉政教育短信，给全县各级党员干部征订党风廉政建设报刊杂志，进一步筑牢拒腐防变思想防线，努力营造尚廉崇廉、和谐发展的良好政治氛围。

【巡察】 承办国家审计署审计发现、省委巡视组及县政府移交的38个问题线索的核查上报工作。协助州委巡察组先后对10个部门进行了3轮巡察，对移交的13个问题线索进行了核查上报。分2轮对3个乡镇、6个行政村和18个单位进行了政治巡察，通过巡察反馈问题及意见建议377条，移交问题线索16个，立案3件，给予党政纪处分5人，组织处理3件，诫勉谈话5人、告诫谈话3人。

【压力责任传导】 共组织开展各类约谈366人次，任前廉政谈话60人次，诫勉谈话22人次。在“两查两保”专项行动中共立案查处各类违纪违规案件37件，结案37件，给予党政纪处分42人。按照省纪委扶贫领域开展监督检查工作视频会议精神和州纪委方案要求，在配合省州纪委专项检查的基础上，把全县扶贫领域开展监督检查工作纳入执纪审查工作的重中之重，结合实际，制定工作方案，抽调人员成立4个县上督查组、17个乡镇督查组，按照不留死角、不重复、全覆盖的要求，进行了交叉检查。共排查出财政专项扶贫资金、低保、危房改造、救灾救济、扶贫贷款、扶贫地区涉农补贴等7个方面的94个问题。

【制度建设】 修订完善《纪检监察机关办案安全制度》等工作制度和内部管理制度，构建用制度管人管事管权、依法依纪依规办事的长效监督机制。同时，加大制度执行情况的监督检查力度，预防和减少了决策失误、权力失控、行为失范问题的发生。

【队伍建设】 组织纪检监察干部学习十八届历次全会、十九大报告和中央纪委工作报告，参加州委、县委开展的党的十九大精神宣讲辅导报告会，会同组织部门分类举办村干部、财务人员、纪检干部培训班，同时参加中央和省州纪委举办的各类培训班。把深化国家监察体制改革试点工作作为一项政治任务，制定《积石山县深化国家监察体制改革试点工作方案》，并协调上级和相关部门完成了机构设置、人员转隶、办公用房调剂、经费划转等工作。组织开展纪检监察干部家访活动，及时掌握纪检监察干部八小时外情况，对纪检干部严要求严管理，对2名违纪违规和履职不到位的纪检干部分别给予了党纪处分和诫勉谈话。

组织工作

【机构】 县委组织部内设办公室、组织股、干部股、干部监督股、公务员股、信息管理中心6个，县人才工作领导小组办公室、县远程办、县考核办隶属于县委组织部。2017年共有干部职工24人,其中男19人,女5人；保安族3人，东乡族2人，撒拉族1人，汉族14人，回族4人；中共党员21人。

领导名录

县委常委、部长：马永智

副部长：马成义（2017年8月离任）

马成忠

【领导班子建设】 2017年，是乡镇、村班子换届后的第一年，也是县直部门单位党组织集中换届改选的第一年，把加强班子思想政治建设放在首位，以贯彻落实好《关于新形势下党内政治生活的若干准则》为重点，加强民主集中制建设，督促指导乡（镇）和部门单位修订完善班子议事规则，召开民主生活会和组织生活会，及时发现和解决自身存在的问题，促进各级党组织严格按程序决策，按规矩、制度办事。

【干部队伍建设】 2017年，县委把初始提名权交给基层、交给广大干部职工，对各乡镇、各单位推荐上来的优秀年轻干部进行资格审查，审核通过的全部纳入后备干部队伍中，建立了后备干部库，实行动态管理，储备了一支素质优良、结构合理、数量充足的后备干部233名，其中正科103名、副科130名，充实了干部队伍梯队。各级干部从严教育、从严管理、从严监督,加强对单位“一把手”和重点岗位干部的经常性监督，执行审计26人，其中离任审计23人、任中审计3人。

【人才队伍建设】 2017年，在广泛征求意见，制定印发了《积石山县专业技术拔尖人才选拔管理办法》，组织开展了第一批专业技术拔尖人才评选活动。按照公开、平等、民主、择优的原则，经过推荐、申报、初评、专家评审、组织考察等环节筛选，提交县委常委会确定了19名在各领域表现突出的优秀专业技术人才进行了命名表彰，颁发了《积石山县专业技术拔尖人才证书》，每人奖励5000元，树立了一批人才典型。

【党员教育管理】 2017年，严肃党员日常管理，规范组织关系接转，稳妥处理失联党员161名，准确采集、录入全县党组织和党员基本信息，完成了党员信息库建设工作；严格发展党员程序，侧重改善农村党员队伍结构，培养入党积极分子761名，择优发展党员333名，其中农民党员242名。全面开展党费收缴专项检查工作，规范党员党费交纳标准和程序，要求各级党组织按月收缴党费，同时，补缴2008—2016年党费70.54万元。组织全县124个机关、企事业单位党组织和166个教育、卫计、非公、社会党组织完成了换届改选工作。

【基层组织建设】 2017年，县委把党建与脱贫攻坚深度融合，制订出台了“1+3”基层党建保障措施（“1”即《关于进一步加强农村基层党建工作的实施意见》，“3”即社会组织党建、村务监督管理、大学生村干部队伍建设三项具体方案），明确各级党组织抓党建的责任清单。结合工作实际，研究制定了全县农村、社区、机关、教育系统、卫计系统、非公企业和社会组织7个党建工作规范，以制度机制保障各项任务落实。坚持抓两头带中间，培育了1个乡镇（铺川乡）、2个村（肖红坪村、刘安村）、2个机关事业单位（财政局、农业局）、2个学校（高关中学、民族中学）和1个非公企业（伟凯公司）党建工作示范点，以点带面提升党建工作；对软弱涣散的15个村、1个社区、7个机关单位和5个非公企业党组织，采取“一支部一方案”的方式，整顿转化26个。组织14个重点村的420名村社干部和党员群众代表，分批次前往临夏县掌子沟乡达沙村观摩学习培训，推动了农村党建、班子建设和社会管理创新工作。

【专题教育活动】 2017年，县委组织召开学习教育专题推进会议2次，制定印发了《2017年全县“两学一做”学习教育安排意见》《积石山县“两学一做”学习教育实施方案》，根据平时督查指导了解和掌握的情况，及时下发推进“两学一做”学习教育常态化、制度化的指导性文件，印发《“两学一做”资料汇编》500本。

宣传工作

【机构】 县委宣传部内设机构有县精神文明建设指导委员会办公室，下属单位有县委对外宣传办公室、县委报道组、县文学艺术界联合会；2017年底共有干部18人，其中男15人，女3人；保安族2人，东乡族1人，撒拉族2人，汉族10人，回族2人，土族1人；硕士研究生2人，本科7人，大专6人，中专及高中3人。

领导名录

县委常委、宣传部长：张生炜
副 部 长：金作忠
马云鹏

【宣传队伍建设】 充实宣传队伍，2017年配备1名工作人员；加强干部培训，积极邀请中新社甘肃分社社长殷春永等专家开展新媒体专题辅导培训；采取全员写稿模式，提高外宣力度。

【宣传活动】 2017年，为喜迎第七届敦煌行·丝绸之路国际旅游节，按照“政府倡导，企业赞助，文化搭台，经济唱戏”的原则，举办了甘青两省四县·大河家商贸活动、迎五一“农行杯”篮球运动会、“恒基杯”花儿歌手大奖赛、“创意布艺杯”和全县广场舞大赛四大系列活动。

【新闻报道】 2017年，一是按照“请进来、走出去”的对外宣传工作思路，在各级各类媒体刊发我县新闻稿件2000余篇（条），其中中央媒体刊发2篇，《农民日报》刊发《奏响多民族共赴交响曲——甘肃省积石山县精准扶贫行动见闻》，12月18日中央电视台新闻联播播出《区域协调发展绘就新蓝图——积石山县劳务技能现场培训班》；在省级媒体刊发作品100篇，《甘肃日报》刊发《全面小康一个民族都不能少——积石山县深入推进精准扶贫精准脱贫纪实》和《贫困户向脱贫户取经记》，《甘肃经济日报》刊发《精准扶贫路上的积石实践》，2月17日中国新闻网刊发积石山县创新扶贫方式“两户见面会”激发贫困内生动力，中国甘肃网刊发临夏积石山县精准扶贫精准脱贫“两户”见面会侧记；在州级媒体刊发832篇，《民族日报》刊发《积石山县“两户”见面会“好做法”》系列报道，《砥砺奋进的五年 迎接党的十九大积石山篇》；在县级媒体刊发近1070篇。二是3月，新华社记者陈斌一行对积石山县精准扶贫模式、创新做法、富民产业培育和保安族美食、保安族刺绣、保安腰刀等进行了实地调研采访；三是新华社副社长、总编朱国圣一行对积石山世界非物质文化遗产保安腰刀锻制技艺在海外版、手机客户端进行直播；四是11月，新华社甘肃分社记者再次深入我县重温汪洋走过的地方，充分宣传精准扶贫、精准脱贫工作取得的成效；五是积极配合省组织的“百名摄影家看临夏”专题采风活动；六是开展“把美丽积石山寄出去”旅游宣传活动；七是完成H5作品和图文专题300多篇。

【党员干部理论教育】 推动“两学一做”学习常态化、制度化，以县委中心组学习为标杆，使各中心组集中学习次数都达到12次以上，学习笔记达到3万字以上，讨论交流4次以上，体会文章和调研报告达到2篇以上。深入开展党的十八届六中全会、省第十三次党代会、州第十二次党代会精神宣讲活动。

【意识形态工作】 先后两次召开意识形态工作专题会议和联席会议，研究部署全县意识形态工作；印发《2017年县委中心组及各级党委（党组）中心组学习安排》；县委与各乡镇、各单位签订了《积石山县意识形态工作目标责任书》；加大网络监管力度，提升网络管理水平；分别约谈对违规刊登转载时政类新闻的《临夏门户网》和《今日临夏》，对存在突出问题的《河州快讯》负责人进行了电话警告。

【精神文明建设工作】 以提高城乡文明程度为目标，开展社会主义核心价值观主题宣传教育十大创建行动工作；在临大公路沿线以党的建设、社会主义核心价值观、中国梦、德善孝敬、农耕生产、讲文明树新风为内容建成60千米文化长廊；在全县中小学组织开展诵读中华经典、传唱红色歌曲和“好家风好家训”美文诵读活动；4月，表彰命名全县151名“积石好村民”；县教育局、信用联社、刘藏镇、中咀岭乡分别被命名表彰为第十三批省级文明单位、省级文明乡镇、省级文明乡村。

【报刊征订】 2017年，共完成征订2018年度《人民日报》213份，《求是》140份，《甘肃日报》772份，《党建》51份，《民族日报》3526份，《甘肃经济日报》232份，《时事报告》102份，《党委中心组学习》61份，《光明日报》53份，《经济日报》61份，《甘肃农民报》257份，《新华每日电讯》52份。

政法工作

【机构】 县委政法委内设人秘股、执法督导股等机构，与县社会治安综合治理委员会办公室（简称综治办）、县维护稳定领导小组办公室（简称维稳办）、县国家安全办公室（简称国安办）合署办公。截至2017年底有干部职工23人。其中，保安族6人，东乡族5人，撒拉族3人，其他少数民族3人，汉族2人，回族4人；大学本科4人，大专15人，中专2人，高中2人。

领导名录

县委常委、政法委书记：王育泽

县委政法委副书记、县综治办主任：

吴玉良

县委政法委副书记：张学功

【“严打”斗争】 搜集情报信息106条，侦办国保类邪教案件3起，对441所宗教场所、1760名教职人员的基础信息进行了更新维护，实现动态化管控。共立各类刑事案件233起，破案158起，发生的3起命案均实现了快侦快破。抓获犯罪嫌疑人151人，抓获上网逃犯21人。扎实开展命案积案攻坚专项行动。受理治安案件473起，查处332起，查结率为70.2%。摧毁赌博窝点11处，处罚违法人员69人，查扣赌资33460元，自动麻将机7台，麻将牌13副。查处卖淫嫖娼案件1起，刑事打击1名，治安处罚9名。

【维护社会稳定】 共排查矛盾纠纷1183起，调解1183起，已成功化解1159起，化解率为98%。其中，调处重大矛盾纠纷和群体性事件41件。开展领导干部接访下访、信访积案化解、网上信访等畅通多种群众诉求表达渠道，共接待上访群众61件309人（次），其中个人上访45件52人，集体批16批257人次，目前已直接答复25件，办结31件，5件正在办理当中。

【社会治安综合治理】 全县17个乡镇、151个村（社区），规范化社会服务管理中心、社会服务管理站建设全部已经完成。17个乡镇已经开通政务网，实有人口录入工作正在开展，已经录入18万多人。网格化管理信息数据正在录入当中。全县17个乡镇划分为17个一级网格，145个村划分为145个二级网格，1296个社划分为三级网格；一级网格有网格长17名，管理员36名，二级网格长145名，管理员145名。全面完成了17个乡镇综治视频会议室建设任务。共立刑事案件233起，破案158起，侦破命案现案3起。抓获各类犯罪嫌疑人151人，抓获上网逃犯21名。侦破经济案件10起，完成省督案件1起，侦破毒品案件10起。全县共有精神病患者392人，均购买了保险，对42名重度精神病患者按以奖代补的形式，人均发放补助1800元，并与家属签订了监管责任书。

【创建安全文明单位小区】 按照省、州关于深化平安建设的要求，及时充实完善创建工作方案，以县政办〔2017〕34号文件印发了“十三五”平安建设（政法）专项规划。按照县委平安积石建设实施方案，坚持在共创中共享，在共享中共创，深入开展“共创平安、共享和谐”活动，扎实推进创建工作，进一步巩固了平安县建设成果。

统战工作

【机构】 中国共产党积石山县保安族东乡族撒拉族自治县委员会统一战线工作部（简称中共积石山县委统战部），是县委主管统一战线工作的职能部门。其主要职责是：正确认识和处理政党关系、民族关系、宗教关系、阶层关系、海内外同胞关系等政治和社会领域的重大关系。设置有台湾工作事务办公室（简称台办）、民族团结进步创建活动办公室（简称创建办）、“两个共同”示范办公室。有人员13人，男11人、女2人；保安族1人，东乡族5人，撒拉族1人，汉族3人，回族3人；研究生1人，本科8人、大专1人、中专2人、高中1人。

领导名录

县委统战部部长：

张振华（2017年11月任职）

县委统战部副部长：拜真明

【综述】 2017年，积石山县统一战线工作在县委的正确领导和上级业务部门的帮助、指导下，紧紧围绕“团结、进步、和谐”主题，以全面建设小康社会、构建和谐积石为目标，以民族团结进步创建活动为重点，积极发挥统战职能作用，努力促进全县政党关系、民族关系、宗教关系、阶层关系、海内外同胞关系的和谐，不断巩固我县各民族的大团结、大发展。调动全县统一战线各界人士的积极性，凝聚全社会各方面的力量，解放思想，开拓进取，扎实工作，为全县的经济建设、社会稳定、民族团结、宗教和顺做出积极贡献。2017年被授予全国民族团结进步创建工作“示范县”。

【民族团结进步创建活动】 2017年5月，成功举办了临夏州第十四个民族团结进步宣传月活动启动仪式暨创建国家级示范县动员会。组织教育局、农业局、卫生等23个单位在大禹广场开展了现场问答、图片展览、咨询服务、免费义诊等活动，共展出展板150多副，发放各类宣传资料20000多份，科普知识读本3000多册，当面咨询达5000多人（次）。县电视台对各单位开展宣传月活动进行跟踪宣传报道。利用春节、开斋节、尔德节等时机，1月，对全县17个乡（镇）的3名州政协委员、13名县政协委员和66名佛道教的主持、僧人、僧尼等，共82名统战对象进行节前慰问，面对面与宗教界人士和信教群众谈心交流，宣传讲解党的民族政策法规和惠民政策。结合县情实际，制定印发了《关于进一步巩固提升民族团结进步创建活动的实施意见》和《创建全国民族团结进步示范县实施方案》，以“十进”活动为载体，充分发挥典型示范引领带动作用。截止目前，共命名表彰县级示范单位225个、“星级和谐寺观教堂”318所、州级62个、省级示范单位4个、先进个人2名、国家级模范个人5名、国家级和谐寺观教堂2个，有效发挥了示范引领作用。积石山县成功被国家民委列入“2017年全国民族团结进步创建示范区（单位）候选名单”，民族团结进步示范县建设取得阶段性成效。为民族团结进步示范县建设顺利通过国家验收，我们计划打造56个示范点，其中今年已创建了永安驾校、国税局、民族中学等30个示范点，计划2018年再创建26个示范点。2017年，共发放《临夏州民族团结进步创建活动知识问答》等宣传资料32340份，共签注民族进步知识问答竞赛答卷45000份；共召开近千人参加的大会5次，分片会27次，各种培训会40次。悬挂横幅376条，张贴标语6375条，向广大群众散发宣传单等资料35000份，举办黑板报521期，开辟专栏10期，制作大型宣传牌20面，召开各类培训会议44次，在全县各大集镇开展了40余次以马克思主义民族观、党的民族宗教政策、《宗教事务条例》等为主要内容的宣传教育活动。5月，在大禹广场举行临夏州第十四个民族团结进步宣传月启动仪式暨创建国家级示范县动员会。12月，在县会议中心举行积石山县宗教工作“三支队伍”培训班，参会人员共计320人。

【“两个共同”示范建设】 2017年共争取“两个共同”（各民族共同团结奋斗，各民族共同繁荣发展）示范建设资金600万元，先后完成宗教“三支队伍”150人培训、25个宗教活动场所书屋、对甘藏沟清真寺、长家寺清真寺等10个比较好的宗教场所进行公共基础设施建设适当奖励、给177个宗教场所安装路灯700盏、在癿藏镇、居集镇、县城西口、刘集乡、大河家镇安装路灯宣传箱400多套。结合民族团结进步“十进”活动、在县电视台设立了“两个共同”宣传专栏，创建国家级民族团结示范县工作取得阶段性成效。

【统一战线】 2017年，依法加强宗教事务管理。加强宗教教职人员管理。研究制定了《积石山县宗教工作“三支队伍”培训规划》。今年在省社会主义学院培训3期150人，县上集中培训2期700多人次，各乡镇开展集中培训2期3500多人次，按照宗教教职人员管理办法，严格教职人员申报审批程序，结合宗教负担过重问题调查，对全县514个宗教界人士进行了重新认定备案，建立健全档案资料。对符合条件的720名宗教界人士发放生活补助129.9万元。依法加强经文班管理，深入全县381处伊斯兰教宗教活动场所开展阿语学校、经学班清理登记工作，及时取缔违规经学班，遣返外籍学员。

加强党外人士队伍建设和其他各项工作。建立健全党外知识分子、新的社会阶层人士人才库，实行动态管理。根据党外人才广、多、专的特点，深入各行各业挖掘人才，培养人才，选用人才，建立了齐全的党外知识分子、新的社会阶层人士人才库。支持工商联工作。在非公经济界深入开展“两个健康”教育实践活动，支持工商业联合会（民间商会）完成了第五届换届工作。扎实推进精准扶贫精准脱贫工作。按照县委的统一安排和部署要求，结合扶贫村和贫困户实际，以农民增收为重点，以脱贫摘帽为目标，通过建档立卡，对贫困对象进行全方位、全过程检测，充分利用“两个共同”示范县建设有利时机，整合资源，制定帮扶计划，落实帮扶措施，实施精准帮扶，对全县22个精准扶贫重点村配备电脑、打印机、桌椅等办公设备。

全县台属62人，男61人、女1人，其中：6人担任州县政协委员。吹麻滩镇1人，居集镇6人，癿藏镇41人，徐扈家乡6人，中咀岭乡7人，大河家镇1人。3月，对定居台属和常住台属进行摸排登记。2017年组织人员对全县17个乡（镇）台属及其家庭情况、经济状况、生活条件等情况进行调查摸底，并造册登记。

机关党建

【机构】 积石山县县直机关工委是县委的组成部门，机关工委有职工4人，其中男2人，女2人。汉族1人，回族1人、土族1人、撒拉族1人。

领导名录

书　记：武彩霞（2017年8月离任）

书　记：何举峰（2017年8月任职）

副书记：韩　晶

【组织建设】 2017县直工委有书记1名，副书记1名，秘书2名，委员7名（分布在县直有关单位），截至今年辖3个党总支，97个党支部；督促完成县直机关100个支部换届改选工作。

【党员教育和管理】 2017年围绕学习宣传党的十九大精神，配合有关部门，在97个县直部门单位开展集中宣讲30余场次；深入学习贯彻省、州、县党代会精神，配合开展集中宣讲和专题辅导2次，对机关单位党员干部进行了集中辅导培训。

2017年县直机关共有党员1346名；严格发展党员条件和程序，对发展对象的相关材料认真审核并逐个见面谈话，共发展新党员19人，转正预备党员36人，确定入党积极分子174人。组织县直机关基层党组织信息员对县直1346名党员的基本信息进行了更新录入，鉴于人事变动等原因个别党员没有把党组织关系及时转移的情况，要求县直机关各党支部以党支部为单位认真开展党员组织关系排查，督促党员完成党组织关系转移工作，争取在本单位内及时过上党组织生活，并严格实行组织关系回执制度，指导各党组织认真填报《党员信息登记表》《转出党员信息登记表》等表册，全年共接转党组织关系 165 份，对组织关系转出后未收到回执的党员进行了逐个落实。

【**党员培训**】“七一”前夕，围绕党的知识、《党章》和发展党员流程等内容，协同县委组织部分别举办了“县直机关单位入党积极分子和发展对象培训班”“乡（镇）党建办主任和县直机关单位党务工作者培训班”，集中培训县直机关单位入党积极分子、发展对象、党务工作者 200 多人次。

【**制度建设**】 2017 年制定《县直机关党支部组织生活基本制度》《县直机关党务工作规范化流程》等制度规定，促使基层党组织在机构设置、换届选举、发展党员、组织生活等机关党务工作方面规范化、标准化。

信访工作

【**机构**】 积石山县信访局是挂靠积石山县委办公室的正科级行政单位。2017 年底，单位实有职工 8 人，男 8 人；保安族 1 人，东乡族 2 人，撒拉族 1 人，汉族 1 名，土族 3 人；本科学历 3 人，大专学历 3 人，中专及高中 2 人。

领导名录

局　长：马永振

副局长：安顺国

　　　　曹学平

　　　　马占国

【**信访宣传**】 每年 5 月 1 日为国家信访局确定的《信访条例》宣传日，5 月 1—3 日，县信访局集中利用 3 天时间协调各乡镇在全县范围内开展宣传活动。宣传方式主要以吹麻滩、大河家、居集、乩藏等集镇为重点，发放《信访条例》等政策、法规的宣传品，现场解释群众提出的相关问题。2017 年在吹麻滩镇开展宣传活动 1 次，设立固定宣传点 1 处，发放宣传材料 1500 份，现场解答相关政策；在大河家镇、居集镇、乩藏镇分集日设立固定宣传点 1 处，现场发放宣传材料 3000 余份。同时，县信访局开展郭干乡酸梨树村精准脱贫工作的同时发放《信访条例》等宣传品 500 份。

【**信访受理**】 2017 年信访局受理来信 31 件，来访 40 件 127 人（次）；办结 66 件，办结率为 93%。

【**催办查办信访案件**】 2017 年省上交办、督办信访案件 3 件，州上交办、督办信访案件 21 件；办结 18 件，办结率为 86%。

【**领导接待制度**】 2017 年县上继续实行县级领导信访接待日制度，县级领导每周轮流在信访局接待室接待来访群众，批阅、协调、办理相关信访事项。全年共开展县级领导信访接待活动 40 场（次），接待上访群众 41 批 215 人（次）。

农村工作

【机构】 积石山县委农村工作办公室2010年11月成立，建制正科级，行政编制5人，设主任1名、副主任2名，与县扶贫办公室合署办公。2011年7月独立办公，有主任1名、副主任1名，干部职工13人，少数民族11人，大专以上学历10人，党员8人，女干部职工3人。县委农办设积石山县脱贫攻坚帮扶工作协调领导小组办公室，积石山县改善农村人居环境协调推进领导小组办公室，积石山县农村“三变”改革工作领导小组办公室，负责协调办理全县帮扶工作、改善农村人居环境工作、农村“三变”改革等日常工作。

领导名录

主　任：张志明

副主任：党正辉

【帮扶工作】 认真贯彻落实省州《关于调整加强脱贫攻坚帮扶工作力量的意见》精神，按照“将最强的领导力量、最优的帮扶资源向特困县倾斜”的新部署，9个省直单位帮扶28个深度贫困村，18个州直单位帮扶35个深度贫困村，90个县上单位帮扶145个村。全县145个村优化配齐了驻村帮扶工作队145个350人，为全县9785户贫困户精准选派帮扶责任人5412人。严格执行积石山县《关于调整加强全县脱贫攻坚帮扶工作力量的实施意见》，协调各乡镇党委政府加强驻村工作队的日常管理，会同县委组织部、县扶贫办，对全县范围内工作队长、队员进行了全员培训两次，督查6次，年终考评1次。各帮扶单位、驻村工作队、帮扶责任人，全面实施精准扶贫、精准脱贫基本方略，紧紧围绕“两不愁，三保障”和“七个一批”要求，大力开展精细精确精微的“绣花”式扶贫。调整优化后帮扶工作开局良好，进展顺利，如金川公司投入170万元实施寨子沟乡麻沟村和东坪寺村肉牛养殖项目，省委农工办帮助编制了积石山县脱贫攻坚三年行动方案，州委党校组织教师宣讲十九大精神，临夏回中对何家村资助价值5万元的羽绒服、校服、电脑、打印机，县政府办协调联系征地费15万元，协调组织部维修村委会，县服务就业中心一把手带领一班人常驻联系的白家沟村，率先制定了“一户一策”。

【美丽示范村建设】 认真贯彻落实省委、省政府《关于改善农村人居环境的行动计划》，把石塬乡肖红坪村、吹麻滩镇中庄村列为2个省级“千村美丽”示范村。石塬乡肖红坪村整合资金2533.5万元。硬化村社道路19.8千米；铺设给水管网4800米；实施易地搬迁152户；建成占地8400平方米的“六位一体”（便民服务中心、文化广场、幼儿园、卫生室、爱心超市、日间照料中心）综合便民服务中心一处；修建乡卫生院门诊楼及附属设施；建成羊养殖厂一座和牲畜交易市场一个。修建文化墙6000平方米，粉刷墙面10000平方米；建成肖红坪教学楼1437.5平方米。吹麻滩镇中庄村整合资金1800万元。实施村社巷道硬化14千米；种植行道树5000株；铺设安全人饮主管网3.5千米；围绕打造“一村一品”，重点培育鹿产业；种植膜侧油菜1200亩；种植黄芪、当归等中药材 100 亩；栽植啤特果 1000 亩，荒山造林 300 亩；建成 45 户建档立卡贫困户易地搬迁项目；建成 “六位一体”综合便民服务中心一处。现在的肖红坪村、中庄村，特别是肖红坪村公共服务便利、基础设施完善、村容村貌洁美、生活富裕和谐、田园风光怡人、管理民主、群众文化生活丰富、综合效益好、带动能力强，为全县乃至全州美丽乡村建设树立了标杆，打造了样板。

【农村“三变”工作】 省农村“三变”（资源变资产 资金变股金 农民变股东）改革推进工作会议后，按照省上的农村“三变”改革指导意见，及时编制了《积石山县农村“三变”改革暨村集体经济发展试点方案》。“三变”改革中循序渐进、试点先行。选择 19 个村先行推进，将寨子沟乡尕马家、石塬乡肖红坪、银川乡新庄、铺川乡铺川、吹麻滩镇中庄等 5 个村列为县级试点，将关家川乡白家沟、大河家镇陈家、柳沟乡阳山等 14 个村列为乡级试点。试点工作稳步推进，如寨子沟乡尕马家村以“村集体 + 合作社 + 农户”的模式种植中药材，147 户农户以 822 亩土地承包经营权入股，村集体以财政扶持的 100 万元专项资金入股，青丰中药材农民专业合作社以 350 万元资金和固定资产作价入股，农户、村集体、合作社三方签订入股合同，发放股权证。石塬乡肖红坪村依托大墩峡、大山庄峡、马家林、黄草坪的旅游资源，大力发展观光农业、旅游接待、农家客栈等旅游产业，按照“村集体 + 公司 + 农户”的“三变”发展模式，依托积石山县陶韵生态旅游开发有限公司，积极鼓励周边 35 户群众以土地承包经营权入股 77.6 亩、11 户农户以住房所有权入股、村集体以财政扶持壮大村集体经济资金入股企业。银川乡新庄村农户以花椒林权入股企业，村集体以财政扶持壮大村集体资金入股企业，由积石山县银丰花椒购销加工有限公司具体负责经营管理，村集体进行监督的模式。铺川乡铺川村拓展烤箱加工产业，以“村集体 + 企业 + 农户”的运作模式，与积石山县炊炊钢结构加工有限责任公司合作，积极引导农户以资金入股参与经营管理和分红。吹麻滩镇中庄村采取“旅游 + 养殖”的模式，依托积石山县鑫康生态旅游发展有限公司，与 68 户农户签订入股合同，公司以发展养鹿产业和乡村旅游为主，这些成功案例为全县农村“三变”改革全面铺开提供了可靠经验。

保密工作

【机构】 积石山县保密局隶属中共积石山县委领导，与中共积石山县委保密委员会办公室实行一个机构两块牌子。保密局有职工 6 人，女 4 人，男 2 人。本科 1 人，大专 4 人，高中 1 人。保安族 3 人，汉族 2 人，回族 1 人。

领导名录

局　长：马友军（2017 年 8 月任职）
　　　　何举峰（2017 年 8 月离任）
副局长：石玉莲
　　　　马玉兰（2017 年 8 月任命为副主任科员）

【保密工作宣传】 对各单位的领导干部和涉密人员进行保密培训，为全县各级领导干部制作了保密教育警示牌，增强了领导干部和涉密人员的保密意识和防范能力。积极协调组织、人社、机关工委对新录用工作人员、党务工作者和入党积极分子进行了保密教育培训，提高了工作人员依法保护国家秘密的自觉性，同时积极征订《保密工作》杂志，充实了涉密人员学习辅导资料。加强全民保密宣传教育，在县城举办保密展览 4 次，到各乡镇主要集镇出动宣传车、举办保密展览 2 次，共发放宣传资料 5000 多份，有效扩大了保密教育覆盖面，增强了全民的保密意识。

【保密制度建设】 全面贯彻落实省委《意见》、州委《实施办法》，制定了积石山县《党政机关和涉密单位网络保密管理规定实施办法》《党政领导干部保密工作责任制规定实施办法》《保护国家秘密应急预案》和《“十三五”时期积石山县保密事业发展规划》，进一步完善保密管理工作体制机制，强化了保密管理水平。同时制定印发了《积石山县“七五”保密法治宣传教育规划》，明确了工作目标、工作原则、主要任务和基本要求。认真贯彻落实《甘肃省国家秘密载体销毁管理办法》，制定印发了《关于对废旧公文、废旧电脑及其他办公自动化设备进行定点销毁的通知》，要求对各单位需销毁的废旧文件资料及废旧涉密计算机、U 盘等进行登记，单位领导审核批准后，缴县保密局实行统一销毁，使定点销毁工作走向规范化。加强涉密人员智能手机的使用管理，制定印发了《关于严禁智能手机连接涉密计算机及网络有效杜绝泄密隐患的通知》，要求各单位按规定加强管理，严防智能手机与涉密计算机及网络违规连接。

【保密检查】 年初组织人员对全县各打字复印摊点、废旧收购摊点进行了 2 次全面检查，对各单位保密制度建设、计算机及其网络管理、涉密人员管理等情况进行了 3 次全面检查，对全县 115 个单位的互联网、门户网站等情况进行了一次专项检查，督促工作人员认真遵守各项保密规定，提高责任意识，严格按照规章制度办事。经检查，核实全县有门户网站 20 个，政务微博 7 个，微信公众号 14 个，办公自动化系统 124 个，政务邮箱 27 个，上互联网计算机 240 台。扎实开展保密自查自评及督查工作，制定印发《关于组织开展保密工作自查自评的通知》和《机关、单位保密自查自评督查工作方案》，全县各单位按自查自评细化内容对本单位的保密工作情况逐条逐项进行了对照检查，同时成立督查组，按照《主要督查项目表》对全县各单位自查自评工作情况进行了督查，各项工作符合保密管理要求。

老干部工作

【机构】 2017 年，老干局（含关工委办公室）工作人员 11 名，其中保安族 1 名，东乡族 1 名，撒拉族 2 名，汉族 6 名，回族 1 名；男 3 名，女 8 名；本科 3 名，大专 1 名，中专 2 名，高中 4 名，小学 1 名。

领导名录

局　　长：韩福林
副 局 长：吴　铭

王发英（2017年2月去世）

【离退休干部现状】 2017年全县离退休干部947名，其中离休干部2名，正县级干部6名,享受正县级待遇2名,副县级干部5名，享受副县级待遇115名，其他干部817名。

【政治待遇】 老干部局在积石山县驻临夏老干部活动中心征订了《人民日报》《甘肃日报》《民族日报》《党的建设》《甘肃老干部工作》《中国火炬》等报纸、杂志，分季度为副县级待遇以上130名离退休老干部送阅县委、县政府的重要文件，邀请正县级退休干部列席历届县委、县人大、县政府、县政协的重要会议。

【生活待遇】 在每年春节、开斋节期间，县上四大家主要领导、县委组织部、老干部局等组成慰问组，对全县副县级待遇以上离退休干部进行慰问；根据老干部局《关于完善离退休干部医药费保障机制和财政支持机制的实施意见》精神，县委、县人民政府出台了《关于调整离退休干部医药费及慰问范围标准的通知》，离休干部医药费实报实销。因与有关规定不符，2015年起退休干部的医药费全部取消；县级离退休老干部生病、住院期间，县上四大家领导前去看望，县级离退休老干部去世后，四大家领导也前去吊唁，对老干部家属进行慰问，及时送去了县委、县政府的关怀。

【主要工作】 2月24日，召开关于认真学习贯彻中央、省委、州委有关会议和文件精神，部署离退休干部党支部建设和思想政治建设重点任务，安排全县“畅谈十八大以来变化、展望十九大胜利召开”活动，进一步统一思想、凝聚共识，更好地激发离退休干部在全县改革发展稳定大局中的正能量为主要内容的全县离退休干部座谈会，参会的老干部代表共40名。会议由县委常委、组织部长马永智主持并传达了全国老干部工作“双先”表彰大会、全国老干部局长会议精神；县委副书记杨光龙从准确把握全面从严治党的新形势，准确把握党的十八届六中全会的新部署，准确把握中央、省委、州委关于统战民族宗教工作的新要求，准确把握中央、省委关于加强和改进离退休干部工作的新规定等四个方面做了重要讲话；3月、9月，州关工委常务副主任丁生才带领州关工委办公室主要负责人到大河家镇梅坡村，对贫困学生丁涛实行从小学到大学的帮扶，每学年送去救助金3000元；5月18日，利用县上开展“两省四县商贸活动”的有利时机，组织42名离退休老干部参加开幕式，并在大河家天河宾馆会议室召开以“畅谈十八大以来变化，展望十九大胜利召开”为主题的座谈会，共征求到关于全面从严治党、民族团结与社会稳定、精准扶贫精准脱贫、家风家教建设等方面的意见建议20条；9月7日，州委老干局为县双语小学、移民中学等两所学校捐赠了价值2万元的爱心图书并进行“爱心书屋”挂牌；10月10日，组织离退休老干部80余人参观县上的县城管网改造、吹麻滩河河道治理、积石山县旅游大通道建设、大墩峡旅游开发等重大建设项目，积极征求老干部对全县经济发展等方面的意见建议，为积石山的发展、稳定积累了具有建设性、可持续发展性的宝贵经验；12月28日下午，县委老干局班子召开了“坚决全面彻底肃清王三运流毒和影响，恢复政治生态山明水秀”专题民主生活会，局全体党员干部参加了会议，会议由局党支部书记、局长韩福林同志主持。

党校工作

【机构】 县委党校2017年有教职工8人，其中参照公务员法管理的事业人员有6名，临时工2名；男5名，女3名；东乡族1人，撒拉族3人，汉族2人，回族1人，土族1人；本科3人，专科3人，高中1人，初中1人。

领导名录

校　长：何永发（2017年8月任职）
　　　　马得刚（2017年8月离任）
副校长：祁　勇
　　　　苏亚莉

【干部培训】 2017年完成全县党员干部培训，共计850多人。协助县农业局和县劳务办培训人员850多人；协助县委组织部和其他党委、支部培训人员650多人。

党史工作

【机构】 中共积石山县委党史研究室为正科级事业单位，有干部7名，其中本科5名，大专1名，中专1名；汉族3名，少数民族4名；党员7人。

领导名录

主　任：何正元（2017年8月离任）
副主任：马雪梅
　　　　马忠杰

【资料征集】 2017年完成了党史专题资料的修改、补充、完善工作，编写社会主义时期党史专题20个，完成的专题资料约4万字，图片资料20幅。县委组织部牵头，党史研究室参与承担编撰的《积石山县组织史资料（第三卷）》（2000.12—2012.05）、《积石山县组织史资料（第四卷）》（2012.05—2017.04）专著文献已完成初稿。开展人物资料征集工作，征集现任县级干部、积石山籍县级干部、副高级以上技术人员和获得省级以上表彰的模范人物资料，现已征集到人物基础资料315份。

【资料编研】 征集编写完成了2017年《积石山县大事记》月编资料，约10万字。送发全县各单位和县级干部参阅，为全县的经济建设服务。

老龄工作

【机构】 积石山县老龄工作委员会办公室，职工21人，其中工人4人，干部17人；男15人，女6人；保安族2人，东乡族4人，撒拉族3人，汉族6人，回族1人，藏族1人，土族3人，羌族1人。

领导名录

主　任：韩明录（2017年8月离任）

副主任：马忠孝

马国龙

【老年人工作】 2017年下半年，健全工作结构，夯实工作基础。在县委、县政府的重视和支持下，调整了县老龄委班子及成员，17个乡镇调整了老龄委员会及工作专干。80～89岁的3685名每人每月补助25元,90～99岁的314名每人每月补助60元，100岁的11名每人每月补助100元。168名60岁以上的老年人免费办理发放了老年优待证，协调、衔接在县内AAA级景点为老年人提供优待政策。为敬老院374名老人办理了意外伤害保险，全县2个乡镇2个村开展了基层老年协会师范创建工作，建立健全了相关规章制度，并积极执行。全年共化解各类矛盾纠纷582件。赢得了全社会的好评。

【老年人活动】 2017年，三次组织老年人在北京、台湾、天津等地旅游58人次。参加老年人文艺演出196人次。

【老年人状况】 2017年初，全县老年总人口33588人，老年人口占总人口的13.2%。城市老年人口2652人，农村老年人口30936人。60～69岁的10546人，占老年人口的31.4%；70～79岁的9122人，占老年人口的27.16%；80～89岁的2181人，占老年人口的6.5%；90～94岁的215人，占老年人口的0.64%；95～99岁的54人，占老年人口的0.16%；100岁以上的11人，占老年人口的0.03%。五保老人2263人，空巢老人3442人，孤寡独居失独两人83人，城市三无老人38人，失能半失能老人210人。享受国家优待政策；90～94岁的500元/人，95～99岁的700元/人，100岁及以上的1200元/人，城市低保83人，发放金额2.2万元，农村低保72816人，发放金额10136万元，农村五保2263人，发放五保金704万元。

【百岁老人名录】

谭桂女，100岁，女，石塬乡秦阴村。

马占文，101岁，男，吹麻滩镇后阳洼村。

谭阿飞，112岁，女，关家川乡何家村。

马东地尼，100岁，男，银川乡。

丁阿一舍，105岁，女，吹麻滩镇广场社区。

李英贵，105岁，女，银川乡柏杨树村。

马正良，102岁，男，大河家镇韩陕家村。

马元昌，108岁，男，安集乡风岭村。

马成福，100岁，男，大河家镇韩陕家村。

韩子里哈，100岁，女，刘集乡高李村。

马索飞牙，100岁，女，大河家镇四堡子村委会。

马法土买，102岁，女，乩藏镇桥头村。

石过路花，101，女，刘集乡阳洼村。

马发土麦，103岁，女，小关乡尕阴洼村。

马胡赛尼，102岁，男，铺川乡张巴村。

马进忠，105岁，男，徐扈家乡乔干村。

县人民代表大会常委会

机构设置

【常委会组成人员】 县第十届人大常委会（2016年10月— ）有主任1名，副主任5名，常委会委员20名。

主　任：马义明（东乡族）
副主任：马国庆（撒拉族）
马维祥（保安族）
马腾海（回族）
马占良（东乡族）
樊有忠
委　员：（按姓名笔画排列）
马　娜（女，回族）
马　澎（东乡族）
马万成（回族）
马玉兰（女，东乡族）
马世华（保安族）
马占良（东乡族）
马永良（东乡族）
马应正（撒拉族）
马明英（女，撒拉族）
马忠良（撒拉族）
牛进云（回族）
宁国平
李仲文
张印彬（土族）
虎向宏
高建明
龚美胜
韩卫东（撒拉族）
韩有忠（保安族）
谭得林

【人大代表】 积石山县出席全国第十二届人大代表大会的代表1名，即董彩云（女，保安族）；出席全省第十三届人大代表大会的代表3名，即马正业（回族）、马小贤（保安族）、韩璐（撒拉族）；出席全州第十五届人大代表大会的代表36名。

县第十届人民代表大会应有代表171名，现实有代表164名，缺额7名。164名代表中，保安族代表21名，占12.8%；东乡族代表29名，占17.68%；撒拉族代表11名，占6.7%；回族代表42名，占25.61%；土族代表5名，占3.05%；藏族代表1名，占0.61%。以上各少数民族代表共109名，占66.46%。汉族代表55名，占33.54%。中共党员代表100名，占60.98%；非党代表64名，占39.02%。妇女代表45名，占24.71%。农民代表66名，占40.24%；军人代表1名，占0.61%；干部代表76名，占46.34%；专业技术人员代表17名，占10.37%；非公经济代表4名，占2.44%。大专以上代表91名，占55.49%。中青年代表152名，占89.41%。

【工作机构】 2017年县人大常委会内设办公室、信访室、司法民政、财政经济、教科文卫、组织联络、民族工作委员会。其中，干部53人，工人1人，合同制工人1人，临时工人9人；中共党员40人；男51人，女13人；研究生1人，本科11人，大专20人，中专7人，高中及以下25人；保安族12人，东乡族10人，撒拉族9人，汉族12人，回族17人，土族3人，藏族1人。

办公室

主　任：祁永仓

副主任：马永良

　　　　马虎赛（2017 年 8 月任职）

司法民政工作委员会

主　任：虎向宏

副主任：长有虎（2017 年 2 月离任）

　　　　马仲文

　　　　韩有忠

财政经济工作委员会

主　任：马忠良

副主任：马万成

　　　　韩卫东

教科文卫工作委员会

主　任：李仲文

副主任：李自亨

　　　　法福云

　　　　陈　伟

组织联络工作委员会

主　任：

副主任：张学良（2017 年 8 月离任）

　　　　苟永礼（2017 年 8 月离任）

民族工作委员会

主　任：牛进云（2017 年 8 月任职）

副主任：马明英

　　　　谭得林

重要会议

【人民代表大会】 积石山县第十届人民代表大会第二次会议于 2017 年 12 月 25 日至 27 日召开。会议听取和审议了马尚文县长代表县人民政府所做的《政府工作报告》，审查了县发改局局长祁文学受县人民政府委托所做的《积石山县 2017 年国民经济和社会发展计划执行情况及 2018 年国民经济和社会发展计划的报告（书面）》，会议同意计划预算审查委员会的审查报告，决定批准《积石山县 2017 年国民经济和社会发展计划执行情况及 2018 年国民经济和社会发展计划的报告（书面）》，批准 2018 年国民经济和社会发展计划；审查了县财政局局长马元受县人民政府委托所做的《关于 2017 年全县财政预算执行情况及 2018 年财政预算的报告（书面）》，会议同意计划预算审查委员会的审查报告，决定批准《2017 年全县财政预算执行情况及 2018 年财政预算的报告（书面）》，批准 2018 年全县财政预算；听取和审议了马义明代表县第十届人民代表大会常务委员会所作的工作报告，会议对县人大常委会一年来的工作表示满意，并同意常委会 2018 年的主要工作安排，会议决定批准这个报告；听取和审议了喇时雄院长所作的县人民法院工作报告和杨生东检察长所作的县人民检察院工作报告，会议同意并批准这两个报告。

会议期间，代表们通过议案形式，积极建言献策，共提出议案 97 件。其中：道路方面 29 件，教育方面 17 件，水利方面 17 件，建设方面 10 件，文化方面 7 件，财政方面 4 件，卫生方面 3 件，电力方面 3 件，环保方面 2 件，旅游方面 2 件，畜牧、林业、商务方面各 1 件。

【常委会议】 2017 年 1 月 6 日，召开县十届人大常委会第三次会议，听取和审议县人民政府关于积石山县润泽苑公租房销售方案的报告，审议通过2016年9—12月财政预算变更的决议。

2017年2月24日，召开县十届人大常委会第四次会议，听取和审议县人民政府关于2016年国民经济和社会发展计划执行情况及2017年国民经济和社会发展计划（草案）、2016年财政预算执行情况及2017年财政预算（草案）和砂石资源开发管理办法的报告，并表决通过了有关人事任免。

2017年2月24日，召开县十届人大常委会第五次会议，表决通过了有关人事任免。

2017年5月9日，召开县十届人大常委会第六次会议，听取和审议县人民政府关于全县重点工作、项目建设情况、精准扶贫精准脱贫工作情况、引水工程建设情况的报告和县人大视察组对以上工作的视察报告，并表决通过了有关人事任免。

2017年8月9日，召开县十届人大常委会第七次会议，听取和审议县人民政府全县上半年经济运行情况、扶贫工作、水利工作、环保工作的报告和县人大视察组对以上工作的视察报告。

2017年8月29日，召开县十届人大常委会第八次会议，表决通过了有关人事任免。

2017年9月15日，召开县十届人大常委会第九次会议，审议批准2016年度全县财政预算决议，并表决通过了有关人事任免。

2017年12月12日，召开县十届人大常委会第十次会议，听取和审议县人民政府关于县十届一次会议代表议案及意见建议办理情况的报告，审议通过县十届人大二次会议的决定、人大常委会工作报告及报告人、主席团和秘书长名单、议程（草案）、日程（草案）、列席范围、主席团常务主席名单（草案）、执行主席分组名单（草案）、副秘书长名单（草案）、议案审查委员会名单、计划预算审查委员会名单（草案）、代表资格审查结果公告、议案及建议意见处理办法（草案）、议案截止时间的决定（草案）。

主要工作

【视察活动】 关于全县上半年经济运行情况、扶贫工作情况、水利工作情况和环保工作的视察。2017年8月8—9日，县人大常委会组成视察组，在县政府副县长马占彪和业务部门负责人的陪同下，对全县上半年经济运行情况、扶贫工作情况、水利工作情况和环保工作进行了视察。视察组先后深入到县中西医结合医院建设项目、大河家核桃示范园、居集镇强滩小学建设项目、县公安局业务技术用房建设项目、县城调蓄水池、中峡水源地保护工程吹桥公路胡林家段、刘集乡肖家村沙地湾牛羊养殖项目、关家川乡宁家村异地搬迁项目、中咀岭乡庙岭村异地搬迁项目点进行实地查看并在现场听取了相关部门负责人的汇报，充分肯定了县人民政府所做的工作和取得的成绩，并提出如下意见：一是经济运行方面：进一步强化财源培植，集聚增收后劲；进一步推进项目建设，推动经济发展；进一步发展地方税源，保障财力增长；进一步坚持开源节流，做到收支平衡。二是扶贫工作方面：要进一步加强宣传引导工作；要加强对贫困户进退的精准化管理。要在“绣花式”扶贫上下功夫；要充分发挥富民产业辐射带动作用；要制定切实可行的扶贫产业发展规划。三是水利工作方面：进一步加大项目争取力度，加快水利基础设施建设步伐；进一步加强水利设施维护管理，保证人饮工程的用水畅通；着力加强水资源管理，提升可持续利用水平；进一步加强水利队伍建设，提高科学管理水平。四是环保工作方面：进一步加大环境保护宣传力度；进一步依法落实环境保护责任；进一步加强农村水源污染治理；进一步加大执法力度；进一步加大环境卫生综合整治投入力度。

【重大事项决定权】 立足全县重大事项，先后做出了《关于积石山县2016年国民经济和社会发展计划执行情况及2017年国民经济和社会发展计划（草案）的决议》《关于积石山县2016年财政预算执行情况及2017年财政预算（草案）的决议》《关于批准积石山县人民政府关于积石山县润泽苑公租房销售方案的报告的决议》《关于批准积石山县人民政府关于银川石塬安集三个乡撤乡建镇的决议》《关于积石山县砂石资源开发管理办法的决议》等，确保县上的重大决策变成全县各族群众的共同意愿，助推了全县经济社会的健康发展。

【工作监督】 一是开展执法检查，规范依法行政。先后配合省州人大对《产品质量法》《甘肃省产品质量监督管理条例》《中华人民共和国固体废物污染环境保护法》《甘肃省农村饮用水供水管理条例》《临夏回族自治州教育条例》《临夏州物业管理条例》等10多部法律、法规的贯彻执行情况开展了执法检查和执法调研，促进了有关法律法规在我县的有效实施。二是强化司法监督，促进公正司法。加强对县法院、县检察院的执法监督，常委会配合州人大对县检察院规范司法行为进行了专题调研，并提出建设性意见建议，为进一步促进依法行政、公正司法做出了积极努力。

【人事任免】 县人大常委会根据《地方组织法》和《县人大常委会人事任免办法》的规定，对县人大常委会和“一府两院一委”组成部门负责人进行了任免。共任命副县长4名，县人民政府组成部门负责人1名，县监察委员会组成人员6名，县人大常委会组成部门负责人2名。

【代表议案和建议意见办理】 坚持把代表议案建议办理作为保障代表依法履职的重要内容，采取常委会领导重点督办、“一府两院”领导牵头领办、部门单位负责承办等措施，切实加大了代表议案建议督办的力度。十届人大一次会议上提出的122件代表议案及建议中，已办理和正在办理100件，办结率为81.97%，列入计划办理的21件，占17.21%，因目前条件所限暂时无法办理的1件，占0.82%，代表普遍感到满意。

【信访工作】 2017年共接待来访群众21批45人次，受理来信23件，依照程序进行了妥善处理，为维护全县社会稳定发挥了积极作用。

【自身建设】 一是加强思想建设，在深化学习中增强政治定力。二是加强作风建设，在清廉务实中展示良好形象。三是注重工作交流，在互相学习中提升能力水平。

县人民政府

机构设置

【领导名录】
县　长：马尚文
副县长：姬洪涛
封中伟（2017年9月任职）
戚永杰
马锦泽
韩德祥
马占彪
李永清
刘雨刚
纪少瑜
高　辉
县政府党组成员、公安局长：陕世毅

【工作机构】 县人民政府办公室、县发展改革局、县财政局、县审计局、县统计局、县人力资源和社会保障局、县住房和城乡建设局、县教育局、县文化体育局、县卫生和计划生育局、县民族宗教局、县交通局、县民政局、县农业局、县林业局、县司法局、县公安局、县水务水电局、县食品药品监督管理局、县工商行政管理局。

【直属事业机构】 县招商局、县商务局、县地震局、县库区移民局、县质量技术监督局、县农机局、县科技局、县志编辑部、县粮食局、县广播电影电视局、县旅游局、县供销联社、县地方病防治办公室、县畜牧局、县残疾人联合会、县安全监督局。

【垂直管理机构】 县国家税务局、县地方税务局、县国土资源局、县电力局、县邮政局、县电信局、县公路段、县运输管理局、县信用联社、盐务管理局、烟草专卖局、县人民银行、县农业银行、县移动公司、县联通公司、中国人民财产保险股份有限公司积石山县支公司、中国人寿保险股份有限公司积石山县支公司。

重要会议

2017年2月4日，马尚文县长主持召开了县十届人民政府第五次常务会议，集体学习了《中华人民共和国网络安全法》《甘肃省法治政府建设实施方案（2016—2020年）》《刘昌林在中国共产党甘肃省第十二届纪律检查委员会第七次全体会议上的工作报告（摘要）》。研究了县财政局提交的《积石山县2017年财政预算》《积石山县产业发展规划、产业扶贫专项贷款使用管理办法、产业扶贫专项贷款实施方案》、县发改局提交的《积石山县2017年主要经济指标》《“十三五”规划加油站建设事宜》、县国土局提交的《积石山县砂石资源开发管理暂行办法、砂石料厂日常监管办法、砂石料厂管理方案》、县工信局提交的《积石山县砖瓦窑厂清理整顿规范工作实施方案》、县环保局提交的《积石山县生活垃圾处理企业化运营实施方案》、县城管局提交的《给环卫工增加工资事宜》、县民政局提交的《将城乡低保结余资金划拨为临时救助资金事宜》等9项事宜。

2017年3月1日，马尚文县长主持召

开了县十届人民政府第六次常务会议，集体学习了习近平在省部级主要领导干部学习贯彻十八届六中全会精神专题研讨班开班式上的重要讲话（摘要）、《甘肃省地震预警办法》《中央纪委通报六起落实全面从严治党主体责任和监督责任不力被问责的典型案例》。会议强调，县政府班子成员要强化政治意识、法律意识、廉洁意识、学习意识，坚持问题导向，把学习贯彻习近平总书记系列重要讲话精神和党的十八届六中全会精神与自己的思想、工作结合起来，坚定不移推进全面从严治党，坚决维护党中央权威，共同营造风清气正的政治生态。要自觉加强对法律法规的学习，强化法治思维，把依法行政作为政府工作的基本遵循，更加自觉地遵法学法守法用法，不断提高用法治思维、法治方式推动工作的能力水平，更加自觉地做到知规明规、按规行事，不断提升政府工作科学化、法治化水平。研究了县国土局局长拜一鸣提交的《关于请求对积石山县甘河滩村集中采砂区1号2号3号矿区3宗砂石矿矿业权以挂牌方式出让的请示》《关于对积石山县五宗国有建设用地使用权挂牌出让方案进行审查的报告》、县发改局局长祁文学提交的《关于全县"十三五"规划加油站建设相关事项的请示》、县质监局局长马阳龙提交的《积石山县人民政府质量奖实施办法》、县人社局局长马延平提交的《关于聘任马会平等七名同志高级专业技术职务的报告》、县财政局局长马元提交的《关于请求落实在职及离退休死亡人员抚恤金按标准发放的请示》《关于请求解决六十年代初精简退职职工生活补助按标准补发的请示》等8项事宜。

2017年3月23日，县长马尚文主持召开县十届人民政府第七次常务会议。会议集体学习了《国务院关于大力推进大众创业万众创新若干政策措施的意见》。会议要求，县政府班子成员要加强政治理论学习，充分认识推进大众创业万众创新的重要意义，坚持与时俱进，创新发展思路，及时了解掌握国家及省州出台的新政策措施结合县上发展实际，抓好贯彻落实，促进全县经济健康快速平稳发展。会议研究了县残联副理事长张永豪提交的《关于实施积石山县残疾人托养中心项目的报告》、县国土局局长拜一鸣提交的《关于请求批复旅游大通道积石山段征地补偿标准的请示》、县国土局局长拜一鸣提交的《关于对商服用地以出让方式供地的请示》《关于对工矿仓储用地以出让方式供地请示》《关于对普通商品住房用地以出让方式供地的请示》《关于对商服用地以出让方式供地的请示》《关于对交通运输用地以划拨方式供地的请示》《关于对公共管理和公共服务用地以划拨方式供地的请示》《关于对交通运输用地以划拨方式供地的请示》《关于请求将吹麻滩镇银川路国有建设用地划拨给妇幼保健站和疾控中心的请示》《关于请求将中咀岭乡兽医站收回后划拨给中咀岭农村信用社和派出所的请示》等11项事宜，另外还研究了人事任免事项。

2017年5月31日，县长马尚文主持召开县十届人民政府第八次常务会议。会议集体学习了《中共中央、国务院关于推进安全生产领域改革发展的意见》《十八大以来习近平总书记关于安全生产工作重要论述摘编》《甘肃省人民政府关于统筹推进县域内城乡义务教育一体化改革发展的实施意见》《临夏回族自治州人民政府关于实施支持农业转移人口市民化若干财政政策的通知》《临夏回族自治州人民政府关于加强困境儿童保障工作的实施意见》《临夏州大气污染防治工作领导小组办公室关于转发〈省委林铎书记批示及兰州市大气污染防治工作调研报告〉通知》。会议对全县安全生产、教育工作、环境保护、易地搬迁等工作进行了研究部署。会议要求，要高度重视安全生产工作。县安监局及各有关部门要全力抓好道路交通、食品、校园、建筑工地等领域的安全工作，特别是对电梯安全工作，县质监局要加强监督检查，强化安全管理，及时排查隐患，督促整改到位，确保不发生安全事故。要重视提高教育教学质量。县教育局要进一步加强教学管理，加快教育改革步伐，加强教师交流，盘活教育资源，采取激励措施，提高教师工作积极性，特别要在控辍保学工作上严格落实相关措施，落实工作责任，严控辍学现象发生，努力使每一个学生都留在校园，接受国家义务教育。要重视环保工作。县环保局要发挥牵头协调作用，进一步落实好环境保护各项措施，严防发生环境污染和环境破坏。切实加强农村片区环境治理，协调支持中科康洁公司的工作，发扬人文关怀，搞好卫生管理。要高度重视项目建设，加快项目进度，特别要加快搬迁基础设施建设进度，提高入住率，保质保量完成各项惠民工程建设，以项目建设拉动投资，促进经济快速健康发展。研究了由县人社局局长马延平提交的《聘任宗文鹏等三名同志高级专业技术职务事宜》《聘任蒋卫亚等二十三名同志高级专业技术职务事宜》《聘任赵生伟等七名同志高级专业技术职务事宜》《聘任张芳等二名同志高级专业技术职务事宜》《马成虎等同志退休事宜》、县国土局局长拜一鸣提交的《对甘河滩集中采砂区 4 号矿区 1 宗砂石矿和胡林家乡 1 号矿区等 4 宗粘土矿矿业权以挂牌方式出让事宜》《五宗国有建设用地使用权挂牌出让方案审查报告》《批准并公布实施积石山县城镇地级别及基准地价更新成果事宜》《原移民中学建设用地使用权划拨事宜》、县财政局局长马元提交的《2017 年 1 至 4 月财政收支预算执行情况报告追加县级预算事宜》《积石山县地搬迁基础设施建设项目调项事宜》、县国资局副局长王渊林提交的《公务用车拍卖事宜》、县发改局局长祁文学提交的《发放 2016 年易地扶贫建档立卡贫困搬迁户住宅建设长期贴息贷款事宜》、县发改局局长祁文学提交的《确定积石山县 2017 年少数民族地区经济建设资金项目事宜》、县环保局局长樊成锋提交的《积石山县对中科康洁公司运营执行情况的日常监督与考核办法（试行）》等 15 项事宜。

2017 年 7 月 12 日，马尚文县长主持召开了县十届人民政府第九次常务会议，会议集体学习了习近平总书记对推进“两学一做”学习教育常态化制度化的重要指示和刘云山、赵乐际同志在推进“两学一做”学习教育常态化制度化工作座谈会上的讲话、省委省政府《关于稳步推进农村集体产权制度改革的实施意见》《关于抓好当前“三重”任务落实促进经济趋稳向好工作方案》及《甘肃省生态文明建设目标评价考核办法》《临夏州安全生产“党政同责、一岗双责”制度实施细则》《临夏回族自治州地下水管理办法》《临夏回族自治州节约用水管理办法》。会议要求，县政府班子成员和各组成部门负责人要进一步加强学习，深入研究，紧密结合县情实际，精心谋划工作，确保中央和省州各项决策部署全面贯彻落实。研究了县水电局局长马学良提交的《积石山县全面推行河长制工作方案》、县环保局局长樊成锋提交的《积石山县2017年环境保护管理目标责任书》《积石山县落实中央环保督察反馈意见整改工作责任书》、县国土资源局局长拜一鸣提交的《关于对县城区三宗国有建设用地使用权改变土地用途后补缴出让金的请示》《关于对四宗国有建设用地使用权进行挂牌出让的请示》、县住建局局长沙学英提交的《关于对城西二级公路沿线西边商铺改造项目办理相关手续的请示》《积石山县2017年棚户区改造货币化补偿安置实施方案》《关于请求保留大河家主街309线原污水收集管网的请示》《积石山县城房屋征收与补偿安置方案》、县库区移民局局长马彪提交的《关于大中型水库移民避险解困试点工作有关问题的请示》、县民委主任马金华提交的《关于实施积石山县吹麻滩镇寨子沟乡乡村道路改造工程的请示》、县法制办主任赵文忠提交的《积石山县城乡环境卫生管理实施细则》等12项事宜。

2017年8月15日，县长马尚文主持召开县十届人民政府第十次常务会议，集体学习了《甘肃省进一步贯彻落实习近平总书记“八个着力”重要指示精神实施方案》《甘肃省企业投资项目核准办法》。会议强调，县政府班子成员要自觉加强习近平总书记系列重要讲话精神及治国理政新思想的学习，提高政治站位，主动担当作为，切实贯彻落实好中央省州各项决策部署，全力推动经济社会持续快速健康发展。研究了县检察院副检察长马占龙提交的《关于解决县检察院派驻乡镇检察室办公经费的请示》、县民政局局长韩岳提交的《关于安置戚发儒等转业军人的报告》、县教育局局长马腾飞提交的《关于请求拨付马永胜等11名教师生活补助经费和落实住房的报告》《关于请求安置2014年182名特岗教师工作的报告》、县卫计局党工委副书记妥文云提交的《关于将积石山大河家阳光医院等3家医疗机构纳入新农合综合定点医疗机构管理的报告》、县发改局局长祁文学提交的《关于积石山县2017-2018年易地搬迁项目安置方案及资金补助办法的请示》、县国土局局长拜一鸣提交的《关于请求调整积石山县2014-2018年度地质灾害搬迁避让项目的请示》等7项事宜，另外还研究了人事任免事项。

2017年9月20日，县长马尚文主持召开县十届人民政府第十一次常务会议，集体学习了中共中央办公厅国务院办公厅关于印发《统计违纪违法责任人处分处理建议办法》的通知、中共临夏州纪委《关于近期我州扶贫领域“两查两保”专项行动中查处十起侵害群众利益不正之风和腐败典型问题的通报》。会议强调，县政府及各部门要认真贯彻执行《统计违纪违法责任人处分处理建议办法》，杜绝统计造假等违纪违法行为的发生，切实提高统计数据质量，为国计民生服务。要持续深入开展“两查两保”专项行动，着力整治和查处侵害群众利益的不正之风和腐败问题，把全面从严治党的责任落到实处，切实解决群众反映强烈的突出问题，有效保障和促进全县脱贫攻坚各项工作顺利推进。研究了县人社局局长马成义提交的《关于聘任魏光兰同志正高级专业技术职务事宜》、县住建局局长沙学英提交的《关于积石山县雪雁国际贸易中心（棚户区）住宅小区项目列入2016年下达棚户区改造项目事宜》《关于协调推进积石山县雪雁国际贸易中心（棚户区改造）项目工作方案》《关于将大河家污水处理厂进行委托运营事宜》、县国土局局长拜一鸣提交的《关于收回原铺川粮站部分国有建设用地使用权后划拨给铺川乡派出所和铺川村委会建设用地事宜》《关于收回银川路部分国有建设用地使用权后划拨事宜》《关于收购青海同欣房地产开发有限责任公司景青国际商住小区国有建设用地使用权的事宜》《关于对临夏路国有建设用地使用权进行公开出让的事宜》《关于对普通商品住房用地以出让方式供地的事宜》《关于对三宗商服用地进行挂牌出让的事宜》、县法制办主任赵文忠提交的《关于公布积石山县规范性文件清理结果事宜》，另外研究了县长、副县长工作分工事宜。

2017年10月26日，县长马尚文主持召开县十届人民政府第十二次常务会议。会议集体学习了中国共产党第十九届中央委员会第一次全体会议公报、党的十九大报告、中办国办《关于支持深度贫困地区脱贫攻坚的实施意见》，传达了习近平总书记在中共中央政治局第四十一次集体学习时关于环保工作的重要讲话精神、全省农村“三变”改革推进工作会议精神和全州健康大会和科技大会精神；学习了《甘肃省关于推进安全生产邻域改革发展的实施意见》《临夏州安全生产“党政同责、一岗双责”制度实施细则》《省安委办关于永靖县石强砂石料有限公司违法生产瞒报事故的通报》及《州委州政府关于进一步加强卫生与健康事业发展的实施意见》《“健康临夏2030”规划》《临夏州支持科技创新若干措施（试行）》。会议强调，学习宣传和贯彻落实党的十九大精神，是当前和今后一个时期的重大政治任务。县政府班子成员及县政府各部门要按照县委的统一部署，切实加强学习贯彻党的十九大精神的行动自觉，迅速掀起学习宣传贯彻党的十九大精神的热潮。要以党的十九大精神和习近平新时代中国特色社会主义思想为指引，在以习近平同志为核心的党中央坚强领导下，不忘初心、牢记使命，增强“四个意识”，坚定“四个自信”，统筹推进“五位一体”总体布局，协调推进“四个全面”战略布局，全力以赴抓好脱贫攻坚、经济发展、保障和改善民生、生态环境保护、安全生产、劳务输转等各项工作，加快建设幸福美好新积石步伐，努力把积石山的事情办得更好。会议听取了全县安全生产工作汇报。会议要求，县政府班子成员、县政府各部门要认真学习党中央、国务院对安全生产工作的部署要求，全面落实《甘肃省关于推进安全生产邻域改革发展的实施意见》《临夏州安全生产“党政同责、一岗双责”制度实施细则》等文件精神，树牢安全发展理念，严格落实“党政同责，一岗双责、失职追责”的要求，切实把安全生产各项工作抓实抓好，促进全县安全形势持续稳定好转。会议听取了全县环境保护工作汇报。会议强调，县政府班子成员、县政府各部门要深入学习贯彻习近平总书记关于生态文明建设的重要论述，牢固树立五大发展理念，严格落实环境保护党政同责、一岗双责、生态环保“一票否决”制度，全面落实国务院“气十条”“水十条”“土十条”，不断改善环境质量。要进一步巩固中央环保督察发现问题整改成果，持续加强反馈问题整改销号工作，确保问题整改到位，努力推动全县生态文明建设不断取得新成效。会议听取了全县劳务输转和医改工作汇报，研究了全县劳务输转和医改工作。会议要求，由姬洪涛副县长负责，加大督促力度，确保完成劳务输转和医改工作任务。由县安监局局长马玉忠提交的《贯彻落实国务院安委会安全生产巡查反馈意见整改方案》中相关问题，由县环保局局长樊成锋提交的全县集中式饮用水源地保护事宜，由县环保局局长樊成锋提交的环境执法监测标准化建设事宜、建设煤炭集中交易市场事宜，县民政局副局长鲁怀孝提交的《关于请求解决积石山县4个城镇社区老年人日间照料中心活动场所的报告》《关于积石山县吹麻滩镇方家村日间照料中心项目建设资金整合的报告》《关于积石山县五保家园项目建设资金整合的报告》，县国土局局长拜一鸣同志提交的将大河家新城区国有建设用地使用权划拨给县教育局等8项事宜。

2017年11月13日，县长马尚文主持召开县十届人民政府第十三次常务会议。集体学习了中国共产党第十九次全国代表大会《关于中国共产党章程（修正案）》的决议；《党的十九大报告》部分内容；国务院《机关团体建设楼堂馆所管理条例》、国务院办公厅《关于全国互联网政务服务平台核查情况的通报》;《甘肃省行政复议和行政应诉若干规定》。

会议要求，县政府班子成员及县政府各部门要把学习宣传贯彻党的十九大精神作为首要政治任务，切实把思想行动统一到党的十九大精神上来。坚持原原本本学、联系实际学、反复持久学，深刻领会精神实质，准确把握核心要义，在深学、细学、真懂、真用上下功夫，坚定不移地用党的十九大精神武装头脑、指导实践、推动工作。同时，要注重加强法律知识的学习，切实增强尊法学法守法用法的法治意识，提高依法行政的能力和水平，努力构建法治政府。研究了由县国土局局长拜一鸣提交的《关于请求收购积石山县永盛房地产开发有限公司国有建设用地土地使用权的请示》《积石山县土地利用总体规划（2010–2020年）调整完善方案》《关于2017年8–10月县级财政收支预算执行情况、债券资金使用计划和县级预算执行中重要事项的报告》《关于请求报废积石山县待处置车辆的报告》《建立法律顾问制度工作实施方案》、由县工信局局长张立提交的《积石山县盐业监管体制改革实施方案》《关于搭建积石山县支持中小微企业发展互助基金平台的报告》、县运管局局长刘清瑞提交的《关于进一步规范吹麻滩至各行政村定线客车方案》、县人社局局长马成义提交的《关于请求落实各项工作津贴的报告》等10项事宜。

2017年12月8日，县长马尚文主持召开了县第十届人民政府第十四次常务会议。集体学习了《临夏州州级河长会议制度》《临夏州河长制工作督察制度》《临夏州河长制州级验收办法》。会议强调，全面推行河长制是践行习近平总书记“绿水青山就是金山银山”新思想的内在要求，是贯彻落实绿色发展理念的具体举措。县政府班子各成员要切实担负起“河长”责任，加强协调指导，强化日常监督，扎实推进综合治理，确保全县河道实现河畅、水清、岸绿目标。研究了由副县长马占彪提交的《积石山县脱贫攻坚实施方案》、县政府办公室主任王进伟提交的2017年《政府工作报告》、县发改局局长祁文学提交《2017年国民经济和社会发展计划执行情况及2018年国民经济和社会发展计划（草案）的报告》、县财政局局长马元提交的《2017年财政预算执行情况及2018年财政预算报告（草案）》、县政府办公室主任王进伟提交的《十届人大一次会议议案办理情况报告、九届政协一次会议提案办理情况报告》、县财政局局长马元提交的核销积石山县行政事业单位国有资产事宜、县交通局局长马文义提交的《积石山县农村公路管理办法》、县交通局局长马文义提交的《关于请求变更康乐莲麓至积石山大河家扶贫旅游大通道（积石山县段卧龙沟至尕护林）公路建设工程施工图设计的报告》等7项事宜。

主要工作

【概述】 在州委、州政府和县委的坚强领导下，在县人大和县政协的监督支持下，县人民政府团结带领全县各族人民，坚持以习近平新时代中国特色社会主义思想为指引，认真执行中央和省上决策部署，坚持稳中求进工作总基调，积极适应经济发展新常态，聚焦脱贫攻坚，着力改善民生，较好地完成了县十届人大一次会议确定的各项目标和任务，在实现同步小康的道路上迈出了坚实步伐。全年完成生产总值15.35亿元、增长3.7%，固定资产投资13.36亿元、下降48.31%，社会消费品零售总额5.87亿元、增长8.9%，大口径财政收入2.18亿元、增长5.53%，一般公共预算收入1.52亿元、增长8.19%，农村居民人均可支配收入5239.2元、增长9.3%，城镇居民人均可支配收入18924.1元、增长7.8%。

【脱贫攻坚】 遵照习近平总书记关于“绣花”式扶贫的重要指示精神，大力开展精细、精确、精微扶贫，全年完成减贫3535户16911人，贫困面由年初的19.34%下降到12.21%，脱贫工作取得阶段性成效。着力弥补发展短板。投资2.15亿元，硬化村社道路381.56千米、小巷道202.06千米；改造农村D级危房3937户，彻底消除了农村D级危房；实施易地扶贫搬迁工程，建成搬迁点2个，搬迁群众56户279人；实施中部农村饮水安全巩固提升工程，尕阴洼净化水厂建成投入使用。精心编制规划方案。立足县情实际，广泛征求意见，反复酝酿讨论，多次修改完善，编制完成了全县脱贫攻坚实施方案（2018—2020年）和17个乡（镇）脱贫攻坚实施方案，脱贫攻坚工作的目标更加精准，重心更加突出，措施更加得力。逐步完善保障机制。实行县级干部包抓贫困村责任制，调整充实了61个深度贫困村驻村帮扶力量。定点帮扶和东西协作工作力度加大，厦门市海沧区帮扶资金2550万元、国侨办帮扶资金234.55万元。深入开展“百企帮百村”和贫困大学生捐助活动。专项扶贫、行业扶贫、社会扶贫互为补充的“三位一体”大扶贫格局进一步完善。

【项目建设】 紧盯国家宏观政策和投资导向，坚持把实施项目、扩大投资作为促进县域发展的主要抓手，集中力量实施了一批事关全局发展的基础性项目。实施500万元以上重点建设项目112项，完成投资19.28亿元。康乐莲麓至积石山大河家扶贫旅游大通道积石山段、S309线鹦鸽嘴桥至安集段、县城旧城区道路改造及配套设施工程等38个新建项目开工建设。大河家生活污水处理厂、中西医结合医院、大中型水库特困移民避险解困、县公安局业务技术用房等45个续建项目进展顺利。签约招商引资项目24个，签约资金11.29亿元，伟凯饲料厂、民族文化苑、滨河花苑二期工程、昌隆家园、祥林苑住宅小区等20个招商项目落地实施。成功举办甘青两省四县·大河家商贸活动，500多家企业商户参加展示展销，有效促进了区域经济协同融合发展。

【富民产业】 坚持“一户一策、一技一业”的思路，积极引导和支持群众发展特色种植、林果育苗、草食畜牧、劳务、文化旅游等富民产业，促农增收取得良好成效。种植养殖产业规模扩大。推广旱作农业26.1万亩，膜侧油菜5万亩，中药材2.31万亩。栽植核桃1万亩，花椒0.5万亩，啤特果1万亩，完成核桃嫁接改良0.7万亩。对全县重点贫困户户均补助6000元，投放基础母牛1148头，基础母羊19666只，改造圈舍4640处。“粮改饲”工作成效显著，打包秸秆饲料16.1万吨，提高了秸秆饲料化综合利用水平。旅游产业势头迅猛。大墩峡景区设施不断完善，游客呈井喷式增长。全县新建农家乐10家，建成专业旅游村3个，旅游扶贫试点村1个、重点村12个。预计全年接待游客81.3万人（次），比上年增加22.3万人（次）、增长37.8%，旅游收入达到3.53亿元，比上年增加1.01亿元、增长40.08%。劳务产业稳步发展。多渠道举办劳务技能培训42期，完成各类培训2.53万人（次），输转城乡劳动力6.91万人（次），实现劳务收入11.1亿元。

【民生福祉】 着力解决关系群众切身利益的突出问题，群众的获得感明显增强。认真落实救灾补助、大病救助、助学贷款等保障性政策，发放医疗救助1100万元，临时救助340万元，残疾人“两项补贴”630万元，孤儿保障金640万元，五保户供养金1180万元，残疾户、因灾因病贫困户实现了政策性兜底保障。发放困难家庭寄宿生生活补贴1049万元，家庭贫困大学生救助金1214名678万元，助学贷款3163名1881万元。引导150名高校毕业生进企业就业，发放生活补贴292.5万元。保障房分配入住推进顺利，累计分配公租房（廉租房）1450套。省列10件为民办实事项目基本完成。办结人大代表议案和政协委员提案181件，办结率达到81.9%。完成城镇新增就业2810人，城镇失业率2.7%。

【生态建设】 深入实施“生态立县”战略，积极提升“无垃圾县”创建水平，全县生态和城乡环境面貌显著改善。开展造林绿化工程，新增造林面积7.1万亩，森林覆盖率提高到18.72%，完成县城广场绿化苗木栽植39.56万株（丛）。实施国家水土保持重点建设工程，新增综合治理面积25平方千米。结合中央环保督察反馈问题整改，狠抓环境污染整治，依法关停拆除非法采砂场31家，整治砖厂29个，淘汰拆除10吨以下燃煤锅炉42台，安装餐饮场所油烟净化装置90套，有效改善了城乡环境质量。赴宁夏、山西等地考察学习垃圾收集处理先进经验，引进中科康洁环卫公司，率先实行了生活垃圾企业化运营管理。

【社会事业】 坚持以人为本，全面提升公共服务水平，改革发展的成果更广泛更公平地惠及各族群众。全面贯彻“教育强县”战略和“11223346”全县教育工作思路，实施改薄项目17个，投资5427.85万元，教育基础设施进一步改善。修订完善控辍保学7项硬措施，强化校长和教学骨干队伍建设，教育教学质量进一步提升。加强卫生基础设施建设，县中西医结合医院基本完工，县妇幼保健站综合业务楼、县疾控中心业务楼项目可研已批复。全面实施大病保险二次报销政策，重大疾病保障水平稳步提高。公共文化服务体系不断完善，建成乡村舞台项目106个，成功举办了保安族口头文学与语言和保安族腰刀锻制技艺大赛、大山庄峡花儿歌手大奖赛和第七届敦煌行·丝绸之路国际旅游节暨“农行杯”篮球运动会。

【维稳工作】 认真贯彻中央民族、统战、宗教工作会议精神，民族宗教领域始终保持和谐和顺的良好局面。全国民族团结进步示范县创建工作取得良好成效，2017年12月顺利通过国家评审命名，“两个共同”[①]示范创建活动成果进一步巩固提升。依法加强宗教事务管理，集中培训宗教工作管理人员和宗教界人士5750人，宗教工作“三支队伍”整体素质有了新的提升。认真落实县级干部信访接待日和信访积案包案制度，及时化解群众矛盾纠纷，调处各类矛盾纠纷1159起。持续开展“法律八进”和法制宣传活动，严厉打击各类违法犯罪，积极开展交通违法行为查处、校园周边环境整治和食品药品安全、生产安全、消防安全隐患排查整治，营造了和谐稳定的良好发展环境。

【廉政建设】 严格落实党风廉政建设责任制，强化教育引导，完善工作机制，政府廉政建设取得新成效。坚持用习近平新时代中国特色社会主义思想武装头脑，深入推进“两学一做”学习教育常态化、制度化，扎实开展党章党规党纪学习和依法行政、廉政警示教育，政府系统干部政治意识、法治意识、纪律意识、规范意识进一步增强。认真贯彻落实中央八项规定精神，进一步规范办公用房、公务接待、会议活动等行政行为。坚持从廉政风险集中、问题易发多发的领域入手，深入开展“三纠三促”和“两查两保”专项行动。以整治窗口单位、执法单位政风行风为重点，持之以恒地整治不正之风。持续强化行政监察和审计监督，认真落实约谈制度，违规违纪问题得到有效防范，政府系统廉政建设水平进一步提升。

【行政效能】 认真落实简政放权、放管结合、优化服务各项决策部署，积极推进“三张清单一张网”建设，简化和规范行政事项办理流程，真正做到让人民监督权力，让权力在阳光下运行。加大对行政审批事项的事中事后监管，组织开展行政审批制度改革“回头看”，加快推进“双随机一公开”工作，行政审批行为进一步规范。积极探索建立政府向社会购买服务机制，不断创新完善公共服

① “两个共同”：共同团结奋斗，共同繁荣发展。

务供给模式，政府系统行政效能和服务水平不断提升，行为规范、运转协调、公正透明、务实高效的行政服务机制进一步健全。

办公室工作

【机构】 县政府办公室属县人民政府综合办事机构，内设督查室、外事侨务办公室、信息中心、政务中心、法制办公室、县政府招待所。

办公室　至2017年底有工作人员31名，其中正科2名，副科6名，干部19名，合同制工人4人；保安族12人，东乡族5人，撒拉族1人，汉族4人，回族4人，土族3人，藏族2人；本科10人，大专17人，高中及以下4人。

法制办公室　至2017年底，有工作人员9名，其中男9人；保安族1人，东乡族1人，汉族5人，土族1人；本科1人，大专以上6人，中专及高中2人。

县政府招待所　至2017年底有工作人员11人，其中正科1名，副科1名，干部5人，合同制工人4人；保安族3人，东乡族3人，撒拉族1人，汉族3人，回族1人；大专5人，中专2人，高中及以下4人。

领导名录

办公室

主　任：王进伟

副主任：马虎赛（2017年8月离职）

韩　麒

齐怀举（2017年8月任职）

【综述】 2017年度，县政府办公室工作紧紧围绕全县总体工作思路，进一步增加服务协调意识，强化工作措施，认真贯彻落实县委九届三次、四次全委会议精神，不断拓宽思路、创新机制、强化措施，切实履行参谋、助手、执行、协调、保障职能，狠抓任务落实，认直组织开展各项工作，确保了办公室年度工作的顺利完成和县政府机关的正常运转，较好地发挥了参谋助手和协调服务作用。

【公文撰写】 一是紧紧围绕全县重点工作，经常深入基层开展调查研究活动，及时掌握各乡镇和各部门工作动态，确保撰写材料内容全面切合实际，具有较强的指导性、可操作性。二是进一步加强文秘档案工作，确定专人收发各类文件，努力做到准确、迅速、安全，特别是在文件的签收、登记、呈阅，传阅，催办、归档等各项具体环节中，严格按程序办理，确保了文件精神的落实，防止了泄密事故的发生。三是加强文件材料印发工作，严把起草关、审核关、校对关、印刷关，做到急事急办，特事特办。2017年办公室为县政府领导起草工作报告、讲话及汇报材料150多份，起草、审核、印发县政府及县政府办文件425份。四是搞好精准扶贫工作，2017年政府办公室负责帮扶居集镇业卜湾村和红崖村，办公室全体工作人员在确保办公室工作的同时，搞好精准扶贫工作。

【督查督办】 根据县政府主要领导的安排，紧紧围绕县委、县政府的重大决策部署，扎实开展督查工作。狠抓领导批示件的督办。把领导批示件办理工作摆在重要位置，确保决策部署得到落实，进一步规范办理流程，采取逐件登记、迅速转办、限期办理、定期催办等措施，基本做到了件件有着落，事事有结果。特别是对部分社会影响大、群众反映强烈的热点难点问题，根据领导安排，深入实地调查了解，全年共办理省州领导批办件37件，办理县政府领导批办件42件。狠抓议案提案的督办。进一步完善了议案提案办理督促检查制度，对涉及多个部门的重点议案提案，积极协调解决，针对部分议案提案承办单位确定不准的问题，经请示县政府分管领导同意，进行了调整。不定期开展督查活动，通报各承办单位的办理情况，有效地提高了办理时效和质量。同时，按照既重办理又重答复的原则，督促各承办单位对各自承办的议案提案向代表委员进行了答复。认真开展重点工作督查。将《政府工作报告》中的重点工作进行细化梳理，逐一分解到各有关部门和单位，明确了牵头单位和主要责任人，定期跟踪督办。突出精准扶贫、重大项目建设、民生事实、安全生产等重点工作，开展专项督查12次。根据县委、县政府安排，参与了对党风廉政、行政执法、基层组织建设等工作的督查。通过督查督办，有效地维护了政府权威，促进了全县经济社会的发展。

【提案、议案办理】 在县十届人大一次会议上，全体人大代表提出议案建议122条，其中议案111件，建议意见11条，全部由县政府办理。已办理和正在办理的议案建议100件，占81.97%；列入计划议案建议21件，占17.21%；因目前条件限制暂时无法办理的议案建议1件，占0.82%。

县政协九届一次会议以来，共立案提案建议案99件，其中提案96件，建议案3件，全部由县政府办理。已办理和正在办理的提案建议81件，占81.82%；列入计划的提案建议12件，占12.12%；因条件限制暂时无法办理的提案建议6件，占6.06%。

【政务工作】 认真贯彻落实全州政务信息和政务公开工作推进会议精神，结合《临夏州政府信息公开指南》《临夏州2017年政务公开工作要点》《临夏州政府办公室全面推进政务公开工作实施细则》，县政府办公室转发了州政府办公室《关于贯彻落实全面推进政务公开工作的意见实施细则的通知》，把政务公开作为简政放权、放管结合、优化服务改革的一项主要内容，纳入重要议事日程，围绕《细则》各项规定，逐项细化分解，明确责任分工。一是全面推进五个公开（决策、执行、管理、服务、结果公开）。要求各部门坚持“公开为常态，不公开为例外”的原则，对照“五公开”内容，明确公开主体、内容、时限和方式等，按要求编制完成主动公开目录。按要求每年对本单位不予公开的信息以及依申请公开较为集中的信息进行全面自查，并及时公开可转为主动公开的信息。坚持“谁起草、谁解读”的原则，靠实责任，计划在政府网站信息公开专栏“政策解读”栏目增设“一把手解读政策”子栏目，切实做好政策解读工作。二是切实做好政务舆情的回应工作。建立政务舆情收集、会商、研判、回应、评估等机制，加强舆情监测收集，强化政策解读，扩大公众参与，积极回应社会关切，年底，书记信箱受理留言16件，已办结16件；县长信箱受理留言7件，已办结7件，办结率100%。三是不断加强平台建设。加强县政府网站的规范管理，建立日常监测检查整改机制，及时发现和解决存在的突出问题，确保达标运行。及时转载中国政府网、“中国·甘肃”门户网站、“中国·临夏”门户网站发布的对全局工作有指导意义、需要社会广泛知晓的重要决策部署和政策信息。切实做好政府信息公开专栏目录设置和内容保障工作，确保栏目设置规范、内容更新及时、形式多样新颖。加强重点领域信息公开，认真做好政府工作部门权责清单、财政预决算、政府投资的重大建设项目等社会关注度高的信息和扶贫、社会救助、就业创业等民生相关领域的信息公开工作。

为了更好地服务群众，在政务服务事项办理过程中，严格实行一窗受理、一次告知、全程监控、限时办结的“一站式服务”，全年政务大厅累计收件26080件（行政审批142件），办结26078件，办结率99%，满意率99%。各分中心累计收件20156件（行政审批2896件），办结19738件，办结率97%。

法制工作

【机构】 1993年11月，成立积石山县法制局，正科级建制，是负责办理县政府法制工作事项的办事机构，2003年根据“三定”方案，法制局更名为积石山县人民政府法制办公室，职能并入积石山县人民政府办公室，正科级建制，设一正一副，编制3人。主任1人，副主任2人，工作人员5人。

领导名录

法制办主任：赵文忠

副　主　任：张江龙

　　　　　　马维正

【行政执法】 中共中央、国务院《法治政府建设实施纲要（2015—2020年》和《甘肃省法治政府建设实施方案（2016—2020年）》实施以来，全县法制工作聚焦法治政府建设目标，紧扣依法行政工作任务，注重统筹协调，突出工作重点，扎实推动落实，深入推行行政执法责任制，制定印发《积石山县2017年依法行政工作要点》，签订依法行政工作目标责任书，对全县行政执法人员进行两期法律、法规知识大规模的培训，对行政执法单位的执法情况进行定期或不定期的督查。完善行政执法程序。认真开展行政执法依据梳理工作，对行政许可、行政处罚、行政强制、行政征收等行政执法行为做到有法可依，依法有据。同时，按照部门权力和责任清单，严格确定了不同机构、岗位执法人员的执法责任，建立健全了常态化的责任追究机制，加强了执法监督，改进了执法监督方式。健全完善各项配套制度。制定完善了《积石山县人民政府工作规则》《积石山县人民政府政务督查工作制度》《积石山县人民政府办理人大议案和政协提案工作规定》《积石山县行政机关负责人出庭应诉工作制度》等各项规章制度，确保行政执法工作有法可依，有章可循，使行政执法责任制各项工作措施落到实处。进一步规范行政执法法律文书格式。针对全县部分执法人员不注重执法程序，制作法律文书不规范，运用法律能力较差等实际情况，从规范法律文书入手，制定了积石山县行政执法参考文书样式，并及时印发到各行政执法机关，规范了全县行政执法活动，提高了行政执法机关办理行政执法案件的质量，有力地推动了全县依法行政工作顺利开展。认真开展重大行政执法决定法制审核试点工作。制定印发《积石山县人民政府办公室关于印发〈积石山县推行重大执法决定法制审核制度试点工作实施方案〉的通知》，成立了以分管副县长为组长各相关单位领导为成员的积石山县重大执法决定法制审核试点工作协调小组，同时在县法制办成立了协调小组办公室，在全县各行政执法单位的行政许可、行政处罚、行政强制、行政征收、行政收费、行政检查等六类行政执法行为认真开展了重大执法决定法制审核制度试点工作。年底，各乡镇及县直部门已逐步完成了重大执法决定法制审核目录清单的制定工作。全县现已报备的法制审核人员108人，其中取得国家法律职业资格的12人；行政许可共计151项，其中审核120项，不审核31项；行政处罚共计1114项，其中审核967项，不审核147项；行政强制共计125项，其中审核108项，不审核17项；行政征收共计11项，其中审核7项，不审核4项。还有部分单位对此项工作不够重视未完成报备。加强行政执法主体和执法人员管理。严格执行《甘肃省行政执法证件管理办法》，按时清理、确认行政执法主体和行政执法人员资格，清理行政执法主体换证16个，办理监督证8人，并对新申领行政执法证件的166名行政执法人员，按要求进行了网上统一考试，考取了行政执法证件。进一步规范行政处罚裁量权工作。根据《临夏回族自治州依法行政工作领导小组办公室关于进一步规范行政处罚裁量权工作的通知》的文件精神，严格要求各行政执法部门紧密结合各自的机构职能调整情况，法律、法规、规章的立、改、废情况及行政执法实践中发现的问题，对本部门已经制定实施的行政处罚裁量标准进行了全面修订和规范，进一步建立健全了行政裁量权基准制度，细化量化了本部门自由裁量标准，并将制定的行政处罚裁量标准及时向县法制办进行了备案。认真开展行政执法监督检查和行政执法案卷评查工作。9月，县政府从重点执法单位抽调人员组成检查组，由县法制办牵头，对各乡镇、各部门开展依法行政工作进行督促检查，同时对行政执法案卷进行全面评查。督查工作从依法行政组织领导和能力建设、规范行政行为、化解社会矛盾等方面进行全面监督检查。执法案卷评查从主体是否合法、程序是否规范、事实是否清楚、适用法律是否正确等方面进行全面评查。共评查行政执法案卷1060件，其中处罚案卷840件，行政许可164件，行政强制15件，其他41件。涉及罚款金额122.16万元，全部上缴国库，对依法行政督查和执法案卷评查中发现的问题，要求各行政执法单位限期整改。

【行政执法监督】 开展规范性文件审查和清理工作。2017年审核了政府重大合同1件，提出了修改意见，对起草发布的《积石山县砂石资源开发管理办法》和《积石山县城乡环境卫生管理实施细则》按有关要求进行备案，报备率100%。同时，对自建县以来县政府、部门发布的规范性文件进行了全面清理，共清理县政府及政府部门发布的规范性文件140件，其中继续有效的4件，失效的130件，修改的1件，废止的5件。并对清理结果进行了公布。充分发挥群众监督作用。

县政府聘请了人大代表、政协委员、企业和律师代表等9人为积石山县人民政府行政执法监督员，不定时的组织召开了例会，认真听取他们对依法行政工作的意见和建议，县政府对他们提出的意见和建议进行认真整理归类，及时责成相关部门进行积极整改，规范了行政执法行为，取得了良好的社会效果。自觉接受人大的法律监督和政协的民主监督。坚持向县人大及其常委会报告相关法律的贯彻执行情况，加强与人大代表、政协委员的沟通联系，一些重大的决策、会议、活动，主动邀请人大代表和政协委员参与，充分听取意见建议，对人大代表提出的建议、批评、意见和政协委员提案，始终坚持及时交办，认真办理，限期办结或予以明确答复。

【行政知识培训】 坚持政府常务会议学法制度。县政府常务会议会前学法9次，各乡镇、各部门在年初都制定了学习计划，认真开展了行政执法人员特别是领导干部的法律知识学习培训工作。举办依法行政知识专题培训班。5月25日，在县会议中心举办了县政府各县长、乡（镇）长、站（所）长、县直及州驻县各行政执法单位副科级以上领导干部300多人参加的积石山县政府系统依法行政专题培训会议，邀请了甘肃雷诺律师事务所主任雷声、副主任贺彦同志作了专题辅导。9月15日在县会议中心举办了各乡(镇)乡（镇）长、分管副乡（镇）长、司法所长、食药所长，县直各单位主要领导、分管领导和一名业务骨干、各派出所所长、工商所所长、各执法大队队长参加的积石山县依法行政知识专题培训会议，邀请了兰州大学法学院邓小兵教授作了专题辅导。通过两期培训，进一步加强了全县政府系统领导干部对依法行政重要性的理解和认识，提高了行政机关行政执法人员的法律意识和依法办事能力，有力地推进了全县依法行政工作的顺利开展。结合“两学一做”学习教育，加大宣传力度。各乡镇、各部门结合“两学一做”学习教育，举办各类培训班60多期，并在各大集镇和人员密集的地方，采取张贴标语、散发法律法规宣传资料等方式进行了广泛深入的宣传活动。使全县广大人民群众依法维权的意识有了明显提高，行政执法人员特别是领导干部的法制观念得到进一步增强，为全县社会经济转型跨越发展提供了良好的法制环境。

【行政复议、应诉工作】 认真学习贯彻《甘肃省行政复议和行政应诉若干规定》，严格按照《行政复议法》《行政诉讼法》《行政处罚法》的有关规定依法开展行政复议、行政应诉工作。全县共受理行政复议案件1件，撤销1件。通过开展行政复议应诉工作，保障了公民、法人或其他组织的合法权益，促进了行政执法机关依法行政，有效地化解了行政争议和社会矛盾，树立了良好的政府形象。

金融办工作

【机构】 积石山县人民政府金融工作办公室成立于2013年5月，正科级行政单位。内设有银行股、非银行金融股、资本市场股、综合办公室4个股室。核定编制8人，现有干部职工8人，主任1名、副主任2名，干部职工5名，党员干部3名。

领导名录

主　任：马成良（2017年9月离任）

副主任：韩淑芳

　　　　石睿华

【金融业概述】 全县共有金融机构12家，其中：金融监管机构2家（积石山县政府金融办、人行积石山县支行），驻县银行机构5家（积石山县农业银行、工商银行积石山县支行、邮政储蓄银行积石山县支行、积石山县农村信用联社、甘肃省银行积石山县支行），保险公司5家（人保财险、人寿保险、人寿财险、中华联合财险、大地财产）。金融服务网点30个，村级金融便民服务点137个。小额贷款公司1家（积石山县鑫河小额贷款公司），担保公司1家（积石山县中小企业信用担保公司），村级产业发展互助社145个。

截至2017年末，全县金融机构各项存款299544万元，同比增加6162万元，增长2.1%，较年初增加6162万元，增长2.1%；各项贷款为296709万元，同比增加11070万元，增长3.88%，较年初增加11070万元，增长3.88%，存贷比为99.05%。涉农贷款268568万元，比年初增长4.24%，同比增长4.24%，其中，农林牧副渔156601万元，农户贷款241674万元，农村企业及各类组织贷款25344万元。

【金融监管】 通过网上随时监督和现场不定期检查的办法，监管小贷公司运营状况。2017年底，鑫河小贷公司当年累计发放贷款80笔3566万元，其中农户贷款2861万元，占贷款总额的80%；非农户贷款705万元，占贷款总额的20%，贷款余额53笔1628万元。

【宣传教育】 为普及金融知识，提高广大群众对金融风险防范意识，金融办不定期与中国人民银行积石山县支行携手，组织各金融机构集中开展金融知识、防范和打击非法集资宣传教育活动。5月17日，借“甘青两省四县商贸会”在积石山县县大河家镇举办之际，集中组织县政府金融办、人行积石山县支行、各参宣单位、辖区内各金融机构在大河家镇开展了打击和防范非法集资宣传活动。同时，利用吹麻滩镇逢集日，组织金融办、县人行及各驻县银行在县甘肃银行营业厅门前集中开展宣传教育活动，重点通过宣传让群众了解什么是非法集资、非法集资为什么是违法行为、非法集资的特征、手段以及非法集资的危害等有关法律法规知识。使广大群众认清非法集资的性质和危害，增强识别和防范非法集资的能力。引导群众树立非法集资不受法律保护的观念，从源头上遏制非法集资案件发生，营造了良好的经济社会发展环境，确保了金融稳定和社会稳定。

【政银企合作】 为加强政府与金融机构、企业之间的交流与合作，强化金融机构对积石山县经济发展的支持力度，建立了政银企联席会议制度，互通信息，增进了解，促进有效合作。组织召开了全县金融支持县域产业发展座谈会，就进一步加强政银企沟通交流，搭建政银企合作平台，深入了解金融支持县域经济发展情况，探索金融支持县域产业发展的有效措施，促进金融服务水平全面提升，更好地推动全县经济持续健康发展等方面，与县直相关部门、各驻县银行、保险公司开展了座谈交流，共同分析当前全县产业发展情况和经济形势，深入谋划支持县域产业发展的举措，提出了金融支持县域产业发展的意见、建议。

【网点建设】 为发挥政府与银行之间的桥梁和纽带作用，金融办先后走访调研了县农业银行、工商银行、邮政储蓄银行、农村信用合作联社等县辖金融机构，深入了解和分析了各金融机构的政策导向及运营状况，引导各银行机构新建基层营业网点和村级便民金融服务点。目前，全县共有基层金融服务网点 30 个（县城金融服务网点 9 个、乡镇服务网点 21 个），村级金融便民服务点 137 个，安装 ATM 机 39 台，布放 POS 机 380 台。72 个贫困村已实现便民金融服务点全覆盖。

【信贷投入】 组织召开了金融工作座谈会，学习传达全州金融工作会议精神和习近平总书记在中央第四十次集体学习会议上讲话精神、听取各金融机构工作及业务开展情况汇报，分析当前金融形势和工作中存在的困难和问题，督促引导各金融机构完善金融服务体系，不断扩大信贷支持，特别是加大对“三农”信贷的投入，健全完善金融体系，优化金融环境，大力发展普惠金融。鼓励全县金融机构支持“三农”建设，提高金融机构涉农信贷投放的积极性，促进了各项惠农政策的落实。

政协积石山县委员会

机构设置

【政协委员会组成人员】 政协积石山县第九届委员会有主席1名，副主席5名，常务委员20名，委员150名，常务委员会下设办公室和经济科技委员会、提案法制委员会、民族宗教委员会、教文卫体委员会、学习宣传妇女青年委员会、文史资料委员会。

主　　席：李征云

副 主 席：马子文　高志明　马晗霞　刘美芬　马成明

常务委员：李征云　马子文　高志明　马晗霞　刘美芬　马成明　郑永良　马正杰　拜真明　魏文忠　山心东　马俊武　祁永胜　马文华　冶成仁　韩学俊　马邦河　马光耀　韩延成　善法台

【政协委员】 政协积石山县第九届委员会委员有150人，分15个界别，其中中国共产党17人，无党派爱国人士15人，工商联2人，工青妇3人，台属1人，侨眷2人，非公有制经济17人，科技2人，农林牧4人，文化教育卫生9人，少数民族29人，宗教界38人，金融1人，党外知识分子2人，特邀8人。

【工作机构】 积石山县政协成立于1983年6月，2016年10月换届产生了第九届委员会。主席1人，副主席5人。委员会下设办公室和经济科技委员会、提案法制委员会、民族宗教委员会、教文卫体委员会、学习宣传妇女青年委员会、文史资料委员会等7个工作机构。县政协机关有干部职工59人，其中县级干部8人，女干部14人，保安族5人，东乡族7人，撒拉族4人，汉族25人，回族14人，藏族1人，土族3人。本科学历16人，大专学历27人，中专学历3人，高中学历9人，初中4人。

办公室

主　　任：魏文忠

副 主 任：韩　毅

　　　　　山心东

　　　　　马志云（2017年8月任职）

纪检组长：安斌学（2007年6月任职）

经济科技委员会

主　　任：海世元（2017年8月离职）

　　　　　何正元（2017年9月任职）

副 主 任：周光清

　　　　　何延寿

　　　　　任积发

提案法制委员会

主　　任：马文辉

副 主 任：王孝忠

民族宗教委员会

主　　任：马成虎

副 主 任：唐占勇

教文卫体委员会

主　　任：韩维忠

副 主 任：董克义

　　　　　马得忠

学习宣传妇女青年委员会

主　　任：吴锦花

文史资料委员会
主　　任：韩绍先
副 主 任：郭生春

政协会议

【政协积石山县第九届委员会议】 于2017年12月24日至26日召开。会议审议通过了李征云主席代表政协积石山县第九届委员会常务委员会所作的工作报告和马成明副主席代表政协积石山县第九届委员会常务委员会所作的提案工作报告。

会议赞同马尚文县长所作的《政府工作报告》，赞同《积石山县2017年国民经济和社会发展计划执行情况及2018年国民经济和社会发展计划（草案）的报告》，赞同《关于2017年全县财政预算执行情况及2018年财政预算（草案）的报告》。

会议期间，委员们紧紧围绕全县中心工作，针对精准扶贫精准脱贫工作实际，从农业、财政、水电设施、文化教育、公路交通、城建、民政、卫生、公安等与群众脱贫致富和生产生活密切相关的重大问题，运用提案形式，谏诤言、献良策，共收到提案、建议案123件，经审查立案110件，占总数的89.4%（其中，会议期间审查立案86件，对会议期间未立案的提案（26件）和会议后收到的提案（11件），县政协常委会高度重视，经实地调研复审后立案24件。

【主席会议】 一、2017年2月27日主席会议，审议通过《2017年县政协工作要点》；讨论通过《政协积石山县第九届委员会工作规则》。二、2017年3月6日主席会议，研究机关"两学一做"学习教育相关工作；开展集体学习。三、2017年4月18日主席会议，研究通过关于安集乡、石塬乡、银川乡撤乡建镇事宜。四、2017年8月8日主席会议，讨论职工分批次年休事宜；安排视察调研活动有关事宜；研究政协办公楼维修等事宜。五、2017年12月14日主席会议，集中学习党的十九大精神；讨论决定关于召开县政协九届二次会议的相关事宜；讨论通过县政协九届二次会议常委会工作报告和提案工作报告。

主要工作

【参政议政】 县政协常委会始终把学习作为加强自身建设、提高履职水平的重要举措。深入学习贯彻党的十八大、十八届三中、四中、五中、六中全会精神、习近平总书记系列重要讲话精神、《中国共产党章程》《政协章程》《中国共产党党内监督条例》《中国共产党纪律处分条例》《关于新形势下党内政治生活的若干准则》，省州县党代会精神和"两会"精神。通过信息平台及时向委员编发党章党规、政协知识、精准扶贫、优化环境、控辍保学、禁毒、十九大精神等信息58条，让委员了解政策，认清发展形势，明确工作任务，进一步增强做好政协工作、履行政协职能的责任感和使命感。组织机关全体干部职工收看了党的十九大开幕式，仔细聆听了习近平总书记代表十八届中央委员会所作的报告。多次组织机关干部职工对十九大精神深入系统地学习，并进行交流发言。邀请州县党校教授、教师对全体政协委员、机关全体干部职工进行了十九大精神专题辅导。通过集体学习、专题培训、心得交流、自学等形式，全面贯彻习近平新时代中国特色社会主义思想，深刻领会党的十九大提出的一系列新理念、新思想、新战略，牢固树立政治意识、大局意识、核心意识、看齐意识，坚定道路自信、理论自信、制度自信、文化自信，坚决维护以习近平为核心的中共中央权威，坚决服从中共中央集中统一领导，确保了人民政协事业沿着正确的政治方向前进。通过学习，提高了自身素质、提升了履职水平，增进了思想共识，夯实了各族各界委员团结奋斗的共同思想政治基础。

县政协常委会坚持县委的领导，主动争取政府的支持，使政协工作始终与县委、县政府政治上同向，思想上同心，工作上同力，紧紧围绕县委确定的实施“生态立县、教育强县两大战略，围绕一线布局抓文旅、主攻五大流域抓扶贫、突出组团协同抓发展”总体发展思路，以全面实施“十三五”规划、加快脱贫攻坚步伐、保障民生改善、促进社会和谐、加强协商民主为重点，立足于县情民情，着眼于民生民事，积极有为履职尽责。

常委会重视调动政协委员的积极性和主动性，认真履行民主监督职能，积极反映社情民意，畅通群众利益诉求渠道，有效推动了政府部门的工作。倡导委员自觉担负起组织赋予的政治责任，通过出席各种会议、参加调研视察、提交提案及参与县上组织开展的监督、检查、行风评议等多种机会，积极主动地了解和反映党风、政风和行风方面的问题和不足，提出意见、建议。

主席、各副主席自觉服从县委的统一安排部署，经常深入基层，全面落实脱贫攻坚帮扶责任，经常深入联系村和联系户家中，与他们商讨脱贫致富路子，帮助解决发展中遇到的困难和问题。认真倾听群众呼声，了解和掌握大量的社情民意，并通过各种渠道，积极向县委、县政府反映基层的呼声，促进了县委、县政府决策的民主化、科学化。

在全委会期间，委员们围绕政协常委会工作报告、提案工作情况的报告和“一府两院”工作报告，进行了认真全面的协商，坦诚发表意见、建议，就全县经济社会发展的重点问题及群众普遍关注的热点问题，积极努力地谋科学发展之举，建稳定和谐之言，献富民惠民之策，充分发挥了政治协商的职能作用，增强了协商议政的广泛性和实效性。全体县级干部出席政协开幕、闭幕大会，参加委员小组讨论并听取委员们的意见、建议，提振了委员们参政议政的积极性。切实增强了委员们为全县经济社会发展服务的思想自觉和行动自觉，更加坚定地做好政协工作、服务积石山发展的信心和决心。

为了使委员提案得到及时办理，积极与县政府协调召开提案交办会，督促承办单位加大提案办理力度。九届一次会议共收到委员提案105件，立案99件，截至2017年11月底，已办理落实和正在办理的81件，占提案总数的81.82%；列入计划的12件，占12.12%；因条件所限暂无法办理的6件，占6.06%，各承办单位都向提案者实事求是地说明了情况，提案反映的生态建设、脱贫攻坚、社会养老等民生问题得到了重视和逐步解决，产生了良好的社会影响。

选派政协委员担任政风行风监督员，积极配合政风行风评议活动；组织部分委员参加县上主要领导的述职会、征求意见会等活动，为促进县委、县政府工作部署落实，优化政务环境和法治环境发挥了重要的监督作用。

主席、各副主席按照各自的分工安排，结合实际，组织各专委会围绕脱贫攻坚、重点项目建设、旅游产业发展、提案办理等方面自选课题，对县旅游局、交通局、环保局、重点项目工作进行调研视察。为了确保调研视察工作取得实效，及时成立了调研视察组，从7月开始，深入实地，通过查、看、听，对全县重点项目、精准扶贫、旅游产业、环境保护、提案办理等工作有了进一步的了解，对发现的问题及时反馈相关部门。根据阶段安排于9月对全县重点项目建设情况、旅游产业发展、提案办理情况进行视察，分别形成专题报告，进一步助推了相关工作的开展。

县政协常委会，注重自身优势，充分发挥政协联系广泛、沟通协调、团结群众的优势，鼓励广大政协委员主动作为，努力为群众办实事、办好事。一是各族各界委员自觉担当组织赋予的重任，主动履行职责，在不同的岗位上谋思路、出实招，说实话、办实事，建诤言、献良策；充分利用自身的威望和影响，深入基层、深入群众，积极响应政协倡议，带头参与争创全域无垃圾示范县活动，带头争做文明出行模范。二是认真扎实开展精准扶贫、精准脱贫工作。县政协主席、各副主席率先垂范，经常深入联系乡镇和农户，详细了解贫困户基本情况，认真指导精准扶贫、精准脱贫各项工作。县政协机关抽调41名同志组成的驻村工作队，分别深入关家川乡何家村和胡林家乡高关村，与自己帮扶的贫困户对接，扎实开展帮扶工作。同时为寨子沟乡东坪寺村委会、刘集乡崔家村委会捐赠电脑、办公桌凳、资料柜共40多件。三是动员政协委员为社会公益事业捐款助力，王志胜、张学财等委员为“精准扶贫专户”捐款共计130多万元，以自己的实际行动为困难群众解难题、办实事、办好事。总之，广大政协委员积极响应县政协常委会的号召，紧紧围绕全县中心工作，各尽其能，为促进全县经济社会持续健康发展做出了积极的贡献。

县政协常委会主动适应新形势、新任务的时代要求，把加强自身建设摆在突出位置，提升了政协工作的科学化水平，为政协履行职能提供了重要保障。一是强化机关党的建设。县政协党组自觉担负在政协工作中的领导重任，及时召开党组会议研究部署政协工作中的重大事项，积极履行党组主体责任。健全“三会一课”制度，建立主题“党日”制度，党组书记带头讲党课、交流心得，举办庆“七一”系列党性教育活动，深入推进机关党的建设。二是推进“两学一做”学习教育常态化制度化和“三纠三促”专项行动，以解决突出问题为重点，以提升机关效能为抓手，以推动重点工作为目的，不断增强机关干部政治意识、大局意识、核心意识和看齐意识，营造了风清气正的干事创业环境。三是认真贯彻习近平总书记关于党风廉政建设责任制的一系列重要论述和中央八项规定精神、省委“双十条”、州委“五要十不准”、县委“六个必须十二个严禁”规定精神，对调研视察、民主监督、会务会风、机关管理等方面作出了详细的规定，减少会议，精简文件，控制“三公经费”支出。把党纪、党规挺在前面，完全落实到行动上，进一步强化纪律意识、规矩意识、责任意识、廉政意识。五是加强协作配合交流。积极配合全国政协在全县开展视察调研1次，省政协调研2次，州政协视察调研6次，兄弟县（市）政协学习考察活动2次，向州政协报送调研报告4份。

认真开展联络服务、履职统计，主席、各副主席走访了150名政协委员，与他们促膝而谈，了解他们的履职情况，完善档案，鼓励他们继续为全县发展贡献力量。

【调研视察】 根据《县政协2017工作要点》安排，6月14日、7月11日，县政协副主席马晗霞带领办公室、科技委、政协委员等调研视察组成员，先后两次到环保局调研视察全县环保工作开展情况，听取了环保局负责人的汇报，实地察看了部分环境整治项目。

对中央第七环境督察组转办积石山县的9件信访案件，采取整改、处罚、追责措施。依法关停采砂厂33家，停业整顿砖窑29家，问责处理28人。对符合开办条件的27家黏土砖厂，4家采砂厂完善了审批手续，27家黏土砖厂已完成环境影响现状评估，已安装除尘、脱硫设施。对乩藏等8个乡（镇）生活垃圾处理和临大公路沿线8个乡（镇）的环卫工作实行企业化运营管理。扎实开展了各集中式饮用水源地水质监测和执法检查工作，对全县的44台燃煤锅炉的污处设施运转情况进行了巡回检查，督促县城3家集中供热锅炉安装了脱硫设施，对全县核技术应用单位、输变电与广电通信类设施进行了监督检查，6家医疗机构辐射从业人员落实了个人剂量监测工作。

县政协调研视察组成员通过对环保工作看现场、听汇报、走访群众等形式进行了调研视察，在视察调研过程中发现和存在的问题进行了7个方面的汇总，并把这些问题反馈给了环保局，虽然环保局对这7个方面问题进行了整改，但对部分问题的整改不全面，责任落实不明确，仍然存在以下几个方面的问题：

大河家镇4家砂石料厂所破坏的植被、河床生态恢复的步伐缓慢。

建筑工地扬尘管理不到位，县城大型渣土运输车辆未遮盖。处罚治理力度有待加强，管理措施有待提高。

环保能力建设跟不上实际工作的需要，执法人员水平有待进一步提高。

养殖场牲畜粪便露天堆放，个别堆放在路旁、户外，县城、农村的生活垃圾清运不及时，燃煤销售点扬尘没有处理措施，污染严重。

随着全县经济社会发展步伐的加快，环保工作将面临更新的任务、挑战和压力，通过建立环保长效机制，建立健全规章制度，狠抓落实，防止反弹，为“生态立县”战略实施，促进全县天蓝、地绿、水清尽一份努力。为此，调研视察组提出如下建议，供县委、县政府以及环保部门参考：

加大环保工作宣传力度。做好环保工作离不开全社会的共同参与，要让环境保护真正成为全民的自觉行动，必须深入持久地搞好环保宣传、教育和引导。环保局牵头，各职能部门和主管单位参与，到施工企业、建设单位，特别是沙场、砖厂等地和各乡镇，采取宣传车、横幅、标语宣传资料、电视、社会媒体等手段，加大对环境保护法律法规及有关知识的宣传力度，推动环境宣传教育社会化，不断增强全民的环保意识，形成保护环境的良好氛围。

认真搞好环保设施的管理。随着县城的不断发展，人口流动性的不断增大，人民生活水平的日益提高，对县城综合服务功能的要求也就越来越高。环保基础设施建设直接影响着县城综合服务功能配套建设的整体水平，环保基础设施布局合理、功能齐全、使用方便、外形美观将给整个城市营造出干净、整洁的美好印象；反之，势必影响市民的正常生活，造成脏、乱、差的不良环境，有碍城市品位的进一步提升，甚至阻碍城市的进一步发展。为此建议，对县城破旧的、已损坏的果壳箱、垃圾桶要进行修复更新，以方便市民投放垃圾。对农村集中连片治理项目中配备的垃圾桶、人力车等各种环保设备也要加大日常监管，发挥其应有的作用。在县城合适位置购买、安放移动公厕，以方便行人及周边群众。同时，要严厉打击各种破坏环保设施行为，搞好设施的维护。充分利用公安指挥中心的摄像头监控系统，及时发现和掌握破坏设施的人和事，进行必要的处理和说服教育。

进一步加大对重点污染企业的监管。县环保局要充分发挥职能作用，进一步加强与相关部门的联系，建立完善工作机制，严格督导考核，积极构建高效环境执法监督机制，及时掌握企业的排污及设备运转情况，加大监督检查力度和处罚力度，进一步加强重点企业、重点地区的污染整治，对群众反映强烈、影响社会稳定的环境污染问题要重点查处，确保执法到位。同时严格把好项目环评关。今后在项目的引进上，必须首先考虑环保问题，绝不能在环保问题上打擦边球，必须严格执行国家产业政策和相关法律法规，凡是对环境有影响的，必须进行环境影响评价，提出防止污染和生态保护的措施。

加大对环保工作的投入力度。近年来，随着旱作农业种植面积的不断扩大，全县在实现粮食增产、农民增收的同时，地膜使用量也逐年增加。但由于缺乏有效的管理与再利用，大量的废旧地膜被随意堆弃在田间地头，造成了农村环境的污染。为此，建议县上一方面积极向上级有关部门申报废旧地膜回收利用项目，寻求资金支持；另一方面，采取政府补贴的办法，按照就近收集、方便群众的原则，设立废旧地膜回收点，开展废旧地膜回收工作。同时要通过积极争取国家、省上的环保专项资金，进一步加大县城及农村饮用水源地保护工作力度，确保县城及农村饮用水的清洁安全。

进一步加强环保队伍建设。县上要进一步加大资金投入，在专业人员、设施建设上给予倾斜。环保部门要进一步加强对自身业务和有关法律法规的学习，定期对环保执法队伍进行业务和相关法律法规的培训，不断加强作风建设，提高环保队伍的整体素质。

为了深入全面地了解全县旅游业发展情况，在助推经济社会发展方面提出有针对性、实效性的意见建议，为县委、县政府科学决策建言献策。根据县委批转的《县政协2017年度工作要点》，9月27日，由县政协组织对全县旅游产业发展情况进行了专题视察。县委、县政府分管领导，县政协各主席，部分县政协各界别政协委员，县政协办公室、相关专委会负责人，县委、县政府督查室及各相关单位负责人参加了视察活动。视察组先后深入旅游大通道施工现场、吊水峡、石海、大墩峡、黄河风情园等县内旅游景点，通过现场实地察看，与旅游业主、游客、群众交谈等方式，对全县旅游事业进行了深入了解。视察结束后，视察组在县政府二楼会议室组织召开了视察座谈会，会议根据旅游产业发展现状，分析蕴藏的潜力，研究存在的问题和制约发展的因素，集体思考，建言献策。现将视察情况报告如下：

近年来县上通过改善基础设施、打造旅游品牌、提升队伍素质、改善旅游环境、扩大旅游宣传，为全县旅游事业的发展打下了良好的基础。大墩峡、大山庄峡创建为AAA级景区，AA级景区积石民俗村也有了较快的发展。2016年，全县共接待游客57万人次，实现旅游收入1.5亿元。旅游旺季，这些景区的假日游客已达到爆满之势。特别是大墩峡景区发展更快，不但夏秋季旅游爆满，冬季自然冰雕的成功探索，也迎来了大量游客，打破了积石山县旅游淡季无旅游的局面，今后值得思考。慕名而来积石山县的游客结构和数量正在悄然发生变化，由以往的本地居民游变为现在的临夏、兰州、青海、宁夏、甘南、等地的游客，客源地的外围半径明显扩大。

规划体系不健全，旅游开发力度不大。县内重点旅游景区（点）没有完成建设性详细规划，旅游开发缺乏科学指导，存在盲目性，环境资源存在破坏风险，招商引资缺乏吸引力。旅游业的惠民型发展，助推精准扶贫、助推设施改善的作用不强。旅游业发展没有很好地与周边对接。保安族文化浓郁的“保安三庄”乡村旅游没有得到开发，重点景区开发没有形成规模，旅游业的带动性、富民性作用尚未形成。

旅游与文化融合不够，旅游资源的整体开发利用程度低。景区开发缺乏文化包装，丰富的地域文化、民俗文化没有很好地融入景区开发中，文化的缺失使旅游产品缺乏灵魂，难以形成品牌吸引力。旅游景区（点）开发停留在注重观光的低层次发展阶段，旅游产品结构、类型较为单一，产业链要素不全，难以满足游客多层次需求，旅游景区的创收能力不强，没有形成良好的经济效益和社会效益。

旅游基础设施薄弱。近几年，县上通过多渠道争取各类旅游项目资金，虽有效地改善了旅游基础设施条件，但从目前来看，旅游基础设施条件滞后仍然是加快发展旅游产业中的一大制约因素。旅游基础设施条件差，县内旅游道路等级低，通行能力低，道路网络不健全，景区进入性差。旅游景区缺少停车场、公厕等设施，通电状况差，通信条件差，这些基础条件影响了旅游业的发展。

旅游景区管理滞后。县内景区卫生普遍存在脏、乱、差的现象，石海、黄草坪等景区乱搭乱建问题严峻。随着烧烤、地锅锅等野炊的盛行，对景区生态环境破坏十分严重，县旅游局、环保局等单位虽然做了大量工作进行整治，但实际效果不是很突出。总体来看，对景区的管理和保护缺乏行之有效的机制。

宣传力度不够。旅游宣传方式落后、单调，力度不够，缺乏形象鲜明、特色突出、影响广泛的宣传产品，导致旅游知名度不高。

完善旅游发展规划。通过“请人点、深入学、认真谋”的办法，加强自我认识，深化市场分析，理清发展思路，编制完善旅游发展规划。进一步完善大墩峡、大山庄峡、保安三庄乡村旅游等建设性详细规划，避免盲目建设造成的环境破坏。谋划制定尕鲁坪彩陶文化体验区、小关龙川岭旅游度假区、黄河风情线建设性详细规划，为招商引资打好基础。

提升景区文化品位。通过挖掘地域文化，

把丰富多彩的文化贯穿到旅游规划、建设的过程中，使开发出的旅游产品更具有文化内涵和吸引力。

进一步完善配套设施。建议县政府在旅游规划、旅游道路、旅游厕所、景区游步道、停车场、给排水、环卫、电力通信等基础设施建设方面给予项目、资金支持。在各景区设置环保设备、垃圾桶等。

加强景区管理。强化对各景区环境卫生的管理力度，从根本上创造舒适宜人的旅游环境。鼓励各旅行社开辟新的特色旅游线路，积极扶持和发展本地旅游接待业务。现有各景区因地制宜拓展核心游览区空间，完善配套设施，突出积石山县保安族民族文化特色，突出大禹治水源头的历史特色，建设参与性、体验性、娱乐性、互动性项目，开发观光、休闲、度假与探险、养生、科普等相结合的高品质复合型旅游产品。要实现水、电、路、通信全覆盖，全面完成游客中心、停车场、旅游厕所、标识系统、安全设施等基础设施建设，并高标准建成保安腰刀、蛋皮核桃、花椒、民族刺绣等特色旅游购物场所，吸引更多的外地游客到积石山县观光旅游。

培育旅游市场投资、管理主体。探索实行“政府主导、市场运作”的模式，积极培育旅游市场投资、管理主体，鼓励、引导市场资本投资旅游，进行市场化运作。通过资源估值入股、农民资产参股等形式，有效激活社会资本投资旅游，解决景区投资、管理中的矛盾问题。

【提案工作】 县政协提案工作在常委会的领导下，坚持“围绕中心、服务大局、提高质量、讲求实效”的工作方针，紧紧围绕全县中心工作和人民群众普遍关注的热点、难点问题，把提案办理工作作为为民办实事、办好事的重要工作，列入议事日程，进行专题安排部署。广大委员积极运用提案形式，为构建和谐美好新积石参政议政、建言献策。政协积石山县第九届委员会第二次会议以来，委员们紧紧围绕全县改革、发展、稳定的大局，根据各自实际，针对全县农业、财政、水电设施、文化教育、公路交通、城建、民政、卫生等与群众生产生活密切相关的重大问题，运用提案形式，谏诤言、献良策，共收到提案、建议案123件，经审查立案110件，占总数的89.4%，其中，会议期间审查立案86件，对会议期间未立案的提案（26件）和会议后收到的提案（11件），县政协常委会高度重视，经实地调研复审后立案24件。立案提案内容涉及交通方面的30件，占立案总数的27.3%；教育方面的18件，占16.4%；水电方面的12件，占11%；住建方面的9件，占8%；财政方面的6件，占5%；组织、宣传、发改、公安、环保、旅游、民委、文化、城管、电力、刘集乡、中咀岭乡方面各2件，各占1.8%；民政、扶贫、农业、畜牧、商务、吹麻滩镇、大河家镇、安集乡方面的各1件，各占0.9%。建议案3件，涉及政协、入社、商务方面，占2.7%。

【文史资料编纂】 完成了28万字的《积石山县史话》再编工作，现已出版发行。同时整理完成了《积石山县组织史・2012—2017年政协篇》编写任务。

军　事

人民武装

【机构】 2017年，县人民武装部下设17个乡（镇）武装部，专武干部17人，机关内设军事、政工、保障三个科，有干部职工24人。应编现役干部3人，实有5人，其中部长1名，政委1名，副部长1名。

领导名录

部　长：黄　忠（2017年6月离任）
　　　　赵学军（2017年12月任职）
政　委：张福友（2017年2月离任）
　　　　荆崇戌（2017年6月任职）
副部长：李清良（2017年6月任职）

【兵役登记】 据年度兵役登记工作实施计划，于4月17日召开全县兵役登记工作前提部署会议，下发了《兵役登记计划方案》，提出了具体要求。同时联系协调公安部门，对全县各乡镇18周岁适龄青年人数进行了统计，并打印花名册分发各乡镇，规定了时间段。2017年，全县共登记18周岁适龄青年2116人，完成率为98.6%。

【军事训练】 2017年，根据分区要求，及时研究制订了机关人员训练实施方案和训练计划，并及时向县委、县政府汇报，以县委办、政府办的名义向各乡镇下发了《2017年民兵训练方案》，于11月初集中训练，邀请县武警中队和县消防大队在县劳务办院内进行了集中训练，县武警中队和消防大队分别对盾牌术和消防常识进行了演练，并对125名民兵进行了盾牌术、防爆队形、队形队列及其他科目的训练。同时，根据实际，要求各乡镇在集中训练结束后自行展开训练，时间不少于10天。

【军民共建活动】 2017年，深刻学习领会上级关于“精准扶贫”活动的指示要求，积极组织机关工作人员，深入石塬乡刘安村进村入户了解群众实际困难，共计入户调查200余人次，填写各类表册3000余册。党的十九大会议结束后，县人民武装部领导带领机关工作人员，深入刘安村组织部分群众、党员召开政策教育宣传座谈会，共同学习宣讲了党的十九大报告，并发放宣传材料200余份。

群众团体

工 会

【机构】 属正科级群众团体，2017 年底县共有干部职工 29 人，其中男 17 人，女 12 人，大专文化程度 13 人，中专文化程度 2 人，高中以下 14 人。

领导名录

主　席：马占良

副主席：马学武

【工会委员】 第六届县总工会委员 13 人，常委 9 人。

委　员：马少明　马占良　马玉秀
马学武　马永宏　马英祥
仙玉海　安江海　陈有鑫
管世雄　何绍武　李永甫
海世元

常　委：马少明　马占良　马玉秀
马学武　马永宏　仙玉海
安江海　管世雄　何绍武

【组织建设】 全县共有基层工会组织 186 家，其中党政机关 46 家，事业单位 31 家，国有、非公企业工会组织 103 家，村级工会组织 6 家，25 人以上基层工会组织有 53 家。共有会员 20368 人，其中女会员 5526 人，农民工会员 7345 人，涵盖法人单位 192 家。创建“规范化乡镇”4 个，已通过省上验收。

【工会活动】 开展“送温暖”工程　在元旦、春节、六一、“开斋节”等重大节日前“送温暖”活动和平时困难职工帮扶救助中，先后走访慰问和救助困难职工、困难劳模 479 人（次），发放生活、医疗救助、金秋助学等资金共计 44 万元；开展“冬送温暖、夏送清凉”活动，为 100 名县环卫工人送去价值 2 万元的慰问品；给甘肃伟凯房地产开发有限责任公司送去困难补助金 3 万元，解决了企业困难职工的实际生活困难。

开展维权活动　利用每年“集体活动月”，维护职工的合法权益，规范平等协商集体合同制度，截至年底，签订劳动集体合同 94 家，应签 98 家，签订率达 95.9%；签订工资集体协商专项合同 92 家，应签 98 家，签订率达 93.9%；签订女职工权益保护专项合同 126 家，签订率达 100%。

宣传教育活动　积极参与节能减排和职业病防治工作宣传活动，累计印发《工会章程》《工会法》《劳动法》《农民工外出务工维权知识手册》等宣传手册 1200 本。

建功立业活动　积石山县获得全州省级二类党群工作者技能竞赛团体二等奖，马克龙被临夏回族自治州总工会命名为“河州工匠”。

【工会经费】 协调配合地税部门开展地税代收工会经费的有关工作，扩大代收面，提高代收率，增加收缴总量。向县委、县政府汇报衔接，争取将行政事业单位工会经费按照职工工资总额的百分之二纳入财政预算，并按 1 ∶ 1 配套困难职工帮扶资金。

共 青 团

【机构】 属正科级群众团体，隶属积石山县委，内设少年儿童工作委员会、办公室，2017年有工作人员7人，其中一般干部4人，领导干部3人。保安族3人，东乡族1人，汉族2人，壮族1人；硕士研究生2人，本科5人。

领导名录

书　记：王　琼（代理）

副书记：王　琼

【共青团委员、代表】 共青团积石山第七届委员会设书记1人，副书记1人，常委7人，委员31人，候补委员6人。

常　　委：李小军　王　琼　马如祥　马学义　妥黎伟　杨宗强　韩文秀

委　　员：李小军　王　琼　马如祥　马学义　马腾虎　董文新　马鹏真　樊　萍　买小龙　韩文秀　王树东　杨宗强　张新俊　马培青　米廷福　姚　磊　李典林　马继德　毛梁家　杨国龙　曹旭东　马　云　王继祖　马　宇　赵国秀　戚兴光　何登俊　张得强　善忠平　李林雄　妥黎伟

候补委员：妥延红　张正茂　董　娟　马文祥　马　麟　杨迎亮

出席共青团甘肃省第十三次代表大会代表：
王　琼

【基层建设】 全县共有30个基层团委（17个乡镇团委，12个中学团委，1个县直机关团委），1个团总支，673个团支部（县直团支部38个，乡镇团支部359个，学校团支部222个，非公企业团支部54个）。全县14～35周岁青年67401人，有团员10744人，团青比15.94%，其中女团员4240人，占39.46%，少数民族团员4762人，占44.1%。2017年度发展新团员1236人。全县有专职团干部27人，其中女团干部11人，占40.74%，少数民族团干部6人，占22.22%。全县少年儿童39361人，少先队员22310人，入队率56.68%，少先队总队和大队辅导员60人。

【共青团活动】 各级团组织开展丰富多彩的活动。民族中学团委组织学生在校园周边和滨河路清扫路面积雪；积石中学校团委和志愿服务分队走进县综合福利院开展“关爱老年人”活动；吹麻滩中学校团委组织志愿者集中开展环境卫生大扫除活动；安集中学校团委开展以“发扬雷锋精神，做时代主人”为主题的义务大扫除活动。“3·5”学雷锋日期间，团县委组织各中学团委开展以“从身边做起、从小事做起、关爱他人、奉献社会”为主题的学雷锋志愿服务活动。刘集中学团委组织全体学生，以班级为单位，召开了“清明祭英烈，弘扬民族魂”的主题教育活动。五四期间，团县委组织各中学开展新团员入团仪式。挂靠于团县委的大河家慈善协会和民和穆青救助会对大河家辖区的11

户贫困户进行了慰问，每户送去价值400元左右的慰问品，将民和爱心人士捐赠给穆青救助会的1500件左右的新衣服和部分鞋子发放到大河家镇甘河滩新农村留守儿童、孤寡老人、残疾人、贫困户手中。6月，大河家慈善协会联合宽定微公益、东乡撒尔塔青年志愿者协会在克新民小学开展关爱儿童活动，此次活动为大河家克新民小学学生送去了136套爱心雨衣雨鞋和1000多元的零食。6月9日，积石山县县城中小学庆“七一”暨毒品预防演讲比赛在积石山县双语小学四楼会议室举行。团县委、大河家慈善协会开展的“善行斋月·扶贫济困”慰问活动在大河家广场拉开帷幕，此次慰问活动深入吹麻滩、居集、大河家、乩藏等乡镇，慰问对象包括孤寡老人、留守儿童、残疾人、孤儿等61户贫困穆斯林家庭，为每户送去价值700多元的慰问品和110元的慰问金，总价值49410元。团县委全体干部及大河家慈善协会的6名志愿者在县城大什字参与了全县禁毒预防宣传教育活动。团县委协调联系河西学院教师教育学院义务支教社会实践服务团赴积石山县中咀岭乡大山小学开展义务支教活动。团县委先后在前庄小学、三二家小学和幼儿园开展了“爱心文具”发放活动，为全体学生捐赠了“爱心文具”；10月12日，共青团积石山县委在大墩峡景区组织开展了“爱我临夏·无痕山林”宣传实践活动，30人参加活动，发放宣传品200多份，悬挂横幅1条。11月底，县上成立的虚拟专门学校在民族中学成功挂牌，由县委常委、政法委书记担任校长，预青专项组（重点青少年群体服务管理和预防青少年违法犯罪专项组办公室）组长担任副校长，团县委、综治办、预青办、宣传部、教育局、公安局、检察院、法院、司法局、人社局、财政局、民政局、妇联等相关单位及各乡镇负责人任校务委员的虚拟专门学校校务委员会，负责专门学校的组建、管理和行为矫正工作。团县委（预青办）履行校务委员会办公室工作职责，负责虚拟专门学校的具体筹建工作，指导各班建设和教育教学工作，开展日常督促检查，抓好活动载体创新、典型经验总结及宣传工作，配合上级部门督促检查的各项准备。

2017年，张晓栋、樊世林、王小花、马华4人获得2016年度临夏州优秀共青团员奖项，徐建平和王俊国获得2016年度临夏州优秀共青团干部奖项，民族中学团委获得五四红旗团委奖项，积石中学高三（21）班和刘集中学九年级团总支获得五四红旗团支部（团总支）奖项；冯进平等16人获得2016年度积石山县优秀共青团员奖项，成蕾等12人获得优秀团干部奖项。按照团州委在全州共青团组织中建立团干部直接联系青年制度（以下简称“1+100”制度），组织相关团干部联系青年，全体干部每人联系100名青年，12个乡镇团委书记每人联系10名青年，并积极开展相关线上、线下活动，在“1+100”系统中录入相关活动图片和文章。

【少先队活动】 在团县委的组织和协调下，全县各小学开展积极向上的少先队活动。中咀岭小学隆重举行了“庆国庆·喜迎十九大”学生美术作品展。友谊小学组织学生开展了“我爱红领巾”主题中队会，召开了“爱心中国，感恩励志”主题报告会及家长会，组织骨干教师赴芦家庄小学开展送教活动。和双语小学分别举行了以“喜迎十九大——我向习爷爷说句心里话”为主题的庆祝六一活动；前庄小学少先队开展了以“关爱老人、真情呵护、从小爱老、传承美德”为主题的慰问演出活动；希望小学隆重举行了庆祝六一国际儿童节文艺会演暨新队员入队仪式，举办了首届艺术作品展，开展了“消防安全”主题宣传教育活动。双语小学举行了一场校园安全专题讲座和消防、防震疏散演练活动。县文联、团县委主办，积石山县艺术学校承办的积石山县艺术学校第七届文艺会演在县城步行街隆重举行。

妇女联合会

【机构】 属正科级群众团体，内设县妇女儿童委员会办公室。2017 年有干部 7 人，本科 2 人，大专 5 人。保安族 1 人，回族 3 人，土族 2 人，汉族 1 人。

领导名录

主　席：马玉兰
副主席：高锦云

【妇联委员】 县妇女联合会第七届执行委员会委员 17 人，常委 9 人。

委　员：马玉兰　高锦云　王进萍
马旭梅　马春云　马如花
杨萍花　杨文萍　马凤兰
马黎景　李凤英　李文梅
马　琳　马雪花　韩玉英
郑永兰　马祖比代

常　委：马玉兰　高锦云　王进萍
马旭梅　马春云　马如花
杨文萍　杨萍花　马凤兰

【妇女活动】 研究制定了《积石山县乡镇和村（社区）妇联组织改革实施方案》，安排部署，掀起全县乡镇、村（社区）妇联组织改革的热潮。3 月 29 日，柳沟乡阳山村在县妇联和乡妇联的指导下，组织召开了妇女代表大会，选举产生了村妇联主席、副主席及执委，其他各乡镇、村（社区）相继召开了妇女代表大会。5 月中旬,全县 17 个乡镇、151 个村（社区）全面完成妇联组织改革工作，全县共选举产生了乡镇妇联主席 17 名、副主席 51 人、执委 272 人；村（社区）妇联主席 151 人、副主席 302 人、执委 2253 人，7 名致富带头女能人进入村妇联班子。经协调联系，从省妇联发展部、中央专项公益彩票基金会、甘肃省妇女基金会等部门争取到 111 万元的经费及物资。其中：“陇原巧手”培训经费 9 万元、“劳务品牌家政服务员”培训经费 48 万元、两癌（乳腺癌、宫颈癌）患病妇女救助金 33 万元、全国巾帼脱贫示范基地（巧手致富基地）经费 5 万元、甘肃省巾帼农业示范基地经费 5 万元；为关家川乡李家山村、白家沟村争取到甘肃省妇女儿童基金会价值 11 万元的“快乐宝贝”爱心包。县妇联以建档立卡贫困妇女为重点，订单式培训“陇原巧手”303 人、劳务品牌家政服务员 808 人，并向江苏、厦门等地输转就业妇女 143 人。为 33 名“两癌”患病贫困妇女发放了“两癌”救助金各 1 万元，共 33 万元；为 35 名建档立卡贫困户发放了香港爱心人士何崇本先生慰问金各 600 元，共 2.1 万元。在积石中学举行“全国妇联·中国妇女基金会李宁爱心服装发放仪式”，为 150 名贫困学生发放了 500 件的爱心服装。为身患脑垂体瘤和肾病综合征的曹宏芹母子发起爱心捐助倡议，收到爱心捐款6万多元。

【保障妇女、儿童合法权益的活动】 利用“3·8”维权周、“6·28”国际禁毒日，结合妇女培训开展法律法规知识宣传活动，现场提供相关法律咨询，发放各种宣传资料10000多份，接待来信来访30人次，有的给予口头答复，有的提供法律帮助，有的与有关部门协调处理，结案率为100%，按时上报季度信访报表和信访总结，维护了妇女儿童的合法权益。

工商业联合会

【机构】 积石山县保安族、东乡族、撒拉族自治县工商业联合会（民间商会），简称积石山县工商联，隶属县委统战部，是科级事业单位。有人员8人，男5人、女3人；保安族3人，东乡族2人，汉族1人，回族2人；本科1人，大专2人，中专1人，高中4人。

领导名录

主　　席：陈世文（2017年1月～2017年6月）

专职副主席：马香梅

兼职副主席：王志胜

祁永胜

张学财

马统虎

马如林

马青华

秘 书 长：马　文

【工商业发展状况】 截至2017年10月底，全县个体工商户（非公经济市场主体）已发展到7432户，注册资金46.44亿元，其中：私营企业786户，注册资金31.05亿元，从业人员9725人；个体工商户6169户，资金总额3.81亿元，从业人员9987人；农民专业合作社497户，出资总额11.57万元，成员总数11993人。全县非公经济增加值7.1亿元，增幅19.8%，占全县GDP（生产总值13.5亿元）的45.2%。全县非公企业上缴税金达2258万元，形成了以非公有制经济为主体的县域经济发展格局。

【主要工作】“两节”期间，慰问全县非公有制经济人士代表30人，慰问资金达4.5万元；在第33个教师节期间，根据县委、县政府的要求向全县所有的会员企业、商会和非公经济人士发起倡议，开展了“致富思源、富而思进”活动，共捐资积石山县教育基金923万元，其中积石山县优秀企业家张学财先生自愿捐资100万元；在“百企帮百村”精准扶贫、精准脱贫活动中，完成14户贫困户的房屋修建任务，投入资金29.5万元；1月，联合县委统战部、县委组织部、县法院、县国税、县地税等15个部门和单位对全县59名非公有制经济代表人士的“思想政治表现、企业经营状况、企业守法诚信”等方面进行综合评价；3月，根据省工商联《关于协助全国工商联调研组做好调研工作的通知》精神，积极配合县委、县政府高规格地完成了全国工商联副巡视员邵义一行3人来积石山县调研“万企帮万村”精准扶贫工作任务；5月，组织全县的50名非公有制经济代表人士参加了积石山县人民政府举办的喜迎第七届敦煌行·丝绸之路国际旅游节甘青两省四县·大河家商贸活动；7月，参加了第23届中国兰州投资贸易洽谈会，共引进项目4个，签约资金11.27亿万元，并代表积石山县人民政府与甘肃庆盛商贸有限公司签约了积石山县大河家镇集中供热工程项目；8月，州政府霍副州长带领州工商局、州工商联、州工信局等9个部门的负责人来积石山县调研非公经济及工业经济运行情况，并在县政府旧二楼会议室召开座谈会，征求全县非公企业家的意见、建议，专题讨论、研究、安排、部署积石山县非公经济发展情况，现场答复存在的主要问题和实际困难；11月，组织46名全县非公经济人士到甘肃省社会主义学院进行为期5天的培训学习和考察；12月4日，根据县委、县政府的文件精神，县工商联办公地点搬迁到积石山县统办楼，安排办公室5间，从而结束了县工商联成立以来借用办公地点的历史。同月16日，积石山县非公企业党支部，联合临夏百顺集团、TCL集团在积石山县开展“宣讲十九大、党建助扶贫”公益捐赠活动，在现场发放非公企业党支部党员学习汇编资料90本，对全县的精准扶贫贫困户发放百顺电器购物优惠卡和“黎星”牌蒸锅500个，价值达10万元。

科学技术协会

【机构】 积石山县科学技术协会隶属县委，属正科级事业单位，2017年底共有干部职工18人，其中保安族6人，东乡族2人，撒拉族1人，汉族2人，回族5人，土族1人，藏族1人；本科3人，大专9，中专1人，高中3人，初中2人。科协下设17个乡镇科协，18个科普分会。

领导名录

主　席：马宏伟

副主席：何青梅

　　　　马效荣

【科普宣传】 2017年利用科普之（冬）春、科技活动周等活动载体在乩藏，大河家、吹麻滩镇等乡镇开展科普主题宣传活动达10次，发放科普资料2万份，图书2500余册，其中科技资料3.1万份。其内容是：种植方面有玉米、蔬菜、水果和中草药；养殖方面有猪、牛、兔、羊、鸡和养殖方面的防病治病、治虫知识；其他方面有环境保护、人体健康、保健、生活常识等。政策法律法规资料1万多份，涉及农民工、计划生育、森林防火、预防犯罪法规等；科普挂图1000份、咨询3200多人次，悬挂横幅宣传标语20余条。主题科普活动受教育人数达32680人，参加主题科普活动科技工作者58人次；科普展览10次，参观人数达2万人次。

【科技培训】 根据关于《大力开展农村科技培训助力全县精准扶贫工作的通知》精神，科协对精准扶贫联系村（寨子沟乡曹姚村）的154户700人建档立卡贫困户开展了智力扶贫，对154户贫困户分三期培训农村实用技术，每期50户左右；配合州科协完成了科普调研工作任务并配合州科协在积石山县林木种苗协会举办了“临夏州百乡千村万名各类实用技术暨送金融知识下乡”培训活动，参加培训的会员达67人次。与积石山县科技局联合举办了积石山县精准扶贫科技特派培训会，来自全县的40多名科技特派员参加了培训会。科协举办了科普惠农兴村计划“积石山县少数民族科普工作队”项目培训会，参加培训的人数达70多名。

残疾人联合会

【机构】 县残疾人联合会（以下简称县残联）下设办公室、组宣股、康复股、教就股、就业服务所、维权股、用品用具站及各乡镇残联、村级残协。2017年有工作人员42人，其中男13人，女29人。

领导名录

理 事 长：马东云

副理事长：张永豪

马辉明

樊淑玲

【残疾人扶贫解困】 2017年制定出台了《积石山县“十三五”残疾人事业发展规划》《积石山县加快推进残疾人小康进程的实施意见》；为100多名城镇残疾人代缴医疗保险每人100元；对2223名残疾人向人寿保险公司每人缴纳100元保险费，参加了保险；为40户贫困残疾人家庭发放无障碍设施项目资金12万元；为160名驾有机动车辆的残疾人发放燃油补贴4.16万元；为建档立卡的35名家庭特别困难的残疾人解决生活、医疗等方面的救助资金4.2万元；投资400万元的积石山县残疾人托养中心任务，现已运行；向2001名重度残疾人发放护理补助240.12万元；向2213名贫困残疾人发放生活补贴265.56万元。

【残疾人康复】 2017年完成白内障手术96例；认真填写了康复手册，建立康复档案；配合县医院对听力残疾人进行了测试；为220名肢体残疾人捐赠了轮椅；为100名残疾人发放了拐杖；为40名听障残疾人配送了助听器；对全县35名脑瘫儿童和精神残疾人进行了筛查，符合治疗条件15名脑瘫儿童和精神病人，到兰州免费进行康复治疗，并给每人1000元的生活补助；为全县的300名听障残疾人调试配送了魏基成捐赠的助听器；在吹麻滩镇残疾人社区康复服务站，对15名肢体患者进行了康复训练。

【残疾人就业】 2017年残疾人就业保障金征收任务全面完成；为68名学前教育和九年义务教育阶段的残疾学生发放助学资金6.4万元；扶持新开办一所残疾人盲人按摩诊所，扶持资金3万元；帮助30名残疾人进行养殖、加工等个体就业，共投入资金12.5万元；扶持残疾人就业企业两个，扶持资金13万元，新增残疾人就业岗位14个；为180名残疾人进行实用技术和职业技能培训；输送5名残疾人在省残联培训机构参加了手机维修等技能培训。

【残疾人宣教工作】 2017年给各乡镇残联配备了电脑等价值为14.3万元的办公用品；完成了10257名残疾人专项调查和需求数据更新调查工作，调查率100%；选拔和输送参加2018年全省残疾人运动会、特奥会和残疾青少年田径锦标赛运动员11名，5名残疾人代表州残联参加残疾青少年田径赛，获得了三金、两银、一铜的好成绩。

文学艺术界联合会

【机构】县文学艺术界联合会成立于2008年2月，是县委领导下的文艺界人民团体，隶属县委宣传部；2017年底共有干部4人，全部为男性，其中东乡族1人，汉族2人，回族1人；本科1人，大专2人，高中1人。

领导名录

文联主席：马德虎

文联副主席：马如麟

白占海

【综述】积石山县文学艺术界联合会成立于2008年2月，是县委领导下的文艺界人民团体，担负着对全县文艺工作者联络、协调、服务等职能，是党和政府联系广大文艺工作者的桥梁和纽带。县文联组织全县广大文艺工作者，学习贯彻党的文艺方针政策，沟通党和政府、社会各界与文艺界民主协商的渠道；向党和政府反映文艺界的意见和建议；指导所属文艺家协会工作，发挥好“联络、协调、服务”作用；动员全县文艺工作者积极开展文艺创作、文艺活动、文艺交流、文艺评论；培养文艺人才；完成县委、县政府交办的各项工作，为建设美好新积石做贡献。

【队伍建设】县文联积极充实队伍，截至2017年底，全县已建立摄影家协会、作家协会、书法家协会、美术家协会、艺术家协会、奇石协会6个县级文艺家协会，会员总数达132人。

【文学艺术工作】2017年，开展“迎新春　送春联”文化下乡活动中送出春联共1550副；组织全县摄影爱好者到大墩峡采风；组织书法、美术协会会员走进刘集小学等6个乡村学校少年宫开展送“书法、美术”进校园活动；承办大河家商贸活动中的书画摄影奇石展；选送了100副摄影作品参加由州委宣传部、州文联主办的美丽临夏千副摄影作品展；开展“聚焦扶贫”文艺创作采风活动，完成摄影作品100副，美术作品53副，文学作品17篇；在大禹广场举办喜迎党的十九大主题书画作品展，共展出作品81余副，其中油画20余幅，书法31余幅，国画30余幅。

综合经济与管理

经济计划

【机构】积石山县发展改革局属正科级行政单位，是全县经济综合管理部门，隶属县人民政府，内设人秘股、综合股（含县国民经济动员办公室）、以工代赈易地扶贫搬迁股、经济体制改革办、粮油管理股、综合科技股、重点项目管理办、招标投标管理办公室、节能监察中心 9 个职能股室。

2017 年全局共有干部职工 30 人，其中男 24 人，女 6 人；保安族 3 人，东乡族 6 人，撒拉族 5 人，汉族 7 人，回族 1 人，其他少数民族 8 人。

领导名录

局　长：祁文学

副局长：陕锦华

　　　　李宝玉

　　　　马志军（2017 年 8 月离任）

【计划编制】全县国民经济和社会发展的总体思路是：全面贯彻落实党的十八大和十八届五中、六中全会精神、州第十二次党代会精神、县委九届三次全会精神以及中央、省委、州委、县委经济工作会议精神，深入学习贯彻习近平总书记系列重要讲话精神，按照“五位一体”总体布局和“四个全面”战略布局，坚持稳中求进工作总基调，牢固树立和贯彻落实新发展理念，适应把握引领经济发展新常态，以提高经济发展质量和效益为中心，以推进供给侧结构性改革为主线，深入贯彻落实州委“六抓”思路举措，按照县委既定工作思路、措施、模式，全面做好稳增长、促改革、调结构、惠民生、防风险各项工作，促进全县经济社会平稳、健康、快速发展，以优异成绩迎接党的十九大胜利召开。

2017 年经济社会发展的主要预期目标为：生产总值比上年增长 9%，全社会固定资产投资增长 11.5%，社会消费品零售总额增长 10.5%，一般公共预算收入增长 5.5%，农村居民人均可支配收入增长 11.5%，城镇居民人均可支配收入增长 9%，单位 GDP 能耗降幅、主要污染物排放、居民消费价格指数涨幅控制在州下达指标以内。

着力抓好以下六个方面的工作：

强化监管措施，全面加强国民经济计划执行情况的宏观管理。进一步健全经济运行监测和分析体系，敏锐发现和把握经济运行中出现的新情况和新问题，及时采取应对措施，努力加以解决。切实加强数据统计和分析汇总，严格执行月排队、季小结、半年和全年评比工作制度，督促各乡镇、各部门建立台账、制定推进计划，全力抓进度，确保各项目标任务按时间节点顺利推进。规范统计数据上报程序，每月初由县政府分管领导牵头召开相关部门参加的统计数据联席会议，各部门汇报上月本部门数据完成情况，未完成责任目标的部门认真分析原因，提出整改措施和办法。进一步强化大局意识、责任意识，进一步改进作风、靠实责任，加大监管检查力度，督促各乡镇、各部门全面履职尽责，确保全面完成 2017 年全县国民经济和社会发展各项调控目标任务。

强力推进项目建设，促进固定资产投资稳步增长。紧紧围绕国家“一带一路”战略、省“6873”交通突破行动、“6363”水利保障行动及省州“十三五”规划，紧盯投资导向，高频率抓项目争取，谋划争取一批文化旅游、商贸物流、基础设施、民生改善等领域的重大项目，进一步加大项目工作力度，全面落实县级干部包抓重点项目责任制。2017年计划实施500万元以上重点建设项目97项，计划总投资88.03亿元，其中：续建项目50项，总投资44.11亿元；计划新开工项目47项，总投资43.92亿元。另外，储备重点争取项目76项，估算总投资105.65亿元。加强衔接沟通，全力做好计划新开工项目开工前的各项准备工作。确保临夏至大河家高速公路、大河家至银川沿黄一级公路等重大项目开工建设。加强在建项目的动态管理和跟踪服务。争取大河家生活污水处理厂、中西医结合医院工程、天然气城市管网输配、大中型水库特困移民避险解困、肖红坪集镇改造、移民嘉苑购物城、县公安局业务技术用房等项目全部建成投入使用。进一步加大重点争取项目的争取力度。加强汇报衔接，积极开展50兆瓦光伏发电、旅游基础设施建设、大河家中学建设、县城旧城区改造等项目的前期工作，争取年内完成可研、初设编制和上报工作，为项目争取工作创造良好条件。

扎实开展精准扶贫工作，多渠道增加群众收入。认真落实各项惠农政策，充分调动农民的生产积极性，抢抓时机开展好农业生产工作；大力加强农业基础设施建设，积极推进土地开发整理，加大灌溉设施建设力度，切实改善农业生产条件，不断提高农业抵御自然灾害能力；继续加大劳务培训输转力度，增加农民收入。

加快集镇建设步伐，促进商贸流通。实施好综合物流产业园人行道道路及绿化工程、金马大厦、丽景商贸大厦、移民嘉苑购物城等项目，加快大河家镇新城区综合开发进度，全力整治乩藏、居集等重点集镇市场秩序，不断优化商贸流通的硬、软件环境，完善商贸流通基础设施。积极培育和发展新的消费热点，进一步拓展服务型消费，促进商贸业快速发展。

全面加强财税工作，加大物价监管力度。努力拓宽增收渠道，挖掘增收潜力，培育增长稳定、支撑力强的支柱财源和骨干财源，夯实财税增收基础。进一步加大税收征管力度，做到增收节支。充分发挥物价监管职能，依法打击哄抬物价、恶意涨价、串通涨价等扰乱市场经济秩序的行为，保持物价基本稳定。

统筹兼顾，全面搞好各项社会事业。进一步加大工作力度，抓好教育、卫生、广电、科技、节能、环保等各项社会事业，促进全县经济社会转型跨越发展。

【计划实施】 全年完成生产总值15.35亿元，占年计划的100%，同比增长3.7%；全社会固定资产投资13.36亿元，占年计划的51.7%，同比下降48.31%；社会消费品零售总额5.87亿元，占年计划的100%，增长8.9%；一般公共预算收入1.53亿元，占年计划的100%，增长8.19%；城镇居民人均可支配收入18924元，占年计划的100%，增长7.8%；农村居民人均可支配收入5239元，占年计划的100%，增长9.3%。

全县计划实施500万元以上重点建设项目112项，计划总投资98亿元，其中：

续建项目50项，总投资44.11亿元；计划新开工项目62项，总投资53.89亿元。另外，储备重点争取项目76项，估算总投资105.65亿元。截至年底，在建项目83项，全年完成投资19.28亿元，其中：续建项目45项，完成投资10.85亿元；新开工项目38项，完成投资8.43亿元。发改系统争取到国家投资项目53项，下达投资计划2.96亿元，其中：中央预算内投资1.52亿元，省级配套0.12亿元，其他1.32亿元。全年招商引资项目24项，签约资金达11.29亿元，到位资金9.19亿元，资金到位率81.4%。

全年完成减贫3535户16911人目标，贫困面由年初的19.34%下降到12.21%。全年完成农作物种植面积38.4万亩，其中粮食作物播种28.7万亩，油料作物播种6.2万亩，蔬菜播种1.1万亩，中药材播种2.1万亩，百合播种0.2万亩，其他农作物0.1万亩。新修梯田0.71万亩，完成水保林1.04万亩，封育治理2万亩。完成粮食总产量10.92万吨，增长4%。推广旱作农业26.1万亩，对全县重点贫困户户均补助0.6万元，投放基础母牛1148头，基础母羊19666只，改造圈舍4640户。采取青贮黄贮和揉丝打包的方法，打包秸秆饲料16.1万吨。全县牛存栏5.79万头，羊存栏27.1万只，新建规模养殖场（小区）10个，发展规模养殖户145户，完成畜牧业增加值1.46亿元。开展各类技能培训42期，培训2.53万人次，输转城乡劳动力6.91万人次，实现劳务收入11.1亿元。大墩峡、大山庄峡等景区已初具规模，争取到国家资金1250万元对大墩峡景区基础设施进行建设，进一步提升了旅游景区服务功能。全县接待游客81.3万人次，增长37.8%，实现旅游综合收入3.53亿元，增长40.08%。投资2.15亿元，硬化村社道路381.56千米、小巷道202.06千米。改造农村D级危房3937户。实施易地扶贫搬迁工程，建成集中安置点2个，搬迁群众56户279人。

争取到200个生态护林员岗位，每人每年落实公益工资8000元；积极协调中科康洁公司吸纳350名建档立卡贫困人口开展城乡保洁工作，每人每年落实工资7000元。引导150名高校毕业生进企业就业，发放生活补贴292.5万元。新增城镇就业2810人，城镇失业率2.7%。城市低保月保障标准提高8%；农村低保月保障标准提高22.6%；发放五保供养金1180万元，孤儿保障金640万元，残疾人“两项补贴”630万元，医疗救助1100万元，临时救助金340万元，优待抚恤金350万元。补贴农机具2970台（套），落实补贴资金308万元，综合机械化率达到32.2%；落实各类帮扶资金2876万元，帮扶物资折价455万元；发放困难家庭寄宿制生活补贴1049万元，为1214名家庭贫困大学生发放救助金678万元，为3163名贫困家庭大学生落实助学贷款1881万元。保障房分配入住推进顺利，累计分配公租房（廉租房）1450套。新增造林面积7.1万亩，森林覆盖率提高到18.72%，完成县城广场绿化苗木栽植39.56万株（丛）。

实施县城重点建设项目20项，概算总投资达10.31亿元。县城规划区面积9.6平方千米，建城区面积5.26平方千米，城镇化率为19.24%。全县金融机构各项贷款余额达到30.42亿元，同比增长0.63%；存款余额29.65亿元，增长4.39%；县人民医院

（二级医院）医疗费用增幅控制在8%以内，其他乡镇卫生院及妇保站均控制在10%以内，均达到标准要求。新农合参合率达到99.43%。建成乡村舞台106个。科技投入1894万元，研发经费投入583万元，申报成功知识产权专利39件。

国土资源管理

【机构】 县国土资源局为正科级事业单位，内设办公室、财务室、信访室、纪检监察室、地籍股、用地股、规划股、矿管站、地质灾害监测站、项目办、不动产登记服务大厅等11个股室；下设国土资源执法监察大队，吹麻滩、大河家、居集、乩藏、银川、胡林家国土资源中心所，不动产登记管理局，测绘队，土地储备中心等10个副科级机构，承担着全县的土地管理、矿产资源管理、测绘管理、执法监察、地质灾害防治等工作。有干部职工81人，其中男52人，女29人，研究生1人，本科13人，大专27人，中专及以下学历40人。

领导名录

局　　长：拜一鸣
副 局 长：马英福
　　　　　马家华
纪检组长：马海坤
执法队长：马清明

【耕地保护】 执行土地利用总体规划，实行最严格的耕地保护制度，逐级落实耕地保护职责，县、乡成立基本农田保护领导小组，层层签订基本农田保护责任书和协议书，落实保护人员和保护责任。确保全县耕地52万亩，基本农田41.5万亩的指标不减少。按照国家、省、州永久基本农田划定工作要求，开展了永久基本农田划定工作，优先把城市周边的优质、高等别耕地，特别是水浇地划入基本农田，经过调查举证，审核把关，完成了永久基本农田划定工作。全县共划定永久性基本农田41万亩，设立了永久基本农田保护牌。签订了保护责任书，表、卡、册及台账齐全。编制完成了《积石山县土地利用总体规划（2010—2020年）调整完善方案》。对各类建设项目，按照土地利用总体规划进行预审，共出具预审意见64份。完成了城乡建设用地增减挂钩外业调查工作，现正在编制方案。

【用地报批】 2017年省人民政府审批建设用地4宗，面积73.37亩，其中耕地61.68亩。拟上报省政府和州政府审批城市（镇）批次、旅游大通道、田茨公路、大河家垃圾处理工程、易地扶贫搬迁、六位一体、农村住宅等建设项目，占地面积约2342.29亩；严格《招标拍卖挂牌出让国有建设用地使用权规定》，挂牌出让13宗国有建设用地使用权，收取土地出让金2760.8万元，收取改变土地用途出让金20.89万元，收取2015—2016年度欠缴土地出让金167.44万元，共收取出让金2949.13万元。完成了基准地价更新，县政府已发布实施。完成了耕地质量等别调查评价及监测工作。

【地籍管理】 加强地籍档案管理和规范办证程序，严格审核初始、变更、抵押登记管理，按照土地权属争议调处分级管辖原则，做好辖区内土地权属争议调处工作，调处率达90%以上。2016年，国家下发积石山县土地变更卫片图斑521个，按照州局相关要求，开展了土地变更图斑的调查工作，做到不漏不重，准确掌握土地利用实际变化情况，及时查处违法用地图斑，维护土地管理秩序。目前已全面完成2016年度变更调查工作。开展了房地一体调查工作，截至年底，已完成41个行政村16245宗农房的调查登记。

【不动产登记】 自实施不动产统一登记以来，不断提升不动产登记工作效能和服务水平，推行各项便民利民服务措施，建立健全了各项管理制度，完善了窗口建设，全面推进不动产登记规范化建设，解决了不动产统一登记中的各类遗留和政策界限模糊的问题，截至年底，办理不动产权证书210宗，不动产抵押登记（不动产登记证明）1321宗。

【矿产资源管理】 以全县境内砂石和黏土矿产资源开发利用管理为重点，强化日常监管，集中开展矿产资源领域专项整治行动，依法对全县范围内无证开采、越界开采、非法转让矿业权等违法违规行为进行全面清理整顿，制止和查处破坏耕地、非法采砂取土、乱采滥挖砂石黏土等违法行为，特别是在2016年底至2017年初，借助国家环保大督查的契机，开展大规模集中整治行动，全县共拆除关停非法采砂点33个，恢复耕地520亩，通过州整改办销号任务，促进了砂石资源管理秩序的全面好转。为切实防止乱采滥挖反弹，遏制违法开采问题卷土重来，开展砂石资源调查的基础上，综合考虑县域内基本需求、环境承载力、地质条件、资源保护、安全生产等因素，结合土地利用总体规划，科学划定开采区，开展了矿产资源规划编制和砂石、黏土采矿权设置工作。矿产资源规划已上报州政府，根据《积石山县砂石料管理办法》和《积石山县砂石料管理方案》，全县拟设置集中采砂区4处，其中大河家镇甘河滩村拟设采矿权8~10个，刘集乡河崖村拟设采矿权6~8个，中咀岭乡庙岭村拟设采矿权2个，小关乡大茨滩村拟设采矿权2个。截至年底，共新设采矿权15家（其中黏土矿4家，砂石矿11家），收取出让价款79.73万元；延续采矿权14家，收取出让价款24.57万元。全年共收取恢复治理费127.27万元。开展了全县境内29家小砖窑厂清理整顿工作，共排查安全隐患62次，发放整改通知书96份，签订安全生产协议32份。

【地质灾害防治】 按照《积石山县地质灾害应急预案》和《积石山县2017年度地质灾害防治方案》，落实汛期24小时值班制度、地质灾害“零”报告制度、地质灾害隐患点监测巡查制度和速报、月报制度。加强汛期值班值守，及时接收州局发布的地质灾害气象预警信息，发布各类地质灾害防治气象预警信息36条。在冰冻春融期和主汛期联合技术单位排查地灾隐患点共6次，编写了排查报告，已上报州国土资源局；对重点地质灾害隐患点发放防灾工作明白卡29份、发放防灾避险明白卡243份；对重点隐患点群测群防监测员进行了业务培训，并发放了监测员补助。共应急处置地质灾害2期，及时撤离群众87人。全县地质灾害搬迁户201户，已搜集验收资料，填写登记表，经验收合格后申请落实补助资金。

【执法监察】 利用“3·29矿产日”“4·22世界地球日”“6·25土地宣传日”“安全生产月”等主题宣传活动，以县电视台、中国移动平台、悬挂横幅等形式大力宣传《土地管理法》《矿产资源法》《不动产登记暂行条例》《测绘法》和《地质灾害防治条例》等法律法规，共出动宣传车辆9次，发放宣传书籍500本，宣传材料300份，张贴宣传图片20幅，悬挂布标语12条，咨询人数达1000多人。落实巡查责任制，加强执法监察动态巡查。县国土局每月至少开展一次执法巡查，国土所每周2次巡查，对违法违规建设用地和乱采滥挖采砂行为进行制止，发现违法用地面积64.8亩，发放停工通知书47份，制止违法用地行为18件，面积17.6亩，立案查处8宗（矿产1宗），收缴罚款共计8.44万元。完成了2016年度土地（矿产）卫片执法工作任务，2016年，国土资源部下发积石山县遥感监测图斑521个，矿产卫片下发图斑4个。通过核查，发现违法违规用地3宗，面积6.7亩（其中耕地2.9亩），已全部整改查处到位，收缴罚款1.73万元，打击了违法用地行为。完善行政权责事项清单。对2014年12月31日之前颁布的行政许可事项、非行政许可事项、备案制管理事项、公共服务事项进行了清理。清理后的行政许可事项共5项，非行政许可事项共1项，已在政务服务网公开。针对县局例行督察发现的全县在土地利用和管理方面存在的5类问题，县委、县政府召开县委常委扩大会、政府常务会研究部署整改工作，研究制定了《积石山县土地例行督察问题整改实施方案》，成立了积石山县土地例行督察问题整改工作领导小组，明确了整改时限、整改要求、责任单位和责任领导，制定了整改措施，从县级层面已全面完成了土地例行督查整改工作任务。

【项目管理】 实施的在建土地开发整理项目共5个，总投资2616万元。其中：投资500万元的中咀岭乡庙岭村土地整理项目建设规模为233.47公顷，目前该项目已完成土地平整233.47公顷，改建田间道12条总长7359米，修建生产路64条总长18813米，新建预制混凝土U形槽排水路沟12条总长7359米，新建过路涵管22座，栽植农田防护林2453株，完成全部工程建设内容，正在进行竣工结算等工作。投资216万元的银川乡水陈村土地开发整理项目建设规模为25.56公顷，新增耕地22.55公顷，已完成土地开发18公顷，完成全部工程建设内容的85%，计划于12月完工。投资700万元的柳沟乡阳山村高标准农田建设项目已于10月开工建设，已完成全部工程建设内容的70%。投资400万元的石塬乡沈家坪精准扶贫村高标准农田建设项目已于10月开工建设，年底已完成全部工程建设内容的60%。投资800万元的刘集乡刘集村等5个村高标准农田建设项目已于10月开工建设，已完成全部工程建设内容的50%。实施的地质灾害治理项目为柳沟乡马家村泥石流二期，省下达治理资金100万元，现已完成全部工程量的45%。省下达的125万元新增费资金，已由县政府批复，计划用于房地一体调查、基本农田保护等。省下达的121万元耕地开垦费切块项目，正在进行选址。

【征地拆迁】 为保障全县重点建设项目用地，会同相关乡镇，开展了黄河护岸工程、旅游大通道等重点项目征地工作。截至年底，共征收土地752.1亩，涉及群众930户，已发放征地补偿款3953.3万元。其中，旅游大通道建设项目征收土地467.5亩，涉及群众746户，发放征地补偿款2862.2万元；黄河护岸工程建设项目征收土地130亩，涉及群众82户，发放征地补偿款508.3万元；县城区改造项目征收土地56.6亩，涉及群众95户，发放征地补偿款582.8万元；县城东西区建设项目征收土地98亩，涉及群众7户（其中2宗为集体用地）。

【测绘管理及信息服务】 初步完成了国土资源信息化软硬件基础建设，完成了县城内的勘测定界工作，完成了测绘资质复审换证工作。组织参加学习了新测绘法，完成了测绘资质年度报告和成果汇交目录。在信息化建设工作中，配备了专职信息员，配合州局进一步完善了“一张图”平台建设，实现了省、州、县三级业务系统互联互通，及时报送各类工作信息46条，发布简报40期。结合不动产登记窗口为民服务实际，在不动产服务大厅公开了权力清单、办事程序、办理时限、所需资料，实行一次性书面告知、限时办结等制度。

【信访维稳】 共受理来信来访7起，其中县上转办3起，州局转办1起，群众来信来访3起；已妥善办理6起，正在办理1起。妥善处理12336举报电话2起，全年未发生群体性上访事件。加强了财务规范管理，委托第三方对全局财务收支情况进行了专项审计，并按照存在的问题强化了整改，捋清了多年来项目管理资金不清的现状。对于各项审计发现的问题及时报告并进行了整改落实，规范了经费支出及财务管理。

财政管理

【机构】 县财政局为正科级行政单位，内设办公室、预算股、行政政法股、教科文股、农业股、经济建设股、综合股、扶贫报账办公室、社会保障股、税政股、采购办、工资统发办公室、国库支付中心12个股室，下设会计局、国有资产管理局、农业综合开发办公室、非税征收管理局5个事业单位。到2017年底，全局共有干部职工76人，其中男45人，女31人；汉族14人，少数民族62人；研究生2人，本科34人，大专26人，中专及以下14人。

领导名录

局　长：马　元
副局长：侯彦礼
　　　　马　涛
　　　　马　磊
纪检员：马永清

【财政收入】 2017年全县一般公共预算收入预计完成15291万元，占年初预算14909万元的102.56%，超收382万元，增长8.2%。其中：国税局完成1372万元，占年初预算4200万元的32.67%；地税局完成4274万元，占年初预算 1880 万元的 227.34%；财政局完成 9644 万元，占年初预算 8829 万元的 109.23%。

【财政支出】 2017 年全县一般公共预算支出完成 238117 万元，同比增长 20.55%。政府性基金支出完成 9410 万元，社会保险基金支出完成 27216 万元。一般公共预算支出按功能分类：一般公共服务支出 41849 万元；国防支出 35 万元；公共安全支出 8322 万元；教育支出 42946 万元；科学技术支出 445 万元；文化体育与传媒支出 1478 万元；社会保障和就业支出 28758 万元；医疗卫生支出 24259 万元；环境保护支出 4499 万元；城乡社区事务支出 2774 万元；农林水事务支出 54392 万元；交通运输支出 5792 万元；资源勘探电力信息等事务支出 181 万元；商业服务业等事务支出 303 万元；国土资源、气象等事务支出 2081 万元；住房保障支出 12557 万元；粮油物资储备管理事务支出 151 万元；其他支出 7012 万元，债务还本付息支出 279 万元，债务发行费用支出 4 万元。

【民生政策】 2017 年，共实施“一事一议”财政奖补项目 53 个，项目总投资 3823.26 万元，完成村社道路硬化 49 条 78.42 千米、新建文化广场 2 处、人饮工程建设项目 1 个、蓄水池建设项目 1 个，受益人口达 5.53 万人。完成农业综合开发项目 2016 年度第一批中央财政资金大河家镇刘集乡高标准农田建设，建设高标准农田 6100 亩，衬砌渠道 40 千米，配套渠系建筑物 4540 座，修建田间道路 23 千米，营造农田防护林 84 亩，培训农民技术员 600 人次，改良土壤 400 亩。

【国有资产管理】 召开全县行政事业单位资产核实培训会，完成行政事业单位资产清查工作，通过审核共核销总价值为 8969.79 万元。推进政府采购信息统计编报工作，对政府采购申报手续及政府采购信息统计编报程序进行了明确规定和详细解读。全县政府采购计划金额 3636.33 万元，实际采购金额 3305.75 万元，有效节约资金 330.58 万元。

【互助社建设】 加强对互助社借款发放、借款使用、借款回收、财务软件、会计处理方面的管理，积极催收到期借款，全县互助社运行良好。截至年底，已建成互助社管理站 17 个、互助社 145 个；建成标准化管理站 3 个，标准化互助社 9 个；共有社员 19455 户，共计缴纳入社费 1945.5 万元；跟进企业 23 家，企业注入资金 365.7 万元；落实政府注资 7957.2 万元；国开行小额扶贫贷款 464.1 万元；社会捐赠 4 万元；各类互助资金合计 10723.5 万元。2017 年，累计为 26978 户困难群众发放借款 3.48 亿元，贫困群众贷款难和产业发展资金不足的问题得到初步解决。

【专项贷款】 加快精准扶贫、精准脱贫步伐，优化财政涉农资金供给机制，提高涉农资金使用效益，集中资源打赢脱贫攻坚战，贯彻中央和省州关于脱贫攻坚工作的决策部署，执行涉农资金整合的相关文件精神。将整合资金的范围控制在中央的 18 项专项和 14 项中央专项省级配套资金中。整合资金严格按照相关实施方案及管理办法，用于全县贫困村及有建档立卡贫困户的非贫困村各类项目建设和已完成脱贫任务的非贫困村巩固提升工程。2017 年统筹整合 18217.86 万元（其中中央资金 17580.86 万元，省级资金 637 万元），按进度已拨付整合资金 9160.88 万元，主要用于农村基础设施建设 7295.18 万元，农业生产发展 1865.7 万元。

【学习培训】 加强财政业务知识和财会人员培训，组织召开全县农村财会人员支农政策培训班及全县行政事业单位财务人员业务能力培训会，累计培训全县各行政事业单位及村级财务人员 841 人次，提升财会人员业务素质，加强财经纪律，规范财务收支行为。开展思想教育、廉政教育、警示教育，筑牢拒腐防变的思想道德防线。设立党员学习角，收集报刊和反腐倡廉教材，加强干部职工日常学习。设立财政局党员争先创优评比栏及党员示范岗，向全体干部职工发放“警示卡”、《积石山县财政局党建知识手册》、积石山县财政局党员交纳党费明白卡，并以现场答卷的形式，对全局干部职工进行了党风廉政知识和“两学一做”学习教育知识测试，增强干部职工廉洁意识。

担保中心

【机构】 积石山县融资发展中心（积石山县中小企业信用担保有限公司）是正科级事业单位，单位内设 4 个股，即办公室、担保业务股、风险管理股和计划财务股。截至 2017 年底共有干部 17 名，其中本科 7 人，大专 9 人，高中 1 人；保安族 3 人，东乡族 2 人，撒拉族 1 人，汉族 3 人，回族 4 人，藏族 1 人，土族 3 人。

领导名录

主任（总经理）：马　彪

财务经理：马利军

【职能】 积石山县融资发展中心（积石山县中小企业信用担保有限公司）主要职能是负责贷款担保、票据承兑担保、贸易融资担保、项目融资担保、信用证担保、诉讼保全担保、履约担保、与担保业务有关的融资咨询及财务顾问等中介服务。

【惠农贷款担保业务】 公司提供双联惠农贷款担保业务，破解农村扶贫发展融资难。为解决群众贷款难、银行放贷难，转变扶贫模式，促进当地特色优势产业的发展，增加农民收入奠定基础。截至 2017 年年底累计担保双联惠农贷款 1526 笔，104762 万元。

国家税务管理

【机构】 积石山县国税局内设行政机构 4 个，事业单位 1 个，直属机构内设机构 1 个，派出机构 4 个。全局有干部职工 32 人，其中男职工 21 人，女职工 11 人，汉族 18 人，少数民族 14 人，大专以上学历 31 人，中专以下 1 人。

领导名录

局　　长：拜忠礼（2017 年 8 月离任）
　　　　　张英龙（2017 年 8 月任职）

副 局 长：苏明清
　　　　　王世清
　　　　　何学云（2017 年 3 月任职）
纪检组长：任新海

【税款征收】 2017 年，累计入库各类税收 6648 万元，完成州局下达任务数 6300 万元的 105.52%，超税额 348 万元；完成县政府计划任务数 9586 万元的 69.35%，短税额 2938 万元，与上年相比增税 2059 元，增加 44.87%。全年执行各项税收优惠政策，累计减免各类税收 1471 万元，占全年组织税收收入 6648 万元的 22.13%。

【税务管理】 落实《全国税收征管规范》和《全国纳税服务规范》，树立依法治税理念，规范税收执法行为，推进法治国税建设。落实国务院六项减税政策，以及车购税、小微企业免征增值税等税收优惠政策，抓好税负分析，强化后续管理措施，确保纳税人享受税改政策红利。有序推进电子税务局、实名制办税和多证合一商事制度改革，优化营商环境。持续开展漏征漏管户专项清理工作、房地产存量房调查摸底工作、建筑行业上游企业专项整治工作以及金三数据质量问题修正工作，夯实征管基础，驱动精细化管理再上新台阶。开展便民办税春风行动，制定 2017 年“便民办税春风行动”实施方案和工作内容分工与时间进度安排表，将 5 类 20 项 57 条便民措施进一步细化分解。2017 年，县局与 5 家商业银行签订了《税银合作协议》，各银行累计为 28 户小微企业发放贷款 1.88 亿元。优化纳税服务质量，着力提高办税效率，让纳税人多跑网路，少跑马路，享受便捷高效的税收服务。加强税法宣传与纳税人学堂建设，通过办税服务厅公告栏、电子显示屏、电子触摸屏、微信群等渠道，对企业法人及财务人员进行专题辅导培训。2017 年，累计举办各类培训 12 期，其中营改增培训 4 期，落实六项减税政策培训 2 期，党建工作培训 3 期，基层税务分局专题培训 3 期，共计培训人次达 420 人次，发放各类宣传资料 600 多份。

【民族团结】 开展马克思主义民族理论和党的民族政策的学习教育，引导干部职工树立“两个共同、三个离不开、五个认同”的思想。开展各种形式的民族团结进步创建活动，顺利迎接康乐县观摩团对县国税局民族团结进步创建活动的观摩。通过中心组学习、干部理论学习、制作宣传标语、展板、心得体会交流、干部职工座谈会、知识竞赛等丰富多彩的宣传形式和载体，增强领导班子之间、干部职工之间、干部职工与纳税人之间的团结意识，使全局上下呈现出民族团结、齐心协力、锐意进取、共谋发展的生动局面。与此同时，挖掘身边先进典型，用身边的典型教育身边的人。将王兵继同志树立为先进共产党员典型，在全州国税系统开展了“学习王兵继同志先进事迹”巡回演讲。

地方税务管理

【机构】 积石山县地方税务局隶属于临夏州地方税务局。内设办公室、人事教育科、监察室、计划财务科、综合业务科、科技信息科 6 个科室，下设征收管理分局、发票管理分局、社会保险费征收管理分局、稽查局 4 个直属单位，外设居集、大河家 2 个基层税务所。负责全县 17 个乡（镇）1049 户纳税户和 327 户企事业单位及个体社会保险费的税费征缴工作。

领导名录

局　　长：王宏兰
纪检组长：蒋　岩
副 局 长：戚发升
　　　　　马小琛
　　　　　张宗文

【组织收入】 全年累计组织各项收入 6414.58 万元。其中：完成税收收入 5281 万元，占州局下达任务 3200 万元的 165.03%，超收 2081 万元，占县政府下达任务 3379 万元的 156%，超收 1902 万元，县级收入完成 4273 万元，占县级考核任务 1880 万元的 227.3%，超收 2393 万元；社会保险费完成 1105.68 万元,其中养老金完成 1077.18 万元，失业金完成 28.5 万元，占年度计划任务 960 万元的 115.16%，超收 145.68 万元；工会经费完成 14.2 万元；残保金完成 13.7 万元。

【税收征管】 通过联合举办“纳税人学堂”、共同加强信用评价管理、联合开展税务稽查、互派挂职干部等工作，确保了国地税各项合作事宜有效推进；强化管户巡查及非正常户实地核查，开展纳税基础信息补录，完善纳税人档案管理信息；深化信息管税、系统优化、数据补充迁移等后续工作；完善征管质量信息化考核，防范税收执法风险；强化以查促管，召开警税银执法协作联席会议，合力打击涉税违法犯罪工作，提高了纳税人的税法遵从度。开展环保税纳税人接收和入户核实工作，组织环保税法宣传培训，为环保税征收营造良好氛围、奠定扎实基础。

【行政执法】 坚持依法行政，开展“法律八进”普及税法活动，增强纳税人税法遵从意识，推进法治地税进程；加大学法、守法、用法力度，开展“党组书记带头讲法治课”和法律宣讲等活动，增强了地税干部运用法治思维和法治方式解决实际问题的能力。

【纳税服务】 落实纳税服务规范，开展“便民办税春风行动”，推进“同城通办”，全面推行财税库银横向联网、“一窗一人一机双系统”通办等举措，提供更加方便快捷的办税方式，实现让“数据多跑路，纳税人少跑腿”，提高了纳税人获得感和满意度。落实税收优惠政策，简化税收优惠办理流程，精简备案资料，落实应免尽免，全县享受小微企业优惠政策、西部开发税收优惠政策的企业共计 56 户，减免各项税收 287 万元。

统计管理

【机构】 积石山县统计局为正科级行政单位，内设人秘股、综合股、统计股、执法股，有人员 19 人，其中汉族 6 人、保安族 4 人、东乡族 2 人、撒拉族 2 人、回族 2 人、其他少数民族 3 人，本科 4 人、大专 8 人、中专 5 人、高中及以下 2 人。

领导名录

局　　长：马正表
纪检组长：马国平
副 局 长：何生良
　　　　　马维忠

【专项统计】 2017年上报了2016年综合、工业、农业、投资、劳资、商贸、建筑业、住户、农产量、固定资产投资等专业的年报，及时上报了17年综合、工业、农业、投资、劳资、商贸、建筑业、住户、农产量、农村固定资产投资等专业的定期报表。

【统计调查】 2017年圆满完成了全县人均受教育程度的问卷调查工作。完成了大河家镇甘河滩砂石料厂等12个单位的投资环境调查任务。

【普查】 全县开展了全国第五次农业普查工作，县上设立了农普办，17个乡镇成立了普查办，抽调了1700名普查员，2017年1月1日，农业普查进入现场调查登记阶段。通过全县各级农业普查机构、1700多名普查工作者和普查员3个多月的共同努力和辛勤工作，完成了全县17个乡（镇）的现场入户调查登记工作。为保证普查数据质量，建立了质量控制机制和标准，开展了普查表数据复核、数据交叉会审、数据快速汇总等质量控制工作，完成了乡、村两级普查数据的质量验收和事后质量抽查工作。按照国家、省和州农业普查方案的统一部署，按时完成了普查表的登记质量验收、编码、光电录入和初审、二审、农业普查特表的手工录入等工作任务，并获得了国家级第五次全国农业普产“先进集体”荣誉称号。

【统计服务】 统计服务是新时期统计工作的“主旋律”，也是检验统计工作的一个重要标准，每月15日前及时给县委、县政府主要领导送达统计快报。发布了《积石山县2016年国民经济和社会发展统计公报》和《积石山县2016年国民经济统计资料》，全面反映了全县经济和社会发展的基本情况。及时发布和提供月度、季度经济运行情况、主要经济指标完成情况、经济运行分析资料和经济发展趋势预测。2017年向省、州上级单位报送并采用信息、分析共计155条，其中州局采用142条，省局采用13条。全年向县委、县政府报送统计信息共计8期，其中为决策提供支持的预警和运行分析7期，全县统计执法检查信息一期。举办全县人均可支配收入简便计算方法培训班1期，培训全县扶贫领域干部500多人。

【统计执法】 统计执法工作进一步得到加强，确定了各专业人员是实施统计执法的“第一责任人”，要求各专业人员认真记录各类报表的发放时间、催报记录、填报质量和数据准确性的备查登记工作，为统计执法提供重点单位及当事人。对全县各乡镇及相关企事业单位进行了统计执法检查，向县委、县政府报送了执法检查结果。

【基层基础建设】 加大了对乡镇统计员的业务培训力度，以提高乡镇统计员的业务素质。一年来利用年报会、工作会、“五五”普法等机会集中对乡镇统计员进行3次、120多人次的业务培训。多方筹措资金10万元，为全县17个乡镇配发了电脑、打印机，提高了乡镇统计站的办公条件。

农村调查

【机构】 国家统计局积石山调查队为正科级行政单位，隶属于国家统计局甘肃调查总队。主要负责城乡住户调查、农产量调查、农民工调查、贫困监测调查、农产品价格调查、农户固定资产投资调查、小微企业调查、畜禽监测、劳动力调查、遥感测量。2017 年底，有干部职工 8 人，其中本科 3 人，大专 2 人，中专 2 人，长聘人员 1 人。

领导名录

队　长：王文林

纪检员：朱　桓

【调查队伍建设】 为了提高调查员和辅助调查员的业务素质，把搞好业务培训作为重点工作来抓。首先，积石山调查队的同志集中在一起，主抓业务的同志主持，进行学习讨论，做到业务熟，任务明确；其次，把辅助调查员召集到调查队，进行统计基础知识和业务知识培训，采取现场操作和课堂授课的形式，以调查方案和技术操作规范化规程为核心，以农产量基础台账、住户现金账、实物账、生产账的各种表格为内容进行全面系统的培训，同时强调调查员和辅助调查员一定要把“数据及时性、准确性是统计工作生命线”这一点始终牢记在心，统一认识、抵抗干预，保证数据质量的准确和真实。

【城乡社会经济调查】 按照国家统计局甘肃调查总队调查方案要求，编制抽样框，抽出住户、播种面积、农产量、畜禽调查点，对抽中的调查点进行摸底，收集相关资料，抽出调查户，选配辅助调查员。2017 年，积石山调查队共完成了城乡住户调查点 12 个、农产量调查点 12 个、农民工调查点 9 个、贫困监测调查点 9 个、农产品价格调查点 4 个、固定资产投资调查点 9 个、畜禽监测调查点 6 个、小微企业调查户 5 户、遥感测量调查点 5 个，并上报了各项调查数据，为党和政府的宏观决策提供了数据保障。

物价管理

【机构】 县物价局为科级行政单位，内设办公室、物价检查所。2017 年底有工作人员 14 人，其中：研究生 1 人，本科 2 人，大专 7 人，中专 4 人；保安族 2 人，撒拉族 1 人，汉族 2 人，回族 2 人，藏族 3 人，土族 4 人。

领导名录

局　长：郝明智（2017 年 8 月离任）

　　　　马文华（2017 年 8 月任职）

副局长：窦永林

　　　　羊　杰

【监测】 2017 年价格形势稳定，每日由专人负责进行价格市场监测，实行半月一报制度。

【收费管理】 根据出台的收费清单目录加强了辖区内各收费单位事中事后收费监管，提高收费透明度和知情权。通过此项工作依法取消有关收费项目，年减轻企业负担约 100

万元。

【监督检查】 重点对涉企、涉农、教育、医疗等收费进行了专项检查，规范了收费标准，2017年查出违价资金4.1万元，并依法清退4.1万元。

【价格认证】 2017年对公安部门委托的16起涉案物品进行了价格认证，估价资金50万元。

工商行政管理

【机构】 县工商局有干部职工54人，其中妇女干部14人，少数民族干部28人。县局设有办公室、法规科、监察室、注册登记科、市场监督管理科、商标广告监督管理科、非工办（非公有制企业工作委员会办公室）等7个内设机构，1个直属经济检查分局，下辖城关分局及大河家、肖红坪、居集、癿藏5工商所。消费者协会、个体劳动者协会、私营企业协会、餐饮业协会挂靠县工商局。工商局承担着全县市场主体准入与监管、流通领域商品质量监管、市场监督管理、消费维权、商标注册和广告监管、公平竞争执法等“六项职能”，负责推进非公经济发展和非公企业党建“两大工作任务”。

领导名录

局　　长：马惠明

副 局 长：何元奎

马志刚

张宗元

纪检组长：朱子强

【整顿市场秩序】 全年共出动工商执法人员826人次，检查车辆82辆次，检查各类经营门店和摊点2018户（处），查获各类假冒伪劣商品9个大类23个品种；查处各类经济违法违章案件39件，其中立案10件，当场处罚29件，案值3.24万元，罚没款3.49万元，受理消费者申诉案件41件，行政调解41件。

按照省州局部署全面实行了市场主体“双随机、一公开”监管。按3%的比例共抽查个体工商户200户，按10%的比例抽查企业81户、农民专业合作社53户。“双随机”定向抽查中按100%的比例对7户旅游行业市场主体经营行为进行了抽查。以上抽查结果全部录入了信用信息系统予以公开，促进了市场主体信用体系建设。

【专项整治活动】 在“红盾护农”保春耕专项执法行动中对农资商品进行抽检，共抽检9个批次，其中7个批次合格，2个批次不合格，对不合格的批次进行了立案调查处理。开展元旦、春节前市场综合整治，共检查个体工商户832户，其中烟花爆竹经营户53户，并对证号不齐全的经营户进行了督促办理证照。开展县城锅炉拆改工作，对县城13户大小型锅炉进行了拆改，并对德盛宾馆、鑫源餐厅、木林森餐厅营业面积大、拆除难度大的情况及时上报给县环卫办。

【证照管理】 大力推进登记注册便利化，继续推行注册资本认缴制、“先照后证”、简化住所登记条件、推行电子营业执照、“五证合一、一照一码、多证合一”等多项改革措施。2017年,新登记市场主体1546户。其中：新登记内资企业7户、新增注册资金644万元，私营企业240户、新增注册资金8.55亿元，个体户1052户、资金数额1.16亿元，农民专业合作社247户、登记出资总额6.39亿元。截至2017年底，全县共有各类市场主体7682户，投入资金49.27亿元。共有非公经济市场主体7578户，投入资金47.47亿元，全县非公经济数量占全部市场主体的98.6%，投入资金占96.3%。全县各类市场主体年报企业应报703户，申报公示686户，年报率97.59%；农民专业合作社应报274户，申报公示268户，年报率97.81%；个体工商户应报5500户，申报公示5422户，年报率98.58%。引导社会各界兴办各类市场主体，促进个体工商户增加总量、转型升级为中小企业，共登记“个转企”46户。

据统计，本年度共办理各类市场主体业务量4268件，其中：设立登记1546件，名称核准1112件，变更登记722件，换照登记445件，注销登记443件，为历年来业务办理量新高。

【广告、商标、合同管理】 2017年查办违法医疗广告案件1件，案值5000元，罚没款1000元。商标工作中，鼓励和引导各类市场主体申请注册商标，共引导帮助申请商标23件，注册成功41件。2017年底全县共有商品注册商标123件，省著名商标1件。合同监管工作中，开展了“守合同、重信用”活动,向州局上报命名5户州级“守重”企业，县局、县消协推荐命名10户县级诚信单位，上报命名州级诚信单位3户。

【消费者权益保护工作】 进一步加强12315消费投诉受理工作，采取有力措施，进一步增强服务意识，充分利用“12315”行政执法网络，认真受理消费投诉，做到件件有着落，事事有回应。共接待消费者法律法规咨询11起，受理消费者申诉案件41件，成功调解41件，争议金额10.51万元，挽回消费者经济损失5.24万元。

审计管理

【机构】 积石山县审计局属正科级行政单位，设有人秘股、财政金融审计股、行政事业审计股、执法监督监察股、固定资产投资审计股、经济责任审计室和“三农”资金中心7个股级机构。截至年底，有干部职工27人，其中：本科8人，大专14人，中专1人，高中4人；保安族1人，东乡族2人，撒拉族3人，回族9人，汉族10人，其他少数民族2人。

领导名录

局　长：张福林

副局长：苏巨成

　　　　马忠孝

　　　　胡克梅

【审计成果】 全年共完成审计项目53项，其中：预算执行审计16项，经济责任审计24项，固定资产投资审计5项，专项资金审计8项，出具审计报告53份，发出审计决定11份，已落实审计决定11份。审计发现财政部门未按规定及时拨付2016年各类专项资金21664.70万元；未及时盘活拨付2013~2015年各类专项资金12855.21万元，延伸审计各预算单位管理不规范资金18.13万元（购置的固定资产未及时登记入账管理5.66万元，暂付等往来款项挂账12.47万元）；滞留专项资金81.72万元；应缴未缴财政资金39.17万元；项目竣工或已完工未上缴财政盘活资金285.42万元，不符合条件领取低保资金9.11万元，调整账务资金2.85万元（多计的工程价款）。提出具有可操作性的审计整改建议22条。

【预算执行审计】 2017年延伸审计了县林业局、县宗教局、县水保局、县运管局、积石中学、郭干学区、中咀岭卫生院等15个预算单位的预算执行情况，共完成审计项目15项，出具审计报告15份，发出审计决定3份，已落实3份。审计结果表明，各预算单位进一步完善了预算编制管理，规范财政预算资金的管理使用，健全完善内部管理制度，强化预算的约束力，提高了财政资金使用效益，各预算单位预算执行总体良好。

【专项资金审计】 2017年根据全县年度审计项目计划安排，对2016年度城乡低保资金、2015—2016年基层教育系统改薄资金及中学建设项目资金、2016年度国家水土保持重点工程项目资金、2015年度现代畜牧业产业项目和现代农业生产发展资金牛羊产业项目资金、2015—2016年度旱作农业资金管理使用情况、2016年农业综合开发项目高标准农田建设项目资金、2016年农村环境连片整治项目资金、县国土局刘安村高标准基本农田整理项目资金等8个专项资金的管理使用情况进行了审计，完成审计项目8项，出具审计报告8份，发出审计决定3份。

【经济责任审计】 2017年受县委组织部委托，对人社局、银川中学等21个单位的离任领导干部进行了离任审计，对县档案局、县旅游局、县老龄办主要领导干部进行了任中审计，共完成审计项目24项，出具审计报告24份，发出审计决定2份，对被审计单位在资金管理使用方面存在的问题，根据《审计法》及其他相关法律法规的规定，提出了审计整改建议。

【固定资产投资项目审计】 2017年根据全县年度审计项目安排，对县交通局实施的海沧桥建设工程项目、关牙口至大河家安全生命防护工程项目，县移民局负责实施的积石山县刘安河防洪治理工程项目、安集乡三坪村尕鲁坪至安集道路硬化工程，县农发办2016年农业综合开发项目铺川乡戴山等4个村道路硬化工程项目等5个竣工项目进行竣工决算审计，完成审计项目5项，出具报告5份，发出审计决定3份，对建设项目管理中存在的问题提出了审计建议。

质量技术监督

【机构】 积石山县质量技术监督局为正科级行政单位，内设办公室、稽查大队、特种设备安全监察室、质监股、标准化股、综合业务室，下设质量技术监督检测所，为事业编制的副科级技术机构。2017年有工作人员9

人，其中保安族3人，回族1人，撒拉族1人，土族3人，汉族1人；本科5人，专科4人；助理工程师1人、技术员1人。

领导名录

局　长：马阳龙

副局长：马晓伟

质量技术监督检测所所长：马正清

【质量监督管理】 5月5日召开了全县推进质量发展工作会议，县政府与15个成员单位及17个乡镇政府签订了推进质量发展工作目标责任书，表彰了获得2016年度县政府质量奖的大墩峡景区和积石山县保安族工艺品传承发展有限公司。制定并下发了《积石山县推进质量发展2017年度工作计划》，调整充实了《积石山县质量发展和标准化工作领导小组》，及时编写了《积石山县季度质量分析报告》，督促各成员单位查漏补缺、齐头并进，使全县质量发展工作稳步平衡发展。

【标准化计量管理】 开展集贸市场与基层医疗单位强检计量器具免费检定工作，完成免费检定360台（件），检定合格率达97%以上，商场超市及重点计量单位衡器受检率97%以上，检定16帕以下压力表28块。制定印发了《积石山县标准化发展战略2017年行动计划》，帮助企业强化标准基础。

【监督稽查】 全年共出动执法车辆65车次，人员240人次，维护了市场秩序，保护了消费者合法权益。认真组织开展质量业务宣传活动，利用逢集日、“3·15”消费者权益保护日、计量日、食品安全周、质量月等开展宣传咨询8场次，出动宣传车16辆次，制作了以质量监督、质量发展、特种设备安全、计量、标准化等宣传展板10个，宣传单2.5万份，宣传栏1个，提升质量安全知晓率。

【特种设备安全监察】 2017年全县共有特种设备使用单位63家，在册特种设备300台，其中锅炉9台（5台报停），压力容器20台（1台报停），电梯258部（116部报停或待定），起重机械11台（9台报停或待定）。在用特种设备167台。制定了《积石山县电梯安全管理办法》，在全县开展特种设备安全监察，确保电梯、压力容器等特种设备安全运行。与特种设备使用单位签订了安全责任书，并每季度一次督促检查使用单位落实设备安全主体责任情况，有针对性地组织辖区内的特种设备使用单位每年开展2~3次特种设备事故应急演练。共出动特种设备安全监察人员85人次，检查特种设备使用单位55户；处理电梯投诉2起；对存在电梯安全隐患问题的10户使用单位下达了《特种设备安全监察指令书》，责令限期整改，消除安全隐患。开展使用登记工作。办理电梯使用登记22台，气瓶登记120辆、过户180辆。配合环保部门注销10吨以下8台燃煤锅炉使用登记工作，现已注销6台，正在注销2台。加强特种设备安全宣传。统一制作了《液化气瓶安全使用常识》《气瓶安全使用注意事项》《乘坐电梯安全须知》《锅炉安全须知》等展板和宣传材料，在使用单位和用户中组织散发和定点宣传，提高全社会的特种设备安全意识。

实现了在用特种设备使用登记率100%；

在用锅炉检验率100%；在用压力容器检验率100%；在用电梯检验率100%；作业人员持证上岗率100%。未发生特种设备安全事故。

专卖管理

【盐业专卖管理】 机构 县盐务管理局（中盐甘肃省盐业集团积石山县盐业有限责任公司），隶属甘肃省盐务管理局（中盐甘肃省盐业集团股份有限责任公司），实行“两块牌子，一套人马、职能分开、合署办公”的体制，内设办公室、财务股、盐政股、业务股，在册员工6人，其中东乡族3人，回族2人，汉族1人；本科生1人，大专生1人，高中及以下4人。

领导名录

局　长：马　勍

副局长：马学武

经营状况　2017年销售食盐363吨，实现销售收入99.3万元，累计目标完成率72%，人口计划完成率28%。

行政执法　2017年出动执法人员2200人次，出动执法车辆480辆（次），检查经营单位1970家，查处盐业违法案件40起，查获违法盐产品2.02吨，行政罚款0.2万元。

【烟草专卖管理】 机构　积石山县烟草专卖局（营销部）的前身是成立于2000年的积石山县卷烟批发部（专卖管理所），2006年12月正式成立为县烟草专卖局（营销部），内部机构设置为专卖监督管理科、客户服务部、综合办公室三个职能部门，共有职工16人，其中本科学历3人，大专学历13人，汉族15人，回族1人。主要负责全县17个乡镇卷烟零售许可证的办理及维护，卷烟市场的监督检查工作，卷烟零售客户的订货等相关服务工作。

领导名录

局　长：安浩杰

副局长：王怀忠

经营状况　全年累计销售卷烟4575.29箱，实现销售收入7703万元。为提升全县的卷烟销售，县局（营销部）挖掘农村市场消费潜力，促进农村卷烟消费习惯的转变；成立自律小组7个，覆盖客户119户，先后开展文体娱乐、经验分享、工商协同营销、陈列评比、非烟商品团购等活动17次，帮助指导其开展微信营销、会员管理、积分兑奖等活动，不断提升其盈利水平。

专卖执法　全年共计查获各类违法涉烟案件51起，登记保存涉案卷烟38.98万支，同比增长16.6%；涉案金额17.21万元，同比增长16.2%。其中查获万元以上案件3起，查获区划外流入卷烟17.86万支，占查获涉案卷烟的45.82%。

许可证办理　落实“放管服”工作要求。落实首问负责、一次性告知、限时办结等制度要求，取消经营场所证明，为零售户办理网上申请，按要求公示许可证办理和案件处理结果，接受群众监督，全年受理新办申请56份，准予许可52份，不予许可4份。落实“网上晒权”制度。在积石山县政务服务网公开晒权37项，其中行政许可事项7项，全年无行政复议和行政诉讼案件发生，未发生客户不满或投诉等现象。

从严治党　支部书记按照“六个亲自”要求履行第一责任人责任。带头讲党课，整改班子及个人问题37项，班子其他成员认真履行“一岗双责”，对分管领域的全面从严治党工作，坚持做到具体部署、专题调研、及时提醒、认真整改、严肃追责、按时报告。

服务社会　党支部组织党员到安集乡安家湾小学开展捐资助学活动，送去学习用品、书籍等物资。全州五星级党支部评选中，县局党支部荣获优秀党支部称号，一名员工获优秀党务工作者称号。

安全生产管理

【机构】 县安全生产监督管理局为正科级机关事业单位，内设人事秘书股、协调股、政策法规股、综合监督管理股、危险化学品监督管理股、执法大队、职业卫生安全健康监督管理股，2017年增设安全生产应急办。2017年共有干部职工25人，其中本科2人，专科6人，中专3人，高中及以下14人。保安族4人，东乡族4人，撒拉族6人，回族5人，其他民族6人。

领导名录

局　　长：马玉忠

副 局 长：安斌源

　　　　　马晓忠

　　　　　马啸波

纪 检 员：马玉民

执法队长：马文英

【综述】 县安全生产监督管理局承担着全县非煤矿山、危险化学品、烟花爆竹、工矿商贸等行业领域的安全生产工作和全县安全生产的综合监督工作、县安委会办公室的业务工作。2017年安全生产监督管理局坚持“安全第一、预防为主、综合治理”的工作方针，完成了县委、县政府和上级业务部门安排的各项工作任务，全县共发生生产安全事故4起，死亡5人，受伤1人，直接经济损失0.1万元，与2016年同期相比，四项指标全面上涨。工矿商贸、农机、建筑、消防行业均未发生安全生产事故。

【安全宣传教育培训】 11月28～30日，邀请省上安全生产专家，对全县非煤矿山、危险化学品、烟花爆竹企业（经营店）主要负责人、安全管理人员160多人，举办了落实企业安全生产主体责任为主题的安全生产管理人员培训班。

6月和12月组织20多个单位160多人，开展了以“落实企业主体责任”和“全面落实企业主体责任”为主题的大型安全教育宣传活动，摆放安全生产知识和典型案例宣传展板383张，悬挂横幅35条，发放宣传材料19800余份，安全知识读本、手册、法律法规知识读本共2500多本，交通安全知识宣传册1600余份，防爆安全知识宣传画1300余张，现场安全知识咨询达520人次，全县近1.1万名群众受到了安全方面的教育。

【安全生产监督管理】 2017年全县开展了安全生产重点行业领域专项整治、打非治违专项行动和安全生产隐患大排查大整治百日攻坚专项行动。继续推动开展非煤矿山、危化品、烟花爆竹、道路交通、住建、校园、消防、食药、特种设备等九大重点行业（领域）安全专项整治工作行动，共检查全县道路交通、非煤矿山、建筑施工、危险化学品、工矿商贸领域企业 274 家。共排查出各类安全隐患 462 条，现场整改 156 条，限期整改 306 条。

【**应急演练**】 为提升应急救援的水平和能力，11 月 9 日上午 10 时，县安委会组织开展了全县道路交通运输突发事件应急救援演练，为应急处突工作积累经验。

【**消除安全隐患**】 全县范围的开展安全大检查活动，在非煤矿山、冶金企业、危险化学品用人单位、消防安全、电力安全、建筑施工安全、农机安全、道路交通安全等方面共排查出各类安全隐患和问题 2122 条，整改 1981 条，限期整改 141 条，整改率达到 96%。

食品药品监督

【**机构**】 2013 年 9 月，成立了县食品药品稽查局和县食品药品检验检测中心等 2 个直属单位，属县食品药品监督管理局管理，内设办公室、法规监督股、药品化妆品监管股、医疗器械监管股、食品生产监管股、食品流通监管股、餐饮服务环节监管股、综合协调和应急管理股。同时，各乡镇成立食品药品监督管理所，为县食品药品监督管理局派出机构。全系统现有编制内工作人员 86 人，其中行政编制 14 人，事业编制 72 人；本科学历 23 人，大专学历 45 人，中专学历 18 人；保安族 10 人，东乡族 8 人，撒拉族 6 人，汉族 26 人，回族 15 人，藏族 3 人，其他少数民族 18 人。

领导名录

局　长：马永良

副局长：薛连海

　　　　马晓勇

　　　　马志华

【**法规制度建设**】 县食品药品监督管理局将行政许可事项和行政处罚案件全部列入法制审核事项。制定了《重大案件行政复议制度》《重大执法案件行政合议制度》等制度。根据新修订、新出台的法律、法规、规章，对 55 项行政处罚事项按照轻微、一般、较重、严重、特别严重五个阶次进行了细化量化，取消行政审批事项中需申请人提交的营业执照复印件等 16 个证明材料。

【**食品安全监督管理**】 2017 年全县共有食品生产企业 2 家，食品生产加工小作坊 152 家。截至 10 月底，完成监督抽样 352 批次，不合格 2 批次；风险监测 49 批次，不合格 7 批次。监管机构完成食品快速检测 608 批次，占年任务的 101%。开展白酒、大桶装饮用水、食用植物油、标签标识等四个专项整治。开展食品生产环节安全生产风险隐患大排查、大整治，对 2 家食品生产企业安全生产情况进行了检查，共查出安全生产隐患 15 条，对存在安全生产隐患的食品生产企业全部下达责令限期整改通知书，开展整改情况跟踪复查，经复查确认已全部整改完毕。

【食品流通监管】 全县共有食品经营户537家，创建州级食品安全示范点2家，全县共出动执法人员824人次，检查各类食品经营单位2061户次，检查批发市场、集贸市场等各类市场187个次，开展食品快速检测182批次，合格率99.89%，完成全年任务指标数的100%。做到了监督检查100%覆盖到位，安全隐患100%排查到位，风险隐患100%整改到位，监督检查信息100%公开到位。全县共出动执法人员824人次，检查各类食品经营单位2061户次，检查批发市场、集贸市场等各类市场187个次。开展了春季校园周边、农村市场、食品小摊点、调味品、畜禽水产品、肉及肉制品、粉条、食盐、酒类、食用农产品、网络食品等17个专项整治，与所有食品生产经营企业签订了“食品安全承诺书”，537家食品经营单位达到整规净化，督促126家食品生产经营单位加入电子追溯平台，商场超市、批发户追溯平台应用率达到了100%，其他食品经营者电子一票通索取率45%。实施“阳光仓储”工程，加强食品仓储场所和食品配送行为的规范管理，要求所有食品仓储场所都要安装视频监控系统，使“阳光仓储”实施率达到90%以上。全县的食品配送车辆实行统一备案、统一编号、统一制度、统一承诺的制度。全县食用农产品快速检测任务3100批次，加强对进入超市、便民市场销售的食用农产品的产地或者来源证明、合格证明文件的查验，对符合食品安全要求的准予进入市场销售。

【餐饮服务食品监管】 全县共有餐饮服务单位286家，其中：大型餐饮单位3家，中型餐饮单位16家，小型餐饮单位267家。餐饮服务环节共出动执法人员694人次，检查餐饮服务单位1864家次，立案查处59起，罚没款27.8万元，没收不合格食品355.89千克（盒、瓶、袋）。联合县教育局开展了春秋季学校（幼儿园）食堂专项检查以及校园食品安全风险隐患大排查。共出动执法人员437人次，检查各类学校（幼儿园）食堂563家（次），校园周边食品生产经营单位827家次，发现问题97个，下达责令改正通知书32份，立案查处5件，罚没款1.45万元，及时消除了食品安全隐患，保障了全县师生的饮食安全。完成国务院副总理汪洋视察积石山县期间食品安全保障等重大活动食品安全保障任务6次。

【药品监督管理】 药品流通监管　全县共有药品经营企业26家，其中药品批发企业1家，药品零售企业25家，2017年9月，将药品经营审批发证权下放到县局。根据临夏州食品药品监督管理局制定下发的药品抽检工作安排，完成国家药品抽样计划196批次，合格率99.5%；全面超额完成省计划第一、二、三期药品抽样任务，共完成145批次，省局下达79批，其中不合格5批次，对不合格的在2日内发出报告，对每一批不合格中药饮片进行核查，及时督促立案查处；完成州级监督药品抽样任务137批次，检验合格126批次，不合格11批次。全县共查处药品违法违规案件45起，没收不合格药品897.05盒（瓶、袋、千克），没收药械货值金额 3.02 万元，罚没款合计 19.9 万元。开展城乡接合部和农村地区药店诊所药品质量安全集中整治活动，下发了整治通知，采取飞行检查和跟踪检查、督导检查与随机抽查、自查整改与集体约谈相结合的方法进行了全面检查。共检查药店 47 家（次）、诊所和卫生所（室）685 家（次）。

【基层标准化建设】 落实“四有两责”（基层监管有责、有岗、有人、有手段，履行日常检查责任和监督抽检责任），截至 2017 年底，全县 17 个基层监管所规范化创建率达 100%，基层监管所人员到位率达到 97%；省食品药品监督管理局为 17 个基层监管所配备了电脑、照相机、摄像机、录音笔、打印机、复印件等办公设施设备及执法记录仪 26 台。

【宣传培训工作】 利用“3・15”“12331”、安全生产宣传日活动，在县城开展食品药品安全知识宣传活动。活动中，出动人员 86 人次，宣传车 8 辆（次），悬挂横幅 6 条，展板 65 块，发放食品药品安全宣传册 1550 份，宣传资料 3500 份，解答群众咨询近 150 人次，受教育群众达 48000 余人次。

农业·林果业·畜牧业

农 业

【机构】 积石山县农业局是隶属县政府的正科级行政单位，内设人秘股、业务股、财务股、亚行项目办公室、农业行政执法大队、科教股；下设农业区划办公室、农业技术推广中心、农村能源办公室、农产品质量检测站4个正科级单位；种子管理站、经营管理站、气象站、县良种场4个股级单位，其中县农技中心下设8个乡镇农技区域站，1个重点农技站；全系统共有干部职工183人，其中少数民族干部93人，占51%，女干部80人，占44%，高级农艺师17人，农艺师54人、助理农艺师28人。

领导名录

局　长：张学云

副局长：陈朝阳

张世友

张延辉

马宏图

纪检员：何正山

【工作综述】 积石山县是一个以种植业为主的农业县，总耕地面积27.55万亩（二调面积为51.99万亩）。种植农作物面积38.4万亩（包括复种），其中粮食作物播种面积28.7万亩（小麦3.5万亩，马铃薯4万亩、玉米21.2万亩）；油料作物播种面积6.1万亩，蔬菜播种面积1.1万亩；中药材播种面积2.31万亩；百合播种面积0.1万亩；其他农作物0.09万亩。全县粮食总产量达到10.92万吨，比2016年增长4%；农业总产值达到7.14亿元，比2016年增长6%；农业增加值达到3.81亿元，比2016年增长7%；农村居民可支配收入达到5320元，比2016年增长11%。2017年度被州农牧局评为全州农业重点工作目标责任制综合考核一等奖。

【春耕物资供应】 农作物良种统供工作，马铃薯1230万千克，小麦90万千克，玉米24万千克，油菜4.1万千克，建设马铃薯良种繁育基地2.58万亩；做到油菜、玉米、马铃薯良种全县全覆盖。

全县共调供农膜706吨；准备各类大小化肥1.9万吨（其中氮肥0.8万吨、磷肥0.7万吨、钾肥0.4万吨）、农药125吨，积造农肥150万吨，准备油渣100万千克；收购调进良种6000吨，当地农民群众通过互换等途径，筹集各类良种500吨。共投入小四轮拖拉机、自动起垄覆膜机62台（套），膜侧油菜种植机530台，人畜力覆膜机1082多台。

【调整农业种植结构】 通过转包、出租、代耕、互换、市场竞拍等流转模式，共流转6.66万亩，占总耕地面积的24.2%。发展农民专业合作组织，促进农业经营发展方式的转变。全县已成立农民专业合作社515个。注册资金114532.45万元，成员数15661人，带动农户27384户。其中国家级示范社2个，省级示范社2个，州级示范社27个，县级示范社23个；种植业类75个（其中中药材种植专业合作社37个），养殖业类165个（其中养蜂专业合作社6个），种养结合类176

个，经济林业类77个，服务业22个。在安集、关家川等15个乡镇完成旱作农业26.1万亩，其中全膜双垄沟播玉米21万亩，马铃薯4.1万亩，占计划任务的104.4%。基本做到了全县适宜地区全覆盖。分别在安集乡、关家川乡、石塬乡、柳沟乡建成万亩示范点4个；在安集乡红坪村、风林村、风光村、安家湾村、杨家湾村，关家川卢家庄村、赵家湾村、白家沟村，石塬的宋家沟村、石塬村、苟家村，郭干乡大杨家村、酸梨树村建成5000亩以上的示范点5个；在胡林家乡高关村、大庄村，刘集乡高李村，柳沟乡马家村，关家川乡何家村，徐扈家乡五十里铺村，银川乡水陈村、阳坡村，郭干乡海家村建成1000亩以上的9个。在小关、癿藏、居集等9个乡镇完成膜侧油菜种植面积5万亩，为油菜种植户发放地膜，确保膜侧油菜种植技术得到有效的推广。完成全县农村土地承包经营权确权登记颁证合同填写和省级验收工作。共完成145个发包方调查，实际确权145个发包方。全县实有47764户承包方，完成47764户承包方调查，完成率100%。实测承包地448039.54亩，确权面积382682.39亩。共签订承包合同47192份，合同签订率98.8%，入库率100%；建成20平方米保密机房1处，完成了17个乡（镇）145个发包方的数据入库及全县调查影像数据的界边、整合工作。省州确权办对全县农村土地确权工作进行验收，验收结果为合格，检查结果为优秀，顺利通过省州验收。

【良种推广】 全县农作物种植以小麦、玉米、马铃薯、蚕豆为主，油料作物以油菜、胡麻为主。推广种植的农作物品种有40个，其中冬小麦5个、玉米25个、马铃薯6个、油菜6个，胡麻2个。小麦以冬小麦为主，主要品种为92362、7230、C4、A2、A3，其中92362、7230播种面积占全县冬小麦播种面积的80%左右。玉米主要早熟品种有酒单3号、酒单4号、金穗3号；晚熟品种有玉豫22号，金凯3号、5号，奥玉3804，陇丰9号，中熟品种有酒单125、沈单16号、先玉335、正成018。2017年继续引进吉祥1号、五谷704、农华010、金苹果系列、中地9988、甘玉801、正成018、宁玉524、西蒙6号和龙生1号、2号等在大河家、居集、寨子沟等乡镇进行了试验示范。2017年全县种植较多的品种有玉豫22号、沈单16号、酒单125、先玉335、酒单4号、甘玉801、正成018等。马铃薯主要品种有陇薯3号、7号、青薯9号、民薯2号、冀张薯8号、早大白等。蚕豆主要品种为临蚕4号、6号。油菜主要品种有青杂2号、5号、6号、7号、11号；胡麻品种以天亚系列为主。

【土壤改良】 土壤改良是针对土壤的不良性状和障碍因素，采取相应的物理或化学措施，改善土壤性状，提高土壤肥力，增加作物产量，以及改善土壤环境的过程。全县土壤改良工作主要由土壤肥料管理站负责开展，主要负责全县土肥新技术试验示范方案及各作物施肥指标体系的制定，定点观测土壤肥力变化、测定土壤养分含量、实施测土配方施肥及耕地质量管理等工作。全县农作物平均肥料利用率为36.8%，其中氮肥利用率为32.7%，磷肥利用率为21.2%，钾肥利用率为56.4%，小麦肥料平均利用率34.9%，玉米肥料平均利用率34.3%，油菜肥料平均利用率 35.1%，马铃薯肥料平均利用率 36.8%。2017 年完成测土配方施肥示范推广面积 30 万亩，其中完成配方肥面积 12 万亩，按方施肥 18 万亩。总减氮、磷、钾不合理施肥量（纯量）815.4 吨，总增加施肥量（纯量）863.7.4 吨，总增产节支 803.5.5 万元，肥料利用率较常规施肥区提高了 3.3 个百分点。

【农作物保护】 农作物保护主要包括防病、防虫、防草、防鼠等，近几年发生的地下害虫主要有蛴螬、金针虫、地老虎、蝼蛄等，发生病虫害主要有小麦条锈病、麦蚜、叶蝉、红黄矮病，马铃薯晚疫病；玉米大小斑病、玉米螟，油菜跳甲等，主要应用的杀虫剂有辛硫磷、高效氯氟氰菊酯等；杀菌剂主要有三唑酮（粉锈宁）、甲霜灵锰锌等；除草剂主要有 2，4–D、丁丁酯精喹禾灵（精禾草克）等。植保部门贯彻“预防为主、综合防治”的植保方针和“现代植保、公共植保、绿色植保”的理念，共完成各类病虫草鼠害防治面积 61.33 万亩次。其中病害 22.12 万亩次，虫害 11.98 万亩次，农田草害防治 22.13 万亩次，农田鼠害防治 5.1 万亩次，完成冬小麦“一喷三防”3 万亩次，马铃薯晚疫病统防统治 4.8 万亩次，挽回粮食损失 9028.16 吨，挽回油料损失 359.23 吨。

【农业区划】 根据自然条件和生产状况，全县分四个农业区。一是东部干旱半干旱农林牧区。范围是安集、银川、铺川、郭干乡全部，石塬、柳沟、关家川、胡林家乡大部分，刘集、吹麻滩、徐扈家、居集、癿藏镇一部分，共 11 个乡镇。本区发展以农牧为突破口，走农、林、牧综合发展道路，开展小流域治理，保持水土，大力开展种草种树，退耕还林，积极发展林业和畜牧业，改造低产田。二是西部高寒山阴水源涵养林牧农业区。范围为小关、寨子沟、中咀岭、癿藏、居集、吹麻滩、柳沟、刘集等 8 个乡镇。本区发展方向是抓紧以粮食生产，保护林草资源，改良和建设人工草场，发展林牧业，可发展中药材、油菜等经济作物，可建成林牧基地和药材、油料基地。三是中部温寒二阴农林工副业区。范围包括大河家、刘集、石塬、柳沟、吹麻滩、关家川、胡林家、寨子沟、徐扈家、居集、小关、中咀岭、癿藏等 13 个乡镇。本区发展方向为稳定农业，建立农副产品加工、乡镇企业和站牛站羊基地，发展科技信息、商贸流通业，加快小城镇建设。四是北部温和粮食经济作物区。范围是刘集乡一部分，大河家镇大部分，本区发展方向为主要以绿化荒山，开发夹滩，保护农田，实行集约经营，增产粮食，建立蔬菜瓜果基地和新型农业发展基地。

【农村能源建设】 持续加强实施农村沼气维护补助项目，完成政府向社会力量购买农村沼气后续服务项目 4000 户，建成农村清洁农村综合配套示范村 1 个，建设“三沼”综合利用示范推广村 2 个。实施巩固退耕还林成果农村能源建设项目，发放生物质节能炉 400 台，紧跟全省农村沼气转型升级政策思路和战略目标，开展规模化大型沼气工程建设，建成积石山县新野农牧业和新能源综合开发有限公司 800 立方米大型沼气工程 1 个，建成积石山县亿源生态牧业有限公司1200立方米大型沼气工程1个，在建积石山县盛源养殖农民专业合作社1600立方米大型沼气工程1个。

2017年实施政府向社会力量购买农村沼气后续服务项目1000户，省级补助资金6万元；新建“三沼”综合利用示范推广项目示范点1个，位于铺川乡上庄村，省级补助资金10万元；新建农村清洁农村综合配套示范村1个，位于石塬乡移民点，省级补助资金20万元；新建中央预算内投资规模化大型沼气工程1个——积石山县盛源养殖农民专业合作社大型沼气工程建设项目，位于银川乡银川村、关家川乡赵家湾村、铺川乡下庄村、大河家镇韩陕家村、柳沟乡柳沟村，建设总规模为1600立方米，项目总投资690万元，其中中央预算内投资240万元，企业自有投资450万元。

【自然灾害】 主要有雹灾、连阴雨、霜冻、旱灾等。2017年，干旱导致全县17个乡镇6.2万人、农田3.7万亩受灾。

农业机械化

【机构】 县农业机械管理局为事业单位，科级建制，隶属县人民政府，内设人秘股、农机监理站、农业机械化技术推广站和农业机械化技术培训学校，下设17个乡镇农机管理服务站。共有行政事业人员33人，其中本科3人，大专18人，中专2人，高中及以下10人；保安族6人，东乡族7人，撒拉族1人，汉族15人，回族1人，其他少数民族3人；农机副高级工程师1人，农机工程师2人，助理工程师1人。

领导名录

局　长：苏学忠（2017年8月离任）
　　　　马延平（2017年9月任职）
副局长：马全林
　　　　赵永江

【农机监理】 与各乡农机站长签订了2017年度农机安全责任书。乡站长、包村干部采取集中下乡，走村串户，与农机户签订了农机安全责任书4178份。对2014年入户的沼渣专用变形拖拉机进行了全面排查清理，共清理变形拖拉机38台，登记造册上报州所，并在《中国农机监理》杂志进行了声明作废。开展农机安全大检查和农机宣传、培训、打假等活动达6（次），参加人员126人（次），悬挂宣传横幅3条，发放各类宣传资料15000份，展出展板3次（80）幅。在县农机局院内制作电子屏宣传栏，滚动播放农机安全知识30条，有线电视台报道2次。出动执法人员124人（次），检查各类拖拉机91台，查出各类违章24人（次），纠正违章24人（次），共检查农机经营网点15个，检查农机维修网点8个。督促新车入户200台，举办拖拉机培训班4期，培训驾驶员110人。开展了农机事故演练2次，投入演练车辆20台、经费13000多元，参加人员250多人，夯实了农机安全工作基础。应检拖拉机2707台，实检1270台，检验率80%，应换证85人，实换85人，换证率100%，拖拉机入户200台，入户率100%。

【农机推广】 抽调38名技术人员分赴17个乡镇，进村入户，支持春耕生产。重点深入全县15个乡镇实施旱作农业和膜侧油菜种植点，指导农机安全作业。各包片领导深入各自的联系点，加强业务指导，定期不定期督促检查，确保所抽调人员及时到位。抽调人员服从乡镇的安排，深入田间地头，调试和维修农机具，进行技术指导。自春耕生产以来，全县共投入农机具6800多台（套），各经销企业共调运各类农机具2000多台（套），发放农机化技术、购置补贴政策、安全生产等方面的资料25000份。与州农机推广站在寨子沟乡尕马家青峰家庭农场举办了马铃薯全程机械种植技术推广演示培训活动，调动农民使用先进农机具的热情和积极性。全年共完成机耕26万亩，机播6万亩，机收5万亩。共完成农机总动力达11千瓦，比上年增长3574千瓦。农机经营总收入3850万元，纯收入1025万元。全年培育扶持8个农机专业合作社，农机大户10户，农机经营网点20个，农机维修网点25个。

【农机购置补贴】 全年共争取到农机购置补贴资金401万元（其中：国家补400万元、州补1万元）。共完成补贴资金212.684万元，受益农户817户，带动农户投资636万元。共补贴各类农机具1017台（套），其中：大中型轮式拖拉机36台，手扶拖拉机427台、谷物联合收割机1台、饲料混合机9台、饲料粉碎机9台、马铃薯收获机1台、压捆机2台、果蔬烘干机13台、翻转犁178台、揉丝粉碎机8台、玉米脱粒机6台、地膜覆盖机61台、旋耕机250台、残膜回收机16台。

【农机队伍培训】 在春耕"三夏""三秋"季节，结合新型农机具的推广、试验、示范，农机技术人员采取以会代训，进行现场操作、现场指导、现场培训。共培训各类技术人员和操作手950人，其中农机操作手629人，农机管理人员21人，其他技术人员300人。

林果业

【机构】 积石山县林业局是主管全县林业的行政管理机构，正科级建制。内设人秘股、计财股、林业三站、森林公安局、防火办、天保办、退耕办、重点公益林办、亚贷办、收发室等服务机构。下设大墩护林站、盖新坪林场、吹麻滩苗圃、四堡子园艺站、尕护林造林站等国营场站和大河家、刘藏、银川、居集、郭干、吹麻滩等6个乡镇林业工作站。截至年底，全局有干部职工142人，其中有专业人员43人（副高级工程师3人，助理工程师36人，技术员4人）。保安族17人、东乡族8人、撒拉族7人、汉族65人、回族25人，其他20人。本科6人，大专20人，中专30人，高中以下86人。

领导名录

局　长：马清明

副局长：马如林

副局长：牛学仁

纪检员：康继学

【综述】 2017年全年共计完成营造林面积7.1万亩，其中新建生态林基地3.1万亩，优质林果基地2.5万亩，封山育林1.5万亩，完成绿色通道125千米，育苗0.55万亩，培训农民1.5万人（次），分别占省州生产计划的100%。

【营林生产】 共完成造林绿化7.1万亩，其中人工造林5.6万亩（在中咀岭狼虎滩、小关卧龙沟、尕护林大峡口及其他乡镇完成生态林营造3.1万亩；结合预脱贫村和核桃产业村完成核桃示范基地1万亩；结合预脱贫村完成啤特果基地建设1.3万亩；完成花椒、山杏等经济林栽植0.2万亩）；在中咀岭狼虎滩、小关卧龙沟、大峡口及盖新坪林场完成封山育林1.5万亩。占省州下达任务的100%；以核桃嫁接改良、花椒提质增效等方式完成优质林果提质增效2.5万亩、完成全民义务植树105万株，新建绿色通道125千米，育苗0.55万亩，培训农民1.5万人（次）。均占省州目标责任书任务的100%。

【林业产业】 在预脱贫的11个贫困村新建核桃嫁接苗栽植示范点3300亩，全县共计完成核桃嫁接苗栽植1万亩；在预脱贫的15个贫困村建成啤特果基地4500亩，全县共计栽植皮特果1.3万亩；零星栽植花椒等经济林苗木0.2万亩，春季全县林果栽植面积达到2.5万亩，占州上下达林果基地建设任务的100%。秋季扶持关家川乡白家沟村栽植核桃嫁接苗2万株。

【通道绿化】 联系大规格柳树苗木1万株，分发到吹桥公路沿线的乩藏、铺川、银川、安集、胡林家及吹麻滩六个乡镇，按照属地管理的原则，由相关乡镇组织村社群众进行补植；同时加大宣传力度，鼓励广大群众积极参与乡村硬化道路行道树栽植，春季共计完成公路绿化125千米，占下达任务的100%，通道绿化已成为广大群众的自觉行动。

【景观点建设】 从7月中旬开始，县林业部门委托临夏市联谊市政园林绿化有限公司，按照“三季有花、四季常青”和“乔灌草搭配、林花草并举”的思路，统一规划，科学设计，多树种、大花坛、大绿量设置，启动了县城大禹广场园林绿化工程。共出动劳动力3200人（次），对原有退化草坪进行全面改造，并联系调运优质花灌木绿化苗木，完成绿化苗木栽植39.56万株（丛）。其中栽植玫瑰、月季11.5万株、金叶榆4万株、黄叶小孽6万株、小叶黄杨9万株、紫叶矮樱6万株、萱草1万株、小龙柏0.05万株、黄刺玫0.55万株、国庆菊1.3万棵、同时在广场内设置花箱100盆，栽植荷兰菊0.16万丛，秋季在广场移植胸径20厘米的大规格优质核桃树4棵。

【育苗基地建设】 充分发挥53家林业种苗公司的示范带动作用，完成云杉、油松等针叶苗木繁育2500亩，核桃、花椒经济林苗木1500亩，群众零星完成育苗1500亩，全县共计完成各类育苗5500亩。

【林政资源管理】 采取设置铁丝围栏、宣传标准、专业管护等形式完成封山育林工程5000亩。其中在柳沟阳山荒山造林点设置铁丝围栏3000米，开通林区道路200米，新建砖混结构管护房93平方米，安排2名护林员加强管护，完成封山育林2000亩；

在中咀岭狼虎滩荒山造林点设置铁丝围栏6000米，新建砖混结构管护房102平方米，安排3名护林员加强管护，完成封山育林3000亩，并在盖新坪林场的中峡、大峡新建固定宣传牌28座，书写护林防火宣传标语56条，维修铁丝围栏2万米，完成封山育林5000亩。

【义务植树】 2017年4月中旬开始，出动60名林业技术人员放线打号，调运储备苗木，做好造林准备。25日州上领导和州直双联单位干部、县直机关干部职工及中咀岭乡群众5000余人在义务植树点中咀岭乡金昌村狼虎滩参加义务植树活动，完成荒山造林5000亩、营造云杉、油松、落叶松苗木37万株，完成了生态林建设任务。

【核桃嫁接改良工程】 在县林业局设立核桃产业服务中心，从陇南邀请核桃专家3人，雇佣技术工人21人，引进辽核、清香、香玲等优质核桃枝接和芽接接穗，在大河家、刘集、石塬、安集、郭干、乩藏、铺川、银川等乡镇完成核桃嫁接改良7000亩15万株，其中枝接2000亩2万株，芽接5000亩10万株。针对群众既栽核桃，又种植玉米，严重影响核桃幼苗生长发育的突出问题，协调农业部门无偿提供地膜、黄豆种子等激励机制，在石塬乡苟家村、刘集乡团结村推广示范核桃与黄豆优化间作模式2000亩，促进了核桃生长，增加了群众收入。

【荒山造林工程】 在中咀岭乡金昌村狼虎滩新建水源涵养林1200亩，栽植绿化苗木13.5万株。安排30多名技术干部利用5天时间完成了规划设计和放线打号工作，并调运高60 ~ 80厘米云杉4.5万株、胸径3厘米速生柳4.5万株、两年生山杏苗木4.5万株，采用株间混交模式，发动金昌村群众1300人次，利用7天时间全面完成了整地栽植工作。秋季采取工程造林措施，完成补植补造2.3万株。同时在大峡口完成补植云杉1400亩2.8万株，黄草坪补植云杉1000亩2.1万株。

畜牧业

【机构】 积石山县畜牧局是2000年机构改革确定的县人民政府直属的正科级事业单位，内设人秘股、业务两股，2009年5月县兽医体制改革，加挂了“积石山县兽医局”牌子，一套人马，两块牌子，合署办公。下设县畜牧技术推广站、县动物疫病预防控制中心、县动物卫生监督所、县草原监理站、县草原技术推广站（2017年3月，县饲草饲料站由于业务工作需要，经积县机编办〔2017〕03号文件通知批复更名为“积石山县草原技术推广站”）、县水产园艺实验站、县种畜繁殖场7个股级执法、技术推广机构及17个乡镇畜牧兽医站。截至年底，畜牧系统共有正式工作人员133人。其中，保安族11人、东乡族8人、撒拉族4人、回族10人、汉族68人、其他少数民族32人；副高级职称25人，中级职称51人，初级职称29人（助理27人，技术员2人）。

领导名录

局　长：马全胜

副局长：韩玉琢

　　　　杨文萍

　　　　张天昌

　　　　马泽林

　　　　马逢龙

兽医局副局长：马文渊

　　　　　　　马德清

纪检员：王渊忠

【综述】 2017年底，全县大牲畜存栏达7.26万年头（只），其中牛存栏4.12万头，羊存栏17.13万只，生猪存栏4.39万只，家禽存栏11.96万只，年末养蜂265箱；牛、羊、猪、家禽出栏量分别为1.49万头、7.09万只、2.4万只、6.13万只。完成肉类总产量达4553.65吨，水产品产量达95吨。完成畜牧（渔）业总产值达12840万元，其中渔业产值137万元。因畜牧产业开发暨动物防疫工作成绩显著，被临夏州农牧局评为“2017年度全州农业重点工作责任制畜牧（兽医）类工作考评一等奖”。

【规模养殖建设】 2017年，全县新建养殖场（小区）10个，占全年任务的100%；发展规模养殖145户，占任务110户的131.8%。累计全县养殖场达到145个，规模养殖户2892户，规模养殖比重由去年的18%提高到20%。同时鼓励养殖场（户）法人成立养殖专业合作社、协会等群众合作组织，提高群众的组织化程度和经营能力，促进产供衔接。全县新办合作组织12个，累计达到55个。

【饲草饲料】 2017年3月，县饲草饲料站由于业务工作需要，经积县机编办〔2017〕03号文件通知批复更名为“积石山县草原技术推广站”，在春季草场火灾高发期，召开草场防火指挥部会议，部署草场防火工作，并加强宣传，提高广大群众的防范意识。监测火情，组织扑火演练，提高扑救能力，预防了草场火灾的发生。组建了草场巡逻队，前往尕护林、黄草坪等优良草场，开展了6次巡回检查，依法处置了草场乱挖乱采等人为破坏行为；大力倡导人工种草养畜，指导群众在坡耕地、荒山荒坡种植优质牧草，完成各类种草13.4万亩，占任务13.3万亩的100.7%；提高秸秆的饲料化利用率。鼓励动员群众新建青贮池，开展宣传、培训工作，举办了乡站技术人员参加的青贮饲料制作技术培训班4期。在10～11月玉米秸秆调制关键期，抽调人员组建流动服务队，分赴各场（户、点）指导调制工作，把青贮氨化饲料的调制、玉米秸秆的揉丝打捆技术、微贮饲料的制作等秸秆应用技术培训宣传到千家万户，全年累计完成玉米秸秆85297吨，玉米秸秆打包67012亩，新建青贮窖池1.6万立方米，占任务1.5万立方米的107%。

【动物防疫暨畜产品安全】 狠抓集中免疫工作，春秋两季累计预防接种牛W苗9.96万头、羊W苗45.7万只、猪W苗9.14万头，免疫密度分别为99.8%、99.7%、99.6%，耳标率分别达99.8%、99.7%、99.6%；免疫注射高致病性禽流感疫苗36.8万只（次），免疫密度达99%；免疫注射猪蓝耳病苗9.14万头，免疫密度达99.6%；免疫注射猪瘟苗9.14万头，免疫密度达98.6%；免疫注射鸡新城疫苗36.8万只，免疫密度达99%；开展消毒灭源工作，在春秋集中免疫期间对全县畜禽及其产品交易市场、规模养殖场（小区）、往年的疫点开展了多次彻底的消毒工作，累计消毒面积35.6万平方米，发放各类消毒药品0.2吨，检查消毒车辆516辆（次），消灭了病源，净化了环境；发挥乡、村、社三级疫情监测网作用，加强疫情监测工作，并将疫情监测情况按制度逐级上报，做到早发现、早上报、早处置、早扑灭；全年累计完成产地检疫1.4116万头（只）。加强规模养殖场（小区）的监管，严把养殖场（小区）防疫条件审核关，做到了建成一个，监管一个，推行检疫员分片包干，定人定场，不定期检查，建立监管档案，逐步使养殖场监管工作常态化；组织开展了6次兽药、饲料及饲料添加剂等市场的专项整治活动，进一步规范了兽药、饲料的生产、经营、使用行为；强化大河家公路动物防疫监督检查站的工作职能，协调工作人员，实行24小时值班制度，对运载动物及其产品的车辆进行严格的监督检查，累计监督检查过往运载车辆521辆（次），并按公路动物防疫监督检查程序进行处理，充分发挥检查站屏障作用。

【畜禽良种推广与科技普及】 2017年，继续实施黄牛免费冻配优惠政策，推广黄牛多元杂交模式，提高黄牛的生产性能，增加养牛收入，完成黄牛冻配1.495万头，占任务1.4万头的103.6%；全年繁活冻配犊牛1.4万多头，创产值7000多万元。全县引进良种母羊459只、良种母牛5588头，完成绵羊杂交改良12.8万只，占任务6万只的213%；杂交母猪0.52万头，占任务0.5万头的104%；全年推广良种仔鸡20万只。

【畜牧项目建设】 2017年，县上将全产业链建设项目、现代农业主导产业草食畜牧业发展项目整合到全县牛羊产业建设，完成建设暖棚圈舍等建设内容共计完成22村1360户，其中养牛户459户，养羊户901户。并且不断加强批复项目建设的管理工作，争取足额落实项目资金，保证项目按期高标准完成建设任务，争取顺利通过验收，早日发挥项目效益。规范项目管理，健全项目档案，重视项目验收程序，以良好的项目建设成效争取更多的项目资金。

【惠农政策】 落实草原补奖政策，通过现场测量、打点，全县共划定基本草原46.78万亩，承包草原44.71万亩，涉及农户45614户，其中禁牧草原23.69万亩，草畜平衡草原21.02万亩，发放奖励资金168万元。会同县级财政部门，本着“实事求是、客观公正”的原则，组织人员对全县的生猪养殖场和养殖大户的病死猪无害化处理情况进行了调查登记。组织人员，进村入户，逐户现场统计，打耳标，进行建档立卡，全县完成能繁母猪保险864头、藏系羊保险25700只、奶牛保险786头。

【养殖污染整治情况】 通过进场入户实地查看的方式，对全县135个规模养殖场进行了摸底调查和数据登记，全面掌握了畜禽养殖存栏、出栏、污染处理设施建设、粪便及污水处理等情况。对肉品经营户及屠宰户对屠宰后的废弃物进行清理整治，发放整改通知书186份，要求立即整改在街道、水渠、居民区等地屠宰畜禽的行为，不得将皮张、下水堆放在铺面门前，减少了对大气环境的污染。

水利·电力

水　利

【机构】 县水务水电局主要负责贯彻执行国家水利方针政策，负责保障水资源的合理开发利用。内设办公室、水利股、水政水资源股、物资股、财务室、电气化办公室、县防汛抗旱指挥部办公室、水利工程质量监督站、水利工程建设管理站、农村饮水安全工程管理站等10个职能股室，下辖局属二级单位县水政监察大队（正科级）、吹麻滩水管所、银河水管所、大河家水管所、大峡水管所、县城自来水管理站、北部人饮工程管理站、北部崔家峡人饮工程管理站、南部人饮工程管理站、中部人饮工程管理站等5个人饮工程管理站。2017年底，全局共有干部职工136人，其中专业技术人员28人。

领导名录

局　　长：马学良

副 局 长：李效平

　　　　　韩曙生

　　　　　窦永良

纪检组长：谢明生

【水利基本情况】 截至2017年，全县共建成集中式供水工程4处，总供水规模1.32万立方米每天，下达总投资14229万元，其中中央及省级投资12114万元，剩余2115万元为县级自筹解决。

全县供水人口覆盖17个乡（镇）、133个行政村，38972户，解决农村人口19.01万人（同时解决4.66万农村学校师生的饮水问题），农村自来水入户率为98%，自来水覆盖率为100%。

【水利工程建设】 针对2017年全县天气干旱少雨的实际情况，争取县级资金101.87万元，对银河、大河家、吹麻滩三大灌区水毁严重的引水堰、渠道和损坏的泵站、泵车进行了全面维修改造，改善了水利灌溉基础设施条件。全年完成春灌3.4万亩，夏灌2.8万亩。

完成了总投资1556.62万元的积石山县银川河居集段防洪治理工程和总投资2324.93万元的积石山县银川河乩藏段堤防治理工程初步设计报告。

完成了总投资534.8万元的安集抗旱应急水源配套工程的续建任务。

【人畜饮水工程】 2017年，开工建设总投资4256万元的积石山县小型集中及分散供水工程，主要建设内容为埋设管道总长515.07千米，建各类阀门井1273座；新建调蓄（减压）水池19座；新建入户工程9177户。项目建成后将解决全县17个乡镇、92个行政村、8197户饮用泉水、980户未通自来水的问题，提高群众的饮水安全保证率和水质达标率。该工程于11月15日开工建设。积石山县中部农村饮水安全巩固提升工程（一期），总投资4350万元，3月3日州水电局以临州水电发〔2017〕57号文件批复了项目初步设计，完成了实施方案编制，县政府已批复实施方案。

【水资源管理】 2017年，成立了积石山县全面推行河长制工作领导小组，印发了《积石山县全面推行河长制工作方案》；设立了县、乡、村三级河长，县委、县政府主要领导担任县级总河长，县委副书记担任县级副总河长，组建成立了河长制办公室；按照属地管理原则，17个乡镇长担任乡级河段河长，各乡镇相应设立了村级河长，同时根据全县实际，增设河道警长17人，均由各乡镇派出所所长担任。制定了积石山县“河长制”会议制度、信息共享制度、信息报送制度、督察制度、考核问责与激励制度、工作督办制度。为进一步明确责任，强化监督，更好地落实各级河长的职责分工，设置了黄河积石山段河长公示牌。公示牌公布了河流名称、河段范围，河长、河段长、河道警长，河长办责任人、联系人，河长、警长职责，治理目标和联系方式，接受群众监督和举报。为全面落实县级河长责任，黄河积石山段县级河长和各河流县级河长在日常工作中开展了县级河长巡河工作，并对乡级河长反馈了意见，涉及乡镇按照反馈意见进行了全面整改。

【水利工程管理】 为了保证项目的进度和质量，对水利项目建设实行领导包抓、群众监督、审计跟进的机制，明确任务，靠实责任，抓协调、赶进度、促落实，确保水利项目高标准、高质量推进。不断完善项目公示制，在现场设立公示牌，向社会公布建设内容、投资规模、项目资金的使用情况，接受群众和社会监督，提高项目建设资金管理工作的透明度，保证了项目资金的安全运行。针对全县水利建设项目多、任务重、技术人员少的实际，全局上下主动克服困难，在工程建设紧要期实行“5+2”“白+黑”工作制度。并将责任主体、建设计划、补助政策、资金使用、竣工验收等定期向受益区公示，主动接受社会监督。

【防汛抗旱】 2017年，县上与全县17个乡镇签订了防汛目标责任书，调整了县防汛抗旱指挥部成员，明确了防汛抗旱行政首长负责制。成立了县级防汛应急抢险突击队、救灾物资保障组、医疗救助组、安全保卫组、市场秩序和物资食品发放组、电力保障抢险组、街道抢险救灾组、后勤保障组、灾民安置点和动物防疫消毒组10个小组，各乡镇也成立了相应的防汛抗旱工作机构。截至2017年底，全县共有乡级预警员17人、村级预警员145人、社级预警员1296人，各项有防汛任务的工程和灾害点预警员24人，确保了全县防汛预警信息的及时传送和灾情的迅速上报。新修石塬乡刘安段堤防1千米，吹麻滩镇林坪段堤防0.75千米，提高了防汛抗灾能力，保护了当地群众的生命财产安全。购置防汛物资，经过三年来的争取储备物资，共储备编织袋1.5万条，草袋1500条，桩木500根，石笼6个，铁丝0.5吨，水泵2台（套），发电机2台，救生舟5个，救生圈50个，救生衣100件，价值30万元。与4条主要河流沿途各乡镇个体户签订救灾物资购买协议，储备编织袋3万条，麻袋2万条，铅丝2吨，石笼80个，桩木1200根，水泥80吨，砂石料5000立方米。与主要河道附近的工程施工队签订了防汛抢险救灾协议，储备各类机械76台（装载机15台，挖掘机11台，翻斗车50辆）。编制完成了《积石山县防汛抗洪应急预案》《积石山县积石山县城防洪预案》，同时要求各乡镇、各成员单位也及时编制了预案。

【水土保持】 2017年通过实施国家水土保持重点建设工程甘肃省积石山县银川河项目区2017年治理工程，治理水土流失综合治理面积25平方千米。

【梯田建设】 2017年新修梯田7140亩，其中：小关乡唐藏村2235亩、尕阴洼村817亩，中咀岭乡大山村850亩、梳木村2538亩、中咀岭村700亩。

引水工程

【机构】 2017年10月23日成立积石山县引水工程管理局，为隶属县政府管理的科级事业单位。全面负责积石山引水工程运营管理等工作。单位下设办公室、财务室、物资室、调度中心、运行维修室、安全生产室、资料室7个职能股室和35千伏专用变电站等13个基层站，共有干部职工58人，其中高级工程师2人，中级工程师1人。

领导名录

局　长：马忠英
副局长：时　强
　　　　王生岗
　　　　杨玉峰
纪检员：马福祥

【概述】 引水工程从建设阶段转入运营管理阶段，运行稳定高效。向全县五大城乡供水水池（县城调蓄水池、黄草坪调蓄水池、崔家峡调蓄、大峡调蓄水池、尕阴洼调蓄水池）提供干净充足的黄河水资源，平均每天引取黄河水3.3万立方米，解决了全县各族群众的吃水难问题，保障了县城居民的饮水水源，改善了各族群众的生产生活条件，加快了全县脱贫攻坚步伐。

电　力

【机构】 国网甘肃省电力公司积石山县供电公司，简称国网积石山县供电公司。截至2017年底公司共有职工213人，其中正式职工191人，农电工22人。公司现设置综合管理部、财务资产部、安全监察质量部（发展建设部）、电力调度控制分中心、运维检修部（检修工区）、营销部（乡镇供电所管理部、客户服务中心）6个职能部室，9个供电所；负责全县35千伏及以下电网的经营管理，担负着17个乡（镇），145个行政村，1296个社及10多家企业的供电、维护工作；截至2017年12月底，用户67399户；供电面积910平方千米。

领导名录

经　　理：马永林
党支部书记：杨晓霖
工会主席：韩　俊
副 经 理：张思贤
　　　　　陈卫忠

【电力工程建设】 2017年，公司成功投运35千伏肖红坪变电站，完善变电站标示、标牌，对线路进行改接和分段。形成手拉手双电源供电，对大变111大石线部分线路进行撤除，缩小了供电范围，改接10千伏线路3条。通过线路改接缩短了10千伏的供电半径，整改了部分安全隐患和缺陷，并于大河家变电站的111、112形成手拉手双电源供电，提高了供电可靠性。

完成2017年大修、技改项目工程。包括关变115芦家庄线进行绝缘化大修86万元；铺川变电站一、二次设备改造合计286万元；居集变电站一次设备改造36万元，二次设备改造101万元（还未实施）；编制上报2018年大修技改项目，总投资约246万元，主要规模为改造增容配变和居变113居中线梳木分支线、关滩分支线、中咀岭分支线绝缘化大修工程。

【农网改造】 2017年积石山县批复总投资为772万元，批复规模10千伏线路17.83千米，0.4千伏线路40.6千米，配电变压器14台，容量2460千伏安，目前已全部竣工投运。

【电力管理】 2017年，针对现场安全管理的薄弱环节，重点强化“三种人”的责任意识，明确现场人员的安全职责，落实各级管理人员到岗到位监督制度。强化施工现场安全监督，从现场勘查、工作票办理、到施工现场安全管控等每个节点严格把关，确保施工安全能控、可控、在控。组织完成了《积石山县供电公司配网施工作业现场标准化作业和安全风险管控手册》的编制，1月印制成册，下发学习宣传。要求各类施工现场开工前要及时发布召开的班前会、现场安全措施执行情况等照片，通过微信群的监督对施工安全作业起到了促进和指导作用。根据下发的事故通报、快报，组织公司全员学习，并结合实际进行剖析和讨论。

【安全宣传】 斋月前结合安全月活动，要求各供电所组织人员开展对各自辖区内清真寺的安全用电宣传和斋月前的电力安全隐患排查及整治工作。开展了“安全月”“安全日”宣传活动,制定了公司2017年“安全生产月”实施方案，按计划开展了6月13日“安全日”学习,发放展板、“三字经”安全宣传单、安全用电宣传图书等电力宣传材料3000余张。各供电所到区域小学开展“安全用电进校园”活动，发放安全用电宣传材料、传授小朋友们安全用电知识，安监部利用积石山电视台、微信平台及发放宣传资料等方式进行了广泛宣传，并组织员工观看了“典型事故案例”视频资料。9月为“安全质量监督月”期间开展了公司质量监督体系人员进行了质量监督知识宣贯、考试和宣传工作，联合发展、物资查出部分10kv绝缘线调档三处。县安委办、公司先后组织开展了“安全生产法”学习宣传活动，营造广大群众及员工学法、懂法、用法，增强安全生产法律意识。

【安全检查】 组织开展2017年度春、秋季安全大检查工作，提前科学平衡电网停电计划及现场监督计划，落实州公司春、秋季安全大检查提纲，落实各项要求和措施，加大对春检现场的安全监督及走动管理，春检工作的任务分解到位，缺陷落实到位，事故预控工作到位，工器具、材料、后勤保障到位，人员安排到位，责任到位，有计划地开展春、秋检设备消缺工作，完成了2017年春、秋检修工作。

精心安排，对迎峰度夏、防洪防汛等阶段性重点工作任务进行周密部署。为了确保积石山县供电公司防汛工作，实现输、变、配电设施安全度汛，确保社会抗洪抢险用电，根据省公司《甘肃省电力公司防汛管理办法》制定《积石山县供电公司2017年防汛应急预案》。开展防汛安全大检查和防汛应急事故抢修，检查输、变、配电设施的运行状况，确保了电力设施安全度汛和电网可靠供电。

交通·邮政·电信

交 通

【**机构**】 县交通局为正科级行政单位，内设人事秘书、财务、综合规划、建设管理、安全监督5个股（室），下设县国防动员委员会交通战备办公室、县路政管理办公室、县公路管理养护站、县水路运输安全管理所（副科级）和县汽车站5个局属单位。2017年底实有干部职工70人，本科5人，大专9人，中专12人，高中43人，初中1人。保安族9人，东乡族12人，撒拉族7人，回族11人，土族5人，汉族26人。

领导名录

局　　长：马文义
副 局 长：马如贤
　　　　　马正新
　　　　　穆得明
纪检组长：马永祥

【**公路概况**】 积石山县境内有国道1条56千米，省道1条35.2千米，县道4条122.8千米，乡道14条183.995千米，专用公路1条4.062千米，村道131条399.655千米；17个乡镇全部通水泥路；145个行政村通油路或水泥路；1296个自然村中，798个村通水泥路。通过近几年的农村公路建设，全县基本形成了以国道310线和省道309线为主骨架，县乡公路和乡村公路为支脉的公路网络体系。

【**公路建设**】 2017年重点实施的交通项目共5项。临夏州康乐莲麓至积石山大河家扶贫旅游大通道项目，积石山段全长57.139千米，概算总投资4.73亿元。全线拟按三级公路技术标准建设，路基、路面宽采用二级标准，路基宽10米，路面宽9.5米，该项目2016年8月15日启动，9月10日完成施工、监理招投标工作，路基工程已全面开工建设。S309线甘草店至积石山公路（鹦鸽嘴大桥至吹麻滩段）改建工程，对鹦鸽嘴大桥至铁浪沟桥段和高关坡根至吹麻滩希望小学门口段，全长8.776千米，按三级公路技术标准进行改造，路基宽7.5米，路面宽6.5米，2×0.5米混凝土硬路肩，路面采用沥青混凝土，概算投资2462.11万元，9月19日完成施工、监理招投标工作，已开工建设。Y053线积石山段银川至大河家公路安全生命防护工程，全长55.27千米，项目总投资518万元，补助资金443万元，自筹75万元，该项目被列为部级安保工程示范项目，主要建设B级薄壁钢筋混凝土护栏411米，C级波形梁钢护栏11294米，公路标线6529.02平方米，减速丘87.369立方米，示警桩1880根，道口桩208根，示警墩1179块，里程碑42块，各类标志牌160块，已全面完工，通过部级验收。2017年计划改造危桥3座（董家桥、盖新坪桥、甘河滩桥），补助资金209万元，9月19日完成施工、监理招投标工作，9月26日开工建设，董家桥新建桥梁全长11.44米，跨径为1～10米，上部结构采用1～10米普通钢筋混凝土简支空心板，下部结构为重力式桥台，设计荷载：公路–I级，桥面全宽：8.0米（净–7.0+2×0.5米），已全面完工，总投资70.66万元；盖新坪桥新建桥梁全长33.66米，跨径为2～13米，上部结构采用2～13米预应力混凝土简支空心板，下部结构采用双柱式墩，两岸为重力式U形桥台，设计荷载：公路–I级，桥面全宽：8.5米（净–7.5+2×0.5米），总投资112.27万元；甘河滩桥原桥全长17.4米，总宽8.1米，上部结构为2×8米简支钢筋混凝土矩形板，下部结构为重力式墩台，检测技术状况为3类，设计只对原桥进行加固维修，在桥梁上游新建护岸，并将原有栏杆改造为混凝土护栏；均已全面完工。“千村美丽”示范村村组道路建设工程，分别是吹麻滩镇中庄村和石塬乡肖红坪村道路硬化工程，路线全长20千米，工程总预算为402.20万元，已全面完工。农村公路安全生命防护工程，全长26.5千米，车购税补助资金186万元，重点设计规划在山区临水临崖、急弯陡坡，事故多发路段，已全面完工。

【公路管护】 加强农村公路管理养护是巩固提升农村道路通行能力的有效措施，在日常养护管理工作中，牢固树立“公路三分建，七分养”的新理念，开展预防性养护，以处治路面病害为重点，尽力修复水毁和路面病害，按照县道县养、乡道乡养、村道村养的分级管理养护职责，落实农村公路养护管理制度。实行局班子成员包片、管理人员包路段的目标管理责任制，县政府与各乡镇签订了农村公路养护管理责任书，落实了政府主体责任，建立了农村公路有人建、有人管、有人养的工作机制。

【水路交通】 加大安全管理的监督检查力度，狠抓了水路运输安全工作，开展水上交通安全专项整治行动，落实乡镇船舶安全管理责任，层层签订安全目标责任书，深入水域现场监督指导，加强了在“庙会”、端午节重点时段的安全监控，确保水运安全，共计出动宣传车8辆/48人（次），海事执法人员145人（次）；查出安全隐患12起，其中现场整改9起，限期整改3起，散发宣传品500多份，组织船员学习8次/130人（次），制作了三二家码头安全指示牌、鲁坪码头安全指示牌，加强安全宣传。

【路政管理】 坚持以法治路为中心，加大工作力度，开展法律法规的宣传教育和路检路查活动，以上路巡查为重点，狠抓各项措施的落实，查处路政违法案件。全年张贴散发宣传材料400份，共查出蚕食侵占公路案件34起354平方米，挖路引水6起30平方米。

【汽车站】 2017年有三级汽车站1个（县汽车站），全年完成运送旅客85.4万人（次），完成货运量4.5万吨。

运　政

【机构】 积石山县运管局属正科级事业管理单位，隶属于临夏回族自治州道路运输管理局，内设财务股、办公室、运政法规、市场监管股、运输安全股。2017年底有干部职工19人，保安族3人，东乡族2人，撒拉族1人，回族4人，土族4人，汉族5人；本科5人，大专7人，中专及高中7人。

领导名录

局　长：李仲贤（2017年5月离任）

刘清瑞（2017年5月任职）
副局长：马常娥

【运政宣传】 1月10日下午在县公安局三楼会议室召开了全县春运工作动员会。1月16日在县城大禹广场开展了春运交通安全宣传，现场发放宣传资料500多份，现场讲解劝导100余人。3月22日，组织辖区国贤、恒远、骏翰等5家二类汽车维修企业在大禹广场发车点汽车维修咨询服务活动，现场免费发放玻璃水150余份，宣传资料300余份，解答驾驶员咨询的问题30多个。组织营运客车驾驶员在县城大十字开展了以“自觉抵制五种行为（超速、疲劳驾驶、超员、接打手机、关闭动态监控系统）、确保乘客生命安全”为主题的“安全生产月”宣传暨营运客车驾驶员宣誓活动。活动现场发放安全生产宣传资料1000多份。在县城南滨河路开展了由县安监局、县交警大队、县消防队、县人民医院及辖区各道路运输企业、营运驾驶员等200多人参加的全县道路交通运输突发事件应急救援演练活动。

【运输服务】 在大河家商贸活动期间开通了吹麻滩至大河家、青海官亭至大河家、青海循化至大河家三条免费观光线路，共接送县人大代表、政协委员120多人、观光群众10653人（次），投放运力340个班次。

【运政管理】 开展了客运市场集中整治活动。全年共查扣无证非法营运和超范围经营的“黑车”170辆、查扣证件180本。完成公路客运量349.36万人（次），客运周转量12284.19万人/千米，公路货运量为117.3万吨，货运周转量10661.57万吨/千米。

【运输公司】 全县有骋达运输集团积石山大河家汽车运输公司、积石山县通达运输公司、积石山县鹏远汽车出租公司3家运输公司，共有客车819辆，小面包车789辆，出租车90辆，货车541辆。管理人员24人，全年运营收入1133.5万元，上缴税费25.5万元。

公路管护

【机构】 积石山公路管理段为正科级行政单位，内设综合、生产机械、财务管理三个股室，下设吹麻滩、红台两个养管站。2017年有职工57人，其中东乡族1人，撒拉族2人，汉族41人，回族13人；高级专业技术职称1人，中级专业技术职称2人，初级专业技术职称7人，技师5人，高级工25人，中级工9人，初级工8人。

领导名录

段　　长：乔　毅（2017年8月离任）
　　　　　马向东（2017年8月任职）
支部书记：马海林（2017年8月离任）
　　　　　孔玉虎（2017年8月任职）
工会主席：孙红明（2017年8月离任）
　　　　　谢立君（2017年8月任职）
副 段 长：张廷和

【公路养护】 公路养护　共管养省道S309线74.77千米，县道Y565线6千米，共计80.77千米。养护里程内有大桥2座，中小桥18座，隧道1道，涵洞194道。2017年累计修补油路 9457.16 平方米；整理路容路貌 269.6 千米；开挖边沟 3255 延米，清理疏通边沟、排水沟 10.88 万延米；边沟、挡土墙勾缝抹面 1650.05 平方米，拆除新建边沟 145 立方米；修复拦水带 231 延米。

安全生命防护工程 K182+973—K183 处刷坡 1620 立方米，清理塌方 420.16 立方米，现浇 C25 混凝土锚杆框格梁 18.93 立方米；K187+300—K189+500 处增设波形梁护栏 247 延米；增设更换示警桩、道口桩 227 根，更换防撞墩 28 块，更换里程碑 31 块；安装各类标志牌 40 块；刷新了 S309 线和 Y565 线公路沿线安保设施。

预防性养护工程 K184+500—K185+100 处碎石封层 5100 平方米；路面灌缝 2400 延米。

水毁修复工程 清理塌方、泥石流 5722 立方米 /12 处；挡墙顶刷坡 685.5 立方米，拆除新建浆砌片石挡土墙 238.46 立方米；K188+660 处回填土方 1765 立方米，路基换填块石 360 立方米，石笼防护 1170 立方米 / 95.5 米；修复肖红坪道班倒塌围墙 58 米、癿藏隧道管理站拆除危墙 60 米，并设置简易围栏。

冬季养护 储备了 5 ~ 8 毫米碎石 410 立方米、炉渣 120 立方米、融雪剂 6 吨，组织养路工提前在急弯陡坡路段堆放了防滑料，保证雪后道路安全畅通。

邮 政

【机构】 中国邮政集团公司甘肃省积石山县分公司，辖临夏路、大河家、居集、癿藏、刘集、银川、安集、石塬、柳沟、关家川、胡林家、徐扈家、郭干、小关、中咀岭、寨子沟、铺川邮政代办所和办理代理金融业务的临夏路营业所、吹麻滩营业所及封发投递班。分公司有职工 30 人，其中：在岗职工 21 人，劳务工 5 人，劳务承揽 4 人。保安族 1 人，东乡族 1 人，撒拉族 2 人，汉族 18 人，回族 7 人，土族 1 人。本科 13 人，专科 13 人，中专 1 人，高中 2 人，初中 1 人。

领导名录

总经理：杜文俊

副经理：马作明

【邮政业务】 全县城市投递段道 5 条，农村投递邮路 16 条。业务总收入完成 678.75 万元，完成年预算的 110.15%，同比增幅 20.93%。其中：代理金融业务收入完成 479.86 万元，同比增长 23.36%。完成报刊订阅 204 万份，收订流转额 88.67 万元，收入完成 40.84 万元，同比增长 4.24%。函件完成收入 5.86 万元，同比增长 –34.38%。寄递完成收入 65.85 万元，同比增长 50.21%，业务出口包裹 0.87 万件。集邮业务完成收入 11.87 万元，同比增长 40.81%。电子商务类完成 45.53 万元，同比增长 1.58%。农资分销业务完成收入 7.11 万元，同比增长 99.16%，销售商品收入 0.49 万元。其他收入 21.34 万元，同比增长 –4.6%。累计建设综合服务平台 91 处，助农取款点 18 处。

【金融业务】 储蓄代理业务收入比重已占分公司总收入的 70.7%。截至年底，余额规模 2.45 亿元。

电信公司

【机构】 中国电信股份有限公司积石山分公司隶属临夏州电信分公司，下设综合办公室、维护工作站、政企分部、渠道中心、直营厅、5个支局（即积石山支局、大河家支局、居集支局、癿藏支局、关寨支局）。2017年底有员工17人。汉族13人、回族2人、藏族2人；本科5人、大专7人，中专及以下5人；高级职称2人，中级职称的6人。

领导名录

副总经理：董新海
王新明
曹有青

【通信建设】 4G网络建设　从2017年年初开始，开始4G网络建设。4G网络是发展的基础，全县仅有18个3G基站，且全部是1800兆基站，网络覆盖能力不足，分公司领导班子成员跑遍全县各个行政村，查看4G基站建设站址，查看线路路由，提出网络建设方案，利用有限的投资，实现了临大公路沿线，县城及重点集镇，人流密集区的网络全覆盖。同时加快网络优化，实现了全县90%的行政村的网络覆盖。

光网建设　新建光网端口4744线、补点建设端口1568线、扩容光网端口896线，利用有限的投资做到资源的精准投放。加快普遍服务项目施工进度，协调谈点和阻挡问题，顺利完成41个行政村的光网建设。响应支撑前端业务发展，对全县重要政企客户、单位用户、宾馆等开展光网建设和改造工作，累计对50多个单位、11个大型宾馆进行光网改造升级。调优网络结构，通过Bas（宽带接入服务器）下沉减少网络冗余，对影响客户感知的OLT（光线路终端）中继带宽及时扩容，累计扩容上行GE电路11条。更换铺川张巴光网村24芯光缆1.8千米。对居集深沟、田家、关家川、林坪、刘集等多处光缆进行了跟换，达7.8千米。

装维工作　2017年，分公司狠下决心抓装维，通过对装维人员的技能培训，装维管控，装维考核等一系列措施，装维指标一直排名全州前2名。当日装、当日修工单占比都已达到考核值90%以上，装移机时间也压降到12小时左右，重复申告率，履约准时率、障碍发生率等指标均达到州公司考核值。工信部、集团、4008、工商网站等越级投诉发生率全州最低。

政企支撑工作　2017年累计开通政企LAN（局域网）专线59条。政务专网巡查走访109个单位，查修障碍40处。组织部远程教育巡查走访68个单位，查修障碍30处。公安视频监控维护132个点，累计查修障碍80多起。综治专网，四融平台专网、金保专网、金财专网、医卫专网、视频会议等专线用户及时查修障碍。

【业务促销】 借助光网改造拓展酒店类客户的渗透，通过光网改造的推进，突出光纤+Wi-Fi（无线局域网）+电视的整合优势，推进了企事业单位的办公网改造，累计改造50多个单位。加强单位信息化业务的推动，用有利时机做好商机拓展。大力拓展不限量套餐，同时定期开展对客户经理和支局长的各项业务培训，解决用户信息化的需求，同时坚持每周有计划开展3天以上的走访大客户，巩固建立良好的客情关系，共举办培训68场（次），培训150多人。2017年光网改造已经基本完成，但普遍存在渗透率不高的问题。通过对20多个小区入户，加大对小区的针对性营销工作，在扩大小区业务宣传方面做了具体工作。坚持农村深耕活动，精细化农村进村入户营销，全面推广了移动+宽带+电视的融合业务，在做好营销工作同时，关注用户的感知度，做好用户装、维、资费解释等维系工作；加强了对农村支局营销过程管控和营销指导，不断纠正业务发展过程中细节问题，全面提高各个支局的光网渗透率。加强了对代理商培训工作，规范日常销售行为和服务工作技能，共培训120多人（次）。与县政府签约智慧城市的框架协议，并将智慧城市的建设已纳入到议事日程，下一步要做好县政府和各部门的协调工作，争取智慧旅游、智慧教育、智慧医疗、智慧政务尽快落实和实施。

移动公司

【机构】 中国移动通信集团甘肃有限公司积石山县公司下设4个部室、8个片社区、5个自营厅和指定专营店38家、特约代理点290家。有职工28人，其中在职职工25人，劳务员工3人；保安族2人，撒拉族2人，回族5人，土族4人，汉族15人；本科23人，大专2人，中专3人。

领导名录

经　理：谢长杰

副经理：周小龙

【移动网络建设】 2017年建成73个4G基站，截至年底4G基站累计达到218个，2G基站123个，4G信号行政村覆盖率达到85%，2G信号行政村覆盖率100%。建成了个人宽带驻地网工程，覆盖65个行政村，26个小区，个人宽带覆盖65个行政村，行政村个人宽带覆盖率达到45%，住宅小区覆盖率达到90%。主要乡镇、公路做到4G信号无缝隙覆盖，手机宽带下载速率每秒2M比特，网络容量达15.2万多户。

【移动新业务拓展】 积石山县移动公司主要产品和服务有：移动电话通信业务（语音、数据、应用、多媒体、宽带等），IP电话及互联网接入服务；经营范围有“短消息”“彩信”“随e行”“手机上网”“宽带”“手机杂志”“支付宝”“WLAN”“移动气象站”“炫彩天气”“移动MM”“139邮箱”“139社区”、各类“手机报”“天天流量王”“咪咕视频”等多种数据业务；集团信息化产品有“集团彩铃”“企信通”“移动管家”“企业邮箱”“政信通”“车务通”“集团专线”“校讯通”“商务宝”“M2M应用”“企业建站”等多种办公与应用产品。2017年推出了高清云视讯业务，33家移动业务代理点试用，其他单位正在推广。中国移动云视讯高清视频会议业务面向具有多方沟通需求的客户，提供多种终端接入的支持高清音视频、数据、双视频流等功能的解决方案，采用集中建设MCU会议中心平台。为客户提供可靠、稳定、流畅的视频会议租赁服务，有效支持工作会议、工程管理、教育培训等工作，解决客户单位异地交流沟通的不便，节省管理成本，提升工作效率。

【移动客户服务】 中国移动通信全面开展“满意100”服务提升活动。以客户最关心、最直接、最现实的利益问题为切入点，将服务落实到实处。2017年，客户达到10.2万户，相比上年度增长–0.6万户，完成年收入8582.8万元，同比增幅为–15.78%。

联通公司

【机构】 积石山县联通公司隶属中国联通通信集团甘肃有限公司临夏分公司，内设综合管理岗、网格经理岗、稽核会计岗，2017年底有职工19人，其中汉族18人，回族1人；大专文化程度14人，本科文化程度5人。

领导名录

总经理：海生清

副经理：王伟元

【联通网络建设】 2017年，3G\4G网络已覆盖县城及所有乡镇、行政村，全年共建成4G基站21座。截至年底全县2G基站达到91个，3G基站达到123个，4G基站达到94个。

【联通新业务拓展】 公司基本业务包括GSM第二代数字蜂窝移动通信业务、WCDMA第三代数字蜂窝移动通信业务、TD–LTE、FDD–LTE第四代移动通信业务、因特网数据传送业务、国际数据通信业务、卫星国际专线业务。网络覆盖17个乡（镇）及旅游景点尕胡林、黄草坪、大墩峡、孟达天池、大山庄。2017年主推“腾讯大王卡”业务，此业务主要特点：打电话长话、市话0.1元/分钟；微信、QQ、快手、腾讯视频等腾讯旗下应用软件每月免40G流量；拨打亲情号码话费全免；全年发展“腾讯大王卡”用户2.6万户，全年收入860万元。

【联通客户服务】 公司执行客户服务承诺，开展“诚信经营真情服务”活动，为联通用户提供便捷的话费查询服务，便于用户透明消费；对现有的话费套餐进行整理变更，使广大农村用户使用更加方便。在网络覆盖到的乡村开设乡村业务代办点，共建成乡村代办点52家，用户为13000户，月收入3万余元；自有营业厅4个（利民街营业厅、振兴街营业厅、大河家手机卖场、大河家合作厅），合作营业厅13个（掌意、朱清云、肖红坪、刘集、县城马俊、邮政局、旭云、居集卖场、居集合作厅、刘藏卖场、刘藏合作厅、银川合作厅、安集卖场）；截至2017年底积石山县联通用户达4万户，年收入达到1600万元。

工业信息化·乡镇企业·非公经济

工业和信息化工作

【机构】 积石山县工信局设有人秘、企业管理、经济运行、财务审计、技术创新和信息化、政策法规和产业规划、节能监察中心、计划统计、中小企业服务中心、项目办公室10个股室。有工作人员20人，党员11人。

领导名录

局　长：张　立

副局长：马全英

　　　　安　旭

　　　　谭福伟

纪检员：马文杰

【工作综述】 2017年，全年完成工业总产值3.1亿元，工业增加值8120万元，同比增长6%。全县工业用水总量为46.8万吨，工业增加值为8120万元，单位工业增加值用水量为57.6立方米/万元。完成工业用煤总量为1624万吨，单位工业增加值用煤量为0.2吨/万元。全县工商注册制造业136家，有运行工业企业78家，企业经营管理人才240人。

【网络建设】 电商支撑体系宽带网络建设　根据临夏州电信普遍宽带网络建设服务试点项目实施方案精神，组织县电信局对全县145个行政村中未通光纤宽带的49个贫困村进行了摸底调查，并制定了建设计划，在张谢家村、张豆家村、何家村、娄子湾村、芦家庄村、赵家湾村、白家沟村、李家山村、樊家沟村、红坪村、山庄村、钭家山村、杨家湾村、红路岭村、三坪村、苟家山村、风林村、风光村、辉光村19个村实施光网宽带覆盖工程，每个村投资30万元，共投资570万元。截至年底，19个村已通达光纤网络，其余30个村在2018年进行建设。

【清理整顿】 全县共有砖瓦窑厂29家，经清理整顿现有27家，协调联系浙江经纬工程项目管理有限责任公司对全县27家砖瓦窑厂分两批开展企业能源审计工作，并会同州工信委节能监察中心专家，对全县砖瓦窑厂的节能审计报告进行了现场评审，已完成全县对27家砖瓦窑厂的节能审计工作。27家砖瓦窑厂已对窑体进行了粉刷，对危房、道路进行了改造，并在厂址周围栽种了树苗，全县砖瓦窑厂生态环境得到初步治理和恢复。

【问题整改】 三去一降一补　全力配合县发改局开展钢铁、水泥、平板玻璃、煤炭行业建设项目摸排清查工作，打击违法生产行为，取缔和清除非法生产企业。经过多次对32家企业及零售商进行了地毯式的排查核实，全县无煤炭生产企业，无5000万千瓦以上的煤电项目和企业。钢铁企业已在2016年5月底以前已全部关闭、拆除。没有“地条钢”生产企业。

提速降费　贯彻“宽带中国”战略和“互联网+”行动计划，落实国务院、工业和信息化部、省委省政府关于提速降费政策，统一安排、精心部署，加快通信基础设施建设升级，制定提速降费办法，开展工作督查等一系列具体措施，提速降费工作取得了实效。各通信企业已全部取消了手机国内漫游费用，相继推出了一系列降低资费的4G融合套餐。

【园区建设】 制定了积石山县“十三五”工业规划，对现有的积石山工业园区、吹麻滩综合物流园和大河家经济开发区进行重新规划，统一整合，按照“一区三园”的思路，重新定位园区功能，加快基础设施建设，利用民族民俗文化资源优势和农林牧产业资源优势，突出清真食品、民族特种工艺品、特色农产品深加工和资源综合利用四个领域，打包打造积石山县产业集聚区，向省级园区申报。同时，以现有的优势企业为基础，以产业集群为目标，引导企业向园区聚集，实现配套链接，提质增效，促进产业发展。打包园区工作已上报州发改委，前期规划设计已交由规划设计院进行设计。

【安全生产】 明确安全生产主体责任，抓好一岗双责、岗位责任制、责任追究制、隐患整改责任制等制度的落实，将安全生产责任目标逐级分解，具体到每个企业和责任人，层层签订目标责任书。组织企业学习了新的《安全生产法》，与重点工业企业签订了《积石山县工信系统安全生产目标责任书》；对全县重点工业企业的安全生产进行了安排部署，进行了常规和专项检查，全年常规检查企业400多次，重点督查企业100多次，发放整改通知13份，整改并落实意见28条，与安监、工商、商务、招商、国土等相关部门综合执法7次，保障了全县工业企业安全生产运行。

乡镇企业

【机构】 乡镇企业管理局是主管乡镇企业的县政府直属正科级事业单位。拥有乡镇企业管理局、民营经济管理局、中小企业局三块牌子。内设企业管理股、财务审计股、计划统计股、人秘股等四个股（室）。截至2017年底，有工作人员13人。其中：东乡族2名，撒拉族1人，汉族8人，回族2人；本科学历1人，大专学历6人，中专学历1人，高中以下学历5人。

领导名录

局　长：马文华（2017年8月离任）
副局长：龙玉成
　　　　王怀和

【机关建设】 乡企局学习、宣传、贯彻、落实党的十九大精神，扎实开展“两学一做”学习教育活动，以习近平新时代中国特色社会主义思想为指导，加强党风廉政建设，强化责任意识、大局意识，强化服务职能，狠抓自身建设，开展各项工作，完成县上下达的各项工作任务。把思想政治建设摆在首位，用党章党规规范党员、干部言行，用习近平总书记系列重要讲话精神武装全党，引导单位党员职工把思想政治建设摆在首位，用党章党规规范言行，用党的创新理论武装思想，学习习近平总书记系列重要讲话精神，补足精神之钙、把稳思想之舵，做到政治合格、执行纪律合格、品德合格、发挥作用合格；基础管理工作得到提升。建立完善了单位工作制度，明确上下班时间，要求单位全体职工遵守上下班纪律，上班时间要坚守岗位，不得串岗溜岗，不得擅自离岗，不得无故迟到早退。针对近年来档案管理混乱的现状，抽调相关人员，按照档案整理的相关要求，对单位近年来的档案进行了分类、立卷、编目、装订和归档。

非公经济

【概况】 2017 年以来，在县委县政府的正确领导及省州工商部门的积极指导下，全县认真贯彻落实了“多证合一、一照一码”，“电子营业执照、全程电子化登记”等商事制度改革各项措施，继续深入推进“放管服”工作，努力助推全县非公经济持续健康快速的发展。

截至年底，全县共有各类非公市场主体 7583 户，注册资金 47.52 亿元，从业人员 32300 人。其中：私营企业 812 户，注册资本 31.55 亿元，从业人员 9866 人；个体工商 6256 户，资金总额 3.89 亿元，从业人员 10131 人；农民专业合作社 515 户，出资总额 12.08 亿元，成员总数 12303 人。

与上年比较，非公经济数量增长 15.5%（2016 年度 6566 户，增长 3.73%），注册资金增长 47.9%（2016 年度 32.13 亿元，增长 30.3%）。其中：私营企业数量增长 34.2%（2016 年度 605 户，增长 23%），注册资金增长 32.6%（2016 年度 23.79 亿元，增长 34.96%），从业人员增长 26.2%；农民专业合作社数量增长 90%（2016 年度 271 户，增长 30.91%），出资总额增长 127%（2016 年度 5.31 亿元，增长 33.7%），成员增长 25.5%；个体工商户数量增长 9.9%（2016 年度 5690 户，增长 1.05%），注册资金增长 28.8%（2016 年度 3.02 亿元，增长 11.6%），从业人员增长 13%。

【经济指标运行】 非公有制市场主体　私营企业数量增长持续，企业规模明显扩大。2017 年度新登记私营企业 240 户（2016 年度 158 户），注册资本 8.55 亿元（2016 年度 6.78 亿元），与去年同期数量增长 51.9%，注册资金增长 23.2%。从行业分布来看，从传统的批发零售业向电子商务方面转变，劳务输出、汽车服务等发展较快。从企业规模来看，创业者基本能合理地认缴注册资金，虚报注册资金现象，登记注册的企业基本为小微企业。截至年底，私营企业中：第一产业 164 户，第二产业 163 户，第三产业 485 户，各产业占比分别为 20.2%、20.1%、59.7%。租赁和商务服务业、居民服务业、文化体育娱乐业近几年发展较快，占第三产业比重达 35.1%。农专社新登记数量增长明显，个体工商户增长放缓。2017 年新登记个体户 1052 户（2016 年度 984 户），与去年同期相比，仅增长 6.9%；新登记农民合作社 247 户（2016 年度 75 户），新登记数量明显，同比增长 229%。近年来，各部门扎实推进“放管服”改革及个转企工作，彻底转变了政府职能，提升了政府服务效能，激发了全民创业热情，促进了市场主体总量及规模持续增长。

新增商标、著名商标　2017 年，全县注册商标达 123 件（2016 年度，全县注册商标达 71 件），其中著名商标 1 件（商标名称：黄河）。2017年共帮助企业注册商标64件，41件已注册成功。

转型升级　2017年，州局下达积石山县个转企任务45户，实际完成个转企46户，占任务的102%（2016年完成43户，占任务的139%）。

增加值完成　2017年预计非公经济增加值8.42亿元，增幅15.5%以上，全县非公经济占生产总值比重高达48.4%（2016年县非公经济增加值7.33亿元，增幅16%，占生产总值比重高达48.4%）。

完成固定资产投资　2017年预计非公经济完成固定资产投资1.9亿元，占全县固定资产投资的18.44%，同比增长24.2%。

新增城镇就业人员　2017年度新增城镇就业人员2813人，完成100.1%（州上目标2810人）。

上缴税收　截至年底，非公经济共上缴税收2078万元，同比增长147%（2016年上缴税收841万元）。全县完成税收7821万元，非公经济税收占全县税收的比重达24.4%。

新增授权专利　2017年，新增授权专利39件，同比增长21.9%（2016年新增授权专利32件）。

助推非公经济发展贷款　截至年底，各商业银行累计发放借贷款30.34亿元，其中：私营企业获得贷款2.96亿元。有2户企业获得小微企业互助担保贷款1000万元（各500万元），并在2017年完成续贷。

【措施及成效】继续优化发展环境　在全面落实中央及省州县出台的优惠措施基础上，重点扶持非公有制项目，在土地、财税、经济技术合作等方面给予优惠政策。同时，全面落实了商事制度改革推出的各项改革措施，进一步推进了注册登记便利化，降低了企业运行成本，缩短了企业创办周期，基本上解决了企业办证难问题。从“五证合一”到“多证合一”再到“电子营业执照、全程电子化登记”改革，实现了工商部门“一表申请、一窗受理、信息共享”，整合了23个部门的50项审批事项。同时，国家工商总局印发《企业名称禁限用规则》《企业名称相同相近比对规则》，进一步规范企业名称审核行为，为申请人提供更加便捷高效的企业名称登记、核准、比对服务，推进了企业名称登记管理改革。另外，企业简易注销登记改革已于3月全面实行。已有3户企业办理了简易注销，市场主体退出机制得以完善。

发展特色产业　重点扶持了清真食品、民族用品、砖雕、旅游等生产加工企业，涌现出了一批具有较强竞争力的特色企业。例如：以禹王砖雕等为代表的砖雕、水泥雕刻加工企业，以大墩峡旅游等为代表的旅游企业，以冶家折花、龙潭、一把手、昌宏等为代表的保安腰刀民族工艺品加工企业等等。全县民族工艺品加工企业发展到21户。

品牌带动　鼓励企业利用特色产业，开拓市场、培育自己品牌的能力。全县非公企业争创甘肃省著名商标1件，全县非公企业平均每年开发1～3个新产品，例如新开发软磨浇注砖雕等2种产品已成功占领了市场，产品远销州内外市场。

拓宽融资渠道　推进政银企合作，建立中小微企业融资担保体系，引导金融机构扩大本地放贷，成功引进甘肃银行、工商银行、建设银行设立分支机构。引导金融机构扩大本地放贷，强化金融对实体经济的支持力度。扩大地方融资平台担保规模，全县担保资本金总额达到10.58亿元，已加入临夏州支持中小微企业发展互助资金平台，已有2户企业获得贷款1000万元。各商业银行累计发放借贷款30.34亿元，其中：私营企业获得贷款2.96亿元，金融支持富民增收和中小微企业的力度明显加大。有效破解了贫困群众发展富民产业资金不足的难题，探索出了“政策奖补＋资金互助＋临商带动＋各类优贷”的产业富民新模式。同时，从工信、发改、民委、商务、农牧、科技等渠道争取项目，全力支持中小微企业发展。据统计，先后为农村发展种植业、养殖业、特色农产品加工等共计提供各项惠农贴息贷款7.5亿元，财政承担贴息3285万元，助推了农牧业发展。

财税支持　对创建新办规模非公企业，在投资的税收抵扣和减免、成本摊提等方面实行与国有投资和外商投资同等优惠，对创业阶段的中小企业给予减免税政策。近年来，共减免企业税负300多万元。

招商引资　围绕全市重点产业、重点项目全面开展非公经济招商引资工作，助推非公经济健康发展。通过“兰洽会、青洽会”等多种形式招商引资24个项目，签约资金11.27亿元。已落实到位资金7.08亿元，占招商引资总投资的62.8%。伟凯饲料综合加工、祥林苑住宅小区、伟凯佳苑二期、昌隆家园等一大批重点项目落户积石山县。

万众创新　落实扶持政策，推进创业就业。大力实施全民创业行动，既扶持发展龙头企业和优势产业，又动员引导千家万户创业就业，有效带动了群众增收。积极发展富民产业，引导千家万户大力发展畜禽养殖、苗木花卉繁育、餐饮娱乐、宾馆住宿、家政服务，发展家庭农场、小门店、农家乐、小修理店、小餐馆等“五小行业”，发展保安腰刀、民间刺绣等手工艺品生产加工业，逐步形成了富民产业遍地开花的生动局面。落实创业扶持政策。税务部门对符合西部地区鼓励类产业目录的非公企业，按15%的税率缴纳企业所得税；对符合小微企业标准，年应税额6万元以下的非公企业所得按50%计入应税所得额，并按20%的税率缴纳企业所得税；对兴办的龙头企业、产业化项目和退城入园企业，落实所得税地方部分减免优惠政策。对下岗职工、大中专毕业生、返乡农民工、军队转业干部、城镇退役士兵和残疾人从事个体经营或创办企业的，按《甘肃省推动全民创业促进就业若干政策规定》为其办理减免税手续，免收登记类、证照类等各项行政性收费。全力扩大社会就业。人社部门印发了《关于在省内各高校开展就业政策、就业形势宣讲活动的通知》，引导“外出打工经济”向“回乡创业经济”转变，全县累计回乡创业人员达300多人，创办各类经济实体41个，辐射带动就业4100多人，涌现出了甘肃大墩峡旅游公司、甘肃益民养殖、志雄商砼等一批回乡创业成功典型。

商业贸易

商　务

【机构】 积石山县商务局是事业单位，隶属县政府。2017年有职工17人,本科学历3人，大专学历10人，高中学历4人。

领导名录

局　长：张志良
副局长：龚恒兰
　　　　安进春
纪检员：马忠玉

【商贸流通】 全县实现社会消费品零售总额5.86亿元，比上年增长8.9%。

【项目建设】 在大河家物流园区新建了核桃专业市场一处。总投资510万元，建设了核桃交易区等5500平方米。

【电子商务】 2017年新建了寨子沟乡等7个乡级电商服务点和小关乡尕阴洼村等14个村级电商服务点，建立了电商人才培训机制，制定2017年电商人才培训方案。4月组织38名电商从业人员参加了州商务局在临夏神泉宾馆举办的电子商务培训班。5月，县劳务办和县电商服务中心对全县已建的5个乡镇电商服务站和22个村级电商服务点电商从业人员共培训150余人，完善了电商村级服务站布点机制。

【商贸流通管理】 强化成品油经营的日常监管工作，8月安监、公安、质监、商务等部门联合开展了专项整治行动，对大河家、吹麻滩、居集加油站成品油安全进行规范检查，出动车辆5次，执法人员20人（次），着重检查消防设施，存储、销售条件以及证照等，对违法、违规经营行为根据《成品油市场管理办法》的相关规定下达了整改通知书。

开展了超市等人口密集场所安全生产专项整治行动，加强对人员密集场所安全生产贯彻落实情况的检查，着重检查大型商场、超市等的消防通道是否畅通、商品摆放是否影响疏散、灭火器是否在有效期内、消防栓压力是否正常、值班应急情况等。

【节会与参展】 5月17日，在大河家物流园区举办喜迎第七届敦煌行·丝绸之路国际旅游节暨甘青两省四县·积石山物资交流会，邀请了金川公司、临夏经济开发区、甘青两省四县商家企业及浙商500多家企业商户参加展示展销，展示展现了电动车、农用车、彩陶、奇石、砖雕、保安腰刀等；所有参展企业和商户共实现销售额379.5万元，带动大河家商业区商铺销售、旅游、餐饮、住宿等各个行业销售额1654万元，累计销售额达到2000多万元。

6月19日，参加了第七届敦煌行·丝绸之路国际旅游节开幕式，组织积石山县保安族旅游有限公司、积石山县鑫源阁工艺品商行、法奴海保安腰刀等4家企业参加了在永靖县举办的国际旅游节；负责搭建了85平方米的积石山县主题展馆，并对县民族用品、特色工艺品、旅游纪念品等进行了展示展销，销售额达2.35万元。

7月6日,参加了第二十三届“兰洽会”，以首位产业或优势产业企业及产品为展示内容，根据产业发展重点和优势，在展馆共设立的6个专业展区，在会展中心二楼大健康食品展区申请展位300平方米，重点展示展销自治县花椒、保安腰刀、民族刺绣等特色产品类和农产品。组织阿丽亚农产品专业合作社等8家企业参加，本次兰洽会引进24家企业共签约11.24亿元。

9月18日，参加了州商务局组织的“厦门国际贸易洽谈会”，积石山县保安族旅游有限公司、大河家香醋等2家企业参加了“厦洽会”，重点展示展销了蛋皮核桃、大红袍花椒、香醋等特色产品。

9月26日，组织了全县名人刀具厂、克龙刀具厂、冶家刀具厂、昌宏刺绣、阿丽亚手工被、大河家香醋、积石山香酥馓子王、穆青馓子王、保安族烤肉、万花中锋养殖场、志文桑果专业合作社等11家企业参加2017临夏国际美食民族用品博览会暨第五届“清河源”杯全国名优风味小吃大奖赛，展示展销了自治县保安腰刀、彩陶工艺品、蛋皮核桃、大河家香醋、养身保健桑叶茶等特色产品，销售额达3.58万元；负责搭建了96平方米的积石山县形象馆；组织积石山馓子王、穆青馓子王、保安族烤肉参加了小吃大奖赛。此次展会积石山代表队参加了厨艺比赛，获得了优秀组织奖杯1枚、优秀奖1枚，大河家香醋获得了铜奖1枚，昌宏刺绣获得铜奖1枚。

供销合作商业

【机构】 县供销联社为正科级参公事业单位，内设人秘股、财计股、业务股、审计股，2017年有干部职工12人，其中保安族2人，回族1人，土族4人，汉族5人；本科3人，大专5人，高中及以下4人。全县供销系统有2个公司，7个基层社，58个零售网点，在册人员为158人，其中：抽资上岗和再就业人员94人，待业下岗52人，事业编制人员12人。

领导名录

主　任：包海云

副主任：樊永忠

纪检员：张义旭

【供销经营】 2017年完成销售额8500万元，实现利润6万元，农产品购进额1300万元，再生资源回收490吨，销售额达到50万元。

【农资供应】 县供销联社配合相关部门净化农资市场，做到连锁经营，顺价销售，让利农民，杜绝坑农害农事件的发生。2017年供应各种大小化肥7100吨，农药25吨，农膜29吨。

国营粮食商业

【机构】 县粮食局为正科级参照公务员管理单位，内设人秘股、财务股、业务股、粮油质量安全检验监测室4个职能股室，下设粮食流通执法大队（副科级建制），下辖积石山县瑞丰粮油收储有限公司。2017年全局共有干部职工13人。其中保安族6人，东乡族1人，撒拉族1人，汉族3人，回族2人；本科3人，大专3人，中专3人，高中及以下 4 人。

领导名录

局　长：韩　义

副局长：李有骞

　　　　杨玉海

【**粮食储备**】 2017 年底，积石山县瑞丰粮油收储有限公司储备粮食 800 万千克，其中：省级储备粮 300 万千克，县级储备粮 500 万千克。

服　务　业

【**饮食业**】 2017 年全县共有个体饮食业 301 户，从业人员 782 人，注册资金 2516 万元。其中在县城吹麻滩镇有 162 户，从业人员 346 人，注册资金达 1265 万元，营业收入 820 万元，其中投资规模在 50 万元以上的餐饮业有 16 户。

【**住宿业**】 2017 年底全县共有宾馆、旅社 160 家。有床位 2300 张，从业人员 780 人，投资额 3000 多万元。规模较大的宾馆有积石饭店、德龙宾馆、锦绣饭店、庆盛宾馆、瑞都宾馆、鑫海饭店、假日宾馆等。全县住宿业年营业收入 1638 万元。

【**理发业**】 2017 年底全县经营理发业的共有 147 户，从业人员 351 人，注册资金 521 万元，全部为个体工商户。从事非医疗性美容服务的较大美容美发店、厅 38 户。理发业年营业收入 760 多万元。

【**沐浴业**】 2017 年底全县从事沐浴业的经营户共有 86 户，从业人员 238 人，注册资金 364 万元。全部为个体工商户。其中从事洗衣服业务的干洗店 19 户。沐浴业年营业收入 460 多万元。

【**摄影业**】 2017 年全县经营摄影服务的共有 39 户，从业人员 291 人，注册资金 453 万元。其中规模较大的婚纱摄影店共有 5 户。摄影业年营业收入 200 余万元。

【**修理业**】 2017 年全县经营修理业的共有 42 户，从业人员 378 人，注册资金 3470 万元。修理业已从传统的手表、皮鞋、自行车等行业发展到以修理汽车、家用电器、摩托车、手机等为主的与人们生产生活相关的各个领域。其中规模较大的汽车修理厂有 9 户。修理业年营业收入 527 万元。

【**租赁业**】 2017 年全县经营租赁业的共有 71 户，从业人员 311 人，注册资金 1268 万元。规模较大的主要为汽车租赁业，共有 29 户，从业人员 89 人。租赁业年营业收入 349 万元。

【**计算机服务业**】 2017 年全县经营计算机服务业（网吧）共有 20 户，从业人员 69 人，注册资金 960 万元。上网电脑 521 台，年营业收入 297 万元。

【**金融服务业**】 2017 年全县经营金融服务的共有 34 户，从业人员 128 人，注册资金 1.06 亿元。金融业作为新兴产业，近些年蓬勃发展，金融服务业 2017 年营业收入达 1920

万元。

【旅游服务业】 2017年全县经营旅游服务的共有7户，从业人员321人，注册资金1.65亿元。随着积石山县尕护林－黄草坪－大山庄峡－大墩峡－积石雄关旅游带的不断开发，集“吃住行游购娱”为一体的旅游服务业不断发展，旅游服务业2017年营业收入达2018万元。

集市贸易

【个体经营】 2017年全县共有个体工商户6256户，从业人员10131人，注册资金3.8941亿元，当年新登记1052户，注吊销登记10户。

【市场交易】 2017年个体经济和非公有制经济发展迅速，市场交易品种多，交易量大，肉类、高档电器、家居用品、建材用品、住宅用房等，在市场上出现供不应求现象，各类商品的交易额达到4.2亿元。2017年肉类、商品房和成品油价格偏高。

【集镇市场建设】 截至2017年底，全县共有综合市场8个，专业市场13个，占地面积24800平方米，铺面2600间，无新建市场。

【集镇市场管理】 2017年，在规范和整顿市场秩序工作中，对所有工商户实行并落实门前“三包”（包卫生、包绿化、包秩序）责任制，并签订“不销售”假冒伪劣商品责任书。在各类市场管理专项整治中，共拆除乱搭乱建店铺6处，取缔占道经营8户，拆除面积827平方米。

2017年，全县工商系统查处各类市场经济违法违章案件39件，其中立案案件10件，当场处罚案件29件，总案值3.24万元，罚没款3.49万元。

招商引资

【机构】 积石山县招商局为正科级事业单位，内设2个股，即人秘股和招商股。共有干部9人，其中本科6人，大专3人；保安族2人，撒拉族2人，汉族2人，回族3人。

领导名录

局　长：马生晖

副局长：妥忠贤

　　　　马秀清

纪检员：祁　晟

【综述】 县招商局主要职能职责是负责编制全县招商方案和计划及招商引资项目库的建立；负责全市招商项目的对外宣传信息发布；组织有关部门和各乡镇参加洽谈活动，承办县人民政府招商引资代表团出访组团、联络、洽谈等有关工作；协助招商项目单位办理招商引资有关手续；负责谈成项目的跟踪服务、协助解决招商项目中的有关问题。

2017年在第二十三届“兰洽会”上签约项目24个，签约资金11.27亿元，其中省外项目1个，项目资金0.16亿元。2017年州上下达积石山县的任务为签约资金25亿元，总到位资金14.02亿元，完成州上下达目标任务的45%。当年开工建设项目20

个；项目开工率83%，到位资金7.18亿元；项目履约率83%，实现了当年履约、当年开工。

【建设项目】 2017年建设项目27项。其中新开工项目21个，续建项目6个。新开工项目即总投资2.1亿元的滨河花苑二期工程；总投资1.5亿元的大墩峡景区三期项目；总投资8000万元的昌隆家园项目；总投资3000万元的伟凯饲料厂建设项目；总投资2500万元的积石山县民族文化苑项目；总投资2850万元的积石伟凯佳苑二期项目；总投资1.45亿元的祥林苑住宅小区项目；总投资1500万元的徐扈家养殖场项目；总投资1200万元的积石山县万溪源水产养殖场项目；总投资1600万元的积石山县得明汽车服务项目；总投资2000万元的青峰家庭农场项目；总投资2000万元的大河家志雄混凝土加气块厂项目；总投资505万元的安集乡农缘市场建设项目；总投资800万元的银川花椒市场建设项目；总投资1000万元的积石山县恒远汽车服务项目；总投资800万元的积石山县马腾美食城项目；总投资5000万元的南方家居城项目；总投资1300万元的积石山致明花椒加工厂建设项目；总投资1100万元的铺川燚燚烤箱厂建设项目；总投资6000万元的积石山县生活垃圾城乡环卫一体化运营项目；总投资2000万元的积石山县石塬乡永珍建材市场。续建项目即投资15000万元的大墩峡景区提升项目二期建设项目，投资8000万元的明德润园二期项目，投资46000万元的移民嘉苑购物城项目，投资30000万元的大河家新城区综合开发项目，投资1500万元的长江源中药材加工基地，投资21000万元的雪雁国际贸易中心项目。

【建成项目】 2017年自治县建成的项目19项，其中新开工项目17个，续建项目2个。新开工项目即总投资3000万元的伟凯饲料厂建设项目；总投资2500万元的积石山县民族文化苑项目；总投资2850万元的积石伟凯佳苑二期项目；总投资1.45亿元的祥林苑住宅小区项目；总投资1500万元的徐扈家养殖场项目；总投资1200万元的积石山县万溪源水产养殖场项目；总投资1600万元的积石山县得明汽车服务项目；总投资2000万元的青峰家庭农场项目；总投资2000万元的大河家志雄混凝土加气块厂项目；总投资505万元的安集乡农缘市场建设项目；总投资800万元的银川花椒市场建设项目；总投资1000万元的积石山县恒远汽车服务项目；总投资800万元的积石山县马腾美食城项目；总投资5000万元的南方家居城项目；总投资1300万元的积石山致明花椒加工厂建设项目；总投资1100万元的铺川燚燚烤箱厂建设项目；总投资2000万元的积石山县石塬乡永珍建材市场。续建项目即投资15000万元的大墩峡景区提升项目二期建设项目，投资8000万元的明德润园二期项目。

【签约项目】 总投资2.1亿元的滨河花苑二期工程；总投资1.5亿元的大墩峡景区三期项目；总投资9000万元的昌隆家园项目；总投资5470万元的大河家镇集中供热工程项目；总投资3000万元的伟凯饲料厂建设项目；总投资7000万元的玉兰游乐园项目；

总投资2500万元的积石山县民族文化苑项目；总投资2850万元的积石伟凯佳苑二期项目；总投资1.45亿元的祥林苑住宅小区项目；总投资1600万元的寨子沟和肖红坪加油站项目；总投资1500万元的徐扈家养殖场项目；总投资1200万元的积石山县万溪源水产养殖场项目；总投资1600万元的积石山县得明汽车服务项目；总投资2000万元的青峰家庭农场项目；总投资2000万元的大河家志雄混凝土加气块厂项目；总投资505万元的安集乡农缘市场建设项目；总投资6500万元的桶装纯净水项目；总投资800万元的银川花椒市场建设项目；总投资1000万元的积石山县恒远汽车服务项目；总投资800万元的积石山县马腾美食城项目；总投资5000万元的南方家居城项目；总投资1300万元的积石山致明花椒加工厂建设项目；总投资1100万元的铺川烣烣烤箱厂建设项目；总投资6000万元的积石山县生活垃圾城乡环卫一体化运营项目。

金融·保险

金 融

【中国人民银行积石山县支行】 机构 2017年，人民银行积石山县支行内设办公室、监察室、综合业务股、国库会计股4个股室。在册人数13人，大专以上学历占12人（全日制本科3人），少数民族干部9人。主要承担制定和执行货币政策、提供金融服务、维护金融稳定，以及征信管理、经理国库、反洗钱和金融统计等职责。

领导名录

行　长：马国良
副行长：司明俊

货币信贷　执行稳健中性的货币政策。截至2017年年底，全县人民币各项存款余额299544万元，同比增长2.1%；各项贷款余额296709万元，同比增长3.88%。其中涉农贷款余额275324万元,同比增长5.21%；全县住户贷款余额266115万元，同比增长3.98%。组织召开了银企座谈会，为加强银企之间的对话交流以及合作搭建平台，组织县政府金融办、扶贫办等20多家单位召开金融支持县域产业发展座谈会，增进了金融机构与产业主管部门之间的互信与沟通，做好法人投保机构存款保险保费收缴等工作。配合州中支货币信贷科对积石山县信用联社开展了存款保险评级现场核查工作。

执法管理　开展2017年度综合评价工作，组织完成工商银行积石山县支行、农业银行积石山县支行、邮政储蓄银行积石山县支行、甘肃银行积石山县支行、积石山县农村信用合作联社、中国人寿保险股份有限公司积石山县支公司、中国人民财产保险股份有限公司积石山县支公司、中华联合财产保险股份有限公司积石山县支公司、中国大地财产保险股份有限公司积石山县支公司、中国人寿财产保险股份有限公司积石山县支公司等10家金融机构2017年度综合评价工作。加大执法检查力度，对农业银行开展了国库经收业务专项检查。强化对辖内高风险金融机构的检查和问责，年内约谈1家机构负责人。

普惠金融工程　全县金融精准扶贫贷款余额18000万元。提升金融扶贫精准度，全面推广新型农业经营主体主办行制度，金融机构与8家新型农业经营主体签订了主办行协议，授信金额1163万元，贷款1163万元。截至年底，全县精准扶贫建档立卡户15200户，发放精准扶贫贷款6.47亿元，涉及农户14823户，占贫困农户总数的97.52%，占精准扶贫贷款的99.23%。截至年底，发放扶贫再贷款18000万元。全年共发放农林牧副渔贷款166373万元，农村企业及各类组织贷款24397万元。

人民币收付管理与反假币　加强人民币流通监管，督促商业银行做好人民币收付、普通纪念币发行兑换、现金清分、冠子号查询、残损币和小面额货币兑换等工作，人民币整洁度不断提高。开展反假货币工作，社会公众防假反假能力持续提升。

反洗钱　推进辖内区域洗钱风险评估和金融机构洗钱风险自评估工作，引导农村信用社、甘肃银行等地方法人金融机构开展客户风险等级划分工作。

支付服务　推进银行卡助农取款服务和非现金支付手段的推广工作，打通金融服务“最后一公里”。年底，全县共布放ATM机43台，POS机332个，三农服务终端19台，惠农终端69台，金融服务环境不断改善。加强银行账户管理，严格落实银行账户实名制。截至12月底，共开立各类银行账户607户，其中基本存款账户334户，一般存款账户14户，专用存款账户27户，销户232户，变更139户。

经理国库　推广电子缴税业务，截至年末，全县电子缴税比例达75.83%。在预算收支执行工作中建立了部门间信息共享、要件交接、情况通报、联席会议等规范化制度。7月，国库集中支付前置系统正式上线运行，实现了财政一体化系统与TCBS系统的无缝连接，减少了国库资金拨付成本，提高了国库资金拨付效率。截至年底，完成各级预算收入业务11549笔，累计金额21863.89万元，同比增加1148.74万元，增长为5.54%。各级预算支出11943笔，累计金额257316.99万元，同比增加47936.71万元，增长22.89%。其中办理直接支付业务2686笔，累计金额113113万元；授权支付2390笔，累计金额10521.00万元。征信管理与服务全县建立农户信用档案5.94万户，建档率达到97.59%，评定信用农户4.89万户，评定率达到80.5%。开展个人信用报告自助查询设备布放工作，为个人查询信用报告提供了便利条件。

金融消费权益保护　年内及时受理咨询投诉，并做好答复和转办工作，保护了金融消费者的合法权益。同时，以“3·15”“金融知识普及月”为契机，组织开展各类金融宣传活动，使广大群众的金融知识水平和维权意识有效提升。

【中国农业银行股份有限公司积石山县支行】　机构　中国农业银行股份有限公司积石山县支行主要办理人民币存款、贷款、结算、代理、理财、电子银行、信用卡等金融业务。下辖营业室、大河家分理处2个营业网点，设立自助银行服务点4处，分别为乩藏、居集、石塬以及广场西口。全行员工50人，正式在职45人。依托新农合、新农保设立惠农便民服务点133个。

领导名录

行　长：焦兴国

副行长：张金平

　　　　马晓林

经营状况　2017年各项存款95467万元，各项贷款58823万元，实现利润2024万元。比上年各项存款增加8205万元，增长9.4%，各项贷款减少11951万元，负增长16.89%，利润减少377万元。

服务三农　中国农业银行将互联网金融服务三农作为“一号工程”，支行紧紧围绕总分行战略部署，发挥农行助农服务点多的优势，以“四融平台”和e农管家和e商管家综合服务平台对接的契机，提升了三农金融服务，普及惠农通建设工程，安排人员逢集日到惠农点宣传和操作演示，开展宣传培训和客户引导，让群众真正体会到县农行先进的服务网络和便捷的服务体系，让政府真正感受到农行倾力倾情服务“三农”的态度和行动，加快了自助网点建设，2017年3

月初，农行在石塬乡、居集镇的两个离行式自助银行顺利开业，这既是农行服务“三农”的重要措施，也是支持县域经济发展的决心，更是在服务全县“三农”“最后一公里”问题上实现新的跨越。

【甘肃银行股份有限公司积石山县支行】 机构　甘肃银行积石山县支行隶属甘肃银行临夏分行，内设两部一室（信贷部、综合管理部、营业室），2017 年底，有职工 11 人，其中东乡族 1 人，汉族 4 人，回族 1 人，土族 3 人，藏族 2 人；全部为本科学历。

领导名录

行　长：王　旭

副行长：王继霞

经营状况　2017 年底支行一般性存款余额 34184 万元，较年初新增 4926 万元，其中个人储蓄存款余额 20945 万元，较年初新增 3393 万元，新增占比 15.8%；其中活期存款 11348 万元，占比 54%，定期存款 9597 万元，占比 46%；对公存款余额 13533 万元，较年初新增 1827 万元，新增占比 13.4%。对公贷款余额为 11157 万元，占全县对公贷款总额的 40%，同业排名第一，对公贷款投向皆为小微企业贷款，主要投向为养殖业、旅游业、餐饮及住宿服务业、劳务技能培训等。

服务三农　履行金融帮扶责任，推进脱贫攻坚工作。发展整村推进农户贷款，针对信用情况好的村镇整体推进，支持农户种植、养殖等农业生产，支行已对信用较好的大河家、柳沟乡、安集乡部分村纳入整村推进范畴，为柳沟乡上坪村，安集乡三坪村、风林村发放农户贷款，为农户解决了农业生产、牛羊养殖等资金需求，下一步支行将继续积极跟进农户，全力发展三农业务。

【工商银行股份有限公司积石山县支行】 机构　中国工商银行股份有限公司积石山支行隶属于中国工商银行股份有限公司临夏分行，县支行设立于 2011 年 1 月，有员工 7 人。

领导名录

行　　长：杨　宽

副 行 长：敏玉龙

行长助理：马凌荣

经营情况　2017 年累计发放各类贷款 7015 万元，其中：公司贷款 4100 万元，个人贷款 2915 万元。吸收各类存款 17262 万元，净利润达到 354 万元。同时贯彻落实国家关于支持扩大居民消费，促进经济平稳较快增长的各项政策措施，全年配合县公积金中心积极支持解决全县广大干部职工购买住房资金困难，全年发放公积金委托贷款 6043 万元，余额突破 5.8 亿元。

企业优势　支行着眼于未来，始终把“工于至诚，行以致远”的工行企业文化与经营管理紧密结合起来，努力缔造一流的现代化商业银行。近几年来，支行创新服务管理，以解决客户“排长队”为抓手，不断提升服务供给能力，打造一流服务品牌。加快渠道建设，投入大量资金专门用于网点装修、升级改造和增加自助设备，同时，不断梳理改造业务流程，利用科技手段整合优化经营要素配置，改进服务模式，加强员工培训，服务水平、自主创新水平和市场竞争能力明显增强。支行自助服务区设有智能机 5 台、存取款一体机 2 台、取款机 1 台、网银机 1 台，可满足广大客户 24 小时存取款及转账汇款需求。目前已开办的业务有公司金融业务、个人金融业务、公司及个人贷款业务、银行卡业务、代理业务、贵金属业务、电子银行业务等各种金融业务。

【邮政储蓄银行股份有限公司积石山县支行】 机构　中国邮政储蓄银行股份有限公司积石山县支行隶属中国邮政储蓄银行临夏州分行，2017 年底，有职工 12 人，回族 2 人，汉族 10 人；本科学历 8 人，大专学历 4 人。

领导名录

行　长：马家兴

经营状况　2017 年累计发放贷款 289 笔，9700.9 万元，贷款结余 1.94 亿元，净增 903.77 万元。其中发放小额贷款 682 万元，结余 641.46 万元，较年初净增 140.847 万元；发放个人商务贷款 6299.9 万元，结余 13717.1 万元，较年初净增 482.07 万元；小企业贷款 1500 万元，结余 1636.3 万元，较年初净增 837.82 万元；发放消费类贷款 1219 万元，结余 3501.53 万元，较年初净增 407.17 万元。不良金额 769.82 万元，不良率 3.95%；公司业务存款时点余额为 1768.45 万元，较年初净增 727.3 万元；个人储蓄余额 5949.16 万元，较年初净增 457.96 万元。中间业务完成情况：新增保费 13.62 万元；信用卡新增发卡 290 张；普卡发卡 2669 张；电子银行新增 2005 户；代理基金国债等销量 1290.24 万元。

支持地方经济　对接农村市场，选取信用环境较好，产业特色明显的村镇整村推进，累计建成信用村 2 个，通过集中调查，集中发放，提高工作效率。2017 年支行重点支持了大河家核桃苗基地建设项目、保安族腰刀生产基地建设。在大河家陈家创建了信用村，为核桃苗种植农户共计发放贷款 24 户 186 万元，为保安腰刀厂职工发放妇女小额贷款 9 户 45 万元，推动了地方经济的发展。

【信用合作联社】 机构　2017 年，积石山县农村信用合作联社下辖大河家、四堡子、刘集、石塬、柳沟、吹麻滩、大河路、关家川、胡林家、寨子沟、安集、居集、郭干、银川、铺川、癿藏、小关、县联社营业部等 18 家营业网点。县联社设综合管理部、纪律检查部、会计财务部、市场发展部、风险管理部、稽核审计部、安全保卫部、科技信息部等 8 个职能部门。全县正式职工有 114 人，联社机关 32 人，其中保安族 12 人，东乡族 9 人，撒拉族 4 人，汉族 52 人，回族 26 人，其他少数民族 11 人；研究生 1 人，本科 68 人，大专 25 人，中专 1 人，高中及以下 19 人。初级经济师职称 24 人。

领导名录

理 事 长：白万清
主　　任：马金莹
监 事 长：张欣军
副 主 任：马宏伟
　　　　　马永虎
工会主席：马俊虎

经营成果　2017年底，全县农村信用社各项存款余额125012.68万元，其中低成本存款91864.04万元，占73.48%，各项贷款余额191938.26万元，累放各项贷款180534.62万元，累放农贷177033.62万元，累收各项贷款157504.44万元。投入的“涉农”贷款占各项贷款余额的98.17%，服务农户20918户。股金余额5346.29万元，实现盈余491.24万元，2017年累计上缴各种税款1028.58万元，其中上缴地税202.29万元。

服务“三农”工作　2017全年信贷营销和管理突出“高质、高效”原则，重点保证了“三农”资金需求，实现了“多赢”目标。重点支持集镇建设、住宅小区、特色市场、资源开发等建设的优良大客户，加快了县域经济发展及城镇建设步伐。全年累放“涉农”贷款188431.05万元。其中发放农业生产贷款179278.63万元；支持养殖业贷款10096.70万元；农副产品加工贩运贷款2870.80万元；支持虫草、淘金、工程修路等劳务输出55492.41万元；城乡个体工商户贷款25万元；建筑业贷款31185.6万元。

保　险

【中国人民财产保险股份有限公司积石山县支公司】 简称人保财险，2017年底有工作人员17名，其中HR系统人员13人（理赔3人），三农协保员4人。其中少数民族6人，汉族5人；本科学历4人，大专7人。

领导名录

经　理：宋志清

副经理：樊文虎

经营状况　全年完成全险种签单保费1335.31万元，其中车险业务1156万元，占签单保费的86.5%；商业非车险业务137.93万元，占签单保费的10.3%；政策性农险业务42.72万元，占签单保费的3.2%。全险种保费较2016年同比净增183.47万元，同比增长率15.97%。已决赔款755.24万元，全险种简单赔付率为56.56%，同比上升15.42%。2017年代收车船税126万元，增值税54万元，个人所得税32万元。

【中国人寿保险股份有限公司积石山县支公司】 是国有大型保险企业的分支机构，内设经理室，财务室，业务室，2017年底有员工82人，其中少数民族23人，汉族59人，本科3人，大专及以下79人。

领导名录

经　理：祁文成

经营状况　2017年共收取保险费715万元，其中意外伤害保险260万元，健康保险48万元，分红险280万元；共承保8001人，全年共给付满期金367万元，理赔保险金286万元617人，其他业务给付51万元。

城镇规划与建设·环境保护·旅游

城镇建设

【机构】县住房和城乡建设局，为正科级行政单位，下设一个正科级科级事业单位广场办公室，内设人秘股、房地产管理股、城乡建设股、项目股、建筑管理股、住房保障股、物业管理股7个股室。到2017年底共有干部职工51人，其中保安族14人，东乡族10人，撒拉族3人，汉族15人，回族3人，其他少数民族6人；本科5人，大专21人，中专6人，高中及以下19人。

领导名录

局　　长：沙学英
副 局 长：马正祥
　　　　　马爱民
　　　　　马占虎
纪检组长：陕　云

【城乡建设工作综述】 2017年，县城规划区面积9.6平方千米，建城区面积5.26平方千米，全县常住人口22.36万人，城镇人口4.6万人，常住城镇人口4.3万人，城镇化率为19.24%，建成成型道路26条22.38千米，县城房屋建筑面积达216万平方米，绿化面积达1262亩，绿化覆盖率达16%；垃圾无害化处理率达82%，污水处理率达100%，燃气普及率达23%，供水普及率达100%；集中供热点4处，集中供热面积达112平方米。

【城镇基础设施建设】 县城城区道路及管网改造工程已全面开工建设，改造道路19条14.36千米，吹麻滩河县城段河道水生态环境综合治理项目一期工程的全面实施。年底大河家污水处理厂和生活垃圾处理场项目已全面竣工。

通过国家投资、招商引资、民间融资和县级财政自筹等多渠道筹措建设资金，全面加大县城综合开发力度。概算总投资10.05亿元，实施的重点项目共有18项，主要包括新开工项目、续建项目和争取实施项目三个方面。有总投资2.92亿元的县城区19条道路及管网改造项目已完成部分道路地下管网的埋设工程；总投资7919.7万元的吹麻滩河县城段河道环境治理一期工程已完成4道闸坝主体工程和部分河床的防渗处理工程；总投资3260万元的县城东区五条道路工程已完成施工图设计；总投资1.38亿元的县城南北滨河路道路及给排水管线提升改造工程正在编制施工图设计；总投资519万元的县城临大路前庄段S309线桥改造工程；总投资600万元的农贸路大桥改造工程和总投资1200万元的污水处理厂二期扩建工程正在编制可研文件。

【集镇建设】 大力推进大河家新城区综合开发建设，加快肖红坪集镇改造。概算总投资15.4亿元的大河家新城区主要建设完成了物流园区、民族风情博览园、商住开发区三个园区。总投资3909万元的污水处理厂项目和总投资1889万元的垃圾处理场项目已全面完工，总投资5468万元的集中供热项目已开工建设。总投资1.14亿元对肖红坪集镇实施商铺改造和基础设施建设，已完成商铺改造建设425间，总投资380万元的旧街道路及排水工程已基本完工。

【城建监督管理】 协调和配合有关部门，累计开展工程建设领域的督促检查16次，对全县在建的32项工程进行了摸底，建立了台账，狠抓了质量、安全和基建手续等方面的专项治理，下发整改通知书26份，停工通知书14份，加强督促整改，及时消除安全隐患。截至年底，未发生一起质量及安全责任事故；落实房地产市场调控和“去库存”政策，提高中小户型建设比例，遏制了商品房价格上涨的趋势，商品房库存量较小，房地产市场稳步推进；加大燃气企业的监管力度，1月开始在州燃气监管部门的精心指导和现场督查下，加大了对全县三家燃气企业的监管力度，对存在的问题及时进行了整改，确保没有发生一起燃气安全生产事故。全县的公司化物业管理还处于起步阶段，共有5家有资质物业公司，物业托管面积占县城住宅小区总面积的30%，许多住宅小区都自行聘请门卫等形式管理。严格物业公司资格准入，规范物业公司服务标准和收费标准宣传培训和日常监管，提升物业服务的质量和水平；采取“政府扶持、企业化运作”的方式，启动了廉租房小区物业的公司化管理，县上安排了10名公益性保洁员，开展了小区环境卫生的集中整治，小区环境卫生发生了对比性变化；针对金发物业公司放弃对新世纪花苑小区物业管理，住户反响大，已协调吹镇和滨河社区正在招聘有资质的物业公司尽快接管小区物业；协调县城4家集中供暖公司按期实现供暖，同时加强集中供暖锅炉合并工作，拆除县城分散供暖点41处，其中县城34家分散锅炉并入集中供暖管网，4家并入天然气管网，2家换装电锅炉。

【房地产登记与交易】 严格执行《房地产管理办法》等有关规定，办理房屋他项权抵押196件，注销抵押186本，商品房预告登记162件，商品房登记备案154件。

【房地产开发】 落实房地产市场调控和“去库存”政策，提高中小户型建设比例。广场花苑2#楼、丽景家园、金马大厦、积石移民嘉苑等已完成主体工程，总投资5000万元的永盛家园3#、4#住宅楼和总投资1600万元的伟凯二期住宅楼项目已完成主体工程。

住房公积金

【机构】 机构　积石山县住房公积金管理部为临夏州住房公积金中心管理中心下设机构，是参照公务员管理的正科级事业单位，内设资金管理股、信贷股、营业室。2017年底共有干部职工4人，其中保安族1人、东乡族1人、回族1人，藏族1人；本科1人、大专3人。

领导名录

主　任：马忠骥

工作综述　县住房公积金管理部负责全县机关单位、事业单位、国有企业、城镇集体企业、民办非企业单位以及社会团体等单位的固定职工、合同制职工、改制后企业的股东和员工、城镇单位聘用进城务工人员、城镇个体工商户及自由职业人员的住房公积金缴存、提取、贷款、转移、政策咨询等业务。2017年缴存比率按8%执行。贷款利率分5年以下（含5年）和5年以上两种，按中国人民银行规定的住房公积金利率执行。住房公积金缴存、提取、贷款三项业务指标均超额完成州上下达的目标任务，连续三年被州住房公积金管理中心评为先进集体。

归集情况　2017年底全县共归集191个单位，人数为8171人，同比增长4.3%；本年归集8583.89万元，同比增长5.28%；归集完成年计划7500万元的114%。

贷款情况　2017年度全县共发放贷款241户，发放额为7612万元，贷款完成年计划4500万元的169%，个贷率达到104.78%。

提取情况　2017年全年共提取1507人（次）、同比增长3%；提取额为4271.05万元，同比增长12%；提取完成年计划3840万元的142%。

信息化建设　2017年底，建设完成住建部《住房公积金基础数据标准》及《接入全国住房公积金银行结算数据应用系统》工作，并通过了住建部住房公积金及甘肃省住建厅检查验收，达到住建部行业标准规范。公积金业务系统通过住房公积金结算应用系统，与受托银行实现了实时结算，相关功能基本完整，实现了业务驱动资金、资金驱动财务、三账合一，提高了结算业务的时效性和功能性，实现了“秒级”到账，为县住房公积金业务的发展提供了必要的信息系统条件；实现了公积金汇缴实时分解、提取实时入卡、贷款实时发放、资金实时调拨、账户实时监控，管理水平得到全面提升，服务更加高效便捷。并将进一步加强“互联网＋公积金”建设，将传统的柜面业务延伸到网上，让个人用户、单位用户能够足不出户办理业务，打造功能齐全的“住房公积金网厅”。实现“让信息多跑路，职工少跑腿”，为缴存单位和职工提供高效、快捷的优质服务。

规　划

【机构】积石山县规划局为正科级事业单位，隶属积石山县人民政府。内设三个股（人秘股、规划股、执法监察股），2017年底，有干部职工17人，其中保安族2人，汉族10人、藏族1人、土族4人；本科10人，大专4人，中专3人。

领导名录

局　长：白守海

副局长：马尚义

纪检员：鲁逢武

【县城规划编制】根据州下达的规划编制任务，委托广州博厦规划设计院有限公司编制积石山县县域乡村建设规划；委托中交煤气热力研究院编制县城燃气专项规划，委托福建省建盟工程设计集团有限公司编制县城热力专项规划，委托兰州聚贤设计院编制电力电缆排管设计方案。

【村庄规划编制】委托咸阳市规划设计院编制石塬乡肖红坪村、吹麻滩镇中庄村美丽村庄规划，委托甘肃省城乡规划设计研究院编制完成了关家川乡白家沟村、李家山村和胡林家乡山庄村美丽村庄规划；委托甘肃省城乡规划设计研究院编制大河家镇大墩村特色村寨规划；配合县旅游局编制了县旅游总体规划和大山庄峡景区概念性规划，完善了城乡规划体系。

【规划管理】 加强建设项目规划许可后和建设实施过程中的规划监管力度，加大对规划区城乡规划违法违纪行为的查处力度，全面清理现存违法建筑底数，依法果断处置存量违法建设，严厉打击违法建设行为，2017年共拆除乱搭乱建、违法建筑18起，发放责令整改通知书5份，对未按规划条件进行建设的3处违法建设项目，依法进行了罚款并责令整改。

结合“两学一做”教育活动，积极开展“化积案”专项治理活动，严格落实信访制度，公开受理电话和办理流程，热情接待群众来访，受理来访案件8起，经协调全部已妥善解决。

环境保护

【机构】 环境保护局为正科级行政单位，内设6个股（站）、下设环境监察大队（副科级事业单位），至2017年底，有干部职工40人，其中汉族15人，保安族5人，撒拉族1人，东乡族5人，回族8人，其他少数民族6人；本科19人，大专14人，中专以下7人。

领导名录

局　长：樊成锋

副局长：龙世俊

　　　　马坤云

　　　　马玉明

纪检员：周福田

【环境质量】 制定印发了《积石山县2017年度水污染防治工作计划》，共开展了11次黄河断面地表水水质监测。经监测，地表水水质全部达标；空气自动监测站自2月投入运行以来，截至年底，二氧化硫年均浓度值为36微克/立方米、可吸入颗粒物（PM10）年均浓度值为63微克/立方米、二氧化氮年均浓度值为14微克/立方米，细颗粒物年均浓度值为（PM2.5）37微克/立方米，有效监测天数为289天，其中优良天数为242天，优良率为86.1%，空气自动站运行率达到94.6%；制定印发了《积石山县2017年度土壤污染防治工作方案》，完成了辖区土壤环境质量国控监测点的设置，并完成了1次土壤监测。

【污染治理】 制定印发了《积石山县2017年度污染减排计划》，及时给43家排污企业分解下达四项污染物总量减排约束性指标；申请国家农村环境连片整治项目专项资金1200万元、省级专项资金350万元（其中：20个村连片整治项目资金1200万元、中东区供热公司脱硫项目150万元、县政府招待所供热站脱硫项目100万元、福民养殖有限公司有机肥生产线项目100万元），上述项目资金按照项目实施方案均用于以上项目，发挥了应有的效益；县城污水处理厂稳定运行，月均进水量为14.91万吨，月均出水量为14.41万吨。进口化学需氧量均值为

367.18毫克每升、氨氮21.96毫克每升，出口化学需氧量均值为28.83毫克每升、氨氮2.86毫克每升,共削减化学需氧量502.13吨，氨氮28.67吨。通过对27家黏土砖厂安装脱硫除尘设施；永盛、金发、中东区、县政府招待所供热锅炉的提标改造；42台10蒸吨以下燃煤锅炉的拆除并网和94家餐饮单位的油烟污染专项治理，四项污染物排放总量均控制在州上下达的指标以内，其中化学需氧量1754.66吨、氨氮109.72吨、二氧化硫680.93吨、氮氧化物97.12吨。

【农村环境综合整治】 为彻底改善县域人居环境，落实“生态立县”战略，探索建立环境卫生新机制，引进第三方运营公司（中科康洁）承包临大路沿线8个乡镇72个行政村626个自然社5个社区13.1445万人，覆盖区域为328.83平方千米的日常保洁及垃圾中转收运，率先走上了一条政府买服务、管干分离的市场化发展新路子。从5月承包运营以来，日收集、清运、处理生活垃圾100吨，已累计处理城乡生活垃圾21000吨。

【集中式饮用水源地保护】 加强饮用水源地管理，开展饮用水源地执法检查工作（做到有计划、有检查、有记录），同时委托州环境监测站完成县城饮用水源地水质监测4次、农村集中式饮用水源地水质监测4次，经监测，各集中式饮用水源地水质全部达标，保障了全县人民的饮水安全。

【环保行政审批】 全年共办理建设项目环评135家,其中报告表11家、登记表备案124家。

【环境信访】 2017年，共处理群众来信来电投诉10起，来访40人次；做到事事有回应、件件有落实，较好地化解矛盾，维护群众合法利益，促进社会的和谐稳定。

【排污费征收】 在排污收费中，落实国务院《排污费征收使用管理条例》，拓展排污费征收费源，执行收支两条线制度，实现排污费征收稳步增长，2017年共征收排污费7.77万元。

【环保宣传教育】 6月5日是第46个世界环境日，国家环境保护部确定我国“6·5”世界环境日的主题为“绿水青山就是金山银山”。将在全县范围内开展纪念“6·5”世界环境日环保宣传周活动，通过营造强大的宣传声势和良好的舆论氛围，在全县上下形成保护环境、人人有责的良好社会风尚。5月16日县环保局同教育局联合发文，在积石山县各中小学开展环保征文比赛征文活动和召开主题班会、办环境保护主题班会、开展环保主题实践等形式多样的环保宣传教育活动。6月1日，县环保局组织单位职工并联系县民族中学200名环保志愿者在县城大禹广场开展宣传教育活动，在大禹广场及周边道路口一对一地对群众宣传讲解环保知识，并发放环保宣传资料2500份，本次活动使受教育群众对环保工作有了更进一步的认识，提高了大家的环境保护意识。会同县教育局，在县民族中学召开“积石山县保护环境，珍爱家园环保征文比赛颁发会”，对获奖的何婧等36名同学进行了表彰奖励，对参加颁发会的获奖学生、家长及民族中学400余名高二学生进行了环保知识讲解，最后民族中学学生代表倡议大家从自己做起，保护环境。围绕2017年我国“绿水青山就是金山银山”环境日主题，在临大公路沿线共制作安装环保宣传喷绘5面，在前庄新农村路口和中咀岭桥路口处安装6米 ×16米环保主题宣传喷绘2面，在寨子沟、曹姚、田家安装3米 ×6米环保宣传喷绘3面。制作1100个印有环境保护标志和“幸福就是天蓝地绿水净”环保宣传标语的杯子，向县级干部和各乡镇、部门负责人发放，旨在宣传环境保护的重要性。联系临夏民族日报记者在《民族日报》刊登《环境美了　民心暖了——积石山县城乡环境综合整治见闻》《临夏州积石山县全力开展环境保护工作》专稿。

旅　游

【机构】 县旅游局为正科级事业单位，内设人秘、宣传推广、规划发展、统计、政策法规、行业管理及执法大队7个股室。共有职工18人，保安族3人，东乡族2人，撒拉族1人，汉族6人，其他少数民族6人；本科学历3人，大专学历13人，高中学历2人。

领导名录

局　长：马成云
副局长：谭伏兵
　　　　鲁存龙
纪检员：马继海

【旅游综述】 全县已开发景区（点）6处，其中，AA级景区1处，AAA级旅游景区2处，星级饭店5家；农家乐61家，其中星级农家乐12家，专业旅游村3个，旅游扶贫试点村1个，实现旅游接待人数81.3万人，同比增长37.78%，旅游综合收入3.53亿元，同比增长40.23%。

【旅游宣传】 在甘肃卫视上认购了半年播放时长5秒的宣传广告；在积石山旅游微信公众平台上及时发布旅游信息、旅游动态，加大旅游宣传；协调州电视台户外栏目组对大墩峡景区、黄河生态园进行了专题拍摄宣传，指导大墩峡景区更新旅游宣传画册、宣传光盘制作，印制旅游宣传彩页6000份，旅游宣传展板12幅；在大山庄峡景区举办“花儿”歌手邀请赛，邀请百名摄影家来积石山县开展了摄影活动；“5·19旅游日”，开展“旅游使生活更美好”的主题宣传活动，结合“第七届敦煌行·丝绸之路国际旅游节”，成功举办了大河家物资交流会；创建全季旅游，利用春季大河家桃花盛开的时节在黄河生态园组织开展了第一届赏桃花节，在秋季，核桃园举办了核桃采摘节。

【旅游管理】 加强旅游景区安全管理。针对国庆节、中秋节双节期间游客爆棚的实际，联合公安部门安排专人在景区值班，形成旅游安全管理机制。组织宾馆、饭店经理参加宾馆、饭店经理资格认证培训和宾馆、饭店服务人员培训，强化旅游从业人员的管理。加强对旅游景区管理和环境保护，安排干部职工在石海景区、黄草坪景区值班，对景区内存在野炊、乱扔垃圾等破坏景区环境的行为，及时进行制止，并采取相关单位联合执法的方式，加大景区保护力度。签订安全生产责任书，核定游客承载量，执行客流量控制制度，督促完成大墩峡景区主干线上设置减速带 12 处、设置减速慢行标识标牌、道路凸镜，玻璃吊桥上安装避雷针、安装防护网、加固上下木质护栏。完成伊程饭店三星级宾馆、成林度假村五星级农家乐创建工作。

【旅游资源】 积石山保安族东乡族撒拉族自治县位于甘肃省西南部，是一块古老而神奇的土地，历史悠久，古文化积淀厚重，风光秀丽，民情纯朴，是“大禹治水的源头，中国彩陶王的故乡，保安族聚居的地方，生态旅游的乐园，中国花椒之乡，世界民歌‘花儿’采录地”。在我国最早的地理书《尚书·属贡》记载，大禹“导河自积石，至龙门，入于沧海”。说的就是位于大河家乡的有“积石锁钥”之称的积石雄关。它不仅是河州八大景之一，还是古河州二十四关之首。县境内广泛分布着新石器时代的马家窑文化、半山文化、马厂文化和青铜器时代的齐家文化、辛店文化等文化遗存。内涵丰富，具有考古价值的文化遗址 140 余处，批准公布的县级以上文物保护单位有 10 处。丝绸之路、唐蕃古道横穿县境，是商贾云集的茶马互市。1949 年 8 月出土于安集乡三坪村的一件彩陶瓮，体形硕大、线条流畅优美，被郭沫若先生誉为中国的“彩陶王”，现珍藏于中国历史博物馆，1990 年其照片被邮电部制成邮票发行国内外。保安族作为全国五十六个民族大家庭的一员，现有 1.5 万人，县境内保安族人口占全国保安族总人口的 95% 以上，各民族文化交相辉映，穆斯林文化，保安族婚俗、汉族秧歌、酒曲等民间文化具有鲜明的地方特色。精美的保安腰刀、民间刺绣、仿古彩陶等工艺品是民族文化的结晶。这里是青藏高原和黄土高原的交汇地带，风景奇特，既可以看到青藏高原的粗犷，还可一览草原的风光。这里是生态旅游的乐园，境内的积石山巍峨挺拔，山势连绵，极富阳刚之美；吊水峡幽深险峻，鸟语花香，神奇迷人；黄草坪、响水坪草原碧草如茵，牛羊成群；盖新坪绿树葱茏、风光如画。演示着“天荒地老石不老”历史见证的石海，是古冰川遗迹，极具科考价值。其中体形巨大、造型奇特的巨石被称为“鲁班石”，流传着美丽的传说。芳香的花椒飘传各地。悠扬动听的花儿，倾诉着民族的繁荣、辉煌，尤其是盖新坪花儿会久负盛名，源远流长，2004 年被联合国教科文组织确定为世界民歌“花儿”考察采录基地。

【旅游景区建设】 通过积极上报，总投资 1250 万元的大墩峡旅游基础设施项目得到国家预算资金支持，该项目已基本完成建设。按照“政府引导，市场运作”的方式，积极鼓励民间资本投资旅游业，继续加大大墩峡景区投资力度，完成投资 1300 余万元，建设了休闲农家乐、景区入口水景观打造、绿化亮化工程和玻璃吊桥，购置 12 辆观光车，开通专用观光线路。总投资 100 万元的旧城村旅游基础设施建设项目完成建设任务，计划组织验收。修建 2 座大墩峡旅游厕所，项目已完成投入使用。黄河生态园完成投资 350 万元。

【旅游景点】 *石海* 位于积石民俗村西南侧，这里自然景色奇特，河滩内磨圆度较好的大小石头遍布，景观十分壮观。据专家初步考察这可能是第四纪冰川移动形成的冲积扇，在两万多亩的积石民俗村内连片成堆的石头，有若万羊云集，将地球演化时刻凝固在几亿年前的第四纪，似一本打开的书，诉说着几亿年前的故事。演示着“天荒地老石不老”的历史见证。石海中的“鲁班石”，体形巨大，造型奇特，还有一个美丽的传说：相传，很久以前，炳灵寺已扬名天下且商贾云集，香火鼎盛，但由于道路崎岖艰难，又要用皮筏摆渡过河，黄河水急浪高，筏翻人亡时有发生。鲁班见此情景，决心在黄河上架一座桥，沿积石山麓寻找到了很多筑桥基的上等石料。这些石料如何能够运到炳灵寺旁的黄河岸边呢？他冥思苦想多日，一天深夜，神灵托梦给他——何不赶着羊走山川呢？此法让鲁班欣喜若狂。凌晨，他运用法力点石为羊，缓缓地在徒中行进着。农历五月初五拂晓，他赶着“羊群”途经这里时，被一早起担水的村姑发现，村姑望着这满川道的“羊”，惊喜地大喊：快来看呀，哪里跑来了这么多的羊！话音未落，“羊”瞬间变为石头，纹丝不动。鲁班见此情景，长叹一声，瘫坐在这块巨石上，留下了深深的座痕，至今仍清晰可见。该传说与被水淹没的尕鲁坪鲁坪滩的“天下第一桥”遗址流传的故事相对应。2008 年被命名为“甘肃省省级风景名胜区”，2010 年被评为“国家地质公园”。

黄草坪　位于小积石山麓的黄草坪，海拔在 2300 ~ 2600 米之间，为高山草甸草原，面积约 4.2 万亩，地势西高东低，呈东西走向，地形以黄土峁为主，是积石山县主要牧场之一。这里沟梁相间，山坡较缓，草坡面积大，草场分布广，植被发育好，地下水丰富。这儿四季分明，景色各有千秋。春天积雪融化，大地复苏，一片春意盎然的景象；夏日绿草茵茵，遍地黄花，牛羊悠闲地啃食青草，牧人用嘹亮的《花儿》向大自然倾诉；金秋时节，清霜初降，黄草萋萋，别有一番景色。数九严冬，万籁俱寂，白雪皑皑，有若人间仙境。这里气候宜人，对生活在都市的人来说，这儿是天然的氧吧，免费的空调，是回归自然、休闲旅游的好去处。在这农牧交错带，又有浓厚的景观特色，可以体会到草原生活的独特情趣。

盖新坪　位于积石山县西北部、刘集乡河崖村，处于青藏高原的西部边缘，天然、次生灌木林长势良好，是典型的深谷地貌，山脚线多在 2600 米以上，盖新坪林场总面积约 16000 多公顷，是积石山县最大的一片森林。主要树种有：落叶松、油松、大白杨、华山松、云杉等，阴湿幽深的森林之中长满了奇花异草，生长着许多名贵的药材，如贝母、黄芪、党参、虫草、苏门羚、蓝马鸡、雪鸡、狼等野生动物，特别是苏门羚为特有、稀有珍贵动物。整个林地大致呈东北—西南走向，坡度较大。这里青山叠翠，绿树掩映，山花遍野，空气清新，是积石山县少有的森林覆盖区，在此感受大自然的气息，林间野营、休憩别有情趣。每年在盖新坪都有群众自发的花儿歌会，这里是 5 月端午节花儿会的主要聚集点，民间歌手竞展歌喉，纵情放歌，景象壮观。这儿是与松鸣岩、莲花山齐名的临夏三大花儿会场之一。每年农历五月初六，临夏州内几个县及青海省循化、民和、化隆等县都有几千名群众来此浪山，共赴花儿会。盖新坪花儿属于河州花儿，以保安花儿为主。歌手们隐身林中，只闻花儿不见容，盖新坪花儿歌醇味浓，别有一番韵味。

吊水峡　吊水峡是小积石山中一条很长

的峡谷，地处积石山县居集镇强滩村西南。两边山势峻峭，林木繁茂，有诸多山泉汇集而成的河水翻着白浪，泄流而出，在较平坦的地方汇成清澈的深潭。在峡谷中逆流攀缘而上，不时会看到飞奔在山腰的獭兔，飞翔于林中的百鸟和野鸡，盘卧在石板上的蛇，翻起河边的石块，有时还能摸到娃娃鱼。清脆婉转的鸟鸣与哗哗的流水声，汇成一曲优美的交响乐。吊水峡峡谷中，有一处瀑布，俗称“吊水峡瀑布”，落差约 10 米，长期被水流冲击，已形成一个深洞，当地人称“滴水岩洞”，目前尚无人知其深度。这里地形险要，景观丰富，观赏性强，离民俗村较近，是观光、探险、娱乐的好地方。

响水坪　位于居集镇强滩村小积石山主峰海拔达 4309 米的雷帝山脚下，吊水峡谷口的响水坪，面积约 12.3 万亩，是全县最大的草原。“响水坪”也叫“香水坪”，响水坪得名于“水”，吊水峡、杨家峡的两条溪水从西到东从这片草地流过，发出清纯的“哗哗”声，更在这里可以听到吊水峡瀑布凌空而下，直泻谷底，撞击“石缸”（石潭）的轰鸣声。叫“香水坪”是因为山上丰富的芳香植物发出芬芳的香味。夏日的响水坪像一块碧绿的嵌花地毯铺在积石山东麓，绿草如茵，山花烂漫。岗峦苍翠起伏，像大海涌起的波浪。叫不上名的野花一朵朵、一丛丛开放在草丛中，红如火，白如雪，紫如血，黄若金，芳香四溢，蝶飞蜂舞。飞翔的小鸟和悠闲的牛羊使这广阔的草原更加美丽。良好的生态，优美的景观，凉爽的气候是夏季休闲避暑的好地方。

大山庄峡　大山庄峡景区位于县城西北，积石山东麓刘集乡河崖村，它的南面是碧草如茵、风光秀丽的黄草坪草原，前面是盖新坪林场，西北面是被称为二十四关之首的积石雄关。大山庄峡景区由南峡、中峡、北峡三个峡谷组成，景区内群山叠翠，奇峰怪石遍布其间，大小瀑布共有 10 多处，巨石间清泉跳动，悬崖上水幕、珠帘悬挂，自然景观十分丰富。南峡有三处瀑布，其中离峡口 500 米处的一道瀑布，因长期冲刷巨石，在底部巨石上形成了一个边缘光滑、深不可测的深潭，当地人称为石缸，每当有人到此都会投石其中，探其深浅，冬去春来，投石无数，石缸依然如此，石块流向何处不明去向。因此，这里流传着一个传说：曾有樵夫两次到此，第一次探缸的时候把两条 10 米长的绳索连接起来，将一段投入其中，探深浅，虽然没有探明深浅，但是捞到了一支金贵的发簪，第二次探缸的时候碰到了正在洗澡的仙女，不小心捞到了仙女的绣花鞋，仙女在找寻绣花鞋时看见了憨厚的樵夫，两人一见如故，从此以后仙女和樵夫隐身林中，相亲相爱地过日子。中峡深处，有一道落差约 50 米的瀑布，从悬崖峭壁上飞流而下，形似仙女腰间滑落的一缕白纱随风飘动。北峡内的瀑布，落差约 8 米，水面宽约 7 米，水层比较薄，石壁上水花四溅，形如一幕珠帘。每年农历五月初八这里都有群众自发组织的花儿会，这一天临夏州邻近的几个县市，以及青海省循化县、华隆县、民和县等成千上万名群众携着酒肉，约上好友，结伴而行，兴高采烈地云集大山庄峡，这一天的大山庄峡可以说是人的海洋、歌的海洋、欢乐的海洋。在对面的山坡上，沟谷旁、小河边、树林中都可以看见人们两个一对，五个一伙，尽情地竞唱花儿。从 2011 年开始开发大山庄峡的大禹旅游开发有限公司在这里举办花儿演唱会，2017年在这里举办第三届花儿演唱会，邀请到甘肃省和青海省著名的花儿歌手到此演唱，受到了当地花儿歌迷的青睐，从而大大提高了盖新坪花儿会场和大山庄峡的知名度。

大墩峡　大墩峡是积石山县重要的景点之一，它位于大河家镇，积石雄关峡口处，西面是著名的孟达天池，这里海拔在1800～3300米之间，面积达到4.7万亩，走进峡内，会看到峡内群山叠翠，灌木丛生，奇花异草充满山谷，谷底清溪潺潺，流泉飞瀑遍布其间；这里植物茂盛，景色秀丽，令人心旷神怡。这里生长着许多名贵的野生药材，比如说虫草、党参、当归、黄连等，有猞猁、雪鸡、鹿等一些野生动物，也有野蘑菇、野韭菜等一些珍贵的野生蔬菜。这里年均气温在13～18摄氏度，7月是这里气候最热的时候，温度也只有15～22摄氏度，因此这里是休闲避暑的好地方。

积石民俗村　积石民俗村旅游风景区包括民俗村、吊水峡、石海、黄草坪、盖新坪五个景点，是积石山县2000年起修建的重点旅游开发区，2004年县政府批准为县级旅游风景名胜区。现已成为县城公园，是积石山县旅游的中心点。民俗村投资500多万元，是通过保安族、东乡族、撒拉族三院民宅，集中展示保安族、东乡族、撒拉族民宅的建筑风格和生活习俗的旅游点。这里有提供餐饮娱乐服务的“石宫”十多座、民俗村牌坊门以及凉亭、喷泉、鱼池等设施。在这里，不但可以领略到保安族、东乡族、撒拉族三个民族的不同生活习惯，还可以品尝到民族独特的美味佳肴。一到艳阳高照的夏日，绿树成荫，流水潺潺，这里是避暑度假的理想地。

积石雄关　位于积石山县大河家镇关门村，地处巍峨的积石山麓，积石峡东口，南倚巍峨高耸的积石山峭壁，北临浊浪滔滔的黄河深渊，东距河州（今临夏市）60千米，西距循化县城45千米，地理坐标东经102° 27′，北纬35° 48′。关口两侧悬崖近90度，最宽处8～10米，黄河穿关流入县境，地势险要，易守难攻，有“积石锁钥”之称。历来是丝绸之路和唐蕃古道之要隘，是军事之要地，甘青之门户。积石雄关为河州关之首，积石峡内黄河中流，两岸削壁千仞，危石险峰，横出天汉；黄河激流奔湍，冲出石峡东流而去。每当盛夏季节，云雾缭绕的积石山好像腾空起舞的玉龙，而雄奇险峰的积石关，犹如这条巨龙怀抱里的一颗宝珠，出类拔萃，引人入胜。被列为“河州八大景”之首。晋成公绥在《大河赋》中赞美：“览百川之洪壮兮，莫尚美于黄河，潜昆仑之峻极兮，出积石之嵯峨。”明御史李玑赞道：“美哉，山河之固，金城形胜，莫有过此者，皆大禹圣人之功也。”明嘉靖《河州志》载：“两山如削，河流其中，西临蕃界，险如金城，实系要地。隋置临津关，命刘权镇之，李靖伐吐蕃经积石，宋元立积石州，洪武改为关。”据史料记载，夏之前，沧海横流，洪水滔天，尧帝用鲧治水，劳而无功。舜继尧位，诛鲧，使鲧子禹续其父业治水，禹劳身焦思，在外三十年，三过家门而不入，导河积石，至龙门，入于沧海，息了水患，舜因禹功，传位于禹，禹建夏朝。积石峡内千沿壁立，有大禹开山壁石之痕迹。相传为大禹导河憩息之处，人称“禹王石”，石上有禹憩息坐痕犹存，

当地群众信为神石。积石关在历史上是中原农牧民族与青藏高原少数民族的分界线，是中原王朝与羌、吐谷浑、西夏、蒙古等部族争夺的军事要地，很早在这里设置过县、军、州、驿站、关隘。积石关壮美的风光，大禹导河的千秋功业及传说，古丝绸之路和唐蕃古道要隘，历代兵家必争的军事地位及悠久厚重的历史而声名显赫，吸引无数游客前来观光。

临津古渡　临津古渡始于汉代，繁荣于唐宋时期，从汉代到明、清以及近代，一直是黄河上游的重要渡口。西进新疆，南入西藏。千百年前的丝绸古道上，魏魏积石雄关旁，昔日叱咤风云，有锁钥之称的临津关，如今只留下了一墩石锁，两条铁锁。汉武帝时，古渡一带是兵家必争之地，汉羌各族聚居于此。据《隋书·炀帝记》隋炀帝亲自出巡陇右，河西地区，亲临前线指挥与吐谷浑作战，从临津关渡黄河至西平，降伏吐谷浑10万余人，畅通了丝绸之路，密切了内地和西域，西亚和欧洲国家的贸易和文化交流。隋炀帝在现今的张掖地区召开了有名的“西域十六国”大会。到唐时，汉藏互通友好，丝绸之路和唐蕃古道上来往的使者，商贾络绎不绝。北宋熙宁年间，大河家古渡边设有茶马互市的榷场，各族人民和平贸易，明清时期，商贩们从兰州、四川、陕西等地运回丝绸、布匹在大河家销售。民国时期，在大河家经营棉布、杂货的“永盛祥”“兴盛祥”“全盛祥”商号在当地颇有名气，其中永盛祥最为著名。1949 年 8 月 28 日，为解放青海、新疆，王震将军率大军进驻大河家，当地人民配合大军顺利渡河。1988 年 11 月黄河大桥通车，结束了临津古渡的历史使命。

人力资源·民政·民族宗教事务

人力资源工作

【机构】 县人社局为正科级行政单位，内设人秘股、工资福利股、调配股、劳动监察大队、调解仲裁管理股、职称改革办公室、档案室、事业单位人事管理股、就业促进股、公务员管理股，协管县劳务工作办公室、县社会保险中心、县医疗保险中心、县就业服务中心。

领导名录

局　长：马延平（2017 年 9 月离任）
　　　　马成义（2017 年 9 月任职）
副局长：马学智
　　　　马自成
纪检员：何世明

【公务员登记】 2017 年全县机关公务员单位 52 个，共登记公务员、参公人员 993 人，其中公务员 744 人（女性 106 人，少数民族 542 人），编制数为 925 人；参照公务员 249 人（女性 94 人，少数民族 171 人），编制数为 597 人。

【专业技术人员职务评聘】 2017 年全县专业技术人员共 3516 人，其中女性 1443 人，少数民族 2052 人，高级职称 218 人，中级职称 1188 人，初级职称 1646 人，未评职称 464 人。

【干部考核】 优秀人员比例为 10% ~ 15%，优秀人员名单上报州人社局备案审批；被确定为“基本称职”等次的，按照“称职”以上等次享受正常晋升职务和级别工资；连续两年被确定为“基本称职”等次的，按“不称职”有关规定处理；对无故不参加年度考核的人员，由本单位根据具体情况直接定为“基本称职”或“不称职”。2017 年底，确定公务员、参照公务员管理事业单位优秀人员 63 人，确定事业单位优秀人员 915 人。

【大中专毕业生就业】 2017 年高校毕业生 654 人，就业 291 人（其中通过积极实施省基层服务项目招录考试，三支一扶、村干部、特岗、西部志愿者计划等项目共招录 97 名；实施引导高校毕业生进企业项目招录 70 名；公建民营幼儿园项目招录 28 名；高校毕业生转移就业 96 人），未就业 363 人（其中本科 76 人，大专 121 人，高职 166 人）。

【工资】 2017 年，对 618 名聘任职称人员、68 名晋升职务人员、29 名晋升警察警衔人员、27 名干部遗属补助享受人员、农林牧等 7 个单位享受岗位津贴人员落实了工资待遇。

【干部人事档案管理】 2017 年严格按州委组织部关于干部人事档案审核回头看工作，对全县干部“三龄两历”（年龄、工龄、党龄、学历、简历）进行审核，对 5000 多份档案逐页逐项地核对，对档案中缺少的主要材料补充收集归档、整理装订，确保了干部人事档案材料的完备及干部的出生、入党、参加工作时间和学历学位等信息的真实可靠。

【劳动监察】 全面建立以劳动合同管理为基础的劳动用工登记制度，加大对用人单位签订劳动合同情况的执法监察力度。2017年全县签订劳动合同用人单位36户，签订劳动合同1817人；签订集体合同用人单位13户，覆盖职工1239人。受理拖欠农民工工资案件18起，结案18起，为622名农民工讨回工资798.66万元。110家建设单位缴纳了农民工工资保证金1366.41万元，按规定返还建设单位农民工工资保证金582.15万元。

就业中心

【机构】 县就业服务中心成立于2013年10月，是县政府下属的机关事业单位，负责全县就业工作。截至2017年底有干部职工14人，其中本科文化5人，大专文化9人；少数民族职工7人。

领导名录

主　任：朱育昌

副主任：马海龙

【工作综述】 截至年底，全县城镇新增就业2810人，完成目标任务数2800人的100.4%；城镇登记失业率2.31%。建设基层就业平台6个。

【城镇就业】 根据州人力资源和社会保障工作会议精神要求，抽调9名临时工作人员在吹麻滩镇的滨河社区、广场社区、团结社区、毌藏镇的旧城社区、居集镇的居集社区、大河家镇的大河社区开展了适龄劳动力人员和新增就业人员的登记工作，及时跟踪调查，掌握其电话号码、就业单位、年龄、就业岗位等工作动态，完成城镇新增就业2810人，城镇失业率控制在了4.0%以内。

【技能培训】 根据市场需求和培训对象的特点，不断更新培训内容，改进培训方法，有针对性地开展实用、有效的技能培训，提高他们的就业能力。同时开展创业培训，对有创业能力的下岗失业人员开展创业培训及信息咨询，提高其创业能力。在做好自身培训工作的同时，鼓励兴办民营职业培训机构，合理配置教育资源，不断扩大培训规模，多渠道、多层次地提供职业技能和创业能力培训。年内完成创业能力培训100人，返乡农民工培训60人。

【小额担保贷款】 帮助符合小额担保贷款条件的就业人员申请小额担保贷款，落实小额担保贷款财政贴息政策，解决创业者就业发展的资金困难。新增创业担保贷款2400万元，新增创业担保贷款基金200万元。通过创业贷款扶持，使更多的就业困难人群实现就业。

【就业政策宣传】 发挥网络、电视、报刊等媒体作用，开展“创业带动就业宣传周”“高校毕业生就业创业服务月”等宣传活动，把各项就业创业的优惠政策进行宣讲，激发了全民创业激情。

【就业援助】 帮扶“4050”和困难人员就业，重点解决零就业家庭人员的就业援助，做到“出现一户、核实一户、纳入一户、帮扶一户、清零一户”。同时，制定就业援助方案，落实援助责任，对困难人员和“零就业家庭”

实行了以就业援助、岗位援助、资金援助等方式的援助；探索公益性岗位开发机制，规范公益性岗位管理，为促进城市管理、维护社会稳定、保障改善民生发挥了重要的作用。

机构编制

【机构】 县机构编制委员会办公室为正科级行政单位，内设电子政务中心、审改办、人秘股、综合股，下设事业单位登记管理局。2017年底，有干部职工13人，其中保安族1人，回族4人，汉族4人，土族4人，本科2人，大专11人。

领导名录

主　任：范宏俊

副主任：乔瑞平

　　　　王先海

　　　　豆增英

【机构编制】 2017年县编办开展控编减编工作，完成了机构管理体制调整。完成了17个乡镇司法所体制改革，17个乡镇司法所由副科级升格为正科级；梳理完成了法院、检察院人员编制、内设机构、领导职数的核定，为法检体制改革工作奠定了基础；完成了人大内设机构的规范管理，成立了1个办公室、2个委员会、4个内设机构；推进了纪委、监委体制改革，成立了中共积石山县纪律检查委员会；梳理推进乡镇体制改革，对关家川乡进行环境保护工作站的试点工作；按照“撤一建一”原则，撤销广场办，成立了县引水局，撤销了县农合办，成立了县医改办。

【行政审批工作】 2017年，启动了权责清单清理审核工作，对政府工作部门的权责清单进行了梳理加载更新，全县共有权责清单1711项：行政许可133项、行政处罚1114项、行政强制125项、行政征收11项、行政给付8项、行政裁决5项、行政确认21项、行政奖励17项，行政监督39项、其他行政权力238项，责任事项9964项，追责情形13037项；梳理了公共服务事项59项，提交政府常务会议并讨论，现已公布；通过清理、调整、承接，全县累计承接省、州下放行政许可62项，清理取消行政审批128项（取消非行政审批事项14项，行政审批事项114项），全县政府部门现行行政审批事项共158项，州驻县单位行政审批事项7项，备案制管理项目36项，并在政务网上予以公布，研究印发了《积石山县行政审批监督管理办法（试行）》《积石山县行政审批事项目录管理办法》，规范审批行为，严控新设行政许可，将保留的行政审批事项、与企业和人民群众密切相关的政务服务类事项全部纳入政务大厅，实行集中受理；对全县政府工作部门中介服务事项进行了全面的清理，对各单位上报的中介服务事项按照法律法规和文件依据进行了审定，确认县级行政审批中介服务事项共9项；对要求取消和下放的事项，及时地进行了更新，并在政务网上予以公布。

劳务工作

【机构】 县劳务工作办公室为正科级事业单位。设有办公室、财务统计、培训鉴定、劳务输转宣传等4个股室。2017年底有工作人员25人。本科6人，大专10人，中专及以下9人；保安族1人，东乡族3人，撒拉族1人，回族1人，汉族11人，其他少数民族8人。

领导名录

主　任：杓进科

副主任：马小义

纪检员：梁海潮

【**技能培训**】 全年完成各类培训2.53万人次，占任务2.5万人的101.2%，其中完成农民实用技术和技能培训1.07万人次，占任务0.8万人的133.8%，开展劳务技能培训33期4360人（其中就业技能培训2510人、劳务品牌培训1100人、岗位提升培训50人、示范性培训700人）。同时在厦门市海沧区支持下，开展了三期以牛肉拉面、电焊、瓦工专业的技能培训班，共培训贫困劳动力482人，占州上下达任务430人的112%，完成技能鉴定1338人，占任务1000人的133.8%。通过"三免一补"（免培训费、免教材费、免鉴定费，补助交通或伙食费）方式，对当年脱贫的贫困村，轮流开展牛肉拉面、电焊、瓦工等26期技能培训班，共培训4391人；开展电商培训1期118人；在劳务办集中开展汽修技术培训1期21人、装挖机培训2期368人；民族刺绣培训3期268人。

【**劳务市场开拓**】 全县劳务人员遍及全国20多个省市，打造"诚信劳务"，在江苏、福建、北京等地建立100人以上的劳务基地20多个。采取走出去、多考察、多衔接、多联系、多争取的方式，加大与厦门市海沧区劳务协作，在巩固原有劳务输转基地的同时，开辟了新的劳务输转基地，利用春节前企业普遍缺工的有利时机，巧打"反季节"劳务输出牌，将一部分有外出务工愿望的青年有计划、有组织地输转到了东南沿海等地务工。

【**劳务输出**】 全县共输转剩余劳动力6.91万人次，占任务6.9万人的100.1%，其中有组织输转3.2万人次，占任务3万人次的106.7%；向东南沿海输送两后生（未升入高一级学校的初、高中毕业生）1500人，占任务1100人的136%；向厦门市海沧区有组织输转贫困劳动力和"两后生"272人，占州上下达任务225人的120.9%。

【**劳务管理**】 采取召开劳务座谈会、劳务典型现身说法、印发宣传资料、进村入户等多种形式，宣传劳务政策法规、外出务工常识，免费发放《劳动合同法》《就业促进法》和《劳动合同实施条例》及各种招工信息2万多份。坚持向东南沿海输出和就近就地转移就业并举的原则，以劳务经济人和劳务带头人输出为主要形式，扩大劳务输出规模。通过摸底调查，对全县劳动力状况、培训需求等方面做了详细的登记，制定农民工培训计划，召开务工座谈会、举办培训班，进行外出务工常识、合法权益保护、政策法规培训，按照"乡村组织、劳务培训中心培训"的模式，通过三免一补方式，开展各类培训项目。组织人社、发改、教育、财政、劳务等部门，召开劳务协作工作推进会议，建立了乡、村两级劳务协作工作机构，落实了专门的工作人员，印发了《关于贯彻落实海沧区东西部扶贫劳务输转工作的通知》等指导性文件，形成了企业、部门、乡镇、村社及驻村帮扶工作队共同参与的工作局面。邀请厦门市海沧区工作组前来考察对接东西部扶贫协作工作，签订了海沧区与积石山县人力资源合作协议，同时为海沧区—积石山县劳务输转站的成立举行了揭牌仪式，落实政策鼓励外出，出台了针对赴海沧区就业务工人员的交通补助政策，激发了贫困劳动力就业的积极性，形成了“政府引导、中介帮带、个人参与”的良好局面。发挥劳务中介门路广、反应灵、信息多、行动快的优势，把“劳务中介”和“劳务基地”有机联系起来，建立了资源共享、有序竞争的输出机制，搭建起市场需求与市场供给的对接平台；为务工人员提供就近就地的信息服务；坚持统一组织、统一招收、统一培训、统一护送，使务工人员输出有人送、输入有人接、维权有人管；建立了输出人员定期回访制度，在务工人员相对集中的劳务基地进行回访，听取务工人员的意见和建议，协调解决工作、生活方面的困难和问题。

【劳务收入】 劳务收入逐年增加，收入达到11.01亿元，占任务11亿元的100.09%，占到农民人均纯收入的65%以上。

民政工作

【机构】 积石山县民政局为正科级行政单位，内设人秘、福慈、社救、城乡低保、民政、城乡医疗、双拥安置、优抚、老年人活动中心、核对中心等股、室、办和综合社会福利院、儿童福利院、社会救助站三个股级事业单位，垂直管理17个乡（镇）办公室。下设一个管理慈善协会为科级事业单位，2017年底，干部职工56人，其中汉族5人，少数民族51人。

领导名录

局　长：韩　岳

副局长：马玉成

　　　　马伙雄

　　　　鲁怀孝

纪检员：王玉鹏

【综述】 2017年获得了全州民政工作考核三等奖，中共甘肃省委宣传部、中共甘肃省委统战部、甘肃省民族事务委员会授予全省民族团结进步示范单位。

【救灾救济】 2017年，应对干旱自然灾害，发放救灾款480万元，妥善安排3万人灾区群众的基本生活。开展“一门受理、协同办理”救助机制，对因临时性、突发性等原因造成931户3049人生活困难家庭，发放临时救助金165万元，真正做到困难群众“求助有门、受助及时”；防灾减灾救灾帐篷、棉被、棉衣裤、毛毯、折叠床等物资储备充分，能满足2万人紧急转移安置所需。

共救助流浪乞讨人员39人（次），发放救助金4180元，有力维护了受助人员的合法权益。

【城乡低保】 全年城市低保对象1937户6411人，由每人每月保障标准421元提高到461元，月保障标准提高8%，发放城市低保金2500万元；农村低保对象20092户74454人，月保障标准比上年提高22.6%，一类对象1799户5590人，每人每月从285元提高到292元，二类对象1873户6941人，每人每月从249元提高到275元，实现与扶贫脱贫线“两线合一”，促使一、二类农村低保对象实现政策性脱贫。不再提高农村低保三、四类对象补助标准，年发放农村低保金1.1亿元。

【特困供养】 农村五保供养1874户2407人，省级补助标准比上年提高8.4%，其中集中供养155户167人，每人每年由5000元提高到每人每年5420元，分散供养1719户2240人，由每人每年3925提高到4255元，地方配套资金600元不变，年发放五保供养金1185万元。

孤儿保障实行城乡一体化，全县孤儿735人，其中集中供养对象172人，每人每月1000元；分散供养对象563人，每人每月640元，年发放孤儿保障金640万元。

【残疾人“两项补贴”】 由各乡镇认真审核补贴对象，残联进一步认准对象，登记造册，提供花名，由财政拨款，县民政按花名将两项补贴资金按时发放到户，进行社会化发放。重度残疾人护理补贴2136人，困难残疾人生活补贴2461人，每人每年1200元，县级配套补贴足额到位，年发放残疾人“两项补贴”552万元。

【城乡医疗救助】 按照“基本医保＋大病保险＋医疗救助”的路径，对3500名患有疾病的困难家庭及时给予了救助，对低保户、五保户等8万多人资助参合参保，发放医疗救助资金1200万元，有效缓解困难群众看病难问题。

【福利机构安全生产】 成立了福利机构安全生产检查小组，与儿童福利院、养老院签订了安全生产目标责任书，完善了各项制度，不定期对福利机构安全进行专项检查，建立了值班人员每天1次、院长每周1次、分管领导半月1次、局长每月1次的安全生产专项检查长效机制，做到了有组织、有人员、有安排、有总结的“四有标准”。

【项目建设】 总投资625万元的刘集乡敬老院主楼工程已全面完成，正在进行装饰等建设附属工程；4个城市社区日间照料中心（吹麻滩镇广场社区、团结社区、大河家镇大河社区、乩藏镇旧城社区）建设项目和10所农村互助老人幸福院（柳沟乡马家村、关家川乡赵家湾村、李家山村、乩藏镇杨家岭村、安集乡前进村、银川乡阳坡村、寨子沟乡麻沟村、吹麻滩镇前岭村、铺川乡上庄村、胡林家乡山庄村）设施设备配套项目全面落实。救灾物资储备库维修采购项目全面完成。

【双拥优抚安置】 以落实军地互办十件实事为重点，开展多种形式的双拥共建活动，以创建双拥模范县城为动力，加大了优抚对象的定期核查力度，核除农村籍年满60周岁退伍军人和老复员军人死亡人员13人，更新了优抚对象信息数据库，提高优抚工作的规范化管理水平；安置了符合条件的6名转业士官；对30名参加驾校培训学习的退役士兵，每人补助1000元的培训费；对650

人优抚对象，发放优待抚恤金350万元；对22名退役士兵，发放优待金91.5万元；顺利通过了双拥模范县的届中检查验收。

【社会事务】 全年办理结婚登记1797对，离婚登记56对，补发结婚登记204对，补发离婚登记8对，调解和好率达96%。

民族宗教事务管理

民族工作

【机构】 积石山县民族事务委员会隶属县人民政府，为正科级行政单位。2017年底，积石山县民族事务委员会有正式干部职工25人，其中保安族8人，东乡族4人，撒拉族1人，汉族2人，回族9人，土族1人。内设办公室，经济发展股和民族股。

领导名录

主　任：马金华

副主任：马元俊

纪检员：马占义

【实施人口较少民族发展资金项目】 2017年度省上共下达少数民族发展资金5461万元，资金到位5461万元。整合项目资金4417.5万元，实施了积石山县小型集中及分散供水改造工程；同时，组织实施了以居集镇强滩村村社道路拓宽改造硬化工程为主的少数民族发展资金项目9项，1043.5万元，硬化村社道路19.59千米；出彩工程1项，培训清真厨师1585人次，非物质文化遗产传承人培训15人次。

【清真食品监管】 2017年底，全县共有清真食品产业192家（由于动态管理，全县的清真食品产业由年初的201家变为年终的192家），从业人员1145人（主要岗位穆斯林员工人数984人，占员工总数的85.9%），其中清真餐饮业180家，从业人员843人；超市7家，从业人员112人；清真食品生产、经营企业6家，从业人员190人。这些产业、企业主要分布在全县吹麻滩镇、大河家镇、刘藏镇和居集镇等少数民族聚居的乡镇。

【民族团结进步创建】 通过采取媒体宣传、文艺宣传、网络宣传、户外宣传等多种行之有效的宣传方式，开展民族团结宣传教育活动。促进了各民族交往交流交融，实现民族大团结、经济大发展。打造了民族中学等民族团结进步示范点10个，分批打造了示范点38个（其中示范学校6个，示范乡镇8个，示范机关8个，示范村6个，示范寺庙5个，示范医院6个，示范商场及军营各1个）。同时，经县委、县政府同意，民委积极推荐申报县教育局、民政局为“全省民族团结进步示范单位”，柳沟乡阳山村为“全省民族团结进步示范村”，马以色家庭等6户为“全省民族团结进步示范家庭”，并得到省上表彰命名；申报刘集乡阳洼村党支部书记周春山为全国民族团结进步先进个人，积石山县于2017年12月26日被国家民委命名为第五批全国民族团结进步示范县。

【矛盾纠纷化解和风险隐患排查工作】 加大民族领域矛盾纠纷和安全隐患排查化解工作

力度，建立健全民族矛盾纠纷排查登记制度，坚持以团结、教育、疏导、化解的方针，依法调解、处理民族矛盾纠纷，重点做好党的十九大期间和全国“两会”及春节等重要节假日民族领域维稳工作，实行“日报制”。

2017年度被州民委评为全州民委系统工作目标管理考核优秀单位，陕进明同志被评为全州民族工作先进个人。

宗教工作

【机构】 县宗教事务局是县政府下属正科级单位。内设办公室、宗教股、朝觐股和宣教股，2017年，有干部职工26人，其中保安族5人，东乡族5人，撒拉族4人，汉族2人，回族10人。

领导名录

局　长：马正录
副局长：马　蛟
　　　　马海珍
纪检员：王国海

【综述】 积石山县是一个多民族、多宗教、多教派并存的少数民族自治县，全县总人口为26.18万人，有伊斯兰教、佛教、道教三大宗教，共有宗教活动场所514处，教职人员872人，信教群众23.1万人，占总人口的88.2%。其中：伊斯兰教活动场所381处，有教职人员554人，信教群众13.5万人，占信教群众的58.4%；佛教、道教活动场所133处（藏传35处、汉传21处、道传77处），教职人员318人，信教群众9.6万人，占信教群众的41.6%。

【宗教事务管理】 先后两次组成5个督查组，分赴全县各乡镇和重点宗教活动场所，督促落实宗教工作会议精神的学习传达和贯彻落实情况；深入宗教活动场所和教职人员中，查找存在的问题，共同分析原因，提出了一些行之有效的办法。与统战系统各单位和教育部门配合，先后三次分组深入全县所有幼儿园，全面核查幼儿园特别是民办幼儿园管理情况，审核课程设置，禁止宗教课程进幼儿园。统战系统和文化、教育部门联合督查抽查，没有发现宗教非法出版物，宗教活动的视频、图片和资料。

2017年，按照州宗教局、州住建局安排，县宗教局、县住建局和各乡镇摸底排查共有49处D级宗教活动场所，其中伊斯兰教场所29处，佛教、道教场所20处。

召开了统战、宗教和乡镇宗教办干部会议，专门传达了有关文件和讲话精神，明确了职责，签订了责任书，把管理宗教工作的实绩作为考核评价干部的依据，解决了部分宗教干部存在的不会管、不愿管、不敢管、能推则推、能拖则拖等缺乏担当的现象。

【数据库更新】 根据《临夏州宗教教职人员管理办法》和《临夏州宗教活动场所管理办法》规定，将已审批的宗教教职人员、管委会成员按照数据库录入要求，注意录入数据库系统。截至年底，已录入在职教职人员582人，已备案教职人员290人。

【朝觐工作】 2017年朝觐成行人员170名。按照国家和省州政策规定，选派了宗教、伊协和乡镇宗教办共4名同志作为带队人员，对朝觐人员严把年龄关、二次朝觐关和排队顺序关，完成了初审、复核、缴费、体检、培训等工作，按照统送统接、严谨细致的工作思路安全有序地完成工作任务。

伊斯兰教协会

【机构】 积石山伊斯兰教协会为正科级事业单位。2017 年底有职工 13 人，其中男 6 人，女 7 人；保安族 2 人，东乡族 3 人，撒拉族 2 人，回族 6 人。

领导名录

名誉会长：马邦河
会　　长：韩志明
副 会 长：马振辉
　　　　　马　伟
　　　　　韩延成
　　　　　韩学俊
　　　　　马忠孝
　　　　　马奴勒
　　　　　张牙古白
　　　　　马忠英
　　　　　冶成仁

【宣传教育】 在全县伊斯兰教界开展了学习十九大报告的专题活动。配合县委统战部、宗教局全面掌握全县伊斯兰教宗教场所的动态，对不稳定因素认真进行了排查，并开展了控辍保学宣传动员活动。

【主要工作】 4 月，名誉会长马邦河，会长韩志明参加中国伊协第十二次代表会议，12 月，韩志明会长参加全国宗教界人士在厦门举办的十九大专题培训会议。伊协干部马明文任甘肃省朝觐团第三分团团长，带领该团哈吉赴沙特完成朝觐任务。办理了延期阿訇证 80 个。配合宗教局对全县 30 名阿訇、拱北道堂负责人进行了斋月慰问。

佛教协会

【机构】 积石山县佛教协会于 2002 年 7 月由积石山县机构编制委员会核定编制，2003 年 3 月县政府批准成立，为正科级建制事业单位。佛教协会有职工 16 人，男 12 人，女 4 人。

领导名录

会　长：王占国
副会长：李成胜
纪检员：苏廷佐

【宣传教育】 2017 年，利用法会和庙会等教职人员和信教群众相对集中的机会，结合民族团结进步宣传月活动，集中开展对十九大精神和民族宗教政策法规、新修订《宗教事务条例》宣传教育活动 6 场（次），发放宣传品 600 余万份，召开座谈会、培训会 6 次。

【关心关爱教职人员】 2017 年 8 月在甘肃社会主义学院第三十八期培训佛教、道教教职人员和管委会人员 15 人，佛协 2 名工作人员带队参加。春节期间，对佛道教 38 名教职人员进行了春节慰问（藏传佛教教职人员 7 人、汉传 3 人，道教 28 人）。宗教界政协委员 10 人。

【宗教事务管理】 2017 年 10 月，银川乡西番庄寺第三世活佛牛夏茸转世灵童已得到省宗教局审批。2017 年 12 月 29 日，省宗教局批复久美旦增坚措为寨子沟乡善家寺第七世善法台活佛转世灵童，按有关规定程序择日举行坐床仪式。这两个活佛的审批，县佛教界长达 20 年的群众上访问题得到彻底解决，赢得了广大信教群众的认可。认定上报佛教教职人员 1 人，认定待上报道教教职人员 7 人。年内认定任职备案 10 人，完成了 149 名道教教职人员的道士证换证工作，对不符合任职的 13 名道教教职人员进行了注销。

库区移民·地震服务

库区移民

【机构】 县库区移民局为正科级事业单位，内设人秘股、项目管理股、财务股。2017年底，有干部职工18人，其中汉族7人，回族2人，东乡族2人，保安族6人，其他少数民族1人；本科学历4人，大专学历4人，中专（高中）10人。

领导名录

局　长：马　彪

副局长：马德瑞

　　　　许宏全

纪检员：申　晖

【工作概述】 全年共编制大中型水库移民后期扶持项目计划7项，总投资2305.88万元。2017年，省州共下达各类资金计划876.88万元，其中：基础设施建设项目2项，资金485万元，电费补助29万元，水库移民后期扶持计划资金362.88万元。

【人口核定】 2017年底，全县移民人口达到6048人，其中核定到人的移民人口359户、1553人（因死亡、农转非、大中专学生就业等共核减190人），核定到村的移民人口4305人，涉及安集、银川、铺川、刘集、中咀岭、胡林家、吹麻滩、石塬8个乡镇的21个行政村177个合作社。

【扶持方式】 对已核定到人的库区移民按每人每年600元的标准采取资金直补方式；核定到村的移民生产生活资料补助项目或基础设施建设项目扶持，解决移民安置村群众生产生活中存在的突出问题。

【后期扶持资金落实】 根据积石山县2017年大中型水库移民后期扶持年度基金计划，2017年省州下达水库移民的后期扶持资金362.88万元。完成情况：通过“一折通”落实移民后扶资金319.8万元，其中落实移民后扶直补资金92.94万元、生产生活资料项目补助资金226.86万元；实施后扶项目2项，完成投资31.68万元，因人口死亡等移民减少原因，结余移民后扶直补资金11.4万元（已实施完成4个项目）。

【项目建设】 2017年共编制上报积石山县大中型水库移民后期扶持各类基础设施建设项目计划7项，总投资1943万元，2017年省州共下达基础设施建设计划项目2项，资金485万元。库区和移民安置区基础设施建设续建项目1项，投资242万元完成情况。投资1620万元续建项目石塬乡刘安河防洪治理工程完成投资242万元。跨省大中型水库库区和移民安置区基础设施建设计划项目2项，资金243万元完成情况。投资23万元的关家川乡白家沟村白家沟社道路硬化工程已完成；投资220万元的关家川乡白家沟村曹家山至赵家沟道路硬化工程已完成。已完成项目质量检验、工程量及资金审计、项目初验工作，已交付项目区乡、村、社管理使用。库区移民电灌补助资金29万元已拨付电力公司。

【移民培训】 2017年完成州库区移民办组

织的水库移民汽车驾驶技术培训 100 人，投资 43 万元。

【避险解困试点】 2017 年完成中央投资 3666 万元（其中：2015 年完成 1900 万元，2016 年完成 600 万元），签订避险解困移民购房协议 369 户 1621 人。原计划补助 1833 人，实际完成 1621 人（由于移民的购房意愿、户口性质改变、家庭成员死亡、婚嫁等情况，原计划补助 1833 人，实际完成 1621 人），中央投资 3666 万元通过甘肃银行直接落实到已签订购房协议的个人专户，完成投资 100%，于 2017 年 8 月 23 日对安置房进行了公开、公正、公平的摇号分配，369 户安置房已全部分配到购房户手中。

地震服务

【机构】 积石山县地震局为正科级事业单位，内设综合、抗震设防、监测预报、应急救援四个股（室）。共有干部职工 24 人。其中保安族 2 人，东乡族 1 人，汉族 10 人，回族 2 人，土族 8 人，藏族 1 人；本科 2 人，大专 15 人，中专 2 人，高中 5 人。

领导名录

局　长：王国福

副局长：马虎林

　　　　魏光炜

【宣传教育】 举办了宏观观测员培训会，26 名宏观观测员参加，发放宣传资料 300 多份，宣传手提袋 300 多个。结合“5·12”防灾减灾日，在大禹广场开展了防震减灾科普知识宣传活动，宣传现场悬挂横幅 1 条，发放《防震减灾知识读本》2000 多本，手提袋 3000 多个，接受现场咨询人数达 4000 多人（次）。

【震害防御】 与建设、发改等部门配合，对关家川乡宁家、中咀岭乡庙岭等易地扶贫搬迁项目进行了抗震设防技术指导。协同教育、卫生、质监等部门，对生命线工程（学校、医院、加油站、加气站）重点设施开展了 1 次隐患大排查，并将引黄入积工程县城调蓄水池、崔家峡调蓄水池等生命线工程列入了重点隐患防护范围。落实 24 小时震情值班和领导带班制度，确保震情信息时时畅通。截至年底，全县共创建省级防震减灾科普示范学校 1 所、州级 3 所、县级 4 所。

【应急救援】 县政府防震减灾领导小组给各乡（镇）和防震减灾各成员单位印发了《关于开展抗震救灾应急准备工作检查的通知》，并成立检查组到各相关部门进行了检查指导。修订完善了《积石山县地震应急预案》《积石山县地震局地震应急预案》，同时印发了《关于地震应急预案修订完善工作的通知》，部分成员单位已编制完成并备案。在原有避难场所的基础上，将各乡镇中心广场、各村文化广场等开阔场地确定为村级应急避难场所，并设置了标示牌。截至年底，全县应急避难场所共有 30 余个，占地面积 42.4 万平方米，可容纳应急避难 10 万人。

扶贫·社会保障·人民生活

扶　贫

【机构】积石山县扶贫开发办公室为正科级事业单位，下辖乡村发展协会，内设人秘股、项目管理股、农建股。2017年底共有干部职工47人，其中保安族10人，东乡族8人，撒拉族5人，汉族10人，回族5人，其他少数民族9人；本科13人，大专23人，中专11人。

领导名录

主　任：马占山

副主任：张金福
　　　　马阳文

纪检员：尚生平

【扶贫资金】2017年省脱贫攻坚领导小组办公室先后下达全县财政专项扶贫资金13889万元，其中第一批下达7789万元，第二批下达6100万元，两批到县资金共计13484万元。

【扶贫开发】2017年第一批项目涉及七大类项目，总投资7789万元，第二批项目涉及五大类项目，总投资6100万元。①产业培育项目：投资2375.4万元，扶持贫困户3959户发展养殖业，户均0.6万元，完成投资2124万元，新改建暖棚3540座，投放良种羊20280只，良种牛160头。②道路硬化项目：投资7839.7万元，硬化村社道路269.7千米，其中第一批硬化村社道路110.8千米3323.2万元，完成投资3040万元，第二批硬化村社道路158.9千米4516.5万元。③危房改造项目：扶持贫困户危房改造503户1130万元，完成投资1130万元。④精准扶贫贷款贴息项目：对全县精准扶贫贷款进行贴息扶持，完成投资1783万元。⑤雨露计划：投资75万元，培训“两后生”500人，人均补助1500元，项目正在实施。⑥贫困户产业脱贫培训试点：投资66万元，产业技能培训160人，人均补助4125元。⑦贫困村集体经济发展试点：投资50万元，刘集乡阳洼村集体养殖项目经济发展试点项目。⑧道路拓宽：投资28.9万元，道路拓宽改造1.93千米，完成投资28.9万元。

【社会帮扶】共协调落实各类帮扶资金2947.78万元。国侨办共协调落实各类帮扶资金242.39万元，其中：国侨办直接捐资169万元，帮助引进捐物折资资金73.39万元。落实东西协作资金2705.39万元，其中厦门市级各类帮扶资金885万元，海沧区级各类帮扶资金1820.39万元，不含产业投资资金1000万元。

【乡村发展协会工作】2017年共计发放小额贷款资金39.8万元，扶持贫困户20户。

社会保障

【机构】县社会劳动保险局为正科级参照公务员管理的单位，现设有办公室、城镇职工基本养老保险股、农村养老保险股、失业保险股、基金财务股、稽核股6个股室。有职工22人，其中：汉族12人、回族1人、东乡族 5 人、藏族 2 人、土族 2 人；本科 13 人、大专 5 人、中专 3 人、高中 1 人。经办全县城镇职工基本养老保险、机关事业单位养老保险、城乡居民基本养老保险、失业保险、村干部养老保险工作、被征地农民养老保险等工作。

领导名录

主　任：李廷沛

副主任：何延才

　　　　仲发文

【养老保险】 2017 年征收养老保险费 770 万元，为 415 名企业离退休职工发放养老金 967.6 万元，城镇职工基本养老保险参保 1972 人，全县城乡社保应参保 111172 人，其中 60 岁以上 30073 人，已参保 112019 人，参保率达到 96%，2017 年发放城乡居民基本养老保险养老金 3704 万元，发放丧葬费 20 万元，个人账户清退 9 万元，发放率为 100%。

【失业保险】 2017 年征收失业保险费 67 万元，失业保险参保人数达到 2940 人。

医疗保险

【机构】 积石山县医疗保险中心为正科级参照公务员管理单位，隶属于积石山县人力资源和社会保障局管理，设有办公室、综合业务股、城镇职工基本医疗保险股、城镇居民医疗保险股、核算股、财务股 6 个股室。编制为 25 人，有职工 19 人，其中：保安族 8 人、东乡族 1 人，撒拉族 1 人，汉族 4 人、回族 4 人，满族 1 人；本科 2 人、大专 10 人、中专 5 人、高中 1 人、初中 1 人。经办全县城镇职工基本医疗保险、城镇居民医疗保险、生育保险、工伤保险工作。

领导名录

主　任：韩得胜

副主任：陈其贵

【职工基本医疗保险】 2017 年职工参保人数 8564 人，其中在职职工 7398 人，退休 1166 人。财政预算应列 3094 万元、实列 2300 万元，未列入预算 795 万元、拨付 1757 万元。征缴医疗保险基金 2912 万元（其中财政预算拨付 1757 万元、职工个人缴费 968 万元），占任务数 2909 万元的 100%。基金支出 2605.1 万元（其中住院费 8572908.5 元、慢病 291072.03 元、个人账户 17187352.87 元），占任务数 2297 万元的 134.4%。大病应列 61 万元、实列 61 万元、拨付 61 万元、支出 338817.33 元。

【城镇居民医疗保险】 2017 年居民参保人数 8230 人，征缴医疗保险基金 495.73 万元（其中个人缴费 116.7 万元），完成年度个人缴费任务数 116 万元的 100%。基金支出 494.18 万元（住院费 4493792.73 元、上解大病 448085 元），占任务数 310 万元的 159.35%。

【生育保险】 2017 年参加生育保险人数 7398 人，征缴生育保险基金 192 万元，占任务数 70 万元的 274%。当年结算生育住院

205人次，生育基金支出1036557.47元，占任务数54万元的190.74%。

【工伤保险】 2017年参加工伤保险人数5016人，征缴工伤保险基金117万元，占任务数219万元（其中建筑业扩面150万元）的55%，剔除建筑业扩面，完成169.56%。当年工伤住院4人次，工伤基金支出756961.11元，占任务数54万元的138.88%。

人民生活

【农民收支】 2017年农民人均可支配收入5239.2元，其中：工资性收入1563.5元，同比增长9.2%；经营性收入1719.11元，同比增长6.9%；转移性收入1891.1元，同比增长111.5%；财产性收入65.6元，同比增长14.5%。农村居民人均消费支出4524.8元，同比增长7.8%。

【城镇居民收支】 2017年城镇居民家庭可支配收入达到18925.6元，同比增长7.8%，其中：工资性收入14036.6元，同比增长7.4%；经营性收入1215.4元，同比增长9.7%;转移性收入3440.36元，同比增长8.7%；财产性收入233.27元，同比增长9.6%。城镇居民人均消费支出15021.6元，同比增长4.3%。

【从业人员收入】 2017年全县从业人员9331人，工资总额为52396.6万元，人均收入55277元，其中：国有单位从业人员8814人，工资总额49996.8万元，人均收入55788元；集体单位从业人员182人，工资总额996.4万元，人均收入57595元；其他单位从业人员335人，工资总额1403.4万元，人均收入40797元。

公安·司法

公 安

【机构】 县公安局机关内设19个部门（指挥中心、刑事侦查大队、治安管理大队、交警大队、网络监察大队、出入境管理大队、国内安全保卫大队、警务督察大队、禁毒大队、经侦大队、巡警大队、纪委（监察室）、政工科、法制科、信访科、警务保障科、看守所、行政拘留所、预审大队），辖吹麻滩、大河家、居集、癿藏、寨子沟、中咀岭、小关、郭干、徐扈家、银川、铺川、安集、关家川、胡林家、柳沟、刘集、肖红坪17个基层派出所。2017年底，公安机关共有人员301人，其中警察193人（事业编派出所人民警察92人），干部110人，工勤人员72人。其中本科学历的24人。

领导名录

局　长：陕世毅
政　委：马有良
副局长：张亨熙
　　　　马志青
　　　　云　平
　　　　马玉强

【工作综述】 2017年全县公安工作按照“对党忠诚、服务人民、执法公正、纪律严明”的总体要求，紧紧围绕全县中心工作大局，不断巩固和提升平安积石建设，全年共破获各类刑事案件172起，抓获各类犯罪分子161人，查处各类治安案件338起，处理违法人员526人，有力地打击了犯罪，确保了社会长治久安。

【治安管理】 全年受理治安案件475起，查结338起，查结率71.2%。查处违法人员526人，其中行政拘留190人，罚款90人，其他246人。累计出动警力3800余人次，警车410辆次，检查行业场所56家（次）。查处赌博案件11起，卖淫嫖娼案件2起，打击处理违法人员75人。收缴土枪25支，检查烟花爆竹销售场所8家，制止违法燃放行为10次，查处非法运输烟花爆竹案件1起，处罚2人，集中销毁收缴的烟花爆竹120余件，整改安全隐患3处。集中清理整顿了快递、物流、加油站等特种行业，实现了寄递物流业“两个100%”（实名验证、开箱验视实现百分之百）的目标。严格落实散装汽油销售“实名登记”制度，检查加油站2家，整改安全隐患3处。评估列管重点人口130人，清理登记暂住人口20342人，清查登记出租房屋2792户。

【户政管理】 按照公安部户籍改革任务，解决无户口人员，推进身份证异地受理、领取、办理和居住证办理工作。共登记无户口人员620人，签发户口准迁证396份，变更户籍主项110人，办理身份证21486张，其中异地身份证8张。

【禁毒工作】 共破获毒品案件12起，抓获犯罪嫌疑人16人，移送起诉7人。缴获毒品海洛因23.3千克，新型毒品1401.9克。成功破获省督“2016-62”特大毒品目标案件，缴获毒品海洛因 13.22 千克，强制隔离戒毒 54 人，社区戒毒 32 人。

【监所管理】 全年累计羁押犯罪嫌疑人 111 人，其中投牢 41 人，刑满释放 16 人，缓刑释放 8 人，取保候审、不批准逮捕、监视居住 32 人，实际在押 55 人。

【打击刑事犯罪活动】 全年共立各类刑事案件 259 起，破案 172 起，破案率 66.4%，（其中带破外县市入室盗窃案件 70 起，跨省盗窃摩托车案件 4 起）。发生的 3 起命案，均实现了快侦快破，侦破命案积案 2 起。抓获各类犯罪嫌疑人 161 人，上网逃犯 15 人。

【专项行动】 *两抢一盗*　破获入室盗窃案件 70 起，跨省盗窃摩托车案件 4 起。

破案会战　破获经济案件 10 起，抓获犯罪嫌疑人 9 人，挽回经济损失 44 万元。

命案积案攻坚 2017 年全州公安机关开展的“命案积案攻坚行动”中，抓获命案逃犯 2 人。

【交通管理】 全年查处各类道路交通违法行为 47814 起，其中农村道路交通违法行为 1665 起，行政拘留 72 人。发生各类交通事故 1640 起，死亡 23 人，简易事故 720 起。

【消防安全】 检查消防单位 1600 家（次），督促整改火灾隐患 3455 处，行政处罚 48 起，临时查封 22 家，责令“三停”（责令停止施工、责令停止使用、责令停产停业）20 家，罚款 47.5 万元，行政拘留 8 人。发生火灾 24 起，造成直接经济损失 10 余万元，抢救被困群众 3 人，抢救经济损失 50 余万元。

【公安基础设施建设】 县公安局业务技术用房和大河家、寨子沟、中咀岭、居集、癿藏、银川等 6 个派出所业务技术用房已完成工程主体，铺川、小关、关家川、刘集、吹麻滩、肖红坪、徐扈家等 7 个派出所业务技术用房已纳入建设规划，开展前期准备工作。同时，在基层派出所实施“五小工程”（小食堂、小澡堂、小健身房、小阅览室、小洗衣房）。

检　察

【机构】 2017 年县人民检察院共有干警 46 人，其中汉族 12 人，回族 8 人，保安族 7 人，东乡族 6 人，撒拉族 2 人，土族 11 名。四级高级检察官 11 人，一级检察官 9 人，四级检察官 2 人，五级检察官 2 人，书记员 11 人，司法警察 8 人。检察委员会有 5 人组成。内设 14 个职能部门：纪检组、政工科、反贪局、反渎局、侦查监督科、公诉检察科、民事行政检察科、监所检察科、控告申诉检察科、检察技术科、法警队、政工科、办公室、案件管理办公室。派驻机构 1 个：派驻县公安局看守所检察室。年底成立了派驻吹麻滩镇、大河家镇、居集镇、癿藏镇检察室，均为正科级建制。11 月底，有 2 名干警到龄退休，2 名干警转隶到县监察委，1 名干警交流到县纪检委。全院干警共有 41 人。

领导名录

检 察 长：杨生东

副检察长：马玉虎
　　　　　马占龙
纪检组长：马成福（2017 年 11 月离任）

【综述】 2017 年县人民检察院坚持以司法办案为中心，以深化司法改革为动力，以努力让人民群众在每一个司法案件中感受到公平正义的目标，开展规范司法行为专项整治工作，履行法律监督职能，积极推进检察改革，完成了检察人员分类管理、办案责任制等改革和人财物省级统管准备工作，推进以审判为中心的刑事诉讼制度改革，8 名入额检察官全部调整到办案一线，通过改革，一线办案力量较改革前增加 25% 左右。进一步完善案件承办机制，领导干部以上率下，带头办理重大、复杂、影响大的案件，承办各类案件 18 件 45 人，占案件受理数的 10.84%。

【职务犯罪侦查】 全年共受理贪污贿赂、渎职侵权等职务犯罪案件线索 3 件，决定立案 3 件 4 人，其中贪污案件 2 件 2 人，均为扶贫涉农领域案件；渎职案件 1 件 2 人；均已侦查终结移送审查起诉，通过办案挽回经济损失 17.3 万元。

【侦查监督】 共受理提请批准逮捕各类刑事案件 65 件 113 人,依法批准逮捕 48 件 81 人，不批准逮捕 16 件 31 人。监督公安机关立案 2 件 4 人，撤案 2 件 2 人，向公安机关发出纠正违法通知书 2 份，检察建议 5 份，提前介入重特大案件侦查活动 5 次。

【公诉】 受理移送起诉案件 108 件 160 人，提起公诉 79 件 122 人，不起诉 14 件 17 人。未成年人刑事案件办理逐步规范，对未成年人犯罪案件，按照“教育、感化、挽救”的方针，实现专人捕诉一体化办理方式，坚持少捕慎诉、双向保护等工作原则，采取分案起诉、心理疏导、回访帮教等措施，做好教育挽救工作，共受理、移送、起诉未成年人案件 3 件 3 人，提起公诉 1 件 1 人，不起诉 2 件 2 人。向法院提出量刑建议 30 份，采纳率为 96.7%。审查刑事判决书 74 份。

【监所检察】 向监管部门发出纠正违法通知书 1 份，提出口头建议 4 次，办理羁押必要性审查案件 2 件 6 人。加大社区矫正工作监督力度。对投放在自治县的 98 名监外执行罪犯和社区矫正对象进行了监督考察，督促列管 2 人。

【控告申诉检察】 悬挂举报宣传横幅和挂图 23 幅，展出举报宣传展板 8 块，播放宣传光盘 7 盒（次），发放宣传材料 2200 多份，接受咨询 42 人次。受理群众来信来访 40 件 100 人次，检察长接待 5 件 8 人次。

【民事行政检察】 受理民事审判监督案件线索 2 件，经审查后建议州院提请省院抗诉 1 件，终止审查 1 件。配合法院开展解决执行难专项行动，现场监督执行案件 2 起。开展公益诉讼工作，发现案件线索 3 件，其中立案 2 件，向相关部门发出诉前检察建议书后已整改落实，1 件正在初查。

【职务犯罪预防】 开展职务犯罪预防宣传和警示教育37次，职务犯罪分析2次，预防调查2次，向有关部门发出检察建议2份，帮助完善制度2项,查询行贿犯罪档案76次。

【案件管理工作】 共评查案件151件，案件评查率达到90.96%，良好、优秀案件比例达到97.35%。通过评查发现问题8项，均及时予以整改。

【派驻乡镇检察室工作】 开展镇村干部警示教育4次，监督村“两委”换届选举1次。对2017年以来法庭办理的民事审判案件、派出所办理的轻伤害案件及行政处罚案件、司法所社区矫正情况进行了检察监督，现场监督纠正了部分司法所社区矫正解除不及时等问题。对各乡镇涉农资金使用情况进行了审查备案，发现贪污案件线索2件，均已立案查处。

【基础设施建设】 先后完成了数字化检委会会议室建设、电子图书阅览室、视频会议室等功能用房改造工程，更新了一批办公办案设备，完成了驻所监察室网络分级保护建设，开通了乡镇检察室检察专网和互联网。

审 判

【机构】 内设机构17个（包括4个基层法庭）。即：办公室、纪检组、政工科、立案庭、信访室、审判管理办公室、刑事审判庭、民事审判一庭、民事审判二庭、行政审判庭、执行庭、审判监督庭、法警大队；大河家人民法庭、居集人民法庭、乩藏人民法庭、胡林家人民法庭。全院干警92人（包括18人聘用制书记员），保安族15人，东乡族8人，撒拉族12人，回族15人，汉族17人，其他少数民族25人。三级高级法官1人，四级高级法官4人，一级法官14人，二级法官5人。一级警督1人，二级警督1人，三级警督3人，一级警司2人，二级警司4人。

领导名录

院　　长：喇时雄（2017年1月任职）
副 院 长：陈尚雄
　　　　　董志寿
　　　　　马文忠
纪检组长：李兰峡

【刑事审判】 2017年，共受理刑事案件95件139人,其中危害公共安全罪38件43人，贪污活络罪3件3人，侵犯公民人身权利、民主权利罪22件32人，妨害社会管理秩序罪14件33人，侵犯财产罪15件21人，破坏社会主义市场经济秩序罪2件6人。审结95件139人，审结率100%。

【民事审判】 2017年，共受理各类民商事案件1045件，收案数同比增长25.02%，审结1036件，结案率99.14%，结案率同比增长10.54%。其中调解、撤诉714件，调撤率68.92%；人民陪审员陪审案件301件，陪审率80.71%。减免缓交诉讼费14.3万元。

【行政审判】 2017年，共受理各类行政案件 4 件，全部审结，结案率为 100%。

【案件执行】 2017 年，共受理各类执行案件 372 件，已结 332 件，执结率为 89.25%。通过开展“飓风行动”“夏季攻势”等执行专项行动，全部执结。在执行过程中对被执行人采取司法拘留措施 17 人次，罚款 1 案 1 人，向公安机关移送监控 6 案 4 人，对 1 案 1 人涉嫌拒执犯罪案件准备向公安机关移送，纳入全国失信被执行人系统 76 案人次，限制高消费 6 案 6 人；利用“总对总”“点对点”查控 256 案，反馈 1200 余条次，冻结、扣划执行案款 70 余万元，查封房产 4 套（其中已评估拍卖成交 1 套、变现诉讼资产 42.5 万元），扣押车辆 6 辆。

【审判监督】 根据《积石山县人民法院审执结案件绩效考评办法》《积石山县人民法院案件评查办法》《积石山县人民法院岗位职责》等规章制度，对 2016 年至 2017 年审结的案件和纪律作风建设情况进行了全面检查。通过检查，各业务庭承办的案件质量逐年提高，没有接到和发现干警违法违纪举报。

【信访受理】 全年受理涉诉信访案件 5 件，调解处理 5 件，其中司法救助 1 件。

司法行政

【机构】 县司法局为正科级行政单位，现设有办公室、安置帮教股、社区矫正股、基层股、法制宣传股、律师事务所、公证处、法律援助中心、司法所等机构。有职工 102 人，其中：汉族 40 人、少数民族 62 人，本科 10 人、大专 74 人、中专 9 人、高中 9 人。

领导名录

局　长：马邦云

副局长：马文林

　　　　马如祥

　　　　苟文武

纪检员：王文学

【法制宣传】 2017 年共出动宣传车辆 212 台（次），举办法制培训班 36 期，法律咨询 35 场（次），散发宣传书籍 11.3 万册，散发宣传资料 15.52 份，累计受教育人数达 19.8 万人次，为建设平安积石创造了良好的法制环境。

【普法】 在普法办的安排下，在各乡镇、各部门通过各种形式举办法制讲座、培训班累计 29 多期，培养了一批普法骨干、法律明白人，按照送法下乡活动安排，定期对吸毒人员进行集中宣传，开展“法律八进”（进机关、进乡村、进社区、进学校、进企业、进单位、进家庭、进宗教场所）活动。

【律师工作】 全年律师所共受理案件 60 件，占年任务的 100%，刑事辩护 20 件，民事代理 28 件，非诉讼代理 12 件，完成代书 61 份，行政诉讼 3 件，法律咨询 587 人次。

【公证工作】 全年共办理各类公证事项 564 件，其中援助案件 78 件。

【社区矫正】 2017年共有社区矫正人员196人，在册94人，全部为刑满释放人员。

【法律服务】 全年共办理援助案件245件，代写法律文书51份，解答法律咨询183人次，受援人数达356人次，保障了弱势群体利益。

【人民调解】 2017年各级调委会共摸排出各类矛盾纠纷1333起，调处1333起，调解成功1306起，成功率98%，建立了市场人民调解组织一处，有效地维护了社会稳定。

【基层司法所建设】 2017年对小关、寨子沟、胡林家、刘集4个司法所进行了规范化建设，每所投资9万元，对各司法所的门窗、地板、墙面、房顶全面高标准改造，配备了电脑、打印机等办公设备，9月底全面完成交付使用。

教育·卫生计生·科技

教　育

【机构】 县教育局内设党工办、人秘股、计财股、督导室、成教股、学生资助中心、文体股、教育股、教研室、学生股、电教中心、审计股、营养办、学前教育股、安全股和教育工会等16个股室。常设有积石山县招生办公室，临时设有积石山贫困大学生救助金办公室，2017年底，局内工作人员93名。其中：本科52人，大专27人，中专11人，高中3人；保安族27人，东乡族15人，撒拉族11人，汉族11人，回族15人，其他少数民族14人。

领导名录

局　　长：马腾飞
副 局 长：陶永鹏
　　　　　马永宏
　　　　　任贵元（2017年3月离任）
纪检组长：蒲进祥

【教育概况】 2017年全县有各级各类学校221所，其中独立高中2所，初级中学9所，九年一贯制学校1所，小学171所，幼儿园35所，职教中心1所。

共有县内就读的学生49711人，其中高中生3526人，初中生7449人，小学生25382人，在园幼儿11894人。

全县共有教职工3972人（高中435人，初中1000人，小学2016人，幼儿园426人，职教中心61人，教育局教研室34人），其中专任教师2893人（高中419人，初中857人，小学1483人，幼儿园134人），高级职称188人，中级职称1103人；研究生学历23人，本科学历1868人，大专1376人，中专144人，高中及以下561人。第一学历师范类本科及以上学历人数802人。

各类学校占地面积113.95万平方米，校舍建筑面积39.5万平方米，达不到抗震标准的校舍面积6.5万平方米，达不到抗震标准的校舍面积占校舍总面积的16.45%。

【幼儿教育】 县幼儿园　积石山县幼儿园始建于1985年，占地面积3330平方米。建筑面积557平方米。现有教学用房23间，办公室3间、厕所5间、另有库房2间，大、中型玩具12套。幼儿园现有教师32人，其中本科11人，大专21人。小学高级教师10人，一级教师17人，全园现有幼儿459人（其中女生213），少数民族幼儿284人（少女119）。设大、中、小10个班。大班176人，中班148人，小班135人。开设的课程主要有语言、科学、社会、健康、艺术、另设折纸工、玩泥巴等。

鹭岛幼儿园　鹭岛幼儿园始建于2011年7月，于2015年9月正式投入使用。占地面积12亩，建筑面积4746平方米；总投资1273万元，其中厦门市政府援助800万元，省上解决资金250万元，县上自筹223万元。集教学、活动、休息、办公的三层综合楼一幢，内设教室12间，音乐室1间（室内配钢琴1架、电子琴22架、藏服20套、傣族服20套、博士服50套），美术室1间，阅览室1间，图书室1间，医务室1间，晨检室1间，隔离室1间，值班室1间，每间教室都设有盥洗室、卫生间、更衣室和饮水间，室内外安装视频监控，确保幼儿全程安全活动。

幼儿园现有幼儿455人，其中女生214人,少数民族学生305人。共有12个教学班，其中：小班年段4个教学班，幼儿176人；中班年段4个教学班，幼儿147人；大班年段4个教学班，幼儿136人。

幼儿园先后被评为“积石山县民族团结进步示范学校”“临夏州标准化幼儿园”“临夏州手拉手示范幼儿园”“临夏州民族团结示范单位”“甘肃省一类幼儿园”“2017年县内优质幼儿园”“积石山县学前教育培训基地”。

全县17个乡镇共有乡镇中心幼儿园15所，在园幼儿2039人（女生1000人），少数民族幼儿1395人（女生714人）。共有教职工309人。

有村级幼儿园91所，在园幼儿5326人（女生2574人），少数民族幼儿3712人（女生1799人）。共有教职工227名。

2017年共有民办幼儿园18所，幼儿教师228名，在园幼儿3615人。

【小学教育】 儿童入学率　全县7～12周岁适龄儿童22863人，已入学22820人，适龄儿童入学率为99.81%。

【中学教育】 少年入学率　全县13～15周岁适龄少年10596人，已入学10087人，初中阶段入学率为95.2%。

高校招生　2017年全县参加高考的1694名考生中，本科上线人数463人，上线率为29.3%，其中一本上线50人，二本上线268人，三本上线145人，高职（专科）上线1019人，上线率为64.5%。共录取学生1401人，录取率为82.7%。

【教育教学研究】 骨干教师评选　2017年组织各中小学、幼儿园，开展了骨干教师和优秀班主任的评选活动，共评选出优秀教师98人（高中25人,初中30人,幼儿园18人，小学25人），优秀班主任41人（高中5人，初中12人，小学24人）。

学科竞赛　2017年12月组织小学开展了五年级语文、六年级数学学科竞赛活动。五年级语文竞赛中，共104名学生参赛，其中居集小学马晓艳等6名同学获得一等奖，长家寺小学仙玉虎等12名同学获得二等奖，徐扈家小学马文兰等13名同学获得三等奖；居集小学的马建平等16名老师获得优秀指导教师称号。六年级数学竞赛中，共101名学生参赛，其中友谊小学金廷荣等6名同学获得一等奖，居集小学李永泽等11名同学获得二等奖，双语小学韩伊莎等15名同学获得三等奖；友谊小学党天玲等17名老师获得优秀指导教师称号。

学业检测　春季学期完成了四年级、六年级、七年级全县统一检测和州上对五、八年级的抽样检测，秋季学期完成了二年级、五年级、七年级、八年级和高一年级的全县统一检测工作。

论文及课题申报　收集了全县中小学幼儿园论文195篇,择优向州上推荐了108篇。上报了结题课题11项，申报课题51项。

送教下乡　从县城中小学和农村中学选派60名教学骨干教师，对师资薄弱的40所乡村小学开展为期一年的支教活动，帮助薄弱学校教师改进教法、提升质量。

学校督导　完成了对移民中学、双语小

学和高关小学的综合督导和督导回访；完成了对胡林家学区10所小学（教学点）与1个幼儿园、1个附设幼儿班和安集学区14所喜爱学（教学点）与9个附设幼儿班的课堂教学专项督导。完成了对40所标准化学校达标督查验收工作。

大学生支教　暑假期间，华侨大学64名优秀大学生在保安族中学、高李小学、团结小学、陶家小学、四堡子小学、蔚林小学、后沟小学、后阳洼8所中小学开展了为期一个月的暑期支教活动。美国北卡洛丽汉语学校一行10人在乩藏中学开展了为期10天的暑期支教活动。主要开展了英语、书法、美术、体育、历史、音乐等学科的辅导工作，受益学生达650多人。

校园文体活动　组织吹麻滩初级中学、移民中学、吹麻滩小学、友谊小学、双语小学、柳沟乡尕集春雷小学、吹麻滩镇前庄小学、乩藏小学申报了2017年甘肃省校园足球特色学校；组织民族中学、吹麻滩初级中学、乩藏中学、希望小学申报了2017年甘肃省“快乐校园示范校”；组织高关中学、乩藏中学、希望小学参加了2017年度临夏州校园足球联赛暨校园足球特色学校“星级”锦标。组织县城中小学参加了“临夏州中小学生庆‘七一’暨毒品预防教育艺术会演活动”，报送书画展作品38件，获得一等奖1个、二等奖4个、三等奖2个、优秀奖5个、优秀指导教师奖5个。

【**教育经费**】公用经费　拨付义务教育阶段学校公用经费2856万元（春季1061.16万元，秋季1461.84万元，取暖经费333万元），拨付幼儿园免费教育经费1295.55万元（春季学期633.55万元，秋季学期662万元），高中免费教育资金648.77万元（春季学期287.12万元，秋季学期361.65万元）。

奖补资金　根据《甘肃省财政厅　甘肃省教育厅关于下达2017年普惠性民办幼儿园奖补资金的通知》（甘财教〔2017〕49号）精神，落实银川乡幼儿园、星光幼儿园、大河家镇民族幼儿园奖补资金50万元。

营养改善专项补助资金　按进度下拨了2017年农村义务教育学生营养改善计划专项补助资金2060万元，春季供餐学生26974人，秋季学期供餐学生24526人。

交通补助　12月开始，对全县寄宿生实行交通补助政策。县城学校就读的寄宿生每人每月补助50元，乡村学校的寄宿生每人每月补助30元。

县城学校统一费　从2017年秋季学期起，对县城中小学幼儿园实行统一供暖，财政统一支付600多万元。

免费午餐试点　2017年秋季学期，在中咀岭学区马家嘴小学和柳沟学区尕集小学创办了寄宿制学校，两校住宿学生分别为90人和81人。同时在关家川白家沟小学、李家山小学2所小学对1千米外的148名学生在校学生开展提供免费午餐的试点工作。

【**教学基础设施建设**】2017年教育系统实施的项目19个，其中续建项目有民族中学、移民中学附属工程，新建项目有全面改造重建16所小学建设项目，项目概算总投资为4228.85万元，建筑总面积15780.52平方米，分别是杨家岭小学教学综合楼、甘藏沟小学教学综合楼、红星小学教学综合楼、尕何家小学教学综合楼、河崖小学教学综合楼、前坪小学教学综合楼、铺川小学教学综合楼、肖红坪小学教学综合楼、尕马家小学教学综合楼、吹麻滩镇中庄小学教学综合楼、李家山小学教学综合楼、白家沟小学教学综合楼、乢藏小学教学综合楼、善家小学教学综合楼、尕集春蕾小学餐厅、秦阴小学厕所。其中尕集春蕾小学餐厅、秦阴小学厕所已竣工并投入使用，李家山小学教学综合楼、白家沟小学教学综合楼、乢藏小学教学综合楼、善家小学教学综合楼正在进行主体建设，其余项目均已竣工。

设备购置项目1个,购置计算机1189台，投资416.15万元。已完成招标，正在进行设备配发。对2016年安装的电子白板教室进行了全面维护，有问题的96套白板设备进行了维修，对安装白板设备的177所学校的177名教师进行了设备应用及故障处理培训，改善了办学条件。

【师资建设】 校长队伍建设　按照《积石山县中小学校长管理办法》对7所中学、5个学区的学校领导班子进行了调整，将20名师德高尚、年富力强、教学成绩优异的副校长、教导主任和骨干教师安排到了校长岗位上，对在同一学校任职时间较长的16名小学校长进行了岗位轮换。

考录教师　通过上报2017年特岗需求计划、报名、资格审核等环节的工作，完成了57名（10名中小学教师和47名幼儿园教师）高校毕业生特岗教师的招录工作。完成了28名公建民营的报名、面试、招录工作。

教师补助　对农村学校根据地域条件划分为4个类别，按每人每月270元、300元、400元、450元的标准发放工作津贴，对所有班主任每人每月发放工作津贴100元。2017年共发放班主任补助155.45万元，发放农村边远山区教师补助865.79万元，月平均达319.8元。

职称评聘　按程序完成了199名教师的初级职称评审工作，144名教师的中级职称和65名教师的高级职称申报工作。

教师培训　4月22日，邀请兰州市名校长朱雪松、田兰莉来县开展了全县中小学校长能力提升培训，邀请暨南大学附中、厦门海沧区骨干教师先后40人来县进行支教活动，并开展县级教师专题培训，选送20名中学骨干教师到暨南大学附中进行了为期半月的能力提升培训。选送20名中小学及幼儿园骨干教师到厦门海沧区优质学校进行了为期一周的能力提升培训。一年来共组织教师参加各类培训11179人次，其中国家级培训488人次，省级培训222人次，州级培训201人次，县级培训2463人次，校本培训7805人次。

师德师风建设　在教师节期间，省政府对1名先进教育工作者、2名优秀教师给予了表彰；州委、州政府对2个教育工作先进集体、2名先进教育工作者、18名优秀教师给予了表彰；县委、县政府对20个教育工作先进集体、10名优秀校长、50名优秀教师给予表彰。县上企业家捐资120万元，对全县4000余名教师（每人300元）进行了教师节慰问，在全县上下营造了尊师重教的浓厚。

骨干教师送教下乡　组织2016年度评选的57名骨干教师深入薄弱学校开展“送教下乡”活动，帮助薄弱学校教师提升专业水平。

论文、课题　收集了全县中小学幼儿园论文195篇，择优向州上推荐了108篇。上报了结题课题11项，申报课题51项。

【贫困生救助】　生源地助学贷款　共与3163名大学生签订了1881万元的生源地助学贷款合同。

寄宿生补助　发放了2017年寄宿生生活补助金1061.41万元（春季506.46万元，秋季554.95万元），受益学生9604人次。

助学金　发放了普通高中国家助学金216.6万元，受助学生1083人（每人2000元），对1名学生发放了河州励志奖学金6000元，对2017年新考入的家庭经济困难的大学生发放新生路费2.3万元（省内每人500元，省外每人1000元），受助学生33人。对2015年和2016年在岗大学生村干部发放大学生村干部助学贷款代偿金33.8万元。对家庭经济困难的在园幼儿发放了2016年、2017年中央专项奖补资金13.07万元和13.08万元，受助在园幼儿1128人。

贫困大学生救助金　2017年县上设立了贫困大学生救助金，县委、县政府多方筹资2000余万元，截至年底已到账942万元，（其中企业、各界人士捐款328万元）。其余企业和个人正在陆续捐款中。为1214名贫困大学生发放了救助金680万元，其中精准扶贫户大学生1071人，残疾、孤儿、单亲大学生143人。

【党的建设】　换届改选了35个学校党支部，选举产生了新一届党支部成员，充实了学校领导力量；开展教育系统党费收缴补缴工作，补收上缴2008—2016年党费15.6万元，2017年党费24多万元。组织召开了积石山县教育系统庆祝建党96周年主题党日活动，表彰了吹麻滩学区等5个党支部，35名优秀共产党员、3名优秀党务工作者。组织7名党支部书记了参加全国首届中小学党组织书记网络培训，6名党支部书记参加了全州教育系统党支部书记培训，一名党支部书记参加了全省教育系统党支部书记培训班。

部分学校选介

【积石中学】　积石中学创办于2010年8月，是在原吹麻滩中学（始建于1958年）师生整体迁入的基础上更名新建的一所普通高中，学校占地130亩，其中县体育场占地70亩，学校建筑总面积为27618平方米。

2017年学校共有44个教学班，学生2001人，其中女生1001人，少数民族学生925人，寄宿生1693人。高一年级14个教学班，学生743人；高二年级14个教学班，学生579人；高三年级16个教学班，学生679人。教职工255人（女101人）。其中：公派教工212人，特岗教师4人，合同制3人，代课5人，支教7人，临时工24人。研究生学历11人，本科学历188人，专科学历31人，专任教师215人，学历达标率为92.6%。高级教师36人，一级教师75人，二级教师96人。有省级学科带头人1人，省级骨干教师6人，省级青年教学能手3人，州级骨干教师7人，州级青年教学能手3人，县级骨干教师15人。

学校现有一幢15609平方米的综合教学楼，所有教室安装了电子白板设备；有标准化实验室 10 个，微机室 4 个，图书、阅览室各 2 个，图书 92000 余册，有存书 37 万册的电子阅览室 1 个，通用技术教室 1 个，高清录播教室 1 个；另外，还有监控室、画室、书法室、形体室、心理咨询室、校史陈列室和多功能厅。公寓楼建筑面积 9376 平方米，宿舍 266 间；食堂建筑面积 2632 平方米，有五家餐厅和两个超市。在教学楼楼道、教室、公寓楼、学生餐厅、校门口和体育场共安装了 182 个摄像头，基本实现了校园 24 小时无缝隙监控。

2017 年高考本科上线人数为 154 人，上线率为 15%，其中：一本上线 1 人，二本上线 69 人，民本上线 25 人，三本上线 59 人；专科、高职上线 791 人，上线率为 76.8%。本科共录取 151 人，录取率为 14.66%，其中：提前批录取 80 人，本科一批 2 人，本科二批 61 人，本科三批 8 人。高职（专科）录取 770 人，录取率为 83.6%，报考人数为 1135 人，共录取 921 人，录取率为 81.15%。

校园环境美丽整洁，校园文化活动丰富多彩，师生精神面貌焕然一新，受到社会各界的广泛赞誉。学校先后被评为“州级示范性高中”、甘肃省首批“德育示范学校”和 “特色实验学校”，2017 年 9 月被县委、县政府评为全县教育工作“先进集体”。

校长：安正峰

【积石山县田家炳中学】 积石山县田家炳中学始建于 1958 年，2010 年由原来的独立高中改制为初级中学，2018 年 4 月正式更名为积石山县田家炳中学。学校占地 40.3 亩，学校建筑总面积为 19963 平方米。

2017 年底学校有学生 2109 人，其中女生 1007 人，少数民族学生 1326 人，寄宿生 1295 人。共有 36 个教学班，其中：七年级 12 个教学班，学生 795 人；八年级 10 个教学班，学生 574 人；九年级 14 个教学班，学生 740 人。

学校现有教职工 194 人（女 100 人）。其中：公派教工 155 人，特岗教师 1 人，合同制 5 人，代课 8 人，支教 10 人，临时工 15 人，本科学历 109 人，专科学历 51 人，专任教师 156 人，学历达标率为 100%。高级教师 15 人，一级教师 49 人，二级教师 69 人。有省州县级骨干教师和学科带头人 11 人。

学校现有综合教学楼一幢，28 个教室安装了电子白板设备；有标准化实验室 4 个、微机室 1 个、图书室 1 个、阅览室 2 个，图书 6.5 万册；另外，还有舞蹈室、书法室、美术室、活动室、心理咨询室等；公寓楼 2 幢，宿舍 192 间，有学生食堂 3 个。在教学楼楼道、公寓楼、学生餐厅、校门口和操场共安装了 91 个摄像头，基本实现了校园无缝隙监控。

学校经过不懈努力，办学条件明显改善，教学质量逐年提高，师生精神面貌焕然一新，受到社会各界的广泛赞誉。学校先后被评为“中华优秀文化艺术传承学校”“全国特色学校”“全国和谐校园先进学校”“甘肃省教育系统先进集体”“快乐校园示范学校”“西北师大附中优秀生源基地”。

校长：李建文

【积石山县吹麻滩小学】 吹麻滩小学始建于 1928 年，是县教育局直属小学。学校占地面积 10033 平方米，建筑面积 3950 平方米。

2017 年底学校有学生 1247 人，其中女生578人，少数民族学生856人。共有24个教学班,其中：一年级2个班,学生117人；二年级4个班，学生215人；三年级4个班，学生235人；四年级4个班，学生227人；五年级5个班，学生229人；六年级五个班，学生226人。

学校有教职工72人（女52人）。其中：公派教师67人，特岗教师3人，代课1人，临聘5人，临时工1人。本科学历24人，专科学历43人，专任教师67人，学历达标率为100%。小学特级教师、陇原名师、中学高级教师1人，一级教师23人，二级教师43人，有省、州、县级骨干教师和学科带头31人。

学校有一幢3470平方米的教学楼，所有教室均安装了电子白板设备；有微机室1个，图书室1个，图书19800余册；另外，还有监控室、电子备课室、仪器室、音乐室、美术室、多媒体教室、心理咨询室等。在教学楼楼道、会议室、校门口和操场共安装了22个摄像头，基本实现了校园24小时无缝隙监控。

近年来，在县委县政府、教育主管部门的关怀和支持下，学校办学特色鲜明，教学质量提升。学校先后获“甘肃省金色教苑乡村教师研训基地”“省级语言文字规范化示范学校”“省级防震减灾示范学校”“中国好老师基地校”“临夏州教育工作先进集体”“金色种子学校联盟攀登英语学习实验项目优秀实验学校”“临夏州英语优秀教研组”“州级语言文字规范化示范学校”“积石山县教育系统先进集体”等称号。

校长：董彩云

【希望小学】 希望小学是县教育局直属小学，始建于1991年。原校址在县城中心文化路，因学校面积狭小，于2009年9月搬迁至银川路。现学校占地35亩，校舍建筑面积3861平方米,其中教学楼2984平方米，办公楼716平方米，学校绿化面积5250平方米,覆盖率22.5%,操场面积10067平方米。

2017年底，学校有21个教学班（其中学前班2个），在校学生1267人，女576人，少数民族755人，女352人。其中一年级226人，女106人；二年级186，女77人；三年级192人，女94人；四年级188人，女76人；五年级165人，女76人；六年级151人，女84人。

学校现有教职工69人，女51人；少数民族53人，女39人。专任教师66人，其中高级教师4人，一级教师14人；本科学历16人，大专学历46人，中共党员9人，省级骨干教师2人，州级骨干教师5人。

学校拥有标准的微机室、科学实验室、图书阅览室，面积均为107平方米；班班通全覆盖。学校的实验室有6组防火、防腐蚀的实验桌椅，图书阅览室有12个图书架，拥有图书1500册，生均12.5册。学校在教学楼楼道、教室、操场校门口共安装了15个摄像头，基本实现了校园24小时无缝隙监控。

学校本着教书育人、一切为了孩子的原则，以“让每一个孩子都热爱生命，让每一个生命都绽放精彩”为办学理念，以“尊重生命、健康成长”为校训，形成了“厚德博学、生命为重”的校风，“关爱学生、诲人不倦”的教风，“自信阳光、自强超越”的学风。学校先后荣获州县级先进集体、文明单位；省州县级防震减灾科普示范校、民族团结创建活动示范校、州级语言文字示范校、廉政文化示范点以及省级交通文明示范校。

校　长：马　彪

【友谊小学】 友谊小学成立于2001年7月，学校占地面积10000平方米，校舍建筑面积3336平方米，由日本利民工程项目捐建，2008年由上海东闻房地产开发有限公司捐资，县配套进行了改扩建。

2017年底学校有学生1300人，其中女生678人，少数民族学生893人。共有23个教学班，其中：一年级4个教学班，学生204人；二年级4个教学班，学生260人；三年级4个教学班，学生235人。四年级3个教学班，学生202人，五年级4个教学班，学生209人，六年级4个教学班，学生190人。

学校现有教职工67人(女58人)。其中：公派教工56人，特岗教师4人，代课1人，临聘10人。本科学历53人，专科学历14人，专任教师62人，学历达标率为100%。一级教师20人，二级教师21人。有省州级骨干教师和学科带头人15人。

学校现校舍建筑面积3336平方米，所有教室安装了电子白板设备；有微机室2个，图书阅览室各1个，图书15950余册。在教学楼楼道、操场、校门口共安装了10个摄像头，基本实现了校园24小时无缝隙监控。

友谊小学坚持“育人为本，全面发展，整体优化，质量一流”的办学理念，以“播种良好习惯，收获幸福人生”为校训，以“让家长满意、让社会认可、让领导放心、让教师幸福、让学生向往”为办学宗旨，以“创办有特色的学校，培育有智慧的教师，培养有个性的学生”为办学目标，逐步形成了“健康、活泼、乐学、善思”的学风、“关爱、宽容、博学、严谨”的教风和“自主、有序、和谐、向上”的校风。学校先后荣获“甘肃省快乐校园示范学校”“甘肃省德育示范学校”“甘肃省校园足球特色学校”“临夏州中小学校本教研示范学校”“临夏州民族团结示范学校”“临夏州语言文字规范化示范学校”“临夏州中小学校园‘四项工程’建设达标学校”“甘肃省少先队红旗”“积石山县教育工作先进集体”“积石山县优秀基层党组织”等殊荣。

校　长：杜有才

医疗卫生

【机构】 县卫生和计划生育局，隶属积石山县人民政府，内设综合办公室、计财股、医政股、中医股、疾妇股、药招办、基层指导股、政法股、宣教股、家庭发展股、流动股、干部保健股、内审股、档案股、党工办、红会办、公共卫生股、计生协会、爱卫办、农合办，下设县人民医院、县疾病预防控制中心、县妇幼保健站、卫计局综合监督执法所、县中西医结合医院、县计划生育服务站、县中医院、居集中心卫生院、癿藏中心卫生院、安集中心卫生院、四堡子卫生院、刘集乡卫生院、石塬乡卫生院、柳沟乡卫生院、关家川乡卫生院、胡林家乡卫生院、寨子沟乡卫生院、中咀岭乡卫生院、小关乡卫生院、铺川乡卫生院、银川乡卫生院、徐扈家乡卫生院、郭干乡卫生院。共有干部职工74人，其中干部69人，工勤人员5人。本科学历19人，大专40人，中专及以下15人。

领导名录

局　　长：马有录
副 局 长：王启武
　　　　　马建英
　　　　　党国虎
　　　　　鲜东志
纪检组长：马学英

【**医疗机构**】 全县有公立医疗卫生机构22个，其中县人民医院、疾控中心、妇幼保健站、卫生计生综合执法监督所、中西医结合医院、县服务站各1个，乡镇卫生院16个；其他医疗卫生机构323个，民办医院9个，社区卫生服务中心3个，社区卫生服务站3个，村卫生室145个，诊所70个，医务室13个。设有病床1017张，平均每千人拥有病床3.91张。

【**项目建设**】 积石山县徐扈家乡卫生院建设项目，该项目总建筑面积635平方米，总投资178万元，于2017年底投入使用。积石山县铺川乡卫生院建设项目，该项目新建业务用房及污水处理、锅炉房、垃圾处理等附属设施，建筑面积669平方米，总投资187万元，于2017年底已投入使用。

【**合作医疗**】 2017年人均筹资600元，其中中央财政人均补助324元，省级财政人均补助116元，州、县财政各人均补助10元，个人缴纳参合金150元，应参合农业人口数187996人，实际参合186921人，参合率为99.43%，筹集资金11165.8万元。住院率为18.05%，实际报销比为63.1%。精准扶贫户报销6050人次，提高优惠金额60.9万元。2018年医疗保险共参保197189人3250万元，其中农民参保188105人，参保率79.80%，城镇人口参保9084人，参保率100%。近年来，中央、省、州、县财政人均补助逐年增加，医疗报销费用同时增长，群众的优惠金额也相应逐年增长。

【**无偿献血**】 2017年组织全县干部职工集中无偿献血，参与献血的人数785人次，完成率为86.74%。有效满足了临床用血需求，为全州无偿献血工作做出了贡献。

【**爱国卫生运动**】 以开展环境卫生整治为重点，结合全县“创建无垃圾示范县”，利用“爱国卫生月”活动，动员全县干部群众参与集中整治环境卫生5次，参与人数2600人次，城乡环境卫生面貌得到了较大改观。

【**县妇幼保健站**】 机构属正科级事业单位，2017年底，有职工30人，其中少数民族17人，汉族13人；本科6人，大专15人，中专5人，高中及以下4人。开展乡村级人员培训、各乡镇妇幼保健工作监督指导、住院分娩、新法接生、妇女病查治、孕产期保健管理、婚前医学检查、计划生育四项（上环、取环、结扎、人流）、手术、产后访视、7岁以下儿童保健管理、5岁以下儿童营养评价、3岁以下儿童系统管理、新生儿疾病筛查、母乳喂养调查、新生儿访视、低出生体重儿监测、四项死亡监测及妇幼保健健康知识宣传等保健服务项目；临床业务方面开展各种常见病、多发病的诊断与治疗。

领导名录

站　长：马凤兰（2017年9月离任）
副站长：马忠英
　　　　樊银芬
　　　　张义魁

妇幼保健　2017年累计新出生儿童4211人（其中农村4063，城镇148），活产婴儿4168人（农村4021人，城市147人），其中住院分娩活产数4152人，住院分娩率为97.28%。剖宫产105例，剖宫产率为2.46%。

全年产妇总数为4199人（双胎12例）。三级保健网共实施孕产妇建档建册管理4105人，建档管理率为97.76%；产前检查4098人，产前检查率为96.02%；孕早期检查4050人，早检率为97.17%；产后访视4051人，产后访视率为97.19%；其中系统管理4045人，系统管理率为97.05%。全县20～64岁妇女73140人，妇女病应查人数为24380人，三级保健网共实施妇女病查治19879人，妇女病查治率为81.53%，查出患病6106人，妇女病患病率为30.72%。

2017年7岁以下儿童28770人，三级网共实施保健管理27767人，儿童保健管理率为96.51%。5岁以下儿童营养评价实查16842人，其中低体重人数为87人，低体重患病率为0.52%；生长迟缓12人，生长迟缓率为0.07%；超重27人，超重率为0.16%，肥胖4人，肥胖率为0.02%，血红蛋白检查16842人，贫血213人，贫血患病率为1.26%，中重度贫血患病41人，中重度贫血患病率为0.24%。3岁以下儿童12781人，其中系统管理12348人，系统管理率为96.61%。全县共实施6个月母乳喂养调查2863人，其中母乳喂养2669人，母乳喂养率为93.22%；纯母乳喂养2255人，纯母乳喂养率为78.76%。全县共实施新生儿访视4051人，新生访视率为97.19%。全县共实施新生儿疾病（PKU和CH）筛查4134人，筛查率为99.18%。PKU初筛阳性208例，阳性确诊1例，治疗1例；CH初筛阳性48例，阳性确诊1例；听力筛查4134人，筛查率为99.18%，初筛阳性60例，确诊1例，治疗1例。

全年累计新出生儿童4211人，活产婴儿4168人，共监测围产儿死亡53例，围产儿死亡率为12.59‰；其中死胎死产43例，七天内死亡10例。全县新生儿死亡11例，新生儿死亡率为2.64‰。全县共监测婴儿死亡13例，婴儿死亡率3.12‰。全县5岁以下儿童死亡15例，5岁以下儿童死亡率为3.60‰。全县新生儿破伤风发生病0例。全县监测新生儿出生缺陷12例，出生缺陷发生率为28.52∶10000，其中神经管缺陷发生4例。全县孕产妇死亡1例，孕产妇死亡率为23.99∶100000。

积石山县结婚登记1456对，实施婚前医学检查6人，婚检率为0.41%，未发现医学上不宜结婚的对象。

累计救助贫困产妇3944人，拨付救助资金177.48万元。

2017年应增补叶酸4195人，实际增补3583人，叶酸服用率为85.41%。服用依存2696人，依存率为75.24%。增补叶酸知识调查3090人，知识知晓2772人，知晓率为

89.71%。全县发生出生缺陷12例，其中神经管缺陷4例，出生缺陷发生率为28.52‱。

累计实施孕产妇艾滋病、梅毒、乙肝检测4090人，检查率为97.50%，其中孕期监测2683人，孕期检查率为65.60%，产时监测1407人，产时检查率为34.4%。艾滋病阳性0例，梅毒阳性2例，乙肝阳性164例。乙肝阳性产妇所生儿童注射乙肝免疫球蛋白164人。

2017年开展城乡妇女两癌筛查工作，项目任务数8000，结案8000人，宫颈癌确诊0人。

全年共接诊门诊病人20140人次，住院1466人次，其中住院分娩产妇333人，临床业务发展平稳。

【疾控中心】 机构　积石山县疾病预防控制中心内设人秘、免疫规划、财务、传染病防治、结核病防治、化验室、性病艾滋病股、中医、食品安全、慢病职业病等10个股室。共有干部职工31人，其中本科7人，大专11人，中专11人，高中2人；保安族2人，东乡族1人，撒拉族4人，汉族11人，回族4人，土族8人，彝族1人。

领导名录

主　任：何绍武

副主任：善杰元

　　　　曹金明

　　　　马敦萍

传染病防治　2017年全县共报告各类传染病919例，发病率为345.62:100000，其中乙类777例，占总发病数的84.55%，丙类142例，占总发病数的15.45%。及时处理预警信息26条，24小时及时处置率为100%。全年未发生任何突发公共卫生事件。

结核病防治　2017年县定点医院共接诊疑似结核病患者948例，确诊患者190例；其中初治涂阳患者15例，涂阴患者175例，新涂阳患者治愈率达88.6%。非结防机构上报疑似结核病患者166例，追踪到位137例，追踪到位率95.8%，对所有患者均落实了免费抗结核治疗。5月协调县教育局对26所学校开展了结核病防控工作督导，全年未发现学校结核病病例。

性病艾滋病防治　全县各医院（卫生院）对2.5万名住院患者进行了HIV初检，均为阴性。对县看守所新进的在押人员进行了HIV检测，对全县常住及流动性病艾滋病感染者均进行了随访，对应治疗的25例患者均开展了免费中药、西药治疗，对家庭困难的19名患者落实了5.7万元的临时救助，全年共免费咨询350人。按规定时间完成了CD4送检。共发放艾滋病宣传笔4500支，安全套1600盒，艾滋病宣传读本500本，到各种场合干预5次，干预外来务工人员450人。

慢性病防治　指导各医疗单位对全县1793名65岁以上老年人、11892名高血压病人、1703名糖尿病病人进行了规范管理。对所有疾病进行了月分类排序，按时上报了疾病谱分析月报。对全县严重精神障碍患者分两次进行了筛查确诊，全县累计确诊登记管理严重精神障碍患者452人，检出率为

1.94‰。协调县综治办对36名家庭生活困难的严重精神障碍患者监护人落实了以奖代补补助金共计6.48万元。

冷链运转　向各接种单位分送常规及强化疫苗和注射器13次，共发送各类疫苗131915支（粒），注射器73316具。下发接种卡、接种证6000本（张），儿童接种信息录入率达87.89%。

疫苗接种　全县共接种各类常规疫苗81344针次，平均报告接种率86.14%，其中乙肝疫苗及时接种4490针次，及时接种率99.76%。3月集中开展了一次麻疹疫苗补充免疫活动，共应种2400人，实种2285，接种率为95.21%。4～5月开展了两轮脊灰疫苗补充免疫活动，累计两轮应服35083人，实服32226人，投服率为91.86%，省州平均评估率为95.25%。

反应监测　全县预防接种异常反应信息系统报告一般反应和异常反应共19例，全部按规定进行了处理。

疫苗针对传染病　疾病监测系统共上报疑似麻疹病例4例，实验室排除4例。

免疫调查　在全县范围内调查了120名儿童，接种率在93%以上。

卫生检测检验　县水质监测中心配合州疾控中心对全县5个水厂29个末梢水点85份水样按时进行了检测。积石山县国家人体生物监测项目于2017年5～9月完成了大河家、吹麻滩、银川三个乡四个村的144名调查对象的基本信息调查摸底、相关生化项目检验、数据录入及工作总结上报等工作。

【地方病】 机构　积石山县地方病防治领导小组办公室，隶属县政府为科级单位，2017年底有干部职工23人，其中本科5人，大专9人，高中7人，中专2人；汉族19人，回族1人，土族3人。

领导名录

主　任：李永学

副主任：樊宗哲

　　　　马海云

　　　　谢　赟

工作综述　地病办的主要工作职能是地方病的预防与控制，主要地方病有碘缺乏病、氟中毒病、包虫病、麻风病、布鲁氏分枝杆菌病和肠道寄生虫病。

碘缺乏病防治　开展了300份盐样的采集和实验室监测工作，监测结果为合格碘盐283份，不合格碘盐14份，非碘盐3份，碘盐合格率为95.3%，合格碘盐食用率为94.3%；开展了200份儿童尿样和100份孕妇尿样采集和监测工作，配合州疾控中心开展了200名学生的甲状腺B超检查；完成了全县居民户饮用水碘含量采样和监测工作。协调相关部门出动执法人员累计检查经营单位1820家，结合民族团结创建活动，地病办在宗教场所免费“送碘盐”5吨。开展了免费碘盐扶贫活动。

包虫病防治　按照《积石山县2017年包虫病技术方案》要求，协调县医院、妇保站、畜牧局2017年共检查B超5000人，发现包虫病病人4人，全县现有包虫病病人10人，其中服药治疗4人，8人已手术（手术后服药2人），包虫病手术补助4人，2人正在办理相关补助手续当中，儿童检查10所小学，共500人，血清学检查，发现阳性1例；采集犬粪1000份，16份呈阳性；牛羊内脏检查1000份，没发现阳性病例；发放包虫病健康教育问卷调查700份，及格595份，合格率为85%；犬驱虫5000只，做到了每月驱虫；做到包虫病病人登记管理率达到了100%，规范治疗率达到了80%以上，病人按时随访，督促服药率达到80%以上，犬登记管理率达到80%以上，各项指标都达到了项目的技术要求。2017年犬粪采集1000份，人群查病1000人，健康知识问卷调查1000份，牛羊脏器检查300只。

氟中毒防治 在氟病区主要开展了氟中毒病健康知识宣传教育和改水工程运行情况调查工作，发放宣传品5000份，受教育人数达1万人，氟病健康知识妇女知晓率提高到84%，学生知晓率提高到92.2%。

布病防治 组织业务人员，在全县不同乡镇开展了监测工作，共调查1000人，通过监测，全县的布病防治自1995年稳定控制以来，疫情没有复发迹象。

麻风病防治 于1997年通过了省上验收，2017年上半年，根据省州业务部门的安排，组织业务人员，对全县已愈麻风病人进行了走访工作，逐一调查核实，现存活12人，把详细资料上报了州地病办和州疾控中心，无复发迹象，也未发现新的疑似病人。

【计生管理】 2017年完成了州上下达的各项指标任务。全年出生率为14.64‰，自增率为8.6‰；计划生育率96.36%，往年社会抚养费征收率86.14%，当年抚养费征收率70.78%。

【流动人口计生管理】 2017年流出人口16547人，育龄人口15722人，省内流出3013人，省外流出13534人，其中流出育龄妇女1009人，已发证1007人，发证率为99.80%。流入人口已登记838人，育龄人口652人，省内421人，省外231人，应验证292人，已验证281人，验持证率为96.23%，其中已婚育龄妇女256人，已建档256人，建档率100%，流入已婚育龄妇女健康档案应建档256人，已建档182人，建档率为71.09%。对流入已婚育龄妇女进行环孕情免费服务应检查156人，已免费检查156人，免费服务率100%。流动人口全员信息（或PADIS）查询反馈情况。全县流动人口重点对象信息协查应反馈388条，已反馈377条，反馈率为96.13%；全县流动人口一般信息协查应反馈250条，已反馈241条，反馈率为96.4%。在流动人口管理中开展基本公共卫生计生服务均等化试点工作和推进流动人口“一站式”服务管理工作。

【计生宣传】 2017年在各级报纸、电视台、电台刊用稿件120篇，报道48篇，在新媒体网站、官方微博、微信和今日头条共发布稿件302篇，在《民族报》、州电视台开办的《健康临夏》专栏中每月提供新闻稿件2篇，共20篇；动态信息每月3篇，共30篇，开展卫生计生重大事件的报道。共印发各种宣传品169种，每种约3.5万册。免费义诊、咨询9000人次，出动宣传车20场次。编印卫生计生工作简报48期，更换宣传栏12版次，制作宣传展板25块。

由于“全面二孩”政策的实行，2017年迎来了一次生育高峰期，重视全面两孩政策的稳步实施、解读及宣传工作。把7月定为计划生育宣传月，利用计划生育宣传月活动契机，通过出动宣传车、刷写墙体标语、散发宣传品等多种宣传形式，在集镇、民族宗教场所等人口密集场所向广大群众宣传讲解全面两孩政策，帮助群众深刻了解新的计划生育政策。上半年累计发放全面两孩政策工作手册6.5万份，知识问答折页6.5万份，政策宣传图片6.5万份；开展两孩政策学习培训。组织乡、村计生人员开展集中学习培训，学习全面两孩政策，把握全面两孩政策内涵。先后对全县计生系统包村干部、微机员、技术服务人员进行分片分批培训，累计培训次数已达4期。为保证出生人口质量，加大对孕前优生健康检查项目的宣传和推动，促使育龄夫妇积极参加免费的孕前检查。

【计生服务】 计生站占地面积500平方米，建筑面积989平方米，固定资产147.46万元。2017年底，共有卫生技术人员11人，本科学历的1人，大专6人，中专4人；副高职称2人，中级职称6人，初级3人。设有内科、外科、妇科等临床科室；医技科室开设了检验、治疗、B超、心电图等科室。主要医疗设备有B超、彩超、全自动生化分析仪、血细胞分析仪、乳腺诊断仪、蓝氧治疗仪等。

2017年免费孕前优生健康检查完成2125对夫妇。健康教育工作中共计发放宣传品3350多份，健康咨询1020多人次，受益群众达到3000多人。分别在县机关单位、学校和乡镇做了9次健康教育讲座，共参加人数达到1846人次，发放宣传品2156人份，受益群众达到3290人次。媒体投稿14篇，媒体播放视频长120多小时。完成国家素养检测问卷270份，烟草调查问卷270份，中医药问卷270份。

【优惠政策】 完成了计划生育三项制度工作的上报、审核和奖励资金发放工作，发展“少生快富”对象119户，其中有男二孩户116户，二女户3户，发放奖励金37.19万元；奖励扶助对象当年新增76人（退出34人），累计发展到1084人，发放奖励金104.064万元；特别扶助对象当年新增11人（退出4人），累计发展到51人，发放奖励金25.56万元；16周岁以内的独生子女领证户551人，发放独生子女父母奖励金6.612万元；计划生育手术并发症人员4人，发放奖励金0.72万元；二女户诚信奖励对象13人，发放奖励金1.248万元；加强基层计生工作队伍，巩固计生工作，按时发放村级计划生育专职副主任及计划生育自管小组长报酬，发放专职副主任149人，自管小组长435人，发放报酬48.45万元，以上项目共计发放计划生育奖励资金223.844万元。全县计划生育特殊困难家庭全部录入到了管理系统，进行统一管理，并全部建立了“4+1”联系人帮扶制度，特殊家庭对象为51人，全部录入，错误信息修改完成。

【计生协会建设】 共有县级协会1个、乡（镇）协会17个，村级协会147个，17个乡（镇）

均配备了专兼职副会长。各级协会开展以生育关怀、特殊困难家庭救助为主要内容的计划生育救助活动，并协助开展计划生育优先优惠项目的评议工作，为计划生育工作开展发挥了参谋助手的作用。

【卫生和计划生育局综合监督执法所】 机构 积石山县卫生和计划生育局综合监督执法所更名于2017年8月，原名为积石山县卫生和计划生育局卫生监督所。建制为正科级参公事业单位，为卫生行政执法机构，内设办公室、学校卫生监督股、公共场所卫生监督股、医疗市场监督股、职业与放射卫生监督股、财务股、稽查股、办证股。核定事业编制21名，现有人员16人，汉族12人，回族4人；本科学历2人，大专学历11人，中专3人；副高职称的1人，中级1人，初级14人；其中卫技人员14人，占职工总数的87.5%；取得行政执法证的14人，持证率为87.5%；取得监督证的12人，监督证持证率为75%。

领导名录

所　长：马永武（代理）

副所长：马浩玲

监督对象概况　公共场所166户，从业人员332人；医疗机构311家（其中二级医院1家、妇幼保健机构1家、疾病预防控制机构1家、中西医结合医院1家、中医院1家、乡镇卫生院16所、民营医院10家、社区服务中心2所、村卫生所室223所、个体诊所50所、校医室5所），医护人员933名；学校232所（包括44所幼儿园和1所孤儿院）；消毒公司1家，从业人员7人；放射单位7家，从业人员22人。

卫生和计划生育综合监督　日常监督　累计出动执法监督人员360人次，车辆80车次，监督649户次；新发公共场所卫生许可证12份，办理发放健康证74份；抽检非产品样品460份，其中医疗市场抽检210份，合格210份，合格率100%；公共场所抽检240份，合格240份，合格率为100%。水样检测30份，合格29份，合格率为97%。

医疗市场监管　查处医疗机构10家，医务人员12人，记录不良积分12分。开展了2次传染病防控工作执法专项检查，对督查中发现的医疗废物处理不规范的8家医疗机构进行了相应的处罚，并对消毒制剂和相关医疗器械进行了消毒抽样检测，合格率达100%。对县医院血库和临床用血医疗机构的血源及临床用血情况进行了2次专项监督检查，开展了不合格消毒产品专项整治，共检查消毒产品销售23家，未查出不合格产品；对集中式消毒企业开展了2次现场督导检查。

公共场所监管　共办理公共场所卫生许可证12家，有效持证率为97.0%；办理从业人员健康培训合格证74人，有效持证率为78.6%。监督频率达2次/户以上，覆盖率达100%。处罚案件7期警告，1起当场行政处罚，罚金200元。采集水质卫生监测样本30份，合格29份，合格率97%。对不符合饮用水标准的集中式供水单位进行了当场行政处罚。

学校卫生监督　检查学校146家次，出动卫生监督员112人次，当场下达《卫生监督意见书》46份，中高考前夕，对县城内的宾馆和2所中、高考考点提前进行了卫生安全监督检查。

职业（放射）卫生监管　全县7家放射工作单位中1家安全措施不到位，存在潜在的职业病危害因素；2家无放射防护安全制度；3家放射工作场所无警示标志，但均有“放射工作人员证”。22名从业人员均配备了个人剂量检测仪，个人剂量检测仪佩戴率为100%；卫生协管工作：全县卫生协管工作共完成卫生协管巡查1866次，下达卫生协管意见书1020份，其中饮用水安全巡查36次、学校卫生巡查360次、医疗服务巡查1380户次，非法行医和非法采供血巡查16次、公共场所巡查74次。根据省州下达的“双随机”工作任务安排，共督查被监督单位87家，其中医疗机构52家、下达了监督意见书40份；公共场所12家，下达卫生监督意见书12份；学校卫生23家，下达卫生监督意见书21份。

计划生育监督　全县共有计划生育被监督单位21家，已初步纳入卫生监督管理，建立监督档案。截至年底共监督检查1次，下达监督意见书21份，监督覆盖率100%。共监督稽查1次，出动人员10人次。共抽查被监督单位20户，签写调查问卷20份。共下达处罚案卷22起，其中医疗机构简易程序8起，一般程序2起。公共场所简易程序8起，学校卫生简易程序4起，下达卫生监督意见书41份。

专项监督检查　对各级各类医疗机构、药店、游医进行了8次监督检查和专项整治。共监督检查各级各类医疗机构219户次、药店26户次，出动卫生监督人员160人次、车辆40台次。共处罚各级各类医疗机构、游医摊点10起、没收过期药品25种，折合人民币约700元，没收违法宣传医疗书7000本。医疗服务过度收费专项检查，检查30家医疗单位，抽查病历150份，查处多收费404元，其中对大河家镇卫生院，石塬乡卫生院等4家卫生院给予了当场行政处罚、并限期整改。

法制宣传　结合“3·15国际消费者权益日”、《职业病防治法》宣传周、“民族团结进步宣传月”活动、“7·11”人口日社会宣传活动，共出动执法宣传车辆5车次，人员38人次，制作宣传展板8张，共发放宣传手册、宣传图片、宣传资料等12000多张（本），悬挂横幅3条。并发放职业病防护知识资料3200张，举办乡级卫生协管员培训4次，培训85人次。

部分医院及卫生院选介

【人民医院】积石山县人民医院始建于1970年，前身是临夏县第二人民医院，1981年自治县成立以后，改名为积石山县人民医院。是集医疗、教学、急救、预防保健为一体的“二级甲等”综合医院。医院占地68亩，建筑面积21243平方米，编制床位450张，固定资产11401万元。有在册职工482人，其中卫技人员416人，医生202人，护士214人。按职称分副高级专业技术人员20人，中级专业技术人员39人，初级专业技术人员204人；其中本科46人、大专222人、中专170人、其他44人。现有西门子核磁共振、西门子16排CT、飞利浦四维彩超、深圳安健DR及数字化胃肠机、奥林巴斯全自动生化分析仪、腹腔镜系统、奥林巴斯CV290电子胃镜等先进的诊疗仪器；设有内一、内二、内三（儿科）、外一、外二、外三（骨外）、妇科、产科、急诊、传染、中医、五官、麻醉科、重症医学、血液透析等15个临床科室；检验、放射、超声诊断、心电图、胃镜、病理等6个医技专业；党建办公室、行政办公室、医务科、护理部、财务科、医保办、药剂科、设备科、总务科等9个职能科室。外科能开展脑外、泌尿外科、普外、腹腔镜的各类手术；骨科能开展复杂性踝关节手术、小儿四肢骨折的弹性髓内钉固定术、皮肤缺损中厚皮瓣植皮术等；内科方面掌握了常见病、多发病的诊断及治疗，尤其是我院内三科（儿科）在2014年成立新生儿重症监护室，对危重症新生儿进行无陪护治疗；妇产科能开展宫颈癌灭减术、子宫全切等手术等。2017年医院门诊80853人次；住院14979人次，比上年增加3497人次，人均住院费用3248元；住院分娩2811例；床位使用率142.8%，比上年增加2.8%；病床周转率42.7次/年，平均住院日7.7天；全院成分输血率100%；诊断符合率100%；抢救成功率98.5%，医院感染率0%；甲级病案率100%。住院手术2197人次，成功率50%。医院总收入为6583万元，比上年增长3%。

院　长：马维良

副院长：何克东

马尚贤

豆启武

纪检员：马继利

【**大河家中心卫生院**】 大河家中心卫生院是大河家镇主要的医疗保健机构。占地面积3400平方米，建筑面积2499平方米，其中业务用房2355平方米，固定资产986.7万元。医院设六个临床科室、五个医技科室、四个职能科室，共设床位150张。现有职工96人，其中卫生技术人员77人，工勤人员19人。大专以上24人，中专53人，高中及以下19人。医疗设备主要有：X线数字成像系统（DR）、全身自动化分析仪、尿常规分析仪、彩色多普勒超声诊断仪、麻醉机、心电监护仪，三道同步心电图机、妇科检查床、多功能产床、电动吸引器、口腔综合治疗台、熏蒸仪、中医四诊仪、中频治疗仪、多功能艾灸仪、多功能腰颈椎牵引床等设备。医院能开展内、外、妇、儿、中医、B超、放射、化验等科室检查，并能开展疝气修补术、阑尾切除术等，能诊治内、儿、妇常见病及多发病。承担着全镇卫生所室的业务指导和医疗、预防保健及康复工作，医疗服务还辐射本县和青海省民和、循化两县14个乡及周边。2017年门诊4.0万人次，比去年增加0.5万人次；住院3915人次，比去年增加300人次；业务收入765万元，比去年增加30万元。

院　长：魏光兰

【**癿藏中心卫生院**】 癿藏中心卫生院成立于1958年，是癿藏镇主要的医疗保健机构，占地面积5400平方米，建筑面积2200平方米，其中业务用房1700平方米，固定资产384.7万元。2017年底，有职工16人，其中高级职称2人，中级职称2人，初级职称5人。主要医疗设备有300毫安X光机、心电监护仪、麻醉机、彩超、全自动生化分析仪、尿液分析仪、全血细胞分析仪、心电图机、全自动洗胃机、全身熏蒸床、多功能牵引床、电脑中频治疗仪、综合手术床等，设床位30张。能开展内、外、妇、儿、中医、骨科、B超、放射、化验等业务，在外科方面能开展阑尾切除术、疝气修补术、四肢骨折切开复位内固定等手术。承担着本乡10个行政村10个卫生所（室）的业务技术指导和医疗、预防保健及康复工作。2017年门诊2.72万人次，比上年增加0.3万人次；住院971人次，比上年增加21人次；业务收入228.2万元，比上年增加10.9万元。

院　长：王　平

【居集中心卫生院】 居集中心卫生院成立于1958年，是居集镇主要的医疗保健机构，占地面积4237平方米，923平方米砖混结构的三层门诊楼一幢有39间，524平方米的两层职工宿舍楼一幢，332平方米的住院楼一幢，228平方米的综合楼一幢，总建筑面积3248平方米。固定资产437.18万元。2017年底，有职工22人，其中卫生技术人员21人，工勤人员1人。副主任医师1人，主治医师4人，助理医师1人，主管护师1人，执业护师2人，护士4人。主要设备有彩色超声诊断仪、全自动生化分析仪、电动吸引器、洗胃机、双目显微镜、综合手术床、九孔无影灯、制氧机，心脏监护仪等。能开展内、外、妇、儿、中医、骨科、彩超、化验、针灸、理疗等业务。承担着本镇9个行政村9所村卫生所（室）的业务技术指导和医疗、预防保健及康复工作，医疗卫生服务还辐射到相邻的寨子沟、徐扈家、郭干、中咀岭等乡。2017年门诊3.88万人次，比上年增加0.015万人次；住院1428人次，比上年增加324人次；业务收入251.22万元，比上年增长23万元。

院　长：韩　凯

科学技术

【机构】 县科技局是负责全县科技工作的事业单位，内设人秘、科技成果、知识产权、宣传培训、综合科技等五个职能股室，有工作人员38人，其中：本科3人，大专20人，中专15人。保安族10人，东乡族2人，撒拉族3人，汉族12人，回族2人，土族6人，藏族3人。

领导名录

局　长：马国潮
副局长：马世文
　　　　肖永青
纪检员：马礼真

【科技开发】 目标责任制　2017年全社会研发经费完成478万元；财政科技投入完成投入1964万元；知识产权工作，专利申报完成39件；技术市场工作，技术市场交易额完成1014万元。

项目实施　经县上统一安排，县科技局实施的“积石山县科技特派员精准扶贫农业科技示范村建设”项目与县农、林、牧和劳务等单位共同开展，在种植、养殖、劳动技能提升等方面举办了培训班6期，培训科技特派员150人，培训科技明白人460人次，与州科技局在居集镇开展了农业新技术培训270人次。各类培训项目于2017年10月顺利通过国家审计署审计验收。

【科技兴农】 按照《临夏州科技特派员管理办法》，针对农民专业合作社和小微企业在发展中出现的各类问题，科技局有针对性地优选了18名热心“三农”（农业、农村、农民）工作，具有一定技术职称、科技服务经验和实际工作能力的科技特派员进驻合作社和小微企业开展服务。在州科技局的大力支持下，县科技局引入“三区”（边远贫困地区、边疆民族地区和革命老区）科技人才21人，进驻21个贫困和服务点开展帮扶工作，同时，向省上派送两名农业服务方面的工作人员参加针对农村一线开展工作的“三区”人才培训班。

【科普宣传与培训】 借助科普之冬（春）和“科技活动周”活动，协调农业、林业、畜牧等相关单位，抽调专业技术人员，组建了科普工作宣传队，组织开展集中宣传服务活动，以科技赶集、巡回宣传等方式，出动宣传车辆12辆次，展示科普展板89张（块），悬挂横幅8条，发放各种资料1.7万份，上报各类科技信息64条。通过实施科技项目，培训精准扶贫科技特派员和科技明白人880人次。

文化·体育·广播电视·电影

文 化

【机构】 文化局隶属县人民政府，正科级事业单位，内设人秘股，文化股，财务股，2017 年有干部职工 14 人；下设文化馆、图书馆、博物馆、文化市场综合执法大队、非物质文化遗产保护中心、艺术团；文化馆工作人员共有 2 人；博物馆有工作人员 10 人；文化市场综合执法大队有工作人员 2 人；非物质文化遗产保护中心工作人员共有 2 人，艺术团工作人员共有 22 人。

领导名录

局　长：周永祥

副局长：马全义

纪检员：苏文海

【文化产业】 截至 2017 年底，全县文化产业预计完成数为：增加值 3930 万元，完成任务数 3927 万元的 100.07%；增速为 19.09%，完成任务数 19% 的 100.47%；资产总额 29000 万元，完成任务数 28310 万元的 102.43%；招商引资签约资金 41300 万元，完成任务数 50000 万元的 82.6%；实际到位资金 11750 万元，完成任务数 10000 万元的 117.5%；机构数 32 个，完成任务数 32 个的 100%；从业人员 1094 人，完成任务数 1090 人的 100.37%。

【群众文化】 突出全县工作重点和精准扶贫一号工程，主动编排形式多样的文艺节目，开展送文化下乡活动。利用已建成的乡村舞台，组织文化馆、图书馆、博物馆、艺术团开展了送文化下乡活动。活动期间，共送出春联 1200 幅（福字 160 幅），图书 3400 多册，出动宣传车 36 辆次，人员 1590 人（次），春节期间，共开展送公益性演出活动 43 场（次）。举办书画摄影展 3 次，共展出书画摄影作品 328 件，吸引县内外书画摄影爱好者前来参观欣赏。在庆五一“农行杯”篮球活动、大河家两省四县物资交流商贸活动和“恒基杯”花儿歌手大奖赛活动期间，开展文化送基层活动，共承担了四场专场演出任务，以知恩感恩的艺术形式，展示推介了全县精准扶贫及各项惠民政策落实的好做法、好经验，得到了州内外甚至省内外人士的高度好评。成功举办了由临夏恒基企业独资赞助的大山庄峡“恒基杯”原生态花儿歌手大奖赛。来自甘青两省五县的 43 名民间歌手参加比赛，经过两天的预决赛，自治县农民歌手张桂萍荣获一等奖。组织安集乡苟家山 125 人的社火队，代表积石山县参加了全州社火表演，得到了社会各界的好评。

【文化市场管理】 2017 年以来，文化市场综合执法大队加大政策宣传力度，将书刊、音像、打字、印刷各行业的法律、法规打印成册，利用三下乡活动，宣传有关法律、法规和政策。利用精准扶贫、精准脱贫工作的有利时机，在进村入户的同时，给群众广泛宣传开展“扫黄打非”工作活动的重要性和必要性。截至年底，发放宣传单 2150 余份，出动宣传车 14 辆次，受教育群众达 4500 多人。推进“扫黄打非”进基层工作。全县 17 个乡镇都成立了工作小组，设立了办公室，145 个行政村确定了网格员，并将基本情况上传到专门网站。同时，按照乡镇一块牌子、一张图、三项制度和行政村一牌二制度的要求全部进行了挂牌。采取定期与不定期、日常监管和突击检查相结合的办法，加大依法打击力度。与公安、工商管理等部门联合共出动执法车辆26辆次，出动执法人员184人（次），对全县音像制品、书报摊点、印刷品经营单位、网吧、145个行政村及宗教场所周边进行了拉网式排查，检查出版物经营单位84家（次），收缴盗版音像制品210张，盗版图书150册，取缔游商地摊3个。

【图书借阅】 文化馆、图书馆、博物馆自实施免费开放以来，贯彻落实文化部、财政部免费开放要求，2017年，三馆免费开放各达330天以上，共接待参观游客12.85万人（次），其中青少年5.16万人（次），图书馆全年共接待读者1650人（次），图书外借540多本。博物馆免费提供讲解600余（次），完成了各种接待任务。

【文物保护】 针对近年来野外文物安全事故时有发生、文物遗址点时有探挖的实际，把提高文物安全意识当成文化系统的必修课，在全面落实野外文物县、乡、村、文管员四级巡查责任制和文管所主体责任的同时，邀请专业人员在县博物馆进行了由文化系统全体干部职工参加的文物安全知识讲座。同时，按照谁审批、谁负责的要求，与消防、工商联合，依法严查，全面落实文化市场消防安全责任，2017年未发生消防安全隐患。

2017年，完成了全国文化资源普查和第一次可移动文物普查年度工作任务，全县350个行政、事业、国有企业等单位文物收藏情况调查登记，依法加强文物保护，协调公安部门成功破获两起文物盗挖案件。

【非物质文化遗产保护】 在大河家镇物流园区内租赁29间房屋（租期五年），挂牌成立了积石山县保安族腰刀锻制技艺和保安族口头文学与语言两个项目传习所，免费为保安族腰刀锻制技艺和保安族口头文学与语言县级以上传承人提供了开展传承工作的场所。在甘河滩村举办了积石山县第一届保安族口头文学与语言保护与传承系列活动，在保安族腰刀锻制技艺传习所举办积石山县第二届保安族腰刀锻制技艺大赛。参加保安语系列活动预赛的人员有60人，包括中小学师生和农民群众。经过预赛，确定进入决赛的人员共27人，其中演讲8人，歌咏8人，讲故事11人。参加保安族腰刀锻制技艺大赛的人员共27人，其中县级传承人7人。比赛结束后，从7人县级传承人中评选出一、二、三等奖各1人，准备上报州级传承人；从20名比赛人员中共评出一、二、三等奖共6人，现场予以了奖励（奖金由甘肃成达贸易有限公司提供赞助），并提请县人民政府根据传承人名额规定公布为县级传承人。购买了由甘肃省民俗学会副会长、甘肃省保安族文化研究会副秘书长、保安族文化网总编马沛霆和日本语言学博士佐藤畅治教授共同编纂，出版发行的2000本保安语辅助教材《保安语汉语词典》，在两项活动期间现场发放给参加活动的人群和保安族相对集中的中小学校师生，帮助保安族群众提高保安语水平。

【文化项目建设】 2017年，省州下达乡镇综合文化站达标定级任务5个、综合文化服务中心（乡村舞台）建设任务全覆盖。截至年底，5个乡镇综合文化站达标定级验收因达标建设资金未落实，各项指标还未完成。

文体局争取的投资200万元的6个村文化广场项目全部整合，由县委宣传部和县委组织部负责实施，134个乡村舞台全覆盖建设项目（其中由县委组织部实施的31个），现已建成106个，在建28个，争取省文化厅对151个村（社区）全覆盖配备价值达270万元的乡村舞台音响设备。同时，对17个乡镇综合文化站、18个村配备了摄像机、照相机、打印机、平板电脑、台式电脑等提升项目设备。

体　育

【机构】 2011年7月县体育局成立，内设办公室、财务股、体彩站、群体股；下设业余体校。2017年底共有干部职工11人，其中本科2人，大专7人，高中2人；保安族1人，撒拉族2人，汉族4人，回族1人，土族2人，藏族1人。

领导名录

局　长：李海元

副局长：徐尚梅

纪检员：马　静

【群众体育】 2017年元旦、春节农闲期间，全县先后举办了迎新春“成林杯”等3场规模较大的篮球邀请赛，参赛代表队102个，参赛队员1224人，观众达20余万人次；县体育局、县妇联共同举办了庆“三八”乒乓球羽毛球比赛，有乒乓球男女单打、双打、混双，羽毛球男女单打、双打、混双计10个比赛项目，共计有197名运动员报名参加了比赛；4月28日至5月2日，由中共积石山县委宣传部主办，县总工会、县体育局、县文体局、县教育局、县妇联、团县委承办，中国农业银行积石山县支行赞助的第七届敦煌行·丝绸之路国际旅游节暨积石山县五一“农行杯”篮球运动会成功举办，共有42支代表队504名运动员参加了比赛，其中男子组有33个代表队，女子组有9支代表队。7月7日，由积石山县创意布艺有限公司主办，县体育局协办的第二届“创意布艺杯”广场舞大赛在县城大禹广场举行，共有来自两省四县的41支代表队861名运动员参加了比赛。7月24日，完成了第十六届环青海湖国际公路自行车赛第九赛段（平安—临夏）的各项赛前准备工作及各项赛事任务，保证了第十六届环青海湖国际公路自行车赛第九赛段在县境内顺利通过。组织县城及各乡镇晨练队、健身队在大禹广场等地开展健身舞、锅庄舞、交际舞等体育舞蹈及健身气功、太极扇、太极拳、太极剑、健身操、夕阳红秧歌等形式多样的健身活动1800余（次），参与群众20余万人（次）。

2017年底，全县共命名各级社会体育指导员323人，其中国家级3人，一级15人，二级34人，三级271人。

【竞技体育】 县体育局组队代表临夏州参加了甘肃省青少年男女曲棍球锦标赛，并获得男子组第六名，女子组第七名的好成绩；选派3支代表队参加了全州广场舞大赛，并获得一个二等奖，一个优秀组织奖。

【学校体育】 参加了全州青少年男女篮球比赛，获得男子组第三名，女子组第二名的好成绩；2017年5月18～21日，组织积石中学、高关中学、乩藏中学、希望小学参加了2017年度临夏州校园足球联赛暨校园足球特色学校“星级”锦标赛，乩藏中学获得“优秀组织奖”。

【体育设施建设】 2017年底，全县共有各类体育场地266处465个。有标准体育场1个，体育训练馆2个，乡镇体育健身中心3个（大河家、刘集、居集），较高标准篮球场2处（关家川、胡林家），大口径健身路径2条，“行政村农民健身工程”63个。2017年8月，县吹麻滩镇被国家体育总局评为全国2013～2016年度群众体育先进单位。

广播电视·电影

【机构】 积石山县文化广播影视局，是隶属县政府的正科级单位。内设有人秘股、财务室、业务股、音响股、广播站、有线电视台、大河家有线差转台、尕马家转播台、电影等9个股室站。截至2017年，干部职工42人，其中男25人，女17人；汉族15人，少数民族27人；本科学历9人，大专学历14人，大专以下19人。

领导名录

局　　长：马玉杰

副 局 长：苟树智

副 台 长：王　光

　　　　　陕志秀

纪检组长：马成辉

【工作综述】 2017年，县电视台共播出新闻994条，在州台播出318条，制作专题节目32期，播出公益广告33条1163分钟。结合全县的环境整治活动播出环保宣传标语1000多条次，督察公告游走字幕每5分钟播出一次。同时为“两户见面会”量身打造了《交流传授致富门路经验　引导激发脱贫内生动力》，为宣传推广积石山制作了《积石山下农兴旺　大禹故里桑田绿》的专题节目。

【项目建设】 2月，县电视台制播能力建设项目开工，总投资200万元，其中中央投资160万元，地方自筹40万元。同年5月投入使用。项目主要包括68万元的广播电视台演播室设备采购项目以及132万元的电视台制播设备采购项目。7月4日尕马家调频转播台改扩建项目通过验收，该项目共投资167万元，其中中央预算内投资134万元，地方自筹33万元。该工程新建二层框架结构业务技术用房一栋342平方米、新建一层框架结构电视调频转播台机房一栋198.4平方米。

【电影】 2017年，为了扩大广播电视覆盖率，提高省、州、县地方台的收视率，在“户户通”工程基础上在关家川乡芦家庄村和小关乡尕阴洼村实施补点工程。2017年在全县各行政村分别放映了《烽火长城线》《清涧起义》《智取威虎山》《第一书记》《湄公河行动》等几十部影片，放映场数达到1725场次，观众达90635人次。

【广播】 2017年“百县万村示范工程”全面开工，项目共投资14万元，对安集乡风光村、大河家镇韩陕家村等7个行政村配置广播器材（每个村2万元），于同年7月完成调试。

档案·史志编纂

档 案

【机构】 积石山县档案管理局属事业单位，隶属县委领导，局馆两块牌子，一套人马，合署办公。县档案馆是集中统一保管积石山县各机关、团体、企事业单位档案资料的县级综合性档案馆。工作人员12人，其中本科3人，大专6人，中专（高中）3人；东乡族2人，汉族7人，回族2人，土族1人。

领导名录

局　长：唐占全

副局长：陶学茂

【概况】 截至2017年底，馆藏各类档案共37卷宗16305卷，11866件（副、蓝、张）。馆藏清代档案共3卷（管文书2卷、契文档案1卷）。革命历史档案18件。电子文件信息共配备信息化专职工作人员4人，对全县建县以前各类档案接收到县档案馆集中统一管理，提高档案管护水平。查阅利用服务工作有序开展，多年来共提供单位及个人档案利用服务5700人（次），印制发放各种档案宣传资料4.3万份。

【档案收藏】 接收了县纪委、组织部、政法委、广电局、审计局、质监局等16个单位的档案共4960件、1121卷，接收县电视台成立以来的各类光盘、磁带等声像档案684盘（张），完成文件全文扫描及文档去污10.5万幅。共举办固定展览2次，发放宣传折页、电脑鼠标垫2.3万份，省州网站信息稿件54篇（其中省级15篇），报送论文4篇，征订2018年档案报纸杂志63份。馆藏清代档案共3卷（管文书2卷、契文档案1卷）；馆藏民国档案94件，主要有：文书档案25件，契文档案40件，个人及家族档案17件，票证档案3件，会计档案2件，书稿档案7件；革命历史档案共18件，形成于1920至1949年，主要为毛泽东、周恩来等党和国家领导人各个时期的工作和生活照片档案；中华人民共和国成立后档案共37个卷宗，12415卷，文件级10436件。2017年县上投入档案日常管护费11万元，达到了每卷不低于3元的标准；下大力气对馆藏两万多卷案卷级档案与著录条目进行了核对和装盒保护，三年来指导农业局、县委办、组织部、吹麻滩镇、县人行、国税局、阳山村、肖家村，乩藏清真寺，居集灵隐寺等21个单位，规范了档案管理，参与指导建设项目档案3个，完成美丽村规范化建档3个，创建省二级规范化单位1个，三级2个。2017年8月对全县17个乡（镇）及县直单位的档案工作进行了监督、检查及业务指导。对所查的单位进行了事中指导，事后回查，确保了档案的完整与安全。11月底顺利通过了州上的年度考核验收，获全州档案系统年度考评二等奖。

【馆藏档案】 2017年馆藏21个卷宗，档案资料共13179卷（册、件）。其中：文书档案11269卷；会计档案544卷；资料八类 1136 册（本）；音像档案 2 盘；照片档案 125 张，实物 8 件，印模 95 枚。2017 年馆藏档案资料增加了 400 卷文书档案，计 13579 卷（册、件）。其中：文书档案 11669 卷。

【档案资源的保护和利用】 2017 年重点档案有：建馆初由于盲目丰富馆藏，全县原公社时期的档案未经整理接收进馆，这些档案历史久远，纸张变质，字迹褪色。根据目标任务，抢救完成永久档案 120 卷，修复永久档案 60 卷。对原刘集、石塬等公社时期的馆藏档案进行了重新鉴定整理，更换封面、卷内目录、案卷目录等一系列规范工作，共规范档案 25 柜，2153 卷。2017 年接待编史修志、机构设置、表彰先进、土地纠纷、职务任免等各类查档人员 132 人（次），提供查阅利用档案 380 卷（次）。接待县政协、党研室等单位和个人的查档，涉及机构设置、表彰先进、人事任免、地界问题等内容的各类查档人员 60 人（次），提供查阅利用档案 182 卷（次）。

县志编纂

【机构】 县志编辑部是县政府直属正科级事业单位，主管全县地方志工作，拟定地方志工作规划和编纂方案；组织编纂地方志书、地方综合年鉴；搜集、保存地方志文献和资料，组织整理旧志，推动地方志理论研究；组织开发利用地方志资源职责。下设编辑室、档案室、财务室、地情资料室。2017 年底，共有干部职工 12 人，其中男 5 人、女 7 人，本科学历的 6 人、大专 6 人。

领导名录

总 编 辑：马力宁

副总编辑：杨永礼

【县志编纂】 2017 年完成了《积石山保安族东乡族撒拉族自治县志》（1989 ~ 2010 年）编纂工作的 50%，70% 的单位完成了初稿，50% 的单位完成送审稿，其余正在撰写中。县志编辑部承担的大事记、地方志编修、重要文献辑存、前志勘误等完成了初稿。

【年鉴供稿】 完成了《甘肃年鉴 2017 年卷》中积石山县部分的资料收集和文稿撰写任务；完成了《临夏回族自治州年鉴 2017 年卷》中积石山县部分的资料收集和文稿撰写任务。先后两次组织编辑对全县各单位、各乡镇承担的年鉴编写工作开展情况进行了督查，促进了年鉴工作的开展。46 个单位完成了送审稿，37 个单位完成了初稿，其余单位正在进行资料收集和初稿撰写工作。

乡镇概况

吹麻滩镇

吹麻滩镇为县城所在地，是全县政治、经济、文化中心，东以关家川乡、胡林家乡相邻，西以积石山脉为界，南以寨子沟乡相接，北以柳沟乡为界，地形多为丘陵，山沟交错，山坡度较小，地下水丰富，植被较好，属寒冷阴湿气候区，年平均温度6.3摄氏度，无霜期158天，年降水量667.2毫米，沿山一带分布有草场。耕地主要为旱地，粮食作物主要有小麦、玉米、马铃薯、大豆，经济作物以油菜为主。旅游资源有积石民俗村、石海、黄草坪、冰川遗迹等自然风景区。总面积36.54平方千米，辖7个行政村、3个居委会，共71个合作社，2017年总人口38022人，其中农村人口11217人，城镇人口12530人，流动人口14275人（其中住校学生8530人，流动5745人）。共有保安、东乡、撒拉、汉、回、土、藏7种民族，少数民族人口24823人，占总人口的65%。全镇设11个党支部,共有党员298名，其中女党员55名，占党员总人数的18.5%，少数民族党员220名，占党员总人数的73.8%。总耕地面积13443亩，农民人均占有耕地0.91亩。辖区内有宗教活动场所41处，小学9所，各类卫生机构10个。2017年全镇共有建档立卡户678户3272人，贫困人口从3404人减少到317户1496人，贫困面从30.3%下降到13.3%；新识别纳入贫困户55户199人，返贫28户133人。共动员197户贫困户修建了牛（羊）棚（其中牛产业126户，羊产业71户），落实到户项目资金25万元。县上分两批下达危房改造任务103户，下达农村特困无能力建房户44户，农村D级危房改造任务59户，103户危旧房改造任务已全部完成，群众已全部搬迁入住。全镇共实施主干道及村社巷道硬化25.8千米，其中在中庄村实施村社道路硬化12条18.5千米；建成了中庄村45户226人易地扶贫搬迁项目工程，墙面瓷砖和室内粉刷已全面完工，水、电、路等基础设施建设正在规划实施当中；新建了林坪、后沟、中庄村级文化活动场所。

全镇推广种植膜侧油菜3000亩。在中庄、方家村集中连片推广种植啤特果近500亩，按照户均一名技能人的标准，开展电焊、牛肉拉面等技能培训141人，向省外输转劳动力1200人，在中庄村修建牛羊暖棚140座，发展牛羊养殖示范户140户。共落实退耕还林、粮食直补、农机补贴等惠民资金825万元，受益群众达到1.2万人。组织镇村两级干部对城乡低保进行了核查，农村低保核除182户674人，城市低保核除87户246人,新增40户180人,孤儿新增5户8人。建成了方家村、后阳洼村、后沟村、中庄村村级幼儿园。上报“奖励扶助”对象48人，“少生快富”对象295户，特别扶助16人，特困救助2人，共落实奖励资金121.5万元。共收缴城乡居民养老保险金72.445万元，参保5495人，参保率为111%，比上年增长13%；收缴新型农村医疗合作金136.5万元，共参保8050人。出动镇村社干部群众220人次，出动铲车、挖掘机等大型机械12辆次，清除乱堆乱放的草垛、杂物等60余处，清除拉运各类垃圾近10吨。

领导名录

党 委 书 记：马如花（2017 年 9 月离职）
人 大 主 席：龚美胜
镇　　　长：宗明江（2017 年 4 月任职）
党委副书记：张自繁
纪 委 书 记：陕玉明
副 镇 长：马　荣
　　　　　韩　银
武 装 部 长：白建荣
党建办主任：马晓林

大河家镇

大河家镇位于积石山县西北部，距县城 27 千米，距西宁、兰州 200 多千米。地处甘、青两省三县交界处，全镇共辖 10 个行政村，1 个居委会，86 个合作社，总面积 51.64 平方千米，5474 户 31593 人，其中农业人口 28160 人，占全镇总人口的 89.1%；有保安族、东乡族、撒拉族、回族、土族、藏族、蒙古族 7 个少数民族，少数民族人口 27005 人，占全镇总人口的 85%，有保安族 1629 户 9477 人，占全镇人口的 30%。2017 年底全镇农民人均可支配收入为 4259 元。人口出生率为 5.03%、自然增长率为 1.23‰、计划生育率为 98%。全镇共有 12 个党支部，有党员 347 人，其中男 289 人、女 59 人；汉族 51 人，保安、东乡、回族、藏族等少数民族 296 人；旅游资源有大墩峡、临津古渡、积石雄关、大禹导河遗迹、保安族民俗风情等自然与人文景观。总耕地面积 25277 亩，人均耕地 0.85 亩，主要农作物为小麦、玉米、马铃薯、油菜等。栽植核桃苗木 13700 亩 18 万株，嫁接改良核桃 620 亩。大牲畜存栏 4294 只（头），其中牛出栏 358 头、羊出栏 3728 只，肉类总产量为 126.74 吨。全镇有初级中学 1 所、六年制小学 10 所、教学点 2 所，文化站 1 个，村文化室 10 个；卫生院 2 所、村卫生室 10 个。

投资 7.6 亿元，共拆除旧商铺 344 户 1766 间，3.6 万平方米，新建三层以上商铺 8.5 万平方米，在新城开发区完成征地 715 亩，发放补偿款 5460 万元。总投资达 15.4 亿元的物流园区、民族风情园、住宅小区等一批重点项目建设进展顺利。

全镇共实施危旧房改造 786 户（无能力建房 61 户，改造 C、D 级危房 646 户），脱贫户住房已全部达标；共实施贫困户精准贷款 769 户，发放贷款 3076 万元，实施羊产业 782 户，总投资达 619.6 万元。投资 327 万元，在韩陕家、梅坡、甘河滩、周家、克新民 5 个村实施道路硬化 15.3 千米；投资 1120 万元修建韩陕家、康吊、大河、大墩 4 个村小学教学楼；投资 459 万元在韩陕家村修建农村水利灌溉渠道（其中，渠道 19 千米；机耕路 6 千米）。

领导名录

党 委 书 记：马鹏飞
人 大 主 席：庆玉海
镇　　　长：马雪俊
党委副书记：赵明栋
纪 委 书 记：马叔明
副 镇 长：樊世强
　　　　　马慧兰
　　　　　马学录

武装部长：马登茁
党建办主任：马作良

癿藏镇

癿藏镇位于积石山县东南部。地势丘陵连绵、山沟交错，属温带大陆性季风气候区，年均气温7.4摄氏度，无霜期152天。年降水量430.5毫米。总面积25.6平方千米。辖10个行政村，1个居委会，90个村民小组，镇政府驻旧城村。总户数3056户，其中农村户数2916户，少数民族2275户，总人口16078人，其中非农业人口190人，占总人口的1.18%；少数民族人口13236人，占总人口的82.32%。人口出生率15.86‰，自然增长率8.71‰。有保安族、东乡族、撒拉族、回族、土族、藏族等6个少数民族，人口分别为：保安族321人，东乡族1257人，撒拉族246人，回族11128人，土族207人，藏族56人。耕地面积为14530亩，农业总产值3472.1万元，农业增加值1456万元，粮食总产量为5537吨，大牲畜年末存栏为2710头，牛存栏为1440头，猪存栏为1800头，羊存栏6450只、牛出栏为635头，猪出栏为229头，羊出栏3850只。全镇共有小学、幼儿园12所，镇中心小学1所，村级六年制完全小学5所，五年级制小学1所、教学点3所。公办中心幼儿园1所，民办幼儿园1所。教学班74个，其中小学62个，幼儿园12个。全学区共有学生2666人，女1274人。其中癿藏镇中心幼儿园135人（女57人），癿藏和平幼儿园359人（女170人），小学在校学生2172人（女1096人），少数民族1832人（女生893人）。乡镇文化站1个，各类卫生机构为16个，医务人员为51人，医疗机构病床为34张。建材砖厂3个，面粉加工厂7座。全镇对非贫困户和2014—2016年已脱贫人口进行了全面核查，共新识别贫困对象87户335人，返贫37户151人，共剔除不符合条件贫困户96户426人。2017年实现稳定脱贫145户702人，贫困面下降到14.06%。现共有贫困户485户2178人，其中低保贫困户318户1371人（一、二类低保贫困户102户351人，三、四类低保贫困户216户1020人）。

投资1201万元硬化村社道路28条25.18千米；投资1400万元改造红星、甘藏沟、杨家岭、阴洼滩小学校舍4所；投资100万元在旧城街道安装路灯100盏，修建公共厕所1处；投资85万元新建桥头、杨家岭、甘藏沟、纳莫沟、阴洼滩5个村文化广场；改造CD级危旧房253户（纳莫沟42户、杨家岭17户、甘藏沟4户、吊地洼10户、阴洼滩44户、学文22户、红星33户、麻坝29户、旧城13户、桥头39户），补助资金476.05万元。投资1050万元，改造了甘藏沟、阴洼滩、红星3所小学教学楼；投资120万元新建了杨家岭、纳莫沟2个村级幼儿园。争取资金141万元新建了阴洼滩、杨家岭、纳莫沟3个村为民服务中心和文化广场，现已全部完工投入使用。全面推广种植全膜双垄沟播玉米4000亩，膜侧油菜4000亩，脱毒马铃薯100亩；全镇花椒啤特果栽植面积分别达到1500亩；在纳莫沟、学文、红星、杨家岭等村推广种植柴胡、冬花、党参、当归等中药材500亩；建成养殖暖棚250座，补助资金141.7万元；全年组织输转务工人员4600人次，实现劳务收入6900万元，劳务技能培训347人次，发放证书347本，农业实用技术培训152人次，发放证书152本。

领导名录

书　　记：马成海
人大主席：宗明源
镇　　长：马占鹏
副 书 记：何绍辉
纪委书记：赵召兄
副 镇 长：马晓明
武装部长：马永良（2017年8月离职）
党建办主任：何振山

居集镇

居集镇位于积石山县东南，镇政府驻地居集村，全镇总面积29.58平方千米。东接铺川乡，西面毗邻青海省循化县，南临居集河与乩藏镇、中咀岭乡相望，北连寨子沟乡、徐扈家乡，距县城17千米，距州政府驻地临夏市38千米，东经102° 94′，北纬35° 65′。临大公路穿镇而过，共辖9个行政村，1个社区（居集社区），80个合作社，有14个驻镇单位。全镇共有3072户14724人，其中城镇人口223户485人；贫困户有346户1659人，享受农村最低生活保障1303户4101人，五保供养户116户153人。全镇共有保安族、东乡族、撒拉族、汉族、回族7个民族，其中东乡族人口8831人，占总人口的64.5%，全镇耕地面积14347亩，人均0.9亩，主要农作物有小麦、洋芋、蚕豆、玉米，经济作物有油菜，粮食总产量为4507吨，大牲畜年末存栏为3482头，牛存栏为1743头，猪存栏为1315头，羊存栏7405只、牛出栏为1079头，猪出栏为1681头，羊出栏6850只。

投资1214.62万元，硬化村社道路34.6千米；投资90.5万元，改造危旧房35户；投资72.06万元，对茨滩村、居集村、田家村、深沟村村级办公场所进行了维修；投资49.55万元，完成了红崖村文化服务中心项目；投资57.6万元，完成了居集村和茨滩村综合文化服务中心项目建设；投资180万元，完成了劳动村“六位一体”文化广场建设项目；在业卜湾村实施牛产业示范村建设项目，扶持群众购买西门塔尔良种母牛174头，2017年繁育活出栏犊牛150头，户均实现养牛纯收入5000元以上，对劳动村63户贫困户扶持羊产业发展，每户补助资金0.6万元；完成了红崖村幼儿园的建设项目，强滩村小学建设项目正在进行中；全面实施二孩政策，计划生育率为96%，人口出生率为16‰，人口死亡率为7‰，人口自然增长率为10‰，计划生育奖励扶助政策全面落实，奖励扶助4人，计生家庭特别扶助6人，“少生快富”扶助9户；全镇完成送文化下乡4场（次），在红崖村和劳动村修建了文化广场，在居集村和茨滩村修建了村级综合文化服务中心；全镇共识别出农村低保户776户3415人，累计发放低保金538.82万元，发放“特困人员”资金135户共85.45万元；医疗救助134人次，发放救助金49.43万元。完成新型农村合作医疗收缴164.8万元，参保率为78%，完成城乡居民养老保险收缴41.4万元，参保率为78%；全镇排查调处矛盾纠纷案件有21件，调处成功17件。

领导名录

党委书记：马云良
人大主席：石国平
镇　　长：马福忠
党委副书记：张立业
副 镇 长：马　麒
　　　　　徐尚平
武装部长：善杰彦
党建办主任：杨文胜

刘集乡

刘集乡位于县城北部，西北与大河家镇接壤，东南与石塬乡毗邻，境内海拔2100～4308米，年均降水量660毫米，年均蒸发量880毫米，干旱、暴洪、霜冻等自然灾害多发，无霜期113～177天之间。共辖8个行政村，72个合作社，总人口3546户17378人,其中农业人口3444户17218人，占总人口的99%，少数民族7484人，占总人口的43%。有独立初中1所，六年制小学8所，乡卫生院1所，村卫生室8个，村文化室8个。辖区内有保安族、东乡族、撒拉族、汉族、回族、土族、藏族、蒙古族8个民族。全乡总面积48.03平方千米，耕地总面积1.95万亩，人均耕地1.13亩，有效灌溉面积0.78万亩，占耕地总面积的40%，粮食作物以玉米、马铃薯、小麦为主，面积约1.35万亩。经济作物以油菜、中药材等为主，面积约0.58万亩。2017年全乡共核除不符合条件的贫困户27户118人，新识别贫困户81户293人，返贫17户73人，实际脱贫372户1757人，2017年底剩余贫困人口384户1721人，贫困面为10%，全乡人均可支配收入为5134.26元。省、州、县、乡10个单位联系8个村的759户贫困户，派驻精准扶贫工作队长期驻村开展工作，累计落实帮扶资金840多万元，厦门市海沧区在阳洼村援建广场、道路、学校用房、到户产业项目300万元。全乡共提供精准扶贫专项贷款979户4649万元，提供产业发展互助社借款833.9万元。

2017年硬化村社道路36.7千米，水泥硬化通村率达100%，巷道硬化率达到85%。在肖家村修建蓄水池2座，阳洼、高李两个村自来水管网改造提升工程已开工建设，全乡自来水入户率达100%。实施河堤治理工程8.6千米，维修灌溉渠38.2千米。实施危旧房改造55户，其中无能力建房21户，D级危房34户，基本消除了D级危房。对阳洼村因滑坡造成的水管损坏及时进行了抢修。在大山庄峡举办了花儿会，实现旅游收入90万元。

全乡推广旱作农业0.58万亩，膜侧油菜1100亩，中药材180亩，林下经济黄豆300亩。栽植啤特果950亩，核桃300亩。发展养羊户713户，养牛户640户，养猪户276户，在崔家、刘集、阳洼三个村扶持养殖户406户，在肖家村发放牛231头。截至年底，全乡羊存栏5500只，牛存栏2100头，猪存栏1700头。实现粮改饲350吨，青贮50吨，黄贮300吨。开展农林牧实用技术培训374人，挖掘机、电焊、牛肉拉面、瓦工等劳务技能培训703人，输出劳务5170人次，特别是向厦门输出9人，实现劳务收入7700万元。

全乡共动员劝返失辍学生10名，适龄儿童入学率达100%，适龄少年入学率达98.2%，幼儿入园率达79%。共核定低保户842户3646人，城市低保76户244人，五保供养144人，残疾人736人，共落实各项惠农资金1480多万元。建成了阳洼、崔家、刘集、肖家村4个村文化广场和阳洼村、崔家村、刘集村3个文化室，并配备了器材。

领导名录

党委书记：韩彦青
人大主席：马光明
乡　　长：康向龙
党委副书记：马继龙
纪委书记：马鹏真
副乡长：谢　婧
　　　　乔海发
　　　　赵兴业
武装部长：徐生明

石塬乡

石塬乡位于县城西北部，乡政府驻肖红坪村，距县城17千米。地形复杂，秦阴、宋家沟、刘安、苟家村为山梁沟壑地带，干旱，植被稀少，水土流失严重；肖红坪村属高寒阴湿地带，植被好，气候湿润；三二家村地势平坦，土地肥沃，黄河水源丰富，灌溉便利。临大公路贯越乡境，交通便利。总面积52.26平方千米，辖8个村委会73个社，总户数2214户11112人，2017年新识别纳入51户216人，返贫17户77人，剔除不符合条件7户22人。土地以山旱地为主。耕地面积14177亩，人均耕地1.21亩。农作物以小麦、玉米为主，以油菜、土豆、胡麻为副，每年一茬，夏田主要为小麦，秋田主要为玉米、土豆等。畜牧业以农户散养为主，主要为牛、羊、猪。在沈家坪村发展养牛示范户26户，全乡膜侧油菜供膜1100亩，双垄沟播玉米供膜8800亩，黄豆种子供给750亩。在苟家村新补栽核桃嫁接苗168亩5000株，扩大延伸嫁接200亩6000株；在三二家村新建日光温室30座、新栽植核桃榆树柳树花树等苗木600亩；在肖红坪村种植中药材100亩；在沈家坪村栽植啤特果300亩。全乡共有组织输转1600多人次（其中贫困户780人次），人均劳务收入3000多元。肖红坪马家林旅游路硬化项目建成并投入使用；全乡完成危房改造户70户；完成石塬、宋家沟、苟家、三二家、秦阴村文化广场建设任务；完成沈家坪村综合服务中心建设项目；完成苟家易地搬迁工程建设任务（集中安置26户、插花安置4户）；完成秦阴村易地搬迁电网改造项目；实施了肖红坪村"千村美丽"示范村项目，肖红坪村被评为州级文明村；陶韵生态园建成投入使用；肖红坪小学教学楼建设项目建成并投入使用；完成了埋设下水管道4000米的肖红坪街道排水管道建设项目；拓宽硬化肖红坪街道30000平方米；硬化沈家坪等村社道路及巷道6.1千米。

以苟家、秦阴、肖红坪村种植的冬花、黄芪、当归为基础，不断扩大中药材种植面积，在肖红坪村新种植当归100亩，秦阴村新种植黄芪、党参50亩。建立乡级电商服务站。全乡适龄儿童入学率达100%。全乡综合参保率为100%，全乡新农合参合率为98.3%。

领导名录

党委书记：何永明
人大主席：高建明
乡　　长：马学义
党委副书记：豆宪明
纪委书记：樊　萍
副 乡 长：喇永国
副 乡 长：张怀文
党建办主任：乔培育

柳沟乡

柳沟乡位于积石山县西北部，乡政府驻尕集村，距县城8千米，地形复杂，呈东西走向。上坪、张郭家、樊家沟、马家村沟梁纵横，山形支离破碎，气候干燥，水土流失严重，地下水缺乏，植被较差；柳沟、尕集、斜套、袁家、阳山村属高寒阴湿山区，梁沟相间，降水量较丰富，气候湿润，植被较好。全乡总面积50.45平方千米，辖9个行政村76个农业生产合作社。2017年末总户数为2439户11942人，其中非农业人口为195人，占总人口的1.4%；少数民族人口4840人，占总人口的40.5%，其中保安族1050人，东乡族441人，撒拉族346人，回族1827人，土族835人，藏族341人。人口出生率控制在10.75‰以内，自然增长率为5.67‰。耕地面积15169亩，其中水平梯田14850亩。2017年，粮食总产量为6939吨。主要农作物有小麦、洋芋、玉米、蚕豆，经济作物有油菜、胡麻，中药材主要有冬花，产量较高，经济效益较好。黄草坪造生态林5200亩。2017年大牲畜存栏量为4935头，其中牛存栏量958头，猪存栏量3722只，羊存栏量10756只，牛出栏量443头，猪出栏量1699只，羊出栏量3365只，肉类总产量为284吨；年末电话普及率为98%。农民人均纯收入6006元。

2017年有乡镇企业1个，从业人员30人，总产值200万元，主要企业有柳沟砖厂，面粉加工厂3个，油料加工作坊9个。全乡各类小学12所，其中六年制小学8所，教学点4个；中心卫生院1个，乡村医务人员24人，病床19张。拓宽、硬化村社道路和巷道21.4千米。

柳沟乡政府被中共临夏州委、州政府评为“全州信访工作先进集体”；被中共积石山县委、县政府评为“人口和计划生育工作先进乡镇”。

领导名录

党委书记：马进英
人大主席：李志明
乡　　长：崔延楠
副 书 记：马玉梅
纪委书记：王渊德
副 乡 长：张智远
武装部长：周正君
党建办主任：马仲林

关家川乡

关家川乡位于积石山县东部，距县

城7千米，全乡总面积68.66平方千米，辖9个行政村，99个合作社，2593户12791人；有东乡、撒拉、回、土、藏等少数民族675户2995人，占全乡总人口的24.8%。有低保户1004户3886人，占全乡总人口的32.19%，五保户102户127人，优抚军人26人。共有中共党员313名，其中女党员51名。全乡平均海拔1820米，全年日照时数2323小时，年均气温6.3摄氏度，年降水量250～465毫米，属典型的干旱山区。耕地总面积30147亩，其中灌溉面积2460亩，人均耕地面积2.49亩。主要产业有种植业、养殖业、林果业和劳务输转。

争取各类项目资金2118.3万元。拓宽改造道路20条29.2千米（其中白家沟村11条17.5千米，赵家湾村8条10.2千米，张家村1条1.5千米）；投资1669万元硬化村社道路22条41.3千米。投资993万元硬化白家沟村11条24.4千米，已硬化庙湾社2.5千米，曹家山社1.3千米，何家槽社2.5千米，正在开工硬化3条5.5千米；投资608万元，硬化赵家湾村社道路9条15.2千米；争取项目资金68万元硬化关集村社道路2条1.7千米（尕李家社至谭家社、谭家社至王坪社）；投资29.9万元修建何家至芦家庄主干道行道树育林坑16.5千米，补栽行道树3000棵，并在育林坑内种植灯盏菊、八瓣梅、百日草等观赏性花草；投资47万元正在实施张家村委会及文化广场建设项目；投资160.4万元正在实施关集、何家、杓家等6个村级文化广场建设（征地15.09亩，补偿资金34.4万元）；投资152万元实施D级危房和无能力建房76户；投资60万元通过财政专项扶贫项目新建养殖暖棚100座。

推广种植全膜双垄沟播玉米2.1万亩；在白家沟、赵家湾两个村栽植啤特果310亩20000株；在白家沟、赵家湾、芦家庄等8个村推广种植柴胡、党参、当归、冬花、牛蒡子、黄芪等中药材共计2653.3亩，建成连片种植示范点12个；在白家沟村何家槽社集中连片种植西瓜、辣椒112亩，带动群众16户；通过劳务部门和能人带动等方式有组织输转农村劳动力2500人次，实现劳务收入2588万元以上。

领导名录

党委书记：董国胜
乡　　长：马云平
人大主席：张印彬
党委副书记：刘世才
纪委书记：马秀兰
副 乡 长：龚怀全
　　　　　马晓明
武装部长：马豪奎

胡林家乡

胡林家乡位于县城东部，乡政府驻高关村喇叭嘴社，距县城5千米，东经102° 57′，北纬35° 44′，平均气温5.1摄氏度，无霜期159天，年降水量235毫米。总面积50.35平方千米，辖9个村92个合作社，有2613户12507人，其中保安族125人，东乡族5067人，撒拉族115人，汉族6078人，回族975人，土族91人，藏族56人。2017年，全年减贫248户1131人，新识别贫困户40户148人，返贫6户21人，剔除4户12人，贫困面下降到17.69%。耕地面积17373亩，人均约1.38亩。主要农作物有小麦、洋芋、玉米、蚕豆，经济作物有油菜、胡麻，中药材主要有冬花。粮食总产量为1975.18吨，大牲畜年末存栏为3397头，牛出栏为800余头、猪出栏3000余头、羊出栏2000余只，总产值80余万元。全乡共计推广双垄沟播玉米4000亩，发放膜侧油菜500亩；在吊坪村刘家洼社建成了国侨办投资40万元的侨爱连心养鸡场，鸡存栏1000只；在高关村建设了价值10万元双孢蘑菇种植暖棚1座。投资101万元新建了吊坪村为民服务中心和文化广场；投资47万元新建了山庄村为民服务中心和文化广场；投资22万元在胡林家村林家社硬化小广场150平方米；县文化局为每个村配备了音箱、锣鼓、二胡、电子琴等娱乐设施。投资32万元在吊坪村易地搬迁点率先试点安装节能净化厕所32户。全年共计落实各项惠民政策19项950余万元，发放村级产业发展互助社借款321.65万元；国侨办捐资21万元设立吊坪村励志奖助学金，为蔚林小学、豆家沟小学、娄子湾小学152名学生制作冬季校服152套，价值2.43万元；联系回民中学为何家小学制作冬季校服160套。

全年硬化村社道路及巷道共计17条22.2千米；改造农村D级危房和无能力建房户共计117户，基本消除了D级危房，摸排C级危房154户；投入155.4万元实施羊产业项目259户，投入88万元，在山庄村投放良种牛88头；举办劳动技能培训4期430人次，178人取得劳务技能培训证，向厦门市海沧区等地输转贫困户劳务人员9人，全年输转贫困户劳务人员150余人。

领导名录

党委书记：李小军
人大主席：马成海
乡　　长：杨萍花
党委副书记：安济林
纪委书记：马　萍
副乡长：马启祥
副乡长：朱希平
武装部长：唐文平
党建办主任：袁永杰

安集乡

安集乡位于县城东部，乡政府驻风林村安集社，距县城18千米，东经103° 01′，北纬35° 45′，平均气温7.5摄氏度，无霜期160天左右，年降水量420毫米。地形复杂，梁昴起伏，沟壑纵横，山大沟深，除三坪村气候比较湿润外，其余水少干旱，水源严重不足，人畜饮水非常困难，水土流失严重，植被稀少。有汉、藏、土3个民族，少数民族人口占总人口的2.1%。总面积87.3平方千米。地势西高东低，地貌破碎，属于旱气候区，2017年辖11个行政村，89个村民小组。年末总户数2932户14338人；少数民族57户699人，占总人口的4.87%。少数民族人口出生率7.2‰，自然增长率5.62‰。其中非农业人口382人，占总人口的1.36%。土地主要以山旱地为主。粮食作物主要有小麦、玉米、洋芋。经济作物主要有胡麻、油菜。

全年完成生产总值7780万元、增长

9.2%，农业总产值3816.72万元、增长8.7%，第三产业增加值2585.16万元，固定资产投资8297.9万元，社会消费品零售总额4244.38万元，粮食总产量19720吨，大牲畜年末存栏为4825头，肉类总产量312.19吨，人均纯收入达5750元。截至年底全乡脱贫311户1422人，贫困人口下降至595户2491人，贫困面下降至18.41%。投资129.6万元在全乡推广种植全膜双垄沟播玉米1.8万亩；投资337.2万元在全乡新建羊棚562座，户均补助6000元养殖良种羊6只或牛1头；打包秸秆饲料0.3万吨；概算总投资231.8万元（其中：政府助资120万元）在安家湾村成立以“村委会+合作社+致富能手+农户”为模式的集体经济，前期的手续办理、地基平整等工作已全部完成。全年引导输转劳动力4000多人次，人均劳务收入达到8000元以上。

全年共争取到国家投资项目12项，资金4106.49万元，硬化道路16条78.4千米，实施百万元以上的项目7项，累计完成固定资产投资3473万元。投资635万元实施完成安家湾村、风光村整村推进项目；投资469万元实施发改局项目3个，硬化村社道路3条8.2千米；投资675万元实施财政发展项目5个，硬化村社道路5条22.5千米；投资1705万元实施移民项目4个，硬化村社道路4条22.1千米；投资199万元实施农村危旧房改造项目101户，其中，无能力建房6户，户均补助1.5万至4万元。截至年底共落实惠农政策10项，发放各种惠农资金1050.21万元。重新精准认定农村低保对象共计977户3711人，其中一类16户39人、二类87户287人、三类382户1385人、四类492户2000人。全乡共出生182人，出生率为12.85‰，其中计划内177人，计划生育率为97.25%，人口自增率为8.4‰。落实上环99例，孕前优生检测任务全部完成，对流出的11名育妇都已造册登记，上报“幸福寓所”1所，建设“幸福家庭”6户。全乡适龄儿童入学913人，入学率达到100%，适龄少年入学464人，入学率达到99.35%。全乡共参加新型农村合作医疗保险11685人，收缴参合金191.282万元，参合率为96.5%；参加养老保险6081人，收缴参保金64.779万元，参保率为98.43%。全乡11个村文化室及农家书屋正常运转，各村均由县新华书店赠送图书300多本。总投资152万元在三坪、红路岭、钭家山、安家湾、红坪、杨家湾、风光等7个村完成了乡村舞台的新建，并配齐了文化器材。整治流动摊点和固定商户的乱摆乱放、乱搭乱建及占道经营，严格管理营运车辆的乱停乱放和占道拉客，组织6名环卫人员负责每天清扫街道两次，定时收集拉运商户生产生活垃圾。全年共依法叫停违规采砂石点2处、窑厂1个；清理乱堆乱放的柴草和砂石39处；先后出动300多名乡村干部群众和14辆兰驼集中清扫3次。截至年底共排查出矛盾纠纷15起，调处14起，调处率为93.3%。针对存在地基下沉、墙体倾斜的11户33间商铺的安全隐患，与县安监局、工商局协调联系，动员群众搬出危房，实行查封，对墙体出现裂缝的16户38间商铺进行加固维修。

领导名录

党 委 书 记：马正荣
人 大 主 席：杨文房
乡　　　长：段玉彬
纪 委 书 记：李廷润
副　乡　长：张清莲
　　　　　　安学谦（2017年8月任职）
武 装 部 长：李自蛟
党建办主任：张印元

寨子沟乡

寨子沟乡位于县城以南，距县城7千米，全乡总面积为35.18平方千米，有保安、东乡、撒拉、汉、回、土、藏7个民族。全乡共辖11个村78个社，有2904户14064人，贫困人口439户2000人，贫困面为14.22%。共有农村低保782户3286人，占全乡农业总人口的23.4%；五保141户183人，占比1.3%。2017年全乡农民人均纯收入达到5853.5元，增长16.1%，贫困人口人均纯收入达到4097.45元，增长19.1%。

共完成总投资2036.34万元。扶持到村项目2类，总投资1197.8万元。其中投资1056.8万元硬化村社道路8条29.8千米；投资141万元在麻沟村、磨沟村、善家村修建完成“六位一体”为民服务中心和文化广场。扶持到户项目4项，总投资814.3万元。其中投资396.6万元扶持661户贫困户发展产业，每户补助0.6万元；投资360.5万元实施农村贫困户危旧房改造210户；投资32万元实施无能力建房户D级危房改造8户；投资25.2万元栽植啤特果600亩；推广种植膜侧油菜1449户4500亩，发放地膜22500千克；旱作农业1502户1000亩，发放地膜6000千克。扶持到人项目2类，总投资24.24万元完成劳务技能培训259人次，有组织劳务输出600多人次，培训劳务人员145人。金融扶持项目1类，共计扶持资金1866.65万元。全乡11个村建立村级产业发展互助社，搭建农村融资平台。筹措资金723.7万元，现累计放贷款1866.65万元，1474户困难群众直接受益。

上报“少生快富”对象3户，落实资金0.93万元；上报“奖励扶助”对象11户，落实资金1.5万元。全乡适龄儿童入学1191人，入学率达到99.1%，适龄少年入学1370人，入学率达到97.6%。全乡共完成新型农村合作医疗参合11182人，收缴参合金167.744万元，参合率82%；完成养老保险参保5116人，收缴参保金50.1万元，参合率95%。

领导名录

党 委 书 记：樊成晖
人 大 主 席：马英杰
乡　　　长：郑文勇
党委副书记：杨宗强
纪 委 书 记：马梅芳
副　乡　长：马文成
　　　　　　何正伦
武 装 部 长：杨玉生
党建办主任：王富华

徐扈家乡

徐扈家乡位于县城东南，乡政府驻徐扈家村六社，距县城 17 千米，东经 102° 56′，北纬 135° 40′，平均气温 5.1 摄氏度，无霜期 159 天，年降水量 235 毫米。地形复杂，梁昴起伏，沟壑纵横，山大沟深，除徐扈家村、周家村气候比较湿润外，其余水少干旱，水源严重不足，人畜饮水非常困难，水土流失严重，植被稀少。总面积 21.02 平方千米，辖 6 个村，57 个合作社。2017 年底总户数 2019 户 9994 人，少数民族 1550 户，其中保安族 42 人，东乡族 2481 人，撒拉族 221 人，汉族 2232 人，回族 4952 人，土族 38 人，藏族 28 人，少数民族人口占 77.7%；非农业人口 89 人，占总人口的 0.8%，2017 年新识别贫困户 51 户 198 人，返贫 37 户 166 人，218 户 1053 人按期实现脱贫，全乡贫困人口 330 户 1559 人，贫困面为 15.33%。粮食作物主要有小麦、玉米、洋芋；经济作物主要有胡麻、油菜。总耕地面积 8511.1 亩，人均 0.85 亩，粮食总产量为 1925.18 吨，大牲畜年末存栏量为 3214 头，牛存栏量为 1500 头，猪存栏量为 72 头，羊存栏量 6014 只、牛出栏量为 1100 头，猪出栏量为 25 头，羊出栏量 5360 只，总产值 120 万元。

2017 年，实现 57 个合作社通水泥路的目标，村社道路硬化基本完成；对全乡建档立卡贫困户进行了摸底调查，共摸排出有搬迁意愿的贫困户 35 户，计划于 2018 年在县城集中安置；累计投资 581 多万元硬化村社道路 18.6 千米，投资 11.3 万元维修乔干村至五十里铺村水毁路段 1 处，投资 8.3 万元维修五十里铺村一社水毁路段一处；严格按标准对全乡 CD 级危房进行了全面核查，共摸排出 C 级危房 55 户，全年改造危旧房 64 户（无能力建房 5 户），补助金额达 94 万元；总投资 1141 万元的长家寺易地扶贫搬迁项目及附属设施工程全面完工，共搬迁建档立卡贫困户 50 户，已修建完成并搬迁入住；投资 60 万元，完成徐扈家村和仙家村村委会修建项目；投资 51 万元完成长家寺村、仙家村、徐扈家村文化广场建设，并投放健身器材、文娱活动设施；投资 170 万元完成徐扈家卫生院宿舍业务周转楼建设；在长家寺村、乔干村主路段安装路灯 59 盏，推广旱作农业 8500 亩、膜侧油菜 500 亩、种植中药材 300 亩、育苗 200 亩；全乡扶持羊产业 217 户，共发放羊产业补助款 130.2 万元，发展养殖大户 367 户，全乡牛存栏 2790 多头、羊存栏达到 12165 多只，加大“粮改饲”工作，畜牧业增加值达到 850 万元。开展劳务技能培训 250 人次，农林牧实用技能培训 497 人次，输转 2200 人次，实现劳务收入 1900 万元。全年共劝返辍学学生 73 人，劝返率为 100%，全乡适龄儿童入学率 99%，巩固率 98%。协调省公安厅在长家寺小学建成“国珍书屋”，捐赠图书 2200 册，增加各村农家书屋图书数量，并按时开放供村民查看借阅。全年人口出生率 11.27‰，自然增长率为 6.82‰，计划生育率为 95.97%，各村卫生室正常运转。对全乡所有 759 户 3060 人低保户全面核除，对全乡所有农户进行摸底，重新确定低保对象，最终确定低保户 441 户 1954 人，并按时足额发放低保、五保、临时救助等补助资金。发放残疾人两项补贴179人21.48万元，发放残疾人辅助器具31人次，省残联为全乡137名残疾人投保了残疾人意外伤害、重大疾病及财产综合保险。落实粮直补、生态补贴、退耕还林、农机补贴等各类惠农补贴128.45万元。完成养老保险参保率为96%；新农合参合率达36.31%。

领导名录

党委书记：马海录
人大主席：杨玉胜
乡　　长：马如山
党委副书记：齐学花
纪委书记：马玉成
副乡长：马建华
　　　　王文彬
武装部长：马天恩
党建办主任：他得忠

郭干乡

郭干乡位于县城东南部，东经103° 00′，北纬35° 39′，距县城17千米，乡政府驻郭干村四社，是县内低山沟谷及山前丘陵区，山大沟深，平均海拔1800米，年均气温4.8摄氏度，无霜期165天，年降水量450毫米。辖7个村51个社，总户数1499户7215人，有保安族、东乡族、撒拉族、回族、土、藏等少数民族2688人，占全乡总人口的37.71%。总面积24.92平方千米，总耕地面积6735亩，人均0.94亩，土地主要以山旱地为主，粮食作物主要有小麦、玉米、洋芋，经济作物主要有胡麻、油菜、花椒、核桃，粮食总产量为4425吨。大牲畜年末存栏为3820头，牛存栏为1860头、猪存栏为2335头、羊存栏10335只，牛出栏为655头、猪出栏为1250头、羊出栏4320只。全乡有8个党支部，其中机关党支部1个,党员236名,农民党员205名。小学7所，其中学区1所，学生人数1003人，教师人数63人。幼儿园4所，在园幼儿93人。中心卫生院1所，医护人员7人。2017年共实施到村项目9个，投资871.372万元，大杨家村社道路硬化9千米，投资450万元；大杨家村社巷道硬化2.2千米,投资66万元；徐家村二四社至麻黄头道路硬化及涵洞建设2.25千米，投资99.60万元；海家村社巷道路硬化1.60千米，投资98.82万元；大杨家村石家坪至铺川乡下庄村道路拓宽改造1.93千米，投资28.95万元；完成大杨家村、郭干村村委会及文化广场建设项目，投资94万元；完成海家村、徐家村文化广场建设项目，投资34万元。实施到户项目7个，投资210.1万元，危旧房改造项目38户（其中无自建能力户8户），投资89.5万元；全乡实施羊产业扶持项目201户（户均0.6万元），投资120.6万元。发展养殖户201户。共计种植双垄沟播玉米6000亩，膜侧油菜500亩；补植补栽杏树、核桃苗木1650亩3.5万株，建成大杨家村、酸梨树村2个千亩核桃基地；开展劳动技能培训10场次，共有125人拿到证书。全乡共有县、乡人大代表45人，其中县代表5人，乡代表41人（其中：女8人）。截至年底，全乡新出生102人，人口出生率为13‰，计划生育率为95%；落实少生快富奖励1户，奖励扶助5人。全乡共有辍学生93人，劝返91人，未劝返2人（1人智力残疾，1人常年外出无法取得联系），全乡适龄儿童入学率达98.9%。参加县人武部民兵集中训练8人，有4名适龄青年应征入伍（大学生1人）。2017年全乡贫困户为479户2204人，低保户241户954人，占全乡总人口的13.2%，核出不符合条件的低保户366户1370人；五保户41户57人。全乡养老保险参保率达95.2%以上，农村合作医疗参合率达70%以上。全年共发放贷款143户196万元，收回贷款130户170万元。

领导名录

党委书记：韩晓春
人大主席：马青德
乡　　长：李有群
党委副书记：马福忠
纪委书记：马旭成
副 乡 长：关继秀
　　　　　马进昌
武装部长：陈有志
党建办主任：马学文

中咀岭乡

中咀岭乡成立于1983年，位于积石山县南部，地貌为低山沟谷及山前丘陵区，属高寒阴湿气候区，平均海拔2500米。全乡总面积29.26平方千米，辖马家嘴村、大山村、梳木村、中咀岭村、庙岭村、金昌村共6个行政村，66个合作社，2521户12679人。有保安、东乡、撒拉、汉、回、土、藏7个民族，其中少数民族人口9762人，占全乡总人口的77%。主要收入靠劳务输转和传统的种植业。总耕地面积8511.1亩，人均0.85亩，主要农作物有小麦、洋芋、大豆，经济作物有玉米，粮食总产量为1925.18吨，大牲畜年末存栏为3214头，牛存栏为960头，猪存栏为42头，羊存栏4014只、牛出栏为400头，猪出栏为25头，羊出栏1360只，总产值84万元。2017年核定脱贫162户823人，未脱贫324户1564人，返贫9户19人，新识别8户24人，自然增加143人，自然减少95人。硬化农村道路11.4千米，改造农村危旧房51户，实施无能力建房项目13户，退耕还林2000亩。梳木村53户231人、庙岭村40户195人的易地扶贫搬迁项目已完成主体工程；投资800万元实施马家嘴街道改造工程，改造工程项目包括搬迁畜牧站、村委会，派出所、信用社和村文化广场建设；各投资47万元，完成大山、金昌村便民服务中心建设项目；投资17万元，完成梳木村文化广场建设。种植膜侧油菜4500亩，推广旱作农业1000亩，亩均增产50千克；在金昌村发动群众义务造林2000亩；梳木村扶持养殖户140户，每户补助资金6000元；开展劳务技能培训550人次、农业实用技术培训580人次，经过培训在东南沿海和发达地方从事清真餐饮的人数达到1000多人，开办的大小餐馆达250多家；全乡劳务输出达3500多人次，劳务收入达5000多万元。6个村村级产业互助社发放借款184户242万元。完成易地扶贫搬迁中长期贷款54户809.3万元，其中庙岭村24户397.3万元、梳木村30户412万元。核除不符合条件的低保户406户1501人，重新核定低保户1041户4677人，其中一类低保16户32人、二类37户144人、三类429户1824人、四类559户2667人；落实各项惠农资金1068.4万元，其中发放低保金486万元、五保户补助金59.8万元、危旧房补助326.6万元、无能力建房196万元。动员36名辍学生返校就读，全乡初中入学率达81.2%，小学入学率达93%，幼儿入园率达79%。投资38万元，完成马家嘴村文化广场项目建设，6个村全部配齐农家书屋。新农合参保12553人160.532万元，参合率达76.92%；完成养老保险收缴5015人49.37万元，参保率达98%。

领导名录

党委书记：丁有杰
人大主席：马国庆
乡　　长：李逢朝
党委副书记：何延昭
纪委书记：马德虎
副 乡 长：张永发
　　　　　善伟红
武装部长：朱　虹
党建办主任：马占成

小关乡

小关乡位于县西南部，乡政府驻小关村，距县城34千米，东经102° 54′，北纬35° 35′。地势由西向东倾斜，地貌为山地丘陵地区，属温高寒阴湿气候区，年均气温5.1摄氏度，无霜期122天，年降水量735.5毫米。总面积29.49平方千米。辖6个行政村57个村民小组，年末总户数2386户11522人，其中非农业人口126人，占总人口的1.2%；少数民族1621户8556人，占总人口的74.3%，其中保安族112人，东乡族155人，撒拉族261人，回族7820人，土族91人，藏族107人。人口出生率12.8‰，自然增长率7.55‰。耕地面积为20266亩，农业总产值2133.21万元，农业增加值1687.56万元，粮食总产量为6361吨，大牲畜年末存栏为14450头，牛存栏为1023头，猪存栏为1662头，羊存栏13456只，牛出栏为596头、猪出栏为1236头，羊出栏4263只。全乡共有小学、幼儿园15所，其中乡中心小学1所，村级六年制完全小学5所，教学点2个，中心幼儿园1所、附属幼儿园5所。教职工86人，在校小学生1192人，在园幼儿582人。乡文化站1个，各类卫生机构7个，医务人员22人，医疗机构床位25张。

全年完成脱贫163户810人，贫困面由年初的29.95%下降到23.82%。全年完成总投资2293.3万元；完成生产总值达到9035.4万元，增长7%；农民人均可支配收入达到4845元，增长12%；完成农业总产值1878.9万元，增长9.3%，劳务业收入达到全乡农民人均纯收入的60%以上，畜牧业产值接近农业总产值的35%。

领导名录

书　　记：马长福
人大主席：魏仲霞
乡　　长：马学贤
副 书 记：马成俊
纪委书记：米廷福
副 乡 长：石玉平
　　　　　马晓勇

武 装 部 长：马全博
党建办主任：张志良

铺川乡

铺川乡位于积石山县东南部，东面与银川乡接壤，南面与临夏县营滩乡、井沟乡毗邻，西面、西北分别与癿藏镇、郭干乡相连，总面积为31.18平方千米，距县城28千米。东经103° 02′，北纬35° 37′。辖铺川、上庄、下庄、张巴、元林、湫池、戴山7个行政村，60个合作社。其中，铺川、上庄、下庄分布在川区，其他4个村分布在山区。全乡共有2327户11391人。有汉、回、东乡、土、藏等民族，少数民族占总人口的45%。耕地面积13636亩（其中水浇地3565亩），人均1.2亩。有5所完全小学、3处教学点。全乡共有6个深度贫困村，1个建档立卡贫困村。共有建档立卡贫困人口875户4199人。

2017年全乡地区生产总值增长15.5%；农业增加值1822万元；粮食作物播种面积18037亩，粮食产量6119吨；经济作物种植1933亩，产量1790吨。工业增加值增长17.6%；第三产业增加值增长15.8%；固定资产投资增长35.2%；社会消费品零售总额增长17%；农民人均纯收入增长17.1%；城乡新增就业人数130人。大牲畜年末存栏量3961只，牛存栏1927头，猪存栏3532头，羊存栏13771只，家禽存栏9421只，牛出栏470头，羊出栏2563只，猪出栏1180头，家禽出栏1512只，肉类总产量180.39吨。

2017年新建6个村为民服务中心和文化广场。实施村社巷道硬化22.331千米、道路拓宽改造2.1千米。实施农村危房改造项目13户、贫困户羊产业扶持414户。全乡年度脱贫255户1263人。新农合及养老保险参保率分别为78%和96%。发放互助社贷款282户346.1万元。全乡共排查化解各类矛盾32起，重点化解了下庄村冯王社长达7年的道路矛盾、铺川村长达10年的邻里矛盾。

领导名录

党 委 书 记：马成海
人 大 主 席：马永清
乡　　　长：樊宗顺
副　书　记：杨永进
纪 委 书 记：李　斌
武 装 部 长：时　鹏
副　乡　长：豆发红
　　　　　　祁占彪
党建办主任：喇晓明

银川乡

银川乡位于县东部，东北面与永靖县隔河相望，东面与临夏县莲花镇相连，乡政府驻银川村西番庄，距县城32千米，东经103° 05′，北纬35° 41′。总面积67.41平方千米，地形复杂，沟壑纵横，山大沟深，属典型大陆性气候区，年均气温5摄氏度，年日照时数为2870小时，无霜期110天，最低海拔为1735米，年降水量500毫米。辖12个村，99个社，3967户19233人，其中少数民族1233户6511人，占全乡总人口的三分之一。

2017年完成生产总值10375万元，农业增加值5108万元，工业增加值745万元，第三产业增加值3546万元，完成社会固定资产投资29029万元，社会消费品零销总额达到4366万元。耕地面积为2.24万亩，其中水平梯田面积为1.85万亩；有效灌溉面积为1.32万亩，保证灌溉面积为1.22万亩；粮食总产量为8088吨，主要农作物有小麦、玉米、洋芋、蔬菜、油料。当年造林面积1360亩。大牲畜年末存栏3765头，其中牛存栏1864头，猪存栏3561头，羊存栏14910只。牛出栏887头，猪出栏1764头，羊出栏2459只，肉类总产值272.48吨。乡镇农村从业人员年末数10056人。年末固定电话用户1885户。各类学校为14所，在校生3410人；文化馆13所；各类卫生机构12个，医务人员25人，医疗机构床位30张。全乡人均纯收入达5882元。主要企业有胡李建材厂、胡李砖厂。

从县扶贫办、发改、财政、移民等部门争取到道路硬化项目共13条、20千米，已全面完工，鹦鸽嘴桥至李家寺公路改造提升项目正在实施；完成了刘王、银河和柏杨树小学教学楼建设项目和阳坡、刘王、张家、柏杨树、水陈四个村幼儿园建设，全部已投入使用；张家、银川、新庄、水陈四个村文化广场建设项目已完成；完成银川村村委会建设；乡上自筹资金对工匠、银川、柏杨树、水陈4个村自来水管网进行了维修，投资75万元对张家村实施安全人饮工程，缓解了群众吃水难问题；完成了银河村提灌引水堰维修和银川村提灌引水堰工程；在省公安厅的帮扶支持下，在刘王村和张家村安装太阳能路灯50盏；动员务工返乡人员在银川村建成了花椒合作社1个，完成集镇商铺改造70间。

领导名录

书　　记：李文垚
人大主席：马忠山
乡　　长：拜礼华
副 书 记：李文梅
纪委书记：李逢林
副 乡 长：马天照
　　　　　何正云
　　　　　马永国
武装部长：马志海
党建办主任：李小林

人　物

人物简介

党政军主要领导

马正业 男，回族，1963年11月出生，甘肃省张家川县人，党校大学学历，现任中共积石山县委书记。

1984年5月入党，1986年7月参加工作。1986年7月—1987年5月在天水市张家川县委宣传部工作；1987年5月—1989年1月在天水市张家川县委报道组工作；1989年1月—1992年5月担任天水市张家川县闫家乡党委副书记；1992年5月—1993年11月担任天水市张家川县委办公室副科级秘书；1993年11月—1995年1月担任天水市张家川县团委书记；1995年1月—1997年3月担任天水市张家川县张川镇镇长；1997年3月—2000年1月担任天水市张家川县张川镇党委书记；2000年1月—2000年12月担任天水市张家川县委组织部部长；2000年12月—2002年11月担任天水市张家川县委常委、组织部部长（其间，2002年2月—2002年7月在首都经济贸易大学工商管理专业研究生班结业）；2002年11月—2003年12月担任天水市张家川县副县长；2003年12月—2006年4月担任天水市张家川县委副书记；2006年4月—2006年9月担任天水市张家川县委常委、副县长（其间，2004年9月—2006年1月在甘肃省委党校法律专业函授本科班学习）；2006年9月—2010年1月担任天水市张家川县委副书记；2010年1月—2013年12月担任中共临夏县委副书记、县长；2013年12月—2015年5月担任临夏县委副书记、县长，临夏经济开发区党工委副书记、管委会第一主任（兼）；2015年5月担任中共积石山县委书记。2012年被甘肃省委省政府评为甘肃省基本普及九年义务教育基本扫除青壮年文盲先进个人；2013年被甘肃省政府、省军区评为全省征兵工作先进个人。

马义明 男，东乡族，1962年2月出生，甘肃积石山县人，1981年1月参加工作，中共党员。

1985年11月加入中国共产党，甘肃省委党校行政管理专业毕业。1981年1月—1982年9月为临夏州民族学校学生，1982年9月—1984年6月在积石山县石塬乡工作，1984年6月—1986年7月在积石山县徐扈家乡工作，1986年7月—1989年12月在积石山县委政研室工作，1989年12月—1992年6月担任积石山县关家川乡副乡长，1992年6月—1994年6月担任积石山县关家川乡乡长，1994年6月—1995年12月担任积石山县中咀岭乡党委书记，1995年12月—1998年2月担任积石山县刘集乡党委书记，1998年2月—2001年8月担任积石山县吹麻滩镇党委书记，2001年8月—2003年1月担任积石山县县委办公室主任，2003年1月—2007年3月担任积石山县水利电力局局长（其间，2003年9月—2005年12月在省委党校行政管理专业本科班函授学习），2007年3月—2009年12月担任积石山县财政局局长，2009年12月—2013年6月担任积石山县政府副县长，2013年7月—10月担任中共积石山县委常委、副县长，2013年10月—2016年9月担任中共积石山县委常委、统战部长，2016年10月担任积石山县人大常委会主任。

马尚文　男，保安族，出生于1966年3月，毕业于陕西师范大学，汉语言文学专业，本科学历。

1991年8月参加工作，1996年11月加入中国共产党，现任中共积石山县委副书记、县长。1991年8月—1995年3月在临夏县政府办公室工作，1995年3月—2001年1月担任临夏县粮食局副局长，2001年1月—2001年6月担任临夏县营滩乡人大主席，2001年6月—2002年1月担任积石山县郭干乡党委副书记、乡长，2002年1月—2003年4月担任积石山县乩藏乡党委副书记、乡长，2003年4月—2007年3月担任积石山县乩藏镇党委书记，2007年3月—2010年4月担任积石山县教育局局长，2010年4月—2011年9月担任临夏州教育局副调研员（兼积石山县教育局局长），2011年9月—2013年5月担任中共积石山县委常委、宣传部长，2013年5月—2016年3月担任临夏州教育局副局长、党组成员、州教育党工委书记，2016年3月—2016年9月担任临夏州委统战部副部长，2016年9月担任中共积石山县委副书记、县长。

李征云　男，汉族，1962年9月出生，大学本科学历，中共党员，1984年参加工作，1991年5月加入中国共产党。

1984年10月—1990年5月担任甘肃省临夏市工商局干部（其间，1987年9月—1989年7月甘肃省委党校党政管理专业大专班学习），1990年5月—1992年3月在甘肃省临夏市委宣传部工作，1992年3月—1995年1月在甘肃省临夏市委办公室工作，1995年1月—1995年4月担任甘肃省临夏市委办公室副科级秘书，1995年4月—1997年4月担任甘肃省临夏市委办公室副主任，1997年4月—2001年12月担任甘肃省临夏市委办公室主任，2001年12月—2003年1月担任甘肃省临夏州纪委秘书处处长（其间，2002年9月—2004年7月甘肃省委党校党政管理专业本科班学习），2003年1月—2007年3月担任甘肃省临夏州纪委常委、秘书处处长，2007年3月—2010年2月担任甘肃省临夏州政府副秘书长、秘书处处长，2010年2月—2013年8月担任甘肃省临夏州政府副秘书长、办公室主任，2013年8月—2015年3月担任甘肃省临夏州政府副秘书长、州公共资源交易中心党组书记、主任，2015年3月—2016年9月担任甘肃省临夏州公共资源交易中心党组书记、主任，2016年9月担任积石山县政协党组书记、主席。

杨光龙　男，汉族，1975年8月出生，甘肃省永靖县人，党校大学学历，现任中共积石山县委副书记。

1999年6月入党，1995年9月参加工作。1995年9月—2001年8月在临夏州质量技术监督局产品质量检验所工作（其间，1997年9月—1999年12月在甘肃省委党校经济管理专业大专班学习）；2000年8月—2003年12月在临夏州质量技术监督局稽查大队工作（其间，2001年9月—2003年12月在甘肃省委党校行政管理专业本科班学习）；2003年12月—2006年1月担任临夏州特种设备检验所副所长；2006年1月—2006年7月担任临夏州特种设备检验所所长；2006年7月—2009年1月担任临夏州质量技术监督局法制宣传教育科副科长（兼临夏州特种设备检验所所长）；2009 年 1 月—2009 年 11 月担任临夏州质量技术监督局特监科科长（兼临夏州特种设备检验所所长）；2009 年 11 月—2012 年 10 月担任临夏州质量技术监督局副局长、党组成员；2012 年 10 月—2016 年 9 月担任临夏州质量技术监督局局长、党组副书记；2016 年 9 月担任中共积石山县委副书记（正县级）。2013、2014、2015、2016 连续四年考核获得优秀；2016 年获得全省学法用法先进个人。

马海明　男，回族，1968 年 8 月出生，甘肃省临夏市人，党校大学学历，现任中共积石山县委常委，纪律检查委员会书记、监察委员会主任。

1994 年 6 月入党，1988 年 1 月参加工作。1988 年 11 月—1996 年 12 月在临夏州工商局工作（其间，1992 年 9 月—1994 年 6 月在甘肃省委党校党政管理专业大专班脱产学习）；1996 年 12 月—1999 年 11 月担任临夏州工商局经济检查科副科长；1999 年 11 月—2002 年 9 月担任临夏县工商局党组成员、副局长、党总支书记；2002 年 9 月—2005 年 12 月担任临夏州工商局经济检查分局局长（其间，2001 年 9 月—2003 年 12 月在甘肃省委党校行政管理专业本科班学习）；2005 年 12—2010 年 9 月担任临夏州工商局办公室主任（其间，2007 年 3 月—2007 年 6 月在甘肃省委党校第 12 期全省少数民族干部培训班学习）；2010 年 9 月—2011 年 10 月担任临夏州监察局副局长；2011 年 10 月—2014 年 11 月担任临夏州纪委常委、监察局副局长；2014 年 11 月担任积石山县委常委、纪律检查委员会书记；2017 年 12 月担任积石山县委常委、纪律检查委员会书记、监察委员会主任。2015 年度县级领导干部党风廉政建设考核为优秀，2016 年度政绩考核及党风廉政建设考核均为优秀。曾评为全州“优秀共产党员”、临夏州“感动临夏”行业双十佳先进个人、全省“扫黄打非”先进工作者等称号。

张生炜　男，汉族，1967 年 4 月出生，甘肃省永靖县人，党校研究生学历，现任中共积石山县委常委、宣传部部长。

1994 年 3 月入党，1981 年 10 月参加工作。1981 年 10 月—1985 年 1 月在陕西合阳县中国人民解放军 84879 部队服役；1985 年 1 月—1999 年 1 月在永靖县广播电视局工作（其间，1997 年 8 月—2000 年 6 月在中央党校函授学院党政管理专业大专班学习）；1999 年 1 月—2000 年 9 月担任永靖县刘家峡乡党委副书记、纪委书记；2000 年 9 月—2001 年 12 月担任永靖县土管局副局长、纪检组长；2001 年 12 月—2004 年 2 月担任永靖县徐顶乡党委副书记、乡长（其间，2002 年 8 月—2004 年 12 月在中央党校函授学院行政管理专业本科班学习）；2004 年 2 月—2006 年 9 月担任永靖县岘塬镇党委书记（其间，2005 年 9 月—2008 年 6 月在甘肃省委党校文化与社会发展专业研究生班在职学习）；2006 年 9 月—2010 年 4 月担任永靖县刘家峡镇党委书记；2010 年 4 月—2011 年 1 月担任临夏州规划局副调研员、永靖县刘家峡镇党委书记；2011 年 1 月—2011 年 10 月担任永靖工业园区党支部书记（主持工作：副县级）；2011 年 10 月—2013 年 9 月担任永靖工业园区主任；2013 年 9 月—2016 年 9 月担任临夏州科学技术局党组成员、副局长；2016 年 9 月担任积石山县委常委、宣传部部长。

王育泽　男，回族，1968年4月出生，甘肃省临夏市人，大学学历，现任中共积石山县委常委、政法委书记。

1995年11月入党，1991年9月参加工作。1991年9月—1992年9月在临夏州公安局刑侦科工作；1992年9月—1993年3月任临夏州公安局刑侦科科员；1993年3月—2000年8月任临夏州公安局政治处科员；2000年8月—2003年3月担任临夏州公安局督察支队副督察长（副科级）；2003年3月—2006年1月担任临夏州公安局政治处人事科科长；2006年1月—2009年11月担任临夏州公安局治安警察支队支队长（正科级）；2009年11月—2016年9月担任广河县公安局政委（副县级）；2016年9月担任积石山县委常委、政法委书记。

姬洪涛　男，汉族，出生于1966年3月，毕业于中央党校函授学院，行政管理专业，本科学历。

1986年7月参加工作，1990年4月加入中国共产党，现任中共积石山县委常委、县政府常务副县长。1984年9月—1986年7月，西安统计学院统计专业学习，1986年7月—1991年3月在临夏市统计局工作，1991年3月—1992年12月在临夏市政府办公室工作，1992年12月—1993年7月担任临夏市统计局副局长，1993年7月—1994年4月担任共青团临夏市委副书记（主持工作），1994年4月—1995年4月担任临夏市科协副主席，1995年4月—1996年4月担任临夏市人大常委会办公室副主任，1996年4月—2000年9月担任临夏市城北街道办党委副书记、办事处主任，2000年9月—2005年1月担任临夏市城北街道办党委书记（其间，2000年8月—2002年12月中央党校函授学院行政管理专业本科班学习），2005年1月—2006年9月担任临夏市枹罕镇党委副书记、镇长，2006年9月—2007年3月担任临夏市南龙镇党委书记，2007年3月—2010年1月担任临夏市城管局党委书记、局长，2010年1月—2010年5月担任临夏市委组织部（挂任市作风办副主任），2010年5月—2010年8月担任临夏市委办公室主任，2010年8月—2010年12月担任临夏州统计局副调研员兼任临夏市委办公室主任，2010年12月—2012年11月担任临夏州统计局副调研员兼任临夏市物流园区主任，2012年11月—2016年10月担任临夏市人民政府副市长，2016年10月担任中共积石山县委常委、县政府常务副县长。

李　平　男，撒拉族，1969年2月出生，甘肃积石山县人，党校大学学历，现任中共积石山县委常委。

1997年6月入党，1990年9月参加工作。1990年9月—1993年3月在积石山县农委工作；1993年3月—1995年12月在积石山县水电局工作；1995年12月—1999年1月担任积石山县胡林家乡副乡长；1999年1月—2002年1月担任积石山县胡林家乡乡长；2002年1月—2005年4月担任积石山县居集镇党委书记（其间，2003年9月—2005年1月在甘肃省委党校行政管理专业本科班学习）；2005年4月—2007年3月担任积石山县林业局局长；2007年3月—2010年10月担任积石山县水电局局长；2010年10月—2011年9月担任临夏州水电局副调研员、积石山县水利电力局局长；2011 年 9 月—2016 年 9 月担任积石山县人民政府副县长；2016年9月担任中共积石山县委常委。

马永智 男，回族，1973 年 10 月出生，甘肃武都人，大学学历，现任中共积石山县委常委、组织部部长。

1995 年 6 月入党，1992 年 8 月参加工作。1992 年 8 月—2003 年 4 月在积石山县科技局工作（其间，1994 年 10 月—1998 年 6 月在兰州大学法律专业大专班自考学习；1992 年 12 月被积石山县委、县政府评为社会教育活动工作先进个人；1995 年 12 月被省农业厅等 8 个部门评为全省农村能源建设工作先进个人；1998 年 1 月被积石山县委、县政府、县人武部评为预备役训练先进个人；其间，1999 年 4 月—2003 年 6 月在兰州大学法律专业本科班自考学习）；2003 年 4 月—2005 年 5 月任积石山县纪委副科级纪检员（其间，2003 年 7 月—2004 年 6 月挂职任积石山县关家川乡何家村党支部副书记）；2005 年 5 月—2006 年 3 月担任临夏州委组织部副科级干部（干部监督科工作）；2006 年 3 月—2007 年 5 月担任临夏州委组织部秘书科副科长（其间，2006 年 4 月—2006年10月借调到省委组织部办公室工作）；2007 年 5 月—2008 年 3 月担任临夏州委组织部秘书科副科长、正科级组织员；2008 年 3 月—2010 年 8 月担任临夏州委组织部组织科副科长、正科级组织员；2008 年 6 月被州委组织部评为 2007 年度全州优秀组工信息员；2008 年 10 月被省党建杂志社评为全省《党建》杂志发行先进个人；2010 年 8 月—2011 年 9 月担任临夏州委组织部干部教育培训科科长；2011 年 9 月—2013 年 11 月担任临夏州委组织部干部一科科长；2013 年 11 月—2014 年 10 月担任临夏州委组织部副县级组织员、州委组织部干部一科科长；2014 年 10 月—2014 年 12 月担任临夏州委组织部部务委员、州委组织部干部一科科长；2014 年 12 月—2016 年 9 月担任临夏州委组织部部务委员；2016 年 9 月担任中共积石山县委常委、组织部部长。

张振华 男，回族，1975 年 11 月出生，甘肃康乐县人，党校研究生学历，现任中共积石山县委常委、统战部部长。

1996 年 5 月入党，1993 年 7 月参加工作。1993 年 7 月—1997 年 7 月在康乐县政府办公室工作（其间，1994 年 9 月—1996 年 9 月在中华会计函授学校财务会计专业中专班学习）；1997 年 7 月—1999 年 9 月担任共青团康乐县委副书记；1999 年 9 月—2001 年 5 月担任康乐县地方史志办党支部书记（正科级）（其间，1997 年 8 月—2006 年 6 月在中央党校函授学院党政管理专业大专班学习）；2001 年 5 月—2002 年 7 月担任康乐县自来水站站长；2002 年 7 月—2004 年 12 月担任临夏州政府正科级干部（其间，2001 年 9 月—2003 年 12 月在甘肃省委党校行政管理专业本科班学习）；2004 年 12 月—2006 年 11 月担任临夏州政府总务科科长；2006 年 11 月—2007 年 11 月担任临夏州委统战部正科级干部（其间，2004 年 11 月—2007 年 6 月在甘肃省委党校社会学专业研究生班在职学习）；2007 年 11 月—2010 年 7 月担任临夏州委统战部秘书科科长；2010 年 7 月—2015 年 1 月担任临夏州社会主义学院副院长（副县级）（其间，2012 年 4 月—2012 年 12 月在淄博市委党校挂职副校长）；2015 年 1 月—2017 年 10 月担任临夏州住房和城乡建设局副局长、党组成员；2017年10月担任中共积石山县委常委、统战部部长。

李尚勇 男，汉族，1964年12月出生，甘肃金昌人，中共党员，大学学历，2016年8月挂职中共积石山县委常委、县委副书记。

张武功 男，汉族，1971年11月出生，甘肃华池人，中共党员，大学学历，2017年8月—2017年12月挂职中共积石山县委常委、县委副书记。

黄 忠 男，汉族，甘肃临夏人，1968年9月出生，大学文化程度，1987年11月入伍，1988年10月加入共产党员，1987年11月—1990年8月任步兵第六十一师炮兵团二连战士；1990年9月—1993年6月任沈阳炮兵学院学习学员；1993年7月—1995年7月任步兵第六十一师炮兵团二连排长；1995年8月—1998年2月任步兵第六十一师炮兵团一连副连长；1998年3月—1998年10月任步兵第六十一师装甲团榴炮一连连长；1998年11月—2000年6月任步兵第六十一师装甲团榴炮一连连长；2000年7月—2001年11月任步兵第六十一师装甲炮兵股股长；2001年12月—2002年5月任甘肃省和政县人武部军事科副营职参谋；2002年6月—2002年11月任甘肃省和政县人武部后勤副科长；2002年12月—2004年10月任甘肃省和政县人武部后勤科科长；2004年11月—2005年2月任甘肃省和政县人武部军事科正营职参谋；2005年3月—2006年2月年任甘肃省临夏市人武部副部长兼军事科科长；2006年3月—2007年2月任甘肃省东乡县人武部副部长兼军事科科长；2007年3月—2011年11月任甘肃省临夏军分区司令部副团职参谋；2011年12月任甘肃省积石山县人武部部长，上校军衔，2017年6月份退休。

张福友 男，汉族，山西临汾人，1968年6月出生，大专文化程度，1986年10月入伍，1991年1月加入共产党员，1986年10月—1988年8月56师炮兵团一营二连服役战士；1988年9月—1990年6月任沈阳炮兵学院学习学员；1990年7月—1992年5月在56师炮兵团一营一连任排长少尉；1992年6月—1994年5月在56师炮兵团一营一连任副连长中尉；1994年6月—1997年5月任56师炮兵团教导员队长；1997年6月—1998年10月任56师炮兵团司令部任军务装备股长上尉；1998年11月—1999年5月在甘南军分区玛曲县人武部任政工干事；1999年6月—2001年11月在甘南军分区碌曲县人武部任政工科科长；2001年12月—2004年11月任甘南军分区军务动员科科长（2003年授予中尉军衔）；2004年12月—2007年1月在甘南军分区卓尼县人武部任副部长兼军事科长；2007年2月临夏军分区积石山县人武部任政委，上校军衔，2011年—2017年1月任积石山县委常委，2017年2月份自主择业。

全国人大代表、政协委员

董彩云 女，保安族，1971年9月出生，中学高级教师，西北师大汉语言文学毕业，1992年加入中国共产党，全国人大代表。1982年9月—1985年7月在积石山县保安族中学读书；1985年8月—1989年7月在临夏师范读书；1989年9月—1997年8月在四堡子小学任教并任副校长；1997年9月—1998年8月在希望小学任教并任教导主任；1999年9月—2000年8月在县教育局教研室任教研员；1999年9月—2002年7月在电大函授；2002年8月—2005年8月在西北师大学习汉语言文学；2000年9月—至今在吹麻滩小学工作。2002年被省委省政府评为甘肃省优秀教师“园丁奖”，2004年2月被评为临夏州“青年教学能手”，2004年4月被评为甘肃省“骨干教师”，2006年获州委州政府“全州民族团结进步模范个人”称号，2007年、2008年被县教育局评为语文优质课教师，2008年被省委省政府评为甘肃省优秀教师“园丁奖”，2009年5月被中宣部评为“全国法制宣传教育先进个人”，2011年7月被县委县政府评为“优秀园丁”，2006年、2012年被省委、省政府评为“全省法制宣传教育先进个人”，2012年11月获甘肃省“特级教师”称号，2014年5月被评为“陇原名师”。

马邦河 男，保安族，1969年12月30日出生，无党派人士，初中文化程度，积石山县刘集乡高李村一社村民，现任第十一届全国政协委员，中国伊协委员，中国宗教和平委员会委员，甘肃省政协委员，省伊协副秘书长，临夏州政协常委，州伊协副会长，积石山县第六、第七、第八、第九届政协委员、常委，县伊协名誉会长，积石山县刘集乡高李村春蕾小学名誉校长。现任刘集乡高赵家门宦教长。1980年—1992年相继在积石山县高李小学、保安族中学就读；1992年—2000年随父在高赵家拱北学经；2001年5月—至今任高赵家门宦教长；2001年2月—至今相继任积石山县第六、第七、第八、第九届政协委员、常委；2006年2月—至今任州第九、第十、第十一、第十二届政协委员；2007年3月至今任州政协常委；2003年6月至今任省伊协委员；2004年当选为省伊协副秘书长；2006年当选国家伊协委员；2008年后当选全国第十一、第十二、第十三届政协委员、甘肃省第九届政协委员；2012年6月当选为积石山县伊协名誉会长。

2017年省厅、局、委及单位命名的劳动模范、先进工作者名表

姓名	工作单位	出生年月	籍贯	获奖名称	授予时间	授予单位
乔文云	县公安局	1974.6	甘肃积石山	二等功	2017.6	甘肃省公安厅
马魁武	县公安局	1973.8	甘肃积石山	全国优秀人民警察	2017.5	公安部
杜文俊	中国邮政集团公司甘肃省积石山县分公司	1973.11	甘肃临夏	先进个人	2018.1	中国邮政集团公司甘肃省分公司
马作明	中国邮政集团公司甘肃省积石山县分公司	1985.12	甘肃广河	2017年度优秀党员	2018.6	中国邮政集团公司甘肃省分公司

续表

姓名	工作单位	出生年月	籍贯	获奖名称	授予时间	授予单位
马全胜	县畜牧局	1968.11	甘肃积石山	全国农业先进工作者	2017.12	人社部、农业部
马全胜	县畜牧局	1968.11	甘肃积石山	全省农业科技推广先进个人	2017.1	甘肃省人社厅、农牧厅
陶永鹏	积石山县教育局	1963.7	甘肃积石山	甘肃省“园丁奖”	2017.9	省政府
付学锋	癿藏学区麻坝小学	1983.10	甘肃积石山	甘肃省“园丁奖”	2017.9	省政府
马　玲	田家炳中学(原吹麻滩中学)	1991.12	甘肃临夏	甘肃省“园丁奖”	2017.9	省政府

2017年州委、州政府授予的劳动模范、先进工作者名表

姓名	工作单位	出生年月	籍贯	获奖名称	授予时间	授予单位
丁生梅	人社局	1971.10	甘肃积石山	全州信访先进个人	2017.	州政府
丁作栋	积石山县教育局	1978.8	甘肃积石山	优秀教育工作者	2017.9	州委、州政府
李仲胜	安集学区中心幼儿园	1970.10	甘肃积石山	优秀教育工作者	2017.9	州委、州政府
陈永平	铺川学区下庄小学	1977.2	甘肃积石山	优秀校长	2017.9	州委、州政府
樊玉成	移民中学	1983.5	甘肃积石山	优秀教师	2017.9	州委、州政府
安英发	吹麻滩初级中学	1976.6	甘肃积石山	优秀教师	2017.9	州委、州政府
宁得省	高关初级中学	1975.7	甘肃积石山	优秀教师	2017.9	州委、州政府
赵玉萍	吹麻滩小学	1981.4	甘肃积石山	优秀教师	2017.9	州委、州政府
宗文革	友谊小学	1966.8	甘肃积石山	优秀教师	2017.9	州委、州政府
善忠财	积石中学	1974.4	甘肃积石山	优秀教师	2017.9	州委、州政府
马文斌	中咀岭学区马家嘴小学	1987.3	甘肃临夏	优秀教师	2017.9	州委、州政府
樊正统	希望小学	1983.6	甘肃积石山	优秀教师	2017.9	州委、州政府
鲁逢斌	居集中学	1982.6	甘肃积石山	优秀教师	2017.9	州委、州政府
张　婷	癿藏学区红星小学	1978.10	甘肃积石山	优秀教师	2017.9	州委、州政府
长慈芳	寨子沟学区尕马家小学	1983.2	甘肃积石山	优秀教师	2017.9	州委、州政府
马志融	大河家小学	1982.7	甘肃积石山	优秀教师	2017.9	州委、州政府
李志荣	居集小学	1986.11	甘肃临夏	优秀教师	2017.9	州委、州政府
何　燕	双语小学	1985.12	甘肃临夏	优秀教师	2017.9	州委、州政府

续表

姓名	工作单位	出生年月	籍贯	获奖名称	授予时间	授予单位
徐生平	民族中学	1977.4	甘肃积石山	优秀班主任	2017.9	州委、州政府
周　萍	田家炳中学(原吹麻滩中学)	1980.6	甘肃兰州	优秀班主任	2017.9	州委、州政府
马英梅	吹麻滩学区前岭小学	1981.10	甘肃积石山	优秀班主任	2017.9	州委、州政府
管海霞	小关学区大茨滩小学	1981.12	甘肃临夏	优秀班主任	2017.9	州委、州政府

人物名录

全国人大代表

积石山县出席第十三届全国人民代表大会代表：董彩云（女，保安）

全国政协委员

积石山县出席第十一届全国政协委员会委员：马邦河（保安）

省人大代表

积石山县出席甘肃省第十三届人民代表大会代表：马正业(回)
马小贤(保安)
韩　璐(女，撒拉)

省政协委员

积石山县出席政协甘肃省第十二届委员会委员：韩延成（撒拉）
马兰琴（女，保安）

州党代会代表

积石山县出席中国共产党临夏回族自治州第十二次代表大会代表：

韩季安(撒拉)　蔚　俊
马正业(回)　马义明(东乡)
马尚文(保安)　李征云
杨光龙　马海明(回)
张生炜　王育泽(回)
姬洪涛　李　平(撒拉)
马永智(回)　韩德祥(保安)
马　俊(保安)　王进伟
马如花(女，保安)　马　元(东乡)
樊成晖　鲁振伟
祁文学(蒙古)　张福存
马玉兰(女，回)　杨文萍(女，藏)
戚发兰(女，土)　杨立科
康继学　赵学红(女)
杨玉贤　付小华(女)
祁　昌(土)　张学财
张志庆　韩文秀(女，保安)
杨萍花(女，土)　陈有鑫

州人代会代表

积石山县出席临夏回族自治州第十五届人民代表大会代表：

马　俊(保安)　马义明(东乡)
马正业(回)　马占杰(回)
马永智(回)　马尚文(保安)
马明杰(回)　马俊武(东乡)
马晓芳(女)　马晓丽(女,撒拉)
马海明(回)　马腾飞(东乡)
王　栋　王文红
王进伟　王育泽(回)
王学莲(女)　王建华
王景远　包继红(女，藏)
祁海明(回)　李　平(撒拉)
李文垚　杨文萍(女，藏)
杨立科　杨光龙
沈云妹(女)　张生炜
张学财　拦彩雄(女，土)
赵维国(东乡)　党国秀
董彩云(女,保安)　韩世强(撒拉)
韩彦青(回)

州政协委员

积石山县出席临夏回族自治州第十二届委员会委员：

李征云　马邦河(保安)
韩延成(撒拉)　冶成仁(回)
马宗信(回)　妙　梵
仙进军(回)　马正清(回)
马秀梅(保安)　马志忠(回)
马文德(回)　马胜荣(回)
马国涛(保安)　宋国英(土)
马　正(回)　马文英(保安)
马黑牙(东乡)　马辉雄(回)
赵廷武

县党代会代表

出席中国共产党积石山保安族东乡族撒拉族自治县第九次代表大会代表：

马正业　喇正彪　马义明　马尚文　李征云
杨光龙　张福友　马海明　张生炜　冯光明
王育泽　姬洪涛　李　平　马永智　马国庆
马维祥　马腾海　马占良　樊有忠　戚永杰
马锦泽　韩德祥　马占彪　马正荣　马子文
高志明　马正杰　刘美芬　马成明　喇时雄
杨生东　陕世毅　马学良　安正锋　马兴华
黄　忠　马　俊　王进伟　魏文忠　马福成
王国智　马成义　马成忠　金作忠　李永学
拜真明　吴玉良　武彩霞　马占良　马玉兰
王　琼　马学良　祁永仓　马成祥　周永祥
马正录　马邦忠　韩维忠　马东云　马得刚
马腾飞　马延平　董克义　马惠明　鲁振伟
马金华　张福林　祁文学　拜一鸣　樊成锋
马正表　拜忠礼　陕洪祥　马福林　窦春花
陕玉林　张　培　云　平　乔文云　马正新
李兰峡　张天昌　刘学英　石来成　马晓芬
张国星　喇玉忠　马正国　马秀明　马　婷
韩　明　董彩云　马继明　马志融　马进军
戚发兰　王博赟　李仲胜　马学让　戴继奎
何巍巍　张进芳　蒋卫平　马鹏飞　马雪俊
赵明栋　马慧兰　赵芳芳　马黎萍　马么乃
安晓华　董文新　马　雷　韩彦青　康向龙
周春山　韩　凯　马阳帅　李　萍　李燕红
马　元　崔延楠　苏占孝　马小芳　韩东阳

马进英　何永明　马玉梅　樊成清　蒋二力
谭成义　乔逢霞　马如花　龚美胜　王学兰
何生斌　马进山　王国贤　李小军　张思国
马永胜　陈世斌　祁俊霞　马永佩　董国胜
马云平　白春龙　马得义　马元礼　董喜雄
樊成晖　郑文勇　邓俊兰　董小斌　马　玉
肖梅芳　马索飞牙　　马云良　杨晓莲
马维明　余文奎　豆生箐　马忠义　马海录
齐学花　长世平　韩晓春　马青德　马如祥
马维清　王他卜　长更兄　马长福　赏进菊
丁有杰　李逢朝　马录给牙　　马学斌
陈梅燕　马成海　马占鹏　马俊武　马进军
付小华　尤明苑　马成海　樊宗顺　张文义
何举英　李文垚　拜礼华　李致明　马生虎
胡国琼　马光明　李建东　马　滨　段玉彬
张婷婷　杨立明

县人代会代表

出席积石山县第十届人民代表大会代表：

大河家镇（19人）

马　琴（女，保安）　马文龙（保安）
马永智（回）　马正兰（女，撒拉）
马尚文（保安）　马红梅（女，保安）
马丽萍（女，回）　马明文（保安）
马国庆（撒拉）　马明英（女，撒拉）
马焕明（东乡）　马渊虎（回）
马雪俊（保安）　马维祥（保安）
马菊霞（女，撒拉）　马鹏飞（保安）
杨卫军　郭小平

刘集乡（12人）

马世华（保安）　马世忠（保安）
马光明（保安）　马成虎（保安）
马腾海（回）　石菊才花（女）
李　平（撒拉）　肖远西
陕麦言（女，回）　康向龙
韩阿飞牙（女，撒拉）　韩彦青（回）

石塬乡（8人）

马元（东乡）　石将河
何兴莲（女）　杨生东
张顺成（土）　崔延楠
韩索飞牙（女，撒拉）　喇时雄（回）

柳沟乡（7人）

马有财（回）　马进英（保安）
王热海麦（女，保安）　石香莲（女）
安福雄　何永明（土）
韩有忠（保安）

吹麻滩镇（13人）

马万龙（回）　马开苏（女，回）
马正业（回）　马占良（东乡）
马正杰（回）　马占虎（回）
马如花（女，保安）　马成良（回）
马应正（撒拉）　马尕比力（东乡）
何树胜　杨喜梅（女，土）
龚美胜

关家川乡（8人）

马比德（女东乡）　马占彪（东乡）
张印彬（土）　李仲文
苏兴海（回族）　董玉娇（女）
董国胜　樊有忠

安集乡（9人）

马正荣（藏）　朱月蕊（女）
杨立科　张生炜
虎向宏　段玉彬
赵顺英（女）　徐正明
姬洪涛

胡林家乡（11人）

马义明(东乡)　马永海(东乡)
马占良(东乡)　马学忠(东乡)
马晗霞(女,东乡)　马开力苏(女,东乡)
马海克木(回)　李小军(东乡)
张忠祥　杨萍花(女,土)
何锦芳(女)

寨子沟乡(9人)

马万成(回)　马平华(回)
马永海(回)　马正梅(女,回)
安吉良　乔有霞(女)
郑文勇(东乡)　高建明
樊成晖

徐扈家乡(6人)

马海录(回)　马发土麦(女,回)
王　强(东乡)　仙哈比力(回)
邢根儿(女)　张福友(汉)

郭干乡(5人)

马玉虎(回)　杨正彬
徐方平　徐更兄(女)
韩晓春(撒拉)

居集镇(11人)

马云良(保安)　马玉梅(女,回)
马永良(东乡)　马虎山(回)
马忠良(撒拉)　马啟元(东乡)
王育泽(回)　何生波
杨则克(回)　张伟霞(女)
杨晓莲(女)

小关乡(6人)

马长福(保安)　马正明(回)
马艳萍(女,回)　王秀莲(女)
赵东吉尼(东乡)　高志明(回)

癿藏镇(9人)

马成龙(回)　马成海(回)
马建雄(回)　马俊武(东乡)
马海明(回)　马琰萍(女,东乡)
牛进云(回)　张召儿(女)
谭得林

铺川乡(7人)

马　澎(东乡)　马成海(保安)
马德礼(回)　白文礼(东乡)
何月芳(女)　韩得英(女)
樊宗顺

银川乡(11人)

马二撒(东乡)　马艾力(回)
马阿一沙(女,回)　王国翠(女)
宁国平　李文垚
李征云　李海生
杨光龙　拜礼华(回)
鲁岩菊(女)

中咀岭乡(7人)

丁有杰(回)　马尕索(女,东乡)
王俊山　李逢朝
陈梅燕(女,东乡)　张沙巴尼(东乡)
韩卫东(撒拉)

县直机关(5人)

马　俊(保安)　马　娜(女,回)
马玉兰(女,东乡)　卢建车
韩德祥(保安)

县政协委员

出席政协积石山县第九届委员会委员：

李征云　马子文
马正杰　刘美芬
高志明　马成明
拜真明　郑永良
张振华　马晗霞
魏文忠　山心东

马邦河
韩延成
韩学俊
马　元
李兰峡
马占良(县工会)
马麻艾力
马有忠
王志胜
陈世文
马统虎
祁永浩
马文华
马东云
马光武
马占林
石玉成
马维良
马成云
马成虎
何正元
宗桑吉
沙义忠
马有福
崔克智
马永良
齐占杰
张登新
张学明
张牙古白
马忠英
马世杰
善法台
马明清

马俊武
冶成仁
马光耀
祁永胜
马清明
马玉辉
张学财
陈有鑫
马国俊
马香梅
孔令波
马如林(徐扈家乡)
白万清
马如善
余文奎
章家禄
陕国林
马如祥
马占元
马文辉
王占国
唐占林
善忠元
马胜明
王成海
黄洒力海
周成俊
妙　梵
苏兴义
马艾有
马艾卜力
马真福
马赛吉
韩志明

马木洒(吹麻滩镇)
杨宗剑
马腾飞
马青华
马国潮
韩维忠
马　青
崔国仁
韩学义
马进贵
戚发成
马哈给(徐扈家乡)
马成盛
马占明
马维明
马一四夫
马志林
唐占武
马全胜
白向林
马永海
马如林(中咀岭乡)
张春芳
徐光踏
白云芳
马超雄
马么力克
马木洒(小关乡)
张得虎
马登奎
马克么力
杨在鹏
马树雄
马青虎
马登文

马录退(乩藏镇)
周永祥
李永学
马宏伟
马玉兰(县幼儿园)
毛学虎
李海元
马哈三
郝文光
马兰芳
穆国真
田俊荷
韩绍先
沙学林
马平
穆忠明
何成文
马宋吉给(居集镇)
马玉兰(妇联)
吴锦花
任彦虎
杓进祥
拜真清
郑永俊
马宋地给(寨子沟乡)
张二月花
马克苏
马仲仁
王他卜
马海吉者
安福雄
马哈给(乩藏镇)
马录退(胡林家乡)
陕玉林

2017年积石山县晋升的副高级以上职称人员名录

教育：

安正锋　马虎雄　杨正青　安化龙　王进德
王生明　时伟忠　赵玉环　尚文俊　杨福宽
王博赟　张永林　朱文高　黄　敏　苟永豪
关发祥　张佩琴　李文和　方彦寿　郝文光
胡殿康　何兰香　张佩兰　仲发明　宿艳梅
何正芳　张萍娜　李典信　安永龙　王发茂
樊玉芬　赵廷武　郝永峰　何延林　安玉英
张心斌　张宗雄　宗文鹏　蒋卫亚　马正忠
杓进玺　樊成河　陶希才　唐桂珍　徐生孝
李建雷　海世仓　陈有孝　张亨娥　李建文
韩　玲　姬世忠　李承霞　徐学明　马福春
刘建基　戚发辉　李　玲　秦明礼　豆齐正
陶学强　何生锦　马学让　张志勇　马淑珍
马万杰　马永昌　张永国　马生智　何延芬
杨宗爱　宁得省　韩　明　范先录　杓进周
马正雄　马朝真　马嘉钰　王文才　贾云龙
龙世雄　司马曙伟　李建虎　王正云
安化仓　党正发　罗宏祥　何举贤　董得礼
尚有禄　谭成明　田　旭　石生伟　袁永武
安忠勇　赵永忠　李志华　马仲芳　多文霞
董彩云　杜有才　马　彪　马文海　韩恒童
戚发兰　年万龙　李春林　李向龙　王树荣
王化清　拦继莲　赵昌忠　王国财　高生华
马金岚　马　云　张顺胜　妥文华　祁文戈
安济玉　李怀才　张学更　杜　忠　董　泽

其他：

张福存　赵国秀　卢建车　乔发存　祁正麟
宗文鹏　马松株　徐生霞　梁文权　董国玺
董国兰　韩明兰　郭登玺　李文才　李永军
董佩雄　何正山　李金凤　刘学英　李生兰
乔发才　谢兴旺　董钰翥　李建朝　张秀英
周富芬　张顺明　陶万成　徐生正　龚怀顺
马正文　陈永义　肖岳萍　常正英　司马珠
祁正虎　赵兰英　李文越　石万栋　宗得祥
张天昌　马德清　张正礼　张登鹤　张英莲
董国录　李化德　长万龙　李自秀　杨文萍
马会平　黄振平　董国梅　杨玉贤　魏存明
魏光兰　马忠英　张义魁　王国华　何绍兰
胡文霞　齐文莲　石惠玲　何克东　马维良
王正玲　苟永芳　乔生辉　张官西　石光雄
石玉明　祁光忠　马继利　马玉兰　陈智强
王怀梅　龚美龙　时宁银　马凤兰　董国仁
蒲如英　张进芳　赵怀发　马秀兰　刘国平
蒋卫平　马生成　李作华　魏仲全　何玉清
陈风兰　董国秀　王　平　马　渊

2017年积石山县晋升的中级职称人员名录

教育：

龚发云　党正茂　杨　辉　杨正海　杨得明
张国福　董国辉　张廷明　李文彦　韩义成
张玉芳　张印德　郭彩虹　曹彦魁　樊学信
胡书强　王树生　安忠平　张济民　包其忠
王悦俊　樊大林　张培云　善忠财　马秀梅
马　兰　王　睿　齐玉泽　李生杰　杨俊秀
王树云　马立国　绽　瑞　张文兰　石　莹
鲁怀兰　鲁卫东　安正平　崔国斌　张学才
赵永寿　王国林　于　东　苏颜璞　张发强
张小红　王翠兰　善孝梅　常天毅　彭海燕
白军兰　冯志文　郭登峰　石万明　宋泽辉
祁明清　张永军　马祥彦　善杰莲　陶希秀
方万举　李建良　王娟娟　郭才东　韩　昱
张海莲　司马敏　安学莲　何登辉　蒲世兴
齐占清　马艳红　苟怀录　张权邦　孔雪花
龚恒花　李廷霞　董国勇　杨生忠　徐生鑫
何正清　杨建强　赵文才　朱月林　安吉平

赵正林　王仲琰　宋小云　马学英　王小雄　贾　智　居永林　李生云　李廷翠　李致刚
张学梅　何明成　崇爱玲　马文发　马生兰　罗宏宝　马福财　马国庆　马　丽　马　莉
陶学乾　山心俊　邓正云　李增伟　安忠平　马启云　马晓燕　马兴光　马玉兰　马玉梅
赵国祯　马雪花　刘建斌　肖兴龙　申国彦　马志明　马志忠　蒲学芳　齐学勇　任贵元
肖兴全　马海山　罗宏明　徐生平　李荣娣　石福伟　石秀兰　田维健　妥文祥　王生林
石玉山　马正清　鲁文龙　方红霞　李红梅　魏国华　羊　豪　杨正锋　姚良兰　张彩云
王怀灼　赵华龙　魏周强　王文劳　蒲如云　张得梅　张国礼　长有华　赵殿俊　鲁斌芳
吴兆丽　徐登芳　马　靖　郭延杰　安学芳　李生萍　刘　华　赏维平　杨生福　宗明卓
马玉民　何绍云　苟永智　胡文戊　何延根　马玉芬　长永胜　张永东　胡恩霞　张正明
樊正瑚　石万英　樊成锦　刘世明　祁小红　安玉忠　何　明　郝明海　海世智　王　燕
田福录　党国彪　王美华　岳彦东　海生良　邓俊雄　马宏澎　赵玉平　包万联　何永文
徐生强　周　萍　何斌静　陈　霞　李永科　郭　娜　张福泉　徐生瑞　张国辉　张　璠
王宗国　张彦玉　杓亥童　李自龙　樊正平　魏育证　马文举　李建学　牛成宝　安化胜
朱子清　马　云　张永琦　樊淑香　王永明　韩旭生　韩　俊　马渊明　鲜明义　马占良
刘尚德　安得辉　徐尚花　安晓顺　苟发玉　何登俊　陈世伟　陈鸿燕　马　义　马建英
常天宇　董国兰　樊世忠　方玉梅　苟树文　马淑芳　马忠华　马学明　马兴辉　陈朝虹
贾云凤　康廷霞　李建云　林顺霞　石常胜　安　涛　马　龙　仙志勇　李永勤　杨吉伟
苏廷雷　张英芳　赵玉萍　仲发义　左国明　何玉霞　仙进元　方小玲　徐建平　李玉顺
杓雅芳　张佩才　韩文俊　姬学兰　陈海忠　马永林　马文俊　鲁秉惠　何生璀　郭生海
马英芳　朱子梅　马英强　安顺娟　敏占云　李晟洁　马成祥　康尚前　马志德　韩席玲
马志林　司马芳　肖德江　肖继良　张海福　张小红　张发财　马维海　李生山　张国福
王仲礼　李文霞　安英发　王德明　马志祥　李建海　马福山　郭生芳　王占忠　魏明泉
陶学盛　方雪艳　马正学　王化文　善忠平　何玉珍　何玉萍　马俊武　马钦祥　张立明
马占龙　牟海娟　马成财　张明吉　马正梅　宁良军　张进忠　尚登平　谢彦军　秦明芳
薛　菊　毛永玲　秦明信　肖兴江　龚　伟　郭宏林　赵国恩　马正海　他　炜　戚兴光
祁　琼　温成才　张巨虹　李生军　王文元　蒲如学　马生洲　杨清鹏　魏永虎　苟永录
朱文梅　李增鹏　朱秀芬　马　梅　王建有　魏玉平　祁文炳　司马光环　陈永玉
赵文明　谭吉文　田学梅　张永德　董红萍　齐继伟　蒲如栋　宗文吉　乔培吉　杜淑兰
羊定霞　樊　琳　包风玲　石永平　张学贤　张国华　张玉强　王文奇　马成义　赵永彪
杨采和　马玉英　冶金艳　孟庆霞　樊正振　鲁逢斌　韩正钦　羊仲明　张学红　马春元
张得强　马晓驰　马得军　赵丽琦　何雨洁　鲜忠明　周如海　韩前锋　马登雄　马进梅
安元梅　安云侠　陈隆重　邓玉梅　董志花　羊万平　张登红　李文霞　杨正春　何生波
董志喜　范仲朝　冯大财　冯光玉　韩　娟　张福海　李永录　李永瑾　金作胜　张巨林
何举康　何举武　何世霞　何永秀　何正侠　王得正　董国兴　马　云　张印福　王怀邦

石玉虎　何正平　樊成清　张学芬　鲁秉伟
马延平　肖兴英　祁如海　戚玉福　申国伟
董国红　赵迎风　戴文芳　马梅芳　周玉玲
马松珍　敏芬玲　韩秀英　马玉龙　马国霞
石兰秀　马黎雄　高文荣　蒲学林　齐文林
马玉兰　马秀芳　焦玉苍　马文海　梅红艳
张爱萍　马晓莲　樊学锋　蔡学莲　曹金香
马慧兰　胡　翠　姬世兰　拜玉林　张莲梅
马晖光　鲜　红　马西林　李廷兰　鲁彦红
王玉霞　赵明贤　李发梅　焦玉琼　郭正雄
董国清　马　燕　常小霞　赵学红　马如英
冶金芬　马玉萍　何秀丽　谭小花　赵玉萍
李建录　宗文革　马玉梅　杨成梅　李文霞
张发旺　马　玉　韩　霞　赵生香　张　婷
安秀珍　张学梅　何文辉　安延祥　赵兴菊
马孝兰　马晓雪　安正霞　马秀兰　邓成福
杨在慧　赵国玺　陶淑珍　曹桂香　鲁学云
何绍莲　王有花　焦玉翠　鲜　君　鲜英兰
谢海瑞　陈锡军　冯国明　卡玉梅　杨在玉
贾　红　马正芳　马小灵　杨生玉　陈　华
马明宏　马明全　石来恩　徐金菊　张官玺
马忠福　秦明芳　张培珍　宗文红　朱文秀
白秀珍　何淑花　王世秀　樊炯霞　马智奇
安雪纯　冯礼梅　马志融　许宏文　马学明
王秀花　马有录　马永康　谢芬芬　冯　斌
马金梅　韩培瑜　韩　垚　张国彪　郭振伟
张国俊　祁玉山　马廷贤　韩小俊　马芬兰
刘文杰　马少明　韩培东　安继忠　鲜得英
马启顺　李小花　马成明　马渊祥　马万礼
崔生吉　马　芳　马少明　马雪梅　马晓明
马玉明　陶学梅　郭正才　马元龙　袁梨花
李鸿云　肖续胜　何　蓉　马学明　赵永林
崔元文　马文奎　韩进孝　石国文　赵韩五
赵国军　马福英　刘世忠　樊正林　马雄伟

樊宗林　张　明　马　钰　樊学海　豆发勇
石见珠　张正秀　张四海　宋德贤　张顺俊
秦明胜　王国忠　樊国铭　李生海　张怀云
苟永娥　杓进桃　龚　君　安永兰　樊成恩
张登全　杓进和　肖远明　包风华　郭才玺
安永鑫　龚怀润　安永寿　袁永全　龚发俊
鲁成海　樊成德　樊永彪　樊成贤　张学勇
龚怀源　张国栋　邢永成　张立胜　张顺屹
张顺财　袁永虎　安永忠　安顺录　赵永海
安华祖　安斌英　赵正清　杨立海　任占忠
马忠祥　王　梅　马志霞　齐浩杰　马生强
张华强　张　明　李生奎　马秀珍　张秀英
马青芳　田英芳　谭继海　杨得莹　林维明
陕忠海　李红平　徐生琪　何延成　豆增瑞
马玉琪　张怀宝　侯世文　谭积元　赵天春
侯延琦　时宁发　王先虎　赵怀珍　张培龙
张官海　张永強　党焕发　赵兴俊　党正龙
龚发义　马奋魁　赵昌林　党正彪　王仲福
张义科　何正斌　善忠良　张前明　马占全
李　福　牟玉忠　妥文梅　马永彪　樊春桂
王忠才　杨宗霞　司玉林　马正先　戚发旺
王建军　张官俊　张前伟　马得林　鲁成鹏
魏文福　冯大龙　范多明　唐占祥　温明学
马永龙　祁文通　齐学文　鲁绍光　张英清
杨玉成　韩登发　齐占桂　司马玺　蒲彦珍
马英录　马宏伟　安吉良　丁占录　何延祥
安绪昌　马正秀　马成华　曹朝忠　安　强
乔巨明　牟田龙　马万程　乔世荣　张得芬
陕玉平　马德仓　善忠辉　赵希昌　何永玺
善杰英　尚登福　范永龙　马明贤　马增海
苟发育　陈　林　樊成章　祁光发　杨正海
马国礼　曹学平　杨文习　乔玉珍　徐生斌
陈有忠　马克忠　马逢源　杨增荣　杨复兴
徐生德　陈文明　王　强　敏福生　侯玉山

何克虎　范　业　马明文　马明贤　马占华
马进成　杨志林　谭小明　李春基　李春雄
善孝虎　马志雄　马　空　杨发义　李文豪
长小萍　王占彪　安永忠　张如云　羊怀政
任继平　苏占文　马子良　乔忠元　马忠华
马成林　赵文光　赵登龙　李自明　李菊萍
杨永才　张永利　杨　莲　马忠雄　马国林
马忠山　方彦良　马淑兰　马占山　谭成林
马俊得　马得华　马福山　谭永礼　张　霞
马海渊　王忠东　张学祥　马自云　马进军
李建华　王维良　马晓华　张世杰　马东旭
石永忠　张众茂　焦玉武　张　平　王富生
王永贤　王　杰　马如国　马进龙　白占文
白象龙　炭永良　马进军　韩杰礼　张小彬
马玉林　张小花　王小红　胥元霞　王生利
马郁菽　马占龙　周建明　张　婷　高志龙
王志伟　张选邦　付学锋　马福昌　何举忠
马玉良　回月月　张如雄　高志海　马继明
何生瑞　马钦花　王玉梅　马增超　李廷武
马正杰　苏　真　陶学文　白世珍　王　和
陈永平　韩珍玉　李仲新　陈秀平　李仲兰
胡国新　朱小明　王万和　陈文祥　王文才
石玉伟　马兴珍　白祥福　陈绍智　马世伟
王　旭　王怀贵　王文义　郭立荣　李文元
张学智　时宁云　贾怀龙　王怀忠　陈绍兰
马玉成　时宁西　时宁福　魏　芳　安　焱
宗明虎　董得锋　赵永福　陕　龙　马秀兰
祁海梅　陶希梅　张秀珍　马　录　李仲胜
祁文武　马进龙　樊香香　杨　霞　乔彦录
金作海　王永胜　马国贤　肖远才　马吉祥
马芬莲　张玉虎　郝生梅　马玲凤　韩元锋
康卫明　陶希光　马秀英　马玉萍　陈有兰
崔永忠　马玉香　张志秀　李建红　冯国佩
索玉兰　张佩红　周忠芳　马梅芳　马兰英

马俊成　何玉胜　王效忠　肖继良　何生明
马子伟　崔国林　马玉芳　马学清　周艳芳
海生兰　马春娟　马秀英　马世英　杨建国
马　前　丁作栋　张正祥　樊学礼　张聚海
张正山　张占虎　王怀功　周学林　石莲梅

其他：

林建虎　王文旭　马钦雄　何赟洁　康继学
杨生海　常定学　王国玉　马占虎　张前珍
马登录　豆启新　徐尚军　姬学虔　鲁叔发
李　霞　韩继花　马　静　李建芳　崇兴花
海有莲　马小娟　马成虎　蒲　蕴　齐智杰
马学明　张登平　马春霞　齐占元　宋玉宝
鲁延霞　王世云　张万伟　包万仓　谭积霞
张学让　韩学燕　李建库　马逢虎　王文科
肖远鹏　鲁逢玲　长胜兰　乔培寿　马　丽
齐黎萍　赵梅芳　杨　兰　张　萌　张小峰
魏仲席　王怀梅　林生发　雷　俊　何文旭
长生发　高正玲　李万芳　徐永春　安继霞
马桂芳　马　泳　张宗宝　佘海东　郭才昌
何　勇　张学萍　冯国萍　韩文兰　宗　泽
李庆庆　杨　林　韩　祥　庆　渊　胡克芬
马少白　任积才　马小月　张世仁　任向兰
乔忠武　石国瑞　许小兰　马波翔　金兰英
祁理臣　王有雄　韩全有　候延明　韩文林
张永胜　马富智　马玉晖　张官俊　南进忠
张印旺　谢　英　徐斌海　董君茗　荀国龙
宋玉春　李景福　马　奭　党国清　蒲世强
张　冰　温生成　杨琴霞　张　琴　宗　浩
王得玉　崔元伟　魏玉萍　李万萍　李仲选
孔德吉　朱莲莲　王树玉　李文菊　马晓辉
马学俊　方玉娥　白　梅　何慧慧　马学智
马小兰　敏芬萍　陈隆杰　张学珍　魏玉林
李显渟　乔发兰　鲁莲英　马成真　马逢龙
刘秀英　冯大林　张　芳　沈凌云　王秋萍

贾菊芬　韩永兰　何生明　云　磊　马永龙
张玉慧　马福海　陈锡尧　崔如平　祁　昌
马永希　马正堂　王兰香　张艳霞　董彩芳
李逢鹏　王自婷　苏兴海　羊怀旺　周　武
马宝海　豆启武　马翠英　张　萍　魏居海
苟永德　曹学成　马尚贤　善小鸿　仲发志
李怀伟　赵雪峰　马文举　杨立发　王怀荣
李英环　冯　琰　陈先锋　薛定胜　何延莲
马兴禄　王正清　董国强　马青龙　董国霞

邓述南　马学仁　司马小燕　张美蓉　何文莉
马会兰　崔玉霞　李玉芳　善孝玺　司马彦
安子雄　赵生伟　赵永山　孟登海　苏建文
石玉琴　申明芳　方玉芳　赵正燕　何娟娟
马成华　赵小芳　牛学清　马永远　马学正
马维忠　马伟勇　李致文　司马光华
马忠清　祁永英　张怀芳　黄　霞　戚　蕾
李永红　马逢春　杨立科　郭延俊　马生霞
何　峰　董效花　张彩虹　王正周　马秀明

2017 年县委、县政府授予 2016 年度“积石好村民”人员名表

推荐乡镇	推荐村	姓　名	性　别	民　族	政治面貌
刘集乡	刘集村	王玉虎	男	汉	中共党员
	肖家村	安化录	男	汉	群众
	河崖村	马苏妹	女	回	中共党员
	崔家村	赵永福	男	汉	群众
	高李村	刘显鹏	男	撒拉	群众
	阳洼村	马尕胡	男	回	群众
	团结村	赵生荣	男	汉	中共党员
	陶家村	陶元良	男	汉	群众
石塬乡	肖红坪村	张国正	男	汉	群众
	苟家村	安永福	男	汉	群众
	沈家坪村	马福录	男	撒拉	群众
	宋家沟村	石五有	男	汉	群众
	刘安村	马热白	女	保安	群众
	秦阴村	李生雄	男	汉	群众
	石塬村	石子龙	男	汉	群众
	三二家村	张成喜	男	土	群众
柳沟乡	尕集村	马忠山	男	回	群众
	柳沟村	赵永寿	男	汉	群众

续表

推荐乡镇	推荐村	姓　名	性　别	民　族	政治面貌
柳沟乡	张郭家村	安济和	男	汉	群众
	阳山村	张英顺	男	汉	群众
	斜套村	马西拉尺	男	保安	群众
	袁家村	马艾不力	男	保安	群众
	樊家沟村	樊大财	男	汉	群众
	马家村	龚登福	男	汉	群众
	上坪村	张永发	男	汉	群众
吹麻滩镇	滨河社区	周麻乃	男	东乡	群众
	团结社区	常成霞	女	汉	中共党员
	广场社区	安斌莲	女	土	中共党员
	方家村	张得虎	男	东乡	中共党员
	后沟村	马成良	男	回	中共党员
	前岭村	马永刚	男	回	中共党员
	前庄村	马哈三	男	撒拉	群众
	中庄村	马成云	男	撒拉	中共党员
	林坪村	胡文明	男	汉	群众
	后阳洼村	马尕西木	男	撒拉	群众
胡林家乡	胡林家村	马发土麦	女	东乡	群众
	高关村	姚永兰	女	汉	中共党员
	何家村	马十二八	男	东乡	群众
	山庄村	马仲林	男	东乡	群众
	张豆家村	张相成	男	藏	群众
	娄子湾村	羊仲武	男	土	群众
	吊坪村	马学清	男	东乡	群众
	左家村	马成义	男	回	群众
	大庄村	蒲玉英	女	汉	群众

续表

推荐乡镇	推荐村	姓　名	性　别	民　族	政治面貌
关家川乡	白家沟村	白春秀	男	汉	中共党员
	宁家村	马玉良	男	东乡	中共党员
	芦家庄村	党焕昌	男	汉	群众
	何家村	董克良	男	汉	中共党员
	关集村	赵梅花	女	汉	群众
	赵家湾村	龚恒虎	男	汉	群众
	李家山村	赵天文	男	汉	群众
	杓家村	吴金才女	女	汉	群众
	张家村	豆永科	男	汉	中共党员
安集乡	苟家山村	马福仁	男	汉	群众
	三坪村	杨国证	男	汉	中共党员
	前进村	马才平	男	汉	中共党员
	红路岭村	魏林春	男	汉	群众
	辉光村	王化智	男	汉	群众
	安家湾村	李小花	女	汉	中共党员
	钭家山村	马占兄	男	汉	群众
	风光村	鲁永学	男	汉	群众
	红坪村	蒲先胜	男	汉	群众
	风林村	王正义	男	汉	群众
	杨家湾村	马尕明	男	汉	中共党员
居集镇	居集村	马二洒	男	回	群众
	强滩村	马满苏	男	回	群众
	业卜湾村	马向林	男	回	群众
	田家村	马哈三	男	东乡	群众
	红崖村	何学平	男	汉	群众
	甘藏村	苏小龙	男	回	中共党员
	茨滩村	杨有福	男	回	群众

续表

推荐乡镇	推荐村	姓　名	性　别	民　族	政治面貌
居集镇	劳动村	赏四辈福	男	汉	群众
	深沟村	焦芸霞	女	藏	中共党员
	居集镇社区	马二洒	男	回	群众
徐扈家乡	徐扈家村	马学良	男	回	中共党员
	长家寺村	仙后吉	男	东乡	群众
	周家村	周彦忠	男	东乡	中共党员
	五十里铺村	长自全	男	汉	中共党员
	乔干村	蒋来苏	男	回	群众
	仙家村	马麦米乃	男	回	群众
郭干乡	酸梨树村	陈根成	男	汉	群众
	郭干村	马维清	男	回	中共党员
	徐家村	徐永远	男	汉	群众
	海家村	海仁英	男	汉	群众
	大杨家村	杨高科	男	汉	群众
	王家村	马进学	男	汉	群众
	满陈家村	马如财	男	东乡	群众
中咀岭乡	梳木村	马哈三尼	男	回	中共党员
	庙岭村	王俊华	男	汉	中共党员
	金昌村	马黑麦	男	回	群众
	中咀岭村	马成华	男	回	群众
	马家嘴村	苏黑麦	男	回	群众
	大山村	马三十一	男	东乡	群众
铺川乡	张巴村	马发录	男	回	群众
	戴山村	戴继明	男	汉	群众
	铺川村	董文信	男	汉	群众
	元林村	马进龙	男	东乡	群众
	上庄村	董文强	男	汉	群众

续表

推荐乡镇	推荐村	姓　名	性　别	民　族	政治面貌
铺川乡	湫池村	马胡飞牙	女	回	群众
	下庄村	李连花	女	汉	群众
银川乡	银河村	安顺邦	男	汉	群众
	柏杨树村	崇怀义	男	汉	群众
	刘王村	马仲礼	男	汉	中共党员
	张家村	苟树华	男	汉	群众
	胡李村	胡国清	男	汉	群众
	龙光村	马汗他布	男	东乡	群众
	水陈村	王化彦	男	汉	群众
	新庄村	羊青错	女	藏	群众
	阳坡村	张米乃	女	东乡	群众
	鲁家湾村	张学武	男	汉	群众
	银川村	高英平	男	汉	群众
	工匠村	马哈如乃	男	回	群众
卭藏镇	麻坝村	马进国	男	回	中共党员
	旧城村	韩文吉尼	男	东乡	群众
	红星村	马向前	男	回	群众
	阴洼滩村	马永录	男	回	中共党员
	杨家岭村	张永福	男	汉	群众
	纳莫沟村	王俊昌	男	汉	中共党员
	吊地洼村	马艾力	男	回	群众
	学文村	马黑各	男	回	中共党员
	桥头村	马胜荣	男	回	群众
	甘藏沟村	马建雄	男	回	群众
	旧城社区	丁孝清	男	回	群众
大河家镇	梅坡村	祁海麦地	男	保安	群众
	大墩村	马以色	女	保安	群众

续表

推荐乡镇	推荐村	姓　名	性　别	民　族	政治面貌
大河家镇	周家村	蒲世忠	男	回	群众
	康吊村	马胡塞尼	男	撒拉	群众
	甘河滩	马尔洒	男	东乡	群众
	大河村	黄　荣	男	回	群众
	克新民村	马麻录	男	回	群众
	四堡子村	马全忠	男	回	群众
	韩陕家村	马尕文	男	回	群众
	陈家村	韩奴给牙	女	回	群众
	大河社区	马玉莲	女	保安	群众
小关乡	唐藏村	王居明	男	汉	中共党员
	大茨滩村	马文德	男	东乡	群众
	尕阴洼村	马主麻	男	回	群众
	小关村	马福云	男	回	中共党员
	吴家堡村	马团一白	女	东乡	群众
	大寺村	田存莲	女	汉	群众
寨子沟乡	地合村	马素飞牙	女	回	群众
	尕马家村	马海麦吉	男	回	中共党员
	阳洼庄村	何正清	男	汉	群众
	善家村	刘香莲	女	土	群众
	麻沟村	马东吉尼	男	回	群众
	曹姚村	胡登连	女	汉	群众
	侯家坪村	张学武	男	汉	群众
	寨子沟村	马红伟	男	回	中共党员
	磨沟村	祁光明	男	汉	群众
	瓦窑沟村	马乃比有	男	回	中共党员
	东坪寺村	马国俊	男	东乡	群众

附　录

文献法规选编

积石山县砂石料厂管理方案

为加强我县砂石资源开发管理，做到统一规划、合理布局、安全生产，实现资源、环境、生态、安全和经济效益相统一，经县人民政府研究，现通知如下：

一、指导思想

贯彻《中华人民共和国土地管理法》《中华人民共和国矿产资源法》《中华人民共和国环境保护法》《中华人民共和国环境影响评价法》《中华人民共和国安全生产法》《中华人民共和国水土保持法》《甘肃省矿产资源管理条例》，切实改变我县砂石资源开采布局不合理、违规开采、矿山环境破坏、综合利用水平低等问题，加强对全县矿产资源的开发管理，优化资源配置，保护生态环境，强化矿区环境恢复治理。

二、禁采区和拟设采矿权布局

采矿权区域布局须符合《积石山县土地利用总体规划》《积石山县矿产资源总体规划》《积石山县生态红线划定方案》，严禁在基本农田保护区、太子山林场等自然生态保护区、石海古冰川等遗迹保护区、大墩峡等重点旅游景区、饮用水源保护区、地质灾害危险区、文物古迹所在地、重要公路可视范围内、沿黄河河岸500米内采砂及加工砂石。县域内各大河流100米内无特殊情况不予采砂和加工砂石。

按照全县砂石需求，拟设置以下4处砂石矿开采区域：

1. 大河家镇甘河滩集中采砂区。位于大河家镇甘河滩村，规划矿区为河滩荒地，矿区面积3平方千米，共拟设8～10个采砂企业。采矿权出让价款由有资质的单位根据矿产储量报告评估定价。社会风险由竞得者自行承担。在出让方式上，拟定挂牌出让方式。

2. 小关乡大茨滩村集中采砂区。位于小关乡大茨滩村，规划矿区为河滩荒地，矿区面积0.64平方千米，共拟设2～3个采砂企业。采矿权出让价款由有资质的单位根据矿产储量报告评估定价。社会风险由竞得者自行承担。在出让方式上，拟定挂牌出让方式。

3. 中咀岭乡庙岭村集中采矿区。位于中咀岭乡庙岭砂村，规划矿区为草地，矿区面积2平方千米，共拟设2个采砂企业。采矿权出让价款由有资质的单位根据矿产储量报告评估定价。社会风险由竞得者自行承担。在出让方式上，拟定挂牌出让方式。

4. 刘集乡河崖村石家社集中采砂区。位于刘集乡河崖村，规划区属于河滩荒地，矿区面积 4.36 平方千米，共拟设 6 ～ 8 个采砂企业。采矿权出让价款由有资质的单位根据矿产储量报告评估定价。社会风险由竞得者自行承担。在出让方式上，拟定挂牌出让方式。

5. 严禁建设单位在建设用地滥采乱挖，严禁在市场销售。根据《国土资源部关于开山凿石、采挖砂、石、土等矿产资源适用法律问题的复函》（国土资函〔1998〕190 号）规定，在城镇开发建设地基地开挖出的用砂石料在环评达标的前期下，用于本项目建设当中或公益性建设的，不将其投入流通领域以获取矿产品营利为目的，不办理采矿许可证，不缴纳资源补偿费。如果有销售行为，将按《中华人民共和国矿产资源法》第四十二条进行依法处理。

在非设置区域的砂石料厂全部依法予以关闭取缔。

三、办理程序

砂石资源采矿权实行有偿取得，经县人民政府批准后，由县国土资源部门按照国土资源部《探矿权采矿权招标拍卖挂牌管理办法（试行）》（国土资发〔2003〕197 号），以招标、拍卖、挂牌方式有偿出让采矿权，社会风险由企业自行承担。

办理程序上，必须按照以下程序进行：

1. 召开听证会，听取意见。由所在乡（镇）政府牵头，县国土资源局和县环境保护局配合，在拟设采矿区村社召开听证会，征求所在乡镇村社和村民意见建议，邀请人员要有广泛代表性。在征得所在村社和村民许可并出具书面同意报告后进行下一步程序。

2. 召开多部门会审会议。报县人民政府同意，由分管县长牵头，国土资源局组织，邀请所在乡镇政府、发改、环保、财政、规划、水务、水保、安监、监察、信访、农业、林业、畜牧、旅游、文化等部门、电力公司、相关村社参加，进行集体会审，从各部门角度审议拟设采矿区出让采矿权可行性。会审中，若有关部门提出意见，应及时补办，认为不符合相关规划要求的，即可停止。

3. 县国土资源局向县人民政府提交申请出让采矿权出让文件，由县政府召开政府常务会议通过后下发政府批复文件。

4. 县国土资源部门按照县人民政府批准文件，按照法定程序，进行媒体公告，上报临夏州公共资源交易中心，由临夏州公共资源交易中心组织实施挂牌出让活动。

5. 按照公开、公正、公平的原则，凡参加采矿权竞标的企业和个人以公开挂牌出让方式取得采矿权，出让期限为三年。

6. 由竞得企业向工信部门申请办理立项批复，然后向县环保局申请办理环境影响评价手续，经环评公司实地勘察编制方案报环保部门后评审符合要求的出具批复，否则，停止办理。同时国土资源部门负责编制资源量地质监测报告、资源开发利用方案、矿山环境恢复治理方案及评审意见。

7. 竞得企业向安监部门办理安全许可证、工商部门办理工商执照、税务部门办理税务登记证、水保部门办理水土保持方案报告表等相关手续。

8. 竞得企业缴纳出让金、资源补偿费、矿山恢复治理保证金等后，根据环评要求，落实“三同时”制度，完成除尘、污水处理设施建设，待环保部门验收合格发放排污许可证。县国土资源局依法办理采矿登记手续，发放采矿许可证，许可后进行生产活动。

四、规范要求

1. 切实做好社会风险评估及矛盾纠纷排查工作。社会风险评估及各种矛盾由企业自行承担。相关部门和乡镇配合做好相关工作，不能引发矛盾纠纷。

2. 砂石料是国土资源的组成部分，是国有资源。严格砂石资源开采准入制度，由我县国土资源局负责管理。河道及河堤100米内，防洪通道范围内的砂石资源由水务局负责管理。国土和水务部门根据布局，一个砂场或一个标段制定一个方案，坚持边开采边恢复制度，保证生态环境良性循环。

3. 砂石开采实行环境恢复治理制度。在设置区域开采砂石的，由国土资源部门和环保部门与采矿权人签订《矿山环境恢复治理责任书》，并负责收取矿山环境恢复治理保证金，标准为每平方米15元（参照甘肃省矿山环境恢复治理保证金管理暂行办法）。砂石矿山停办、关闭或闭坑前，采矿权人提出申请，由国土部门组织实施矿山环境恢复治理项目，负责完成采矿区地质环境治理，县政府组织财政、国土、水务、环保等相关部门进行验收，经验收符合规定标准的，由国土资源部门和水利部门签发验收合格通知书，环保部门签发《环评“三同时”执行情况验收单》。

4. 规范开采经营行为。采矿权人有下列行为之一的，辖区乡镇、国土、水利、林业、环保、公安、安监、工商等部门依法进行处理。情节轻微的责令改正、限期治理、恢复原状；情节严重的给予责令停产停业、吊销证照、没收违法所得并处罚款；构成犯罪的，移交司法机关处理。

乱采滥挖砂石资源造成环境破坏或造成水土流失的；擅自转让采矿权的；乱采滥挖河砂，危及河道行洪安全的；乱采滥挖砂石资源，造成林地林木破坏的；开采或存放砂石资源危及河道、桥梁安全和影响道路畅通的；达不到安全生产要求的；砂石企业不进行注册或年度检验的；环保设施不正常运行的；拖欠或拒不缴纳有关规费的；其他违反法律法规开采砂石资源的行为。

5. 严禁越界开采。超越批准的范围内开采砂石资源的，依照《中华人民共和国矿产资源法》第四十条规定，责令退回本矿区范围内开采，赔偿损失，没收越界开采的矿产品和违法所得并处以罚款；拒不退回本矿区范围内开采，造成矿产资源破坏的，吊销采矿许可证、采砂许可证、营业执照等相关证件，依法追究直接责任人的刑事责任。

积石山县砖瓦窑厂清理整顿规范工作实施方案

为了贯彻落实党中央、国务院关于推进供给侧结构性改革，促进积石山县建材行业节能降耗，改善大气环境质量，合理利用土地存量，节约资源，现制定如下实施方案。

一、工作任务

对于无环评、安全生产许可、风险评估、节能评估等相关手续，无采矿许可证、用地手续的砖瓦窑厂进行依法关停；督促企业在依法办理环评、安全生产许可、风险评估、节能评估、采矿许可证、用地等相关手续后，恢复生产；依法淘汰24门以下的砖瓦窑厂落后产能；进一步加强对青砖瓦窑厂（土窑）的日常监管，逐步纳入规范管理。对辖区内的砖瓦窑厂开展清理整顿规范工作，有关部门不得以任何名义、方式备案新增产能项目。通过整治实现依法规范管理，有效保护土地和环境，降低能耗，节约资源，促进全县经济社会持续健康发展。

二、工作步骤

（一）广泛宣传动员。按照砖瓦窑厂清理整顿规范要求，加大宣传力度，广泛深入动员，得到企业和群众理解支持，积极稳妥地做好砖瓦窑厂的关停、转产或补办手续。

（二）明确整治方式。严格执行环保、安全、风险评估、能耗、质量、采矿许可、用地等强制性标准，依法依规淘汰落后产能、企业转产或补办手续。按照部门职能和“谁审批，谁监管，谁负责”及“属地管理”原则，明确各相关部门、乡镇的职责，因企施策，分类指导。

（三）从严控制总量。以控制增量与优化存量相结合的原则，严格依法关停、转产或补办手续黏土砖瓦窑生产企业，停止受理审批以黏土为原料的新增产能项目。

（四）鼓励兼并重组。有序推进砖瓦窑厂兼并重组，促进行业内优势企业整合落后、过剩产能；支持兼并重组企业整合内部资源，优化技术、产品结构，压缩过剩产能；鼓励和引导企业通过参股、控股、资产收购等多种方式参与企业兼并重组，促进企业做优做强。

三、规范砖瓦窑厂程序

根据清理整顿工作进展，各砖瓦窑厂依法依规尽快办理相关手续，为尽快完成关停、转产或补办手续，实现标准化生产，创造条件。

（一）工信局牵头负责砖瓦窑厂综合管理和开工生产等相关准入工作，受理审核砖瓦窑厂备案、协调办理节能评估报告、核准发放工业企业备案表。

（二）工商局负责企业准入管理、企业年报、“五证合一”等相关工作；环保局负责拟定大气污染防治及标准化建厂办法，受理出具环评相关证明等工作；县安监局负责拟定安全生产监管办法，办理安全生产许可证等相关手续；政法委负责出具风险评估等相关手续。

（三）县政府召开常务会议，研究通过由国土局提交的出让采矿权，出具批复文件，向州政府报批生产建设用地等事宜。国土局办理采矿权出让工作，提交采矿权出让请示、报批生产建设用地报告、晒坯场临时用地报告；委托资质单位编制矿产资源利用方案、环境恢复治理方案、矿产资源普查报告、采矿权出让价款报告，在临夏州公共资源交易中心挂牌出让申请等事项；负责收缴采矿权出让价款、土地恢复治理保证金，发放采矿权证。

（四）企业在取得以上手续后，办理水土保持、供电、用水、规划以及林业、畜牧、文化等部门的相关许可手续。

（五）县住建局：负责抓好“限粘”“禁实”等墙改办所承担的相关工作，办理建设项目开工许可证等相关手续。

四、组织领导

为加强对这次砖瓦窑厂清理整顿规范工作的组织领导，成立由县委副书记、县长为组长，县委、县政府分管领导为副组长，工信、国土、环保、安监、工商、规划、水电、水保、住建、政法委、公安、信访、电力等部门及相关乡镇政府主要领导为成员的积石山县砖瓦窑厂清理整顿规范工作领导小组。各乡镇及县直相关部门必须严格按照县政府的统一安排和部署要求，采取强有力措施清理整顿规范砖瓦窑厂，保质保量地完成清理整顿规范工作任务。

（一）根据企业意向，采取“一企一策”措施，各部门和相关乡镇各司其职，加强服务，主动到各砖瓦窑厂座谈了解，收集所需材料，督促协调办理相关手续。

（二）各部门要加强认识此项工作的重要性，乡镇、相关部门必须按照县上统一部署，严格按时限要求，认真组织，狠抓落实。

（三）各砖瓦窑厂要转变思想，提高认识，深入调查市场需求，明确发展方向，主动作为，争取尽快完成关停、转产和补办手续。

（四）县政府与各乡镇、相关部门签订目标责任书，对清理整顿规范砖瓦窑厂工作实行问责制和“一票否决”制，并将考核结果纳入年度目标责任考核。

积石山县砂石料厂日常监管职责

为加强我县砂石资源开发管理秩序，贯彻“在开发中保护、在保护中利用”的原则，贯彻可持续发展战略、实行统一规划、合理布局、合理开发、综合利用、保护生态环境的原则，确保砂石料厂日常生产规范有序，经县人民政府研究，特制定如下监管职责：

一、组织领导

县政府设立县砂石资源管理协调领导小组，由县长任组长、分管国土、环保、安全生产的副县长为副组长，县政府办公室、监察局、公安局、国土局、环保局、安监局、发改局、水电局、水保局、工商局、旅游局、畜牧局、林业局、物价局、工信局、广电局、电力公司、辖区乡（镇）政府为成员、协调全县砂石资源日常管理工作。协调小组下设办公室，办公室设在县国土资源局。相关行政职能部门在县砂石资源管理协调领导小组的统一领导下，按照各自职责，做好砂石料厂的监管工作。

县砂石资源管理协调领导小组的职责：(一)根据《积石山县砂石资源开发管理方案》《积石山县矿产资源总体规划》，负责制定年度工作计划，依法组织公开出让采矿权，建立长效管理机制，对砂石资源开采行为依法进行规范管理；(二)合理规划全县砂石资源开采布点，对其生产作业行为实行规范管理；(三)结合县砂石资源管理需要，及时协调与各相关行政职能部门的关系，组织联合执法和开展专项整治活动。

县砂石资源管理协调领导小组每年至少召开四次会议，研究砂石资源管理工作，组织各部门每季度开展一次常规督查，对非法采矿、越界开采、环境破坏等违法行为进行联合执法查处。

二、各部门管理职责及日常要求

根据各部门工作职能，在砂石料厂日常监管中应担负以下职责：

乡（镇）人民政府是砂石资源监管的第一责任人，做好本辖区内的砂石资源的管理工作，做好砂石料厂日常生产中的环境保护、安全生产、信访维稳等监管工作。

县环境保护局做好污水排放、防尘洒水、场地硬化、噪声监督和监测管理，砂石料厂环评评估、日常环保设施安装和运行情况，确保无环境破坏和污染。组织环保执法监察大队、监测室每半月开展一次巡查，检查在污水排放、防尘洒水、场地硬化、噪声等方面是否按规定运行情况，检查是否存在破坏生态情况，每月向县砂石资源管理协调小组报告工作情况。

县国土资源局做好砂石料厂日常采砂监管，严防越界开采和过度开采。负责与企业签订复垦协议书，收取矿山环境恢复治理保证金，做好采矿权到期后的矿区环境恢复，确保土地平整及绿化等。做好采矿权的到期延续工作。按照“一岗双责”的要求，与企业签订安全生产责任书，做好安全生产监管。县国土资源局组织国土资源执法监察大队、矿管站、国土所每周开展一次巡查，及时发现、上报、制止违法行为，每月向县砂石资源管理协调小组报告工作情况。审核采砂企业采砂计划，防止破坏性开采和突发性安全事故的发生。

县安监局做好砂料厂的安全生产监管，负责安全许可证的发放和安全生产上岗证发放，做好企业管理人员平时的安全培训，做好企业安全隐患排查，监督企业安全管理制度的制定、运行，做好安全事故的及时处理。组织相关工作人员开展安全生产巡查，检查制度是否齐全、人员是否持证上岗、设施是否达到安全要求、生产过程是否按规程进行等情况，每月向县砂石资源管理协调小组报告工作情况。

发改局做好砂石资源开采招拍挂活动过程的监督。

县水电局做好河道范围内砂料厂的日常采砂监管，负责河道采砂许可证的颁发，严防破坏性开采和水污染。按照“一岗双责”的要求，做好安全生产监管。

县水保局做好砂料厂的水土保持工作，编制水土保持方案，负责颁发水土保持许可证。

县工商局做好砂石料厂营业执照的颁发。严格审核砂石料厂采矿证、环评报告、安全许可证等是否齐全，对于手续完备企业按相关要求颁发营业执照。

县旅游局负责做好旅游景区滥采乱挖行为的监管。

县林业局负责做好林区滥采乱挖行为的监管。

县地税局负责征收砂石料厂的矿产资源补偿费。

县国税局负责收缴砂石料厂营业税。

县物价局负责监管砂石料厂成品砂石销售价格，严防串通哄抬物价的发生，严厉查处随意定价涨价行为。

县广电局做好砂石资源管理工作和法律法规的宣传报道。

县电力公司做好砂石料厂的供电工作，严禁对证照不齐全的砂石料厂私自供电。

县公安局做好砂石资源领域中违法行为的查处，配合砂石资源管理协调小组开展联合执法行动。审核管理砂石料厂炸药的使用。

监察局做好对相关单位及负责人履职情况的监督、对履职不到位的进行严肃问责，全程监督砂石资源采矿权招拍挂活动。

其他各成员单位按各自职责，每年至少开展四次以上的工作检查，每季度向县砂石资源管理协调领导小组报告工作情况。

积石山县贫困大学生救助金管理办法

共青团积石山县委员会

2017 年 8 月 2 日

为了解决全县家庭困难大学生上学难问题，帮助家庭困难大学生顺利完成学业，为国家输送、培养有用人才，县委、县政府决定设立“积石山县贫困大学生救助金”。

一、贫困大学生救助遵循的原则

1. 实行一次性救助的原则；

2. 实事求是的原则。

二、救助对象

1. 因家庭经济困难无力缴纳学费的积石山籍大学生；

2. 按学费收缴标准进行救助。

三、救助资金的申请、审批和发放

1. 符合救助条件的学生填写《积石山县贫困大学生救助申请表》，并提供以下材料：户口簿、身份证、录取通知书或在校大学生证明、重大疾病证明等材料（原件及复印件）；

2. 根据学生申请材料由教育局摸排核实并经教育局局务会议研究核定后，上报县政府审批；

3. 每年 9 月 20 日前将救助金发放到贫困大学生家庭一折通账户；

4. 救助金发放中严禁优亲厚友，弄虚作假。一经发现造成不良社会影响的，要严肃处理，追究教育等相关部门相关责任人的责任。

积石山县人民政府
关于县城旧城区道路改造的通告

积县府通〔2017〕1号

为了全面解决县城旧城区道路路况差、等级低、通行能力弱，给排水、供暖管网老化，雨污水分流、照明、绿化、通信、燃气、电力等设施建设滞后的问题，今年，县上把县城旧城区道路及配套管网工程列为一项重大的民生工程来实施，改造建设临夏路和银川路、水电路、文化路、新寺街等19条道路，全长16.54千米，其中主干道9条、次干道4条、支路6条，配套建设地下管网、绿化、亮化附属设施。该项目已完成招投标等各项前期准备工作，计划近期陆续开工建设，现将有关事宜通告如下：

一、项目施工过程中，根据施工需要对县城大部分路段进行封闭施工，届时对广大群众道路通行方面带来的不便敬请谅解。

二、项目施工过程中，管道的开挖有可能造成居民自来水中断、排水不畅、临时停电等问题，影响部分临街商铺营业。项目施工方将充分考虑广大群众的切身利益，尽最大程度减少不必要的损失。

三、按照项目的规划设计，施工过程中必须按照项目的设计图纸进行施工，对临街路面人行道上的临时搭建或违规建筑等影响施工的一律自觉拆除，坚决杜绝无理取闹、阻碍工程施工的现象发生。

四、县上对部分路段进行拓宽改造，根据社会公共利益项目建设需要，必须依法征收部分房屋，请涉及征收房屋和土地的住户积极配合县上相关部门实施房屋征收改造，促进项目建设。

五、该项目属建县以来县上投资最大、设计最全、标准最高的县城品位提升改造工程，也是一项重大的民生工程，我们真诚期望广大群众积极支持、大力配合，与县委、县政府一道共同推进项目建设，为创造县城良好的人居环境做出贡献。

特此通告

积石山县人民政府

2017年8月30日

续表

2017年度“四大家”规范性文件索引

县委文件

发文机关	文　号	文件标题	发文日期
中共积石山县委	积县委发〔2017〕1号	关于上报《中共积石山县委常委会班子2016年度民主生活会方案》的报告	2017.1.5
中共积石山县委	积县委发〔2017〕2号	关于上报《积石山县推选省第十三次党代会代表候选人初步人选情况》的报告	2017.1.13
中共积石山县委	积县委发〔2017〕3号	关于上报《中共积石山县委常委会2016年度民主生活会情况报告》的报告	2017.1.23
中共积石山县委	积县委发〔2017〕4号	关于2016年度县管科级班子和科级干部综合考核结果的通报	2017.2.8
中共积石山县委	积县委发〔2017〕5号	关于2016年度全县党风廉政建设考核结果的通报	2017.2.8
中共积石山县委	积县委发〔2017〕6号	关于批转《积石山县人大常委会2017年工作要点》的通知	2017.2.13
中共积石山县委	积县委发〔2017〕7号	关于上报《积石山县2016年度党组织书记抓基层党建述职评议考核工作》的报告	2017.2.16
中共积石山县委	积县委发〔2017〕8号	关于呈报《积石山县重点县域经济人才项目申报书》的报告	2017.2.21
中共积石山县委	积县委发〔2017〕9号	关于《召开中共积石山县第九届纪律检查委员会第二次全体会议的请示》的批复	2017.2.8
中共积石山县委	积县委发〔2017〕10号	关于对部分县直单位及行政村（社区）学校卫生院开展第一轮巡察的实施方案	2017.2.21
中共积石山县委 积石山县人民政府	积县委发〔2017〕11号	关于党政领导班子和党政正职经济社会发展实绩考核及精准扶贫精准脱贫工作自评情况的报告	2017.2.27
中共积石山县委	积县委发〔2017〕12号	关于批转《政协积石山县委员会2017年工作要点》的通知	2017.3.13
中共积石山县委	积县委发〔2017〕13号	关于《中国共产党积石山保安族东乡族撒拉族自治县第九届纪律检查委员会常务委员会委员和书记、副书记选举结果》的批复	2017.3.7

续表

发文机关	文　　号	文　件　标　题	发文日期
中共积石山县委	积县委发〔2017〕14 号	关于成立中共积石山县卫生和计划生育工作委员会的通知	2017.3.23
中共积石山县委	积县委发〔2017〕15 号	关于上报《县委书记抓基层党建工作述职评议结果整改方案》的报告	2017.3.29
中共积石山县委	积县委发〔2017〕16 号	关于马正业同志请假的报告	2017.3.30
中共积石山县委	积县委发〔2017〕17 号	关于印发《中共积石山县委常委会2016 年度民主生活会整改方案》的通知	2017.3.16
中共积石山县委 积石山县人民政府	积县委发〔2017〕18 号	关于举办喜迎第七届敦煌行·丝绸之路国际旅游节暨甘青两省四县·大河家商贸活动、五一·"农行杯"篮球运动会、积石山花儿会的请示	2017.4.13
中共积石山县委	积县委发〔2017〕19 号	关于同意马慧兰等 17 名同志为乡镇妇女联合会主席候选人的批复	2017.4.15
中共积石山县委	积县委发〔2017〕20 号	关于召开全州第十四个民族团结进步宣传月活动启动仪式暨积石山县创建国家级民族团结进步示范县动员会的请示	2017.4.20
中共积石山县委	积县委发〔2017〕21 号	关于《中国共产党问责条例》贯彻执行情况和开展谈心谈话工作情况的报告	2017.4.20
中共积石山县委 积石山县人民政府	积县委发〔2017〕22 号	关于表彰 2016 年度"积石好村民"的决定	2017.4.23
中共积石山县委	积县委发〔2017〕23 号	关于印发《中共积石山县委常委会2017 年工作要点》的通知	2017.4.24
中共积石山县委	积县委发〔2017〕24 号	关于印发《积石山县专业技术拔尖人才选拔管理办法》的通知	2017.4.24
中共积石山县委 积石山县人民政府	积县委发〔2017〕25 号	关于命名积石山县民族团结进步示范机关、示范学校、示范寺庙、示范医院、示范村、示范企业的决定	2017.5.5
中共积石山县委	积县委发〔2017〕26 号	关于印发《2017 年全县"两学一做"学习教育工作安排意见》的通知	2017.5.5
中共积石山县委	积县委发〔2017〕27 号	关于上报积石山县贯彻落实中央宗教工作重大决策部署情况自查报告	2017.5.9
中共积石山县委	积县委发〔2017〕28 号	关于马正业同志参加中央党校县委书记研修班的报告	2017.5.11
中共积石山县委	积县委发〔2017〕29 号	关于印发《积石山县党风廉政建设责任制考核办法》的通知	2017.5.15
中共积石山县委 积石山县人民政府	积县委发〔2017〕30 号	关于印发《积石山县生态环境保护工作责任规定》的通知	2017.5.10
中共积石山县委	积县委发〔2017〕31 号	关于上报开展维护政治生态领域工作自查自纠情况的报告	2017.6.5

续表

发文机关	文　　号	文　件　标　题	发文日期
中共积石山县委	积县委发〔2017〕32 号	关于上报《积石山县 2017 年上半年意识形态工作情况》的报告	2017.7.5
中共积石山县委	积县委发〔2017〕33 号	关于印发《积石山县县管科级班子和科级干部综合考核方案》的报告	2017.8.2
中共积石山县委	积县委发〔2017〕34 号	关于对群众反映胡林家乡党委书记李小军、村委会文书马文选有关问题调查情况的报告	2017.8.10
中共积石山县委	积县委发〔2017〕35 号	关于开展九届县委第二轮党风廉政建设专项巡察的通知	2017.8.11
中共积石山县委	积县委发〔2017〕36 号	关于推荐马如花等同志为州管干部拟任人选的请示	2017.8.23
中共积石山县委	积县委发〔2017〕37 号	关于印发《中共积石山县委常委会推进"两学一做"学习教育常态化制度化实施方案》的通知	2017.8.25
中共积石山县委	积县委发〔2017〕38 号	关于免去马步南县委委员职务的报告	2017.8.29
中共积石山县委 积石山县人民政府	积县委发〔2017〕39 号	关于表彰全县教育工作先进集体、优秀校长、优秀教师和高考优秀毕业生的决定	2017.9.7
中共积石山县委 积石山县人民政府	积县委发〔2017〕40 号	关于请求审定深度贫困县脱贫攻坚帮扶项目资金的报告	2017.9.8
中共积石山县委	积县委发〔2017〕41 号	关于积石山县依法治县领导小组更名为中共积石山县委全面推进依法治县工作领导小组及调整组成人员和办公室副主任的通知	2017.9.14
中共积石山县委	积县委发〔2017〕42 号	关于上报《积石山县脱贫攻坚三年行动计划（2017—2020）》的报告	2017.9.17
中共积石山县委 积石山县人民政府	积县委发〔2017〕43 号	关于请求审定深度贫困县脱贫攻坚帮扶项目资金的报告	2017.9.17
中共积石山县委	积县委发〔2017〕44 号	积石山县关于开展"三纠三促"专项行动进展情况的报告	2017.9.13
中共积石山县委	积县委发〔2017〕45 号	关于上报《积石山县脱贫攻坚三年行动计划（2017—2020）》的报告	2017.9.20
中共积石山县委	积县委发〔2017〕46 号	关于马正业同志请假的报告	2017.9.23
中共积石山县委 积石山县人民政府	积县委发〔2017〕47 号	关于请求对中央环境保护督察反馈意见第二项问题整改清单进行销号的报告	2017.10.15
中共积石山县委 积石山县人民政府	积县委发〔2017〕48 号	关于请求对中央环境保护督察反馈意见第三项问题整改清单进行销号的报告	2017.10.15
中共积石山县委	积县委发〔2017〕49 号	关于请求对中央环境保护督察反馈意见第一项问题整改清单进行销号的报告	2017.10.15

续表

发文机关	文　　号	文　件　标　题	发文日期
中共积石山县委	积县委发〔2017〕50号	关于成立积石山县车辆管理局的报告	2017.10.23
中共积石山县委	积县委发〔2017〕51号	关于积石山县推荐省十三届人大代表初步人选的报告	2017.10.26
中共积石山县委 积石山县人民政府	积县委发〔2017〕52号	关于上报省级领导包案督办重点信访事项办理情况的报告	2017.11.9
中共积石山县委 积石山县人民政府	积县委发〔2017〕53号	关于上报州委常委副州长包案督办重点信访事项办理情况的报告	2017.11.9
中共积石山县委 积石山县人民政府	积县委发〔2017〕54号	关于上报州委常委副州长包案督办重点信访事项办理情况的报告	2017.11.9
中共积石山县委 积石山县人民政府	积县委发〔2017〕55号	关于上报州委常委副州长包案督办重点信访事项办理情况的报告	2017.11.9
中共积石山县委 积石山县人民政府	积县委发〔2017〕56号	关于上报州委常委副州长包案督办重点信访事项办理情况的报告	2017.11.9
中共积石山县委 积石山县人民政府	积县委发〔2017〕57号	关于上报州委常委副州长包案督办重点信访事项办理情况的报告	2017.11.9
中共积石山县委	积县委发〔2017〕58号	关于成立积石山县深化监察体制改革试点工作小组的通知	2017.11.10
中共积石山县委	积县委发〔2017〕59号	关于成立积石山县深化监察体制改革试点工作小组办公室的通知	2017.11.10
中共积石山县委 积石山县人民政府	积县委发〔2017〕60号	关于表彰积石山县第一批专业技术拔尖人才的决定	2017.11.3
中共积石山县委 积石山县人民政府	积县委发〔2017〕61号	关于上报积石山县贯彻落实中央环境保护督察反馈意见整改工作总结的报告	2017.11.22
中共积石山县委	积县委发〔2017〕62号	关于对群众反映张学功非法处置上访等有关问题调查情况的报告	2017.12.4
中共积石山县委	积县委发〔2017〕63号	关于召开“两会”会议的请示	2017.12.4
中共积石山县委	积县委发〔2017〕64号	关于积石山县扶贫资金监管使用情况的报告	2017.12.5
中共积石山县委	积县委发〔2017〕65号	关于积石山县召开县委常委会班子专题民主生活会的报告	2017.12.6
中共积石山县委	积县委发〔2017〕66号	关于积石山县监察委员会班子成员建议人选和纪委班子成员调整的请示	2017.12.8
中共积石山县委	积县委发〔2017〕67号	关于设立县第十届人民代表大会法制和财政经济专门委员会的批复	2017.12.15
中共积石山县委	积县委发〔2017〕68号	关于印发《积石山县深化国家监察体制改革试点工作方案》的通知	2017.12.18

发文机关	文　　号	文　件　标　题	发文日期
中共积石山县委	积县委发〔2017〕69号	转发《中共积石山县人大常委会党组关于人大代表在闭会期间履职及服务保障的意见》的通知	2017.12.20
中共积石山县委	积县委发〔2017〕70号	关于加强和改进人大工作的意见	2017.12.20
中共积石山县委	积县委发〔2017〕71号	关于马正业同志请假的报告	2017.12.22
中共积石山县委	积县委发〔2017〕72号	关于成立积石山县十届人大二次会议临时党委的通知	2017.12.22
中共积石山县委	积县委发〔2017〕73号	关于成立政协积石山县九届二次会议临时党委的通知	2017.12.22
中共积石山县委	积县委发〔2017〕74号	关于设立积石山县政协委员联络室和建立乡镇政协工作联络组的批复	2017.12.25
中共积石山县委	积县委发〔2017〕75号	关于积石山保安族东乡族撒拉族自治县第十届人民代表大会第二次会议选举结果的报告	2017.12.27
中共积石山县委	积县委发〔2017〕76号	关于上报《中共积石山县委常委会召开肃清王三运流毒和影响专题民主生活会情况的报告》的报告	2017.12.27
中共积石山县委办公室	积县委办发〔2017〕1号	关于县委机关党总支、县委办公室党支部换届选举的请示	2017.1.12
中共积石山县委办公室 积石山县人民政府办公室	积县委办发〔2017〕2号	关于开展春节慰问活动的通知	2017.1.9
中共积石山县委办公室	积县委办发〔2017〕3号	关于调整县保密委员会成员的通知	2017.1.11
中共积石山县委办公室 积石山县人民政府办公室	积县委办发〔2017〕4号	关于成立黄河干流防洪治理工程积石山县段协调领导小组的通知	2017.1.17
中共积石山县委办公室 积石山县人民政府办公室	积县委办发〔2017〕5号	关于做好2017年度档案接收工作的通知	2017.1.20
中共积石山县委办公室	积县委办发〔2017〕6号	关于县委机关党总支、县委办公室党支部换届选举结果的报告	2017.1.20
中共积石山县委办公室 积石山县人民政府办公室	积县委办发〔2017〕7号	关于印发《积石山县健全落实社会治安综合治理领导责任制实施办法》的通知	2017.2.8
中共积石山县委办公室 积石山县人民政府办公室	积县委办发〔2017〕8号	关于贯彻州委办公室、州人民政府办公室《关于进一步加强和改进反邪教基层基础工作的意见》的意见	2017.2.8
中共积石山县委办公室 积石山县人民政府办公室	积县委办发〔2017〕9号	关于印发《中共积石山县委防范和处理邪教问题领导小组职责和工作规则》《中共积石山县委防范和处理邪教问题领导小组办公室职责和工作规范》《中共积石山县委防范和处理邪教问题领导小组成员单位和职责任务》的通知	2017.2.8

发文机关	文　　号	文　件　标　题	发文日期
中共积石山县委办公室	积县委办发〔2017〕10 号	关于何举刚同志任职定级的报告	2017.2.15
中共积石山县委办公室 积石山县人民政府办公室	积县委办发〔2017〕11 号	关于 2017 年县级干部包抓重点项目的通知	2017.2.22
中共积石山县委办公室 积石山县人民政府办公室	积县委办发〔2017〕12 号	关于印发《2017 年全县农业生产重点工作指导计划》的通知	2017.2.22
中共积石山县委办公室	积县委办发〔2017〕13 号	关于调整积石山县党风廉政建设巡察工作领导小组的通知	2017.2.20
中共积石山县委办公室 积石山县人民政府办公室	积县委办发〔2017〕14 号	关于开展“明查暗访督查年”活动的实施方案	2017.2.28
中共积石山县委办公室 积石山县人民政府办公室	积县委办发〔2017〕15 号	关于调整积石山县“扫黄打非”工作领导小组的通知	2017.3.3
中共积石山县委办公室	积县委办发〔2017〕16 号	关于认真组织开展“党日”活动的通知	2017.3.6
中共积石山县委办公室 积石山县人民政府办公室	积县委办发〔2017〕17 号	关于进一步深化村民知情大会的通知	2017.3.6
中共积石山县委办公室 积石山县人民政府办公室	积县委办发〔2017〕18 号	关于进一步深化拓展“两户”见面会的通知	2017.3.6
中共积石山县委办公室 积石山县人民政府办公室	积县委办发〔2017〕19 号	关于县级干部包抓 2017 年 2018 年预脱贫村精准脱贫工作的通知	2017.3.10
中共积石山县委办公室 积石山县人民政府办公室	积县委办发〔2017〕20 号	关于调整驻村帮扶工作队的通知	2017.3.10
中共积石山县委办公室 积石山县人民政府办公室	积县委办发〔2017〕21 号	关于印发《积石山县 2017 年农村 D 级危房改造工作实施方案》的通知	2017.3.14
中共积石山县委办公室 积石山县人民政府办公室	积县委办发〔2017〕22 号	关于调整积石山县县以下机关公务员职务与职级并行制度实施工作领导小组成员的通知	2017.3.13
中共积石山县委办公室 积石山县人民政府办公室	积县委办发〔2017〕23 号	关于成立积石山县深化供销合作社综合改革领导小组的通知	2017.3.13
中共积石山县委办公室	积县委办发〔2017〕24 号	关于宗明江同志的推荐报告	2017.3.23
中共积石山县委办公室	积县委办发〔2017〕25 号	关于积石山县社会管理综合治理委员会更名为积石山县社会治安综合治理委员会及调整组成人员的通知	2017.3.24
中共积石山县委办公室	积县委办发〔2017〕26 号	关于印发《2017 年全县宣传思想文化工作要点》的通知	2017.3.27
中共积石山县委办公室	积县委办发〔2017〕27 号	关于印发《2017 年全县组织工作要点》的通知	2017.3.27
中共积石山县委办公室	积县委办发〔2017〕28 号	关于印发《积石山县乡镇和村(社区)妇联组织改革实施方案》的通知	2017.3.27

发文机关	文　　号	文　件　标　题	发文日期
中共积石山县委办公室 积石山县人民政府办公室	积县委办发〔2017〕29 号	关于印发《积石山县“明查暗访督查年”活动督查任务分解方案》的通知	2017.3.17
中共积石山县委办公室	积县委办发〔2017〕30 号	关于印发《2017 年全县统一战线工作要点》的通知	2017.3.27
中共积石山县委办公室	积县委办发〔2017〕31 号	关于上报积石山县开展“明查暗访督查年”活动情况的自查报告	2017.3.30
中共积石山县委办公室	积县委办发〔2017〕32 号	关于做好党内规范性文件备案工作的通知	2017.4.5
中共积石山县委办公室	积县委办发〔2017〕33 号	关于设立党内法规股的请示	2017.4.12
中共积石山县委办公室 积石山县人民政府办公室	积县委办发〔2017〕34 号	关于组织机关干部职工开展 2017 年春季义务植树活动的通知	2017.4.11
中共积石山县委办公室	积县委办发〔2017〕35 号	关于积石山县委办公室增设法规股的通知	2017.4.13
中共积石山县委办公室	积县委办发〔2017〕36 号	关于印发《积石山维护稳定工作领导小组 2017 年工作要点》的通知	2017.4.7
中共积石山县委办公室 积石山县人民政府办公室	积县委办发〔2017〕37 号	关于成立喜迎第七届敦煌行·丝绸之路国际旅游节暨甘青两省四县·大河家商贸活动、五一“农行杯”篮球运动会、积石山花儿会三项活动领导小组的通知	2017.4.13
中共积石山县委办公室 积石山县人民政府办公室	积县委办发〔2017〕38 号	关于印发《喜迎第七届敦煌行·丝绸之路国际旅游节暨甘青两省四县·大河家商贸活动实施方案》的通知	2017.4.17
中共积石山县委办公室 积石山县人民政府办公室	积县委办发〔2017〕39 号	关于转发《中共临夏州委办公室临夏州人民政府办公室关于进一步规范外出学习培训的通知》的通知	2017.4.18
中共积石山县委办公室	积县委办发〔2017〕40 号	关于调整县委“两学一做”学习教育协调推进小组组成人员的通知	2017.4.18
中共积石山县委办公室 积石山县人民政府办公室	积县委办发〔2017〕41 号	关于成立积石山县退役士兵安置和权益保障工作领导小组的通知	2017.3.20
中共积石山县委办公室 积石山县人民政府办公室	积县委办发〔2017〕42 号	关于印发《积石山县 2017 年大气污染防治工作整治方案》的通知	2017.4.19
中共积石山县委办公室 积石山县人民政府办公室	积县委办发〔2017〕43 号	关于印发《保护国家秘密应急预案》的通知	2017.4.24
中共积石山县委办公室 积石山县人民政府办公室	积县委办发〔2017〕44 号	关于 2017 年第一季度全县计划生育工作考核结果的通报	2017.4.25
中共积石山县委办公室 积石山县人民政府办公室	积县委办发〔2017〕45 号	关于印发《党政机关和涉密单位网络保密管理规定实施办法》的通知	2017.4.24
中共积石山县委办公室 积石山县人民政府办公室	积县委办发〔2017〕46 号	关于印发《党政领导干部保密工作责任制实施办法》的通知	2017.4.24

发文机关	文　　号	文　件　标　题	发文日期
中共积石山县委办公室 积石山县人民政府办公室	积县委办发〔2017〕47号	关于印发《“十三五”时期积石山县保密事业发展规划》的通知	2017.4.24
中共积石山县委办公室 积石山县人民政府办公室	积县委办发〔2017〕48号	关于印发《积石山县关于清收到期逾期双联惠农贷款工作实施方案》的通知	2017.4.27
中共积石山县委办公室	积县委办发〔2017〕49号	关于印发《2017年全县政法工作要点》的通知	2017.4.24
中共积石山县委办公室 积石山县人民政府办公室	积县委办发〔2017〕50号	关于2016年度全县卫生和计划生育工作考核结果的通报	2017.4.25
中共积石山县委办公室 积石山县人民政府办公室	积县委办发〔2017〕51号	关于表彰2016年度卫生和计划生育工作先进乡镇和先进单位的决定	2017.5.4
中共积石山县委办公室 积石山县人民政府办公室	积县委办发〔2017〕52号	关于调整积石山县双拥工作领导小组成员的通知	2017.5.5
中共积石山县委办公室 积石山县人民政府办公室	积县委办发〔2017〕53号	关于做好2017年度防汛备汛工作的通知	2017.5.5
中共积石山县委办公室	积县委办发〔2017〕54号	关于落实《临夏州助推百亿元产业万名人才培训计划实施方案》的通知	2017.5.8
中共积石山县委办公室 积石山县人民政府办公室	积县委办发〔2017〕55号	关于印发《积石山县完善矛盾纠纷多元化解机制的实施意见》的通知	2017.5.9
中共积石山县委办公室 积石山县人民政府办公室	积县委办发〔2017〕56号	关于调整全县统筹解决人口问题领导小组的通知	2017.5.9
中共积石山县委办公室 积石山县人民政府办公室	积县委办发〔2017〕57号	关于成立积石山县环境保护督察整改办公室的通知	2017.5.18
中共积石山县委办公室 积石山县人民政府办公室	积县委办发〔2017〕58号	关于成立积石山县生态建设和环境保护协调推进领导小组的通知	2017.5.18
中共积石山县委办公室	积县委办发〔2017〕59号	关于将张清伟同志进行发展对象备案的报告	2017.5.18
中共积石山县委办公室 积石山县人民政府办公室	积县委办发〔2017〕60号	关于印发《积石山县综治（平安建设）突出问题整改工作方案》的通知	2017.5.10
中共积石山县委办公室 积石山县人民政府办公室	积县委办发〔2017〕61号	关于切实做好省第十三次党代会期间重点上访人员稳控工作的通知	2017.5.19
中共积石山县委办公室	积县委办发〔2017〕62号	关于印发《积石山县机关和企事业单位妇联组织改革实施方案》的通知	2017.5.15
中共积石山县委办公室	积县委办发〔2017〕63号	关于对2017年上半年全县党风廉政建设和反腐败工作进行督查考核的通知	2017.6.7
中共积石山县委办公室 积石山县人民政府办公室	积县委办发〔2017〕64号	关于认真学习贯彻省委林铎书记调研视察指示精神的通知	2017.6.12

续表

发文机关	文　号	文件标题	发文日期
中共积石山县委办公室 积石山县人民政府办公室	积县委办发〔2017〕65 号	关于印发《积石山县党政领导班子和领导干部安全生产目标责任考核办法》的通知	2017.6.14
中共积石山县委办公室 积石山县人民政府办公室	积县委办发〔2017〕66 号	关于切实做好第七届敦煌行　丝绸之路国际旅游节开幕式期间维稳工作的紧急通知	2017.6.15
中共积石山县委办公室	积县委办发〔2017〕67 号	关于进一步规范各类视察调研活动陪同工作的通知	2017.5.23
中共积石山县委办公室 积石山县人民政府办公室	积县委办发〔2017〕68 号	关于进一步规范县内公务接待工作的通知	2017.5.26
中共积石山县委办公室 积石山县人民政府办公室	积县委办发〔2017〕69 号	关于印发《第十六届环青海湖国际公路自行车赛积石山赛段总体工作方案》的通知	2017.7.12
中共积石山县委办公室 积石山县人民政府办公室	积县委办发〔2017〕70 号	关于下达积石山县 2017 年无偿献血计划的通知	2017.7.12
中共积石山县委办公室	积县委办发〔2017〕71 号	关于印发《2017 年省委重点工作任务台账》落实方案的通知	2017.7.17
中共积石山县委办公室 积石山县人民政府办公室	积县委办发〔2017〕72 号	关于印发《积石山县全面推行河长制工作方案》的通知	2017.7.18
中共积石山县委办公室 积石山县人民政府办公室	积县委办发〔2017〕73 号	关于印发《积石山县落实中央环保督察组反馈意见整改方案》的通知	2017.6.29
中共积石山县委办公室 积石山县人民政府办公室	积县委办发〔2017〕74 号	关于印发《积石山县环境保护工作管理目标责任书考核办法》的通知	2017.7.10
中共积石山县委办公室	积县委办发〔2017〕75 号	关于印发《积石山县集中整治城乡环境卫生实现全域无垃圾目标实施方案》的通知	2017.7.19

县人大常委会文件

发文机关	文　号	文件标题	发文日期
积县人大党组	〔2017〕01 号	关于呈报《县人大常委会 2016 年工作总结》的报告	2017.01.07
积县人大党组	〔2017〕02 号	关于呈报《县人大常委会 2017 年工作要点》的报告	2017.01.07
积县人大党组	〔2017〕03 号	关于召开县人大党组 2016 年度民主生活会的请示	2017.01.18
积县人大党组	〔2017〕04 号	关于召开 2016 年度民主生活会情况的报告	2017.01.20
积县人大党组	〔2017〕05 号	关于召开县十届人大常委会第六次会议情况的报告	2017.05.09

续表

发文机关	文　号	文　件　标　题	发文日期
积县人大党组	〔2017〕06 号	中共积石山县人大常委会党组关于认真贯彻执行《中共积石山县委关于认真贯彻执行 < 甘肃省党委(党组)意识形态工作任制实施细则 > 的通知》的实施方案	2017.09.21
积县人大党组	〔2017〕07 号	关于请求批转《中共积石山县人大常委会党组关于人大代表在闭会期间履职及服务保障的意见》的报告	2017.11.07
积县人大党组	〔2017〕08 号	关于上报《关于加强和改进人大工作的意见》的报告	2017.11.21
积县人大党组	〔2017〕09 号	关于请求设立积石山县第十届人民代表大会法制、财政经济专门委员会报告	
积县人大党组	〔2017〕10 号	关于召开县十届人大二次会议有关事宜的请示	2017.12.05
积县人大党组	〔2017〕11 号	关于请求对无固定工资收入的县乡人大代表给予履职补助的报告	
积县人大	〔2017〕01 号	关于刘雨刚任职的通知	2017.02.24
积县人大	〔2017〕02 号	关于长有虎免职的通知	2017.02.24
积县人大	〔2017〕03 号	县第十届人民代表大会常务委员会关于积石山县 2016 年国民经济和社会发展计划执行情况及 2017 年国民经济和社会发展计划(草案)的决议	2017.02.24
积县人大	〔2017〕04 号	县第十届人民代表大会常务委员会关于积石山县 2016 年财政预算执行情况及 2017 年财政预算(草案)的决议	2017.02.24
积县人大	〔2017〕05 号	县第十届人民代表大会常务委员会关于《积石山县砂石资源开发管理办法》的决议	2017.02.24
积县人大	〔2017〕06 号	县人大常委会关于批准积石山县人民政府关于银川石塬安集三个乡撤乡建镇的决议	2017.02.24
积县人大	〔2017〕07 号	县人大常委会关于暂停马步南执行县第十届人大代表职务的决定	2017.04.24
积县人大	〔2017〕08 号	关于纪少瑜任职的通知	2017.05.09
积县人大	〔2017〕09 号	县人大常委会第六次会议审议意见	2017.05.16
积县人大	〔2017〕10 号	县十届人大常委会第七次会议审议意见	2017.08.09
积县人大	〔2017〕11 号	县人大常委会关于对全县精准扶贫精准脱贫工作情况的视察报告	2017.08.09
积县人大	〔2017〕12 号	关于进一步做好“人大代表在行动”活动	2017.08.10
积县人大	〔2017〕13 号	关于免除马步南职务的通知	2017.08.29
积县人大	〔2017〕14 号	关于高辉任职的通知	2017.08.29
积县人大	〔2017〕15 号	关于牛进云等职务任免的通知	2017.08.29
积县人大	〔2017〕16 号	关于陈芳兰免职的通知	2017.08.29
积县人大	〔2017〕17 号	关于马成义等职务任免的通知	2017.08.29

续表

发文机关	文　号	文　件　标　题	发文日期
积县人大	〔2017〕18 号	关于上报积石山县人大常委会开展涉及生态环境保护内容的地方性法规专项清理工作情况的报告	2017.08.30
积县人大	〔2017〕19 号	关于上报积石山县人大常委会开展涉及开放方面的地方性法规专项清理工作情况的报告	2017.08.30
积县人大	〔2017〕20 号	关于邀请省人大内务司法委领导对我县人大代表进行培训的函	2017.12.25
积县人大	〔2017〕21 号	关于封中伟任职的通知	2017.09.15
积县人大	〔2017〕22 号	关于杨伟霞等免职的通知	2017.12.27
积县人大	〔2017〕23 号	关于马福成免职的通知	2017.12.27
积县人大	〔2017〕24 号	关于唐占全等任职的通知	2017.12.27
积县人大	〔2017〕25 号	关于陈亮免职的通知	2017.12.27
积县人大	〔2017〕26 号	县人大常委会关于积石山县 2017 年政府债券限额情况及政府债券资金安排情况的决议	2017.12.27
积县人大	〔2017〕27 号	县人大常委会关于积石山县 2017 年度政府基金收支安排情况的决议	2017.12.27
积县人大办	〔2017〕01 号	关于县人大机关党支部选举结果的报告	2017.01.05
积县人大办	〔2017〕02 号	关于召开县十届人大常委会第六次会议的通知	2017.04.25
积县人大办	〔2017〕03 号	关于召开县十届人大常委会第七次会议的通知	2017.08.02
积县人大办	〔2017〕04 号	关于印发“一报一刊”征订工作订阅方案的通知	2017.11.12
积县人大办	〔2017〕05 号	关于上报县人大常委会机关开展“三纠三促”专项行动自查问题清单的报告	2017.08.28
积县人大办	〔2017〕06 号	关于上报县人大常委会机关开展“三纠三促”专项行动进展情况的报告	2017.09.21

县政府文件

发文机关	文　号	文　件　标　题	发文日期
县政府	〔2017〕1 号	关于整合 2017 年农业综合开发第一批中央土地治理项目资金的报告	2017.1.6
县政府	〔2017〕2 号	关于积石山县引水工程申请取水的报告	2017.1.10
县政府	〔2017〕3 号	关于积石山县 2016 年气象灾害防御工作总结	2017.1.10

续表

发文机关	文　　号	文　件　标　题	发文日期
县政府	〔2017〕4号	关于确认积石山县吹麻滩镇中庄村人饮改造工程建设办公室的批复	2017.1.12
县政府	〔2017〕5号	关于网民反映安集乡三坪村头坪社行路难问题的答复	2017.1.13
县政府	〔2017〕6号	关于同意发放2016—2017年度冬春生活困难救助补助资金的批复	2017.1.13
县政府	〔2017〕7号	关于对扩大建制镇行政区域范围征收房产税和土地使用税的批复	2017.1.16
县政府	〔2017〕8号	关于确认积石山县中部农村供水改造提升工程建设办公室的批复	2017.1.17
县政府	〔2017〕9号	关于上报中央环境督查组交办环境信访案件查处情况的报告	2017.1.18
县政府	〔2017〕10号	关于上报积石山县城镇燃气销售使用安全隐患专项整治督查反馈问题整改情况的报告	2017.1.20
县政府	〔2017〕11号	关于对网民路人甲反映问题调查情况的报告	2017.1.20
县政府	〔2017〕12号	关于网民马乃反映问题调查情况的报告	2017.1.20
县政府	〔2017〕13号	关于网民李立反映问题调查情况的报告	2017.1.20
县政府	〔2017〕14号	关于回复网民“匿名网友”在人民网上留言的答复	2017.1.20
县政府	〔2017〕15号	关于积石山县大河家镇城乡统筹(多规合一)总体规划的批复	2017.1.23
县政府	〔2017〕16号	关于上报积石山县产业发展规划的报告	2017.1.24
县政府	〔2017〕17号	关于上报积石山县产业扶贫专项贷款工程实施方案的报告	2017.1.24
县政府	〔2017〕18号	关于上报积石山县产业扶贫专项贷款使用管理办法的报告	2017.1.24
县政府	〔2017〕19号	关于对网民“小蜜蜂”在州政府网站留言生活补助何时发的情况答复	2017.1.26
县政府	〔2017〕20号	关于上访人喻景反映问题的答复	2017.1.28
县政府	〔2017〕21号	关于上报积石山县重新划定火葬区和土葬改革区实施方案的报告	2017.2.14
县政府	〔2017〕22号	关于上报积石山县砂石资源开发管理办法的报告	2017.2.14
县政府	〔2017〕23号	关于对产能过剩行业进行再次核查的报告	2017.2.19

续表

发文机关	文　号	文　件　标　题	发文日期
县政府	〔2017〕24 号	关于同意调整积石山县中医院理事会成员的批复	2017.2.7
县政府	〔2017〕25 号	关于开展解决农民工工资拖欠问题自查和专项整治情况的报告	2017.2.19
县政府	〔2017〕26 号	关于请求对全省中医药工作先进县创建工作进行考核验收的报告	2017.2.21
县政府	〔2017〕27 号	关于服务中心大厅保安和清洁工纳入财政临时工岗位的批复	2017.2.23
县政府	〔2017〕28 号	关于积石山县 2015—2016 年天然村保护工程集体及个人补偿工作实施方案的批复	2017.2.24
县政府	〔2017〕29 号	关于网民反映在积石山县溪芷茗香门前乱停放车辆有关问题的答复	2017.3.1
县政府	〔2017〕30 号	关于同意对积石山县甘河滩村集中采矿区 3 宗砂石矿矿业权以挂牌方式出让的批复	2017.3.1
县政府	〔2017〕31 号	关于上报新识别贫困户和返贫户精准扶贫专项贷款需求的报告	2017.3.3
县政府	〔2017〕32 号	关于坚决遏制钢铁煤炭违规新增产能打击“地条钢”行业再次核实情况的报告	2017.3.6
县政府	〔2017〕33 号	关于 2017 年分批（次）城市建设农用地转用征收土地的请示	2017.3.7
县政府	〔2017〕34 号	积石山县人民政府关于副县长工作分工的通知	2017.3.7
县政府	〔2017〕35 号	关于上报积石山县 2016 年度政府信息公开情况的报告	2017.3.9
县政府	〔2017〕36 号	关于积石山县吹藏镇和居集镇控制性详细规划的批复	2017.3.10
县政府	〔2017〕37 号	关于积石山县城道路交通专项规划的批复	2017.3.10
县政府	〔2017〕38 号	关于印发积石山县政府质量奖实施办法的通知	2017.3.10
县政府	〔2017〕39 号	关于同意积石山县刘集乡河崖村集中采砂区和大河家镇梅坡集中采砂区 7 宗砂石矿矿业权挂牌出让的批复	2017.3.9
县政府	〔2017〕40 号	关于收回原财税征收中心国有建设用地使用权的决定	2017.3.9
县政府	〔2017〕41 号	关于收回原吹麻滩镇南滨河路国有建设用地使用权的决定	2017.3.9

续表

发文机关	文　　号	文　件　标　题	发文日期
县政府	〔2017〕42 号	关于收回原大河家广场部分国有建设用地使用权的决定	2017.3.9
县政府	〔2017〕43 号	关于对积石山县五宗国有建设用地使用权挂牌出让方案的批复	2017.3.9
县政府	〔2017〕46 号	关于上报省政协调研材料的报告	2017.3.21
县政府	〔2017〕47 号	关于土地出让金收支管理问题整改的报告	2017.3.22
县政府	〔2017〕48 号	关于同意积石山县生活垃圾城乡环卫一体化运营项目方案的批复	2017.3.22
县政府	〔2017〕49 号	关于呈报 2016 年积石山县实行最严格水源管理制度考核工作自查报告的报告	2017.3.23
县政府	〔2017〕50 号	关于同意积石山县农村水源综合整治工程实施方案的批复	2017.3.27
县政府	〔2017〕51 号	关于印发康乐莲麓至积石山扶贫旅游大通道（积石山段卧龙沟至大河家路）建设工程征地拆迁补偿标准的通知	2017.3.27
县政府	〔2017〕52 号	关于收回原财税中心国有建设用地使用权的决定	2017.3.28
县政府	〔2017〕54 号	关于 2017 年林业生产计划的批复	2017.3.29
县政府	〔2017〕55 号	关于积石山县 2016 年异地搬迁基础设施建设项目建设单位法人代表及项目负责人的批复	2017.3.31
县政府	〔2017〕56 号	关于对商务用地以出让方式供地的批复	2017.4.11
县政府	〔2017〕57 号	关于对普通商品住房用地以出让方式供地的批复	2017.4.11
县政府	〔2017〕58 号	关于工矿仓储用地出让批复	2017.4.11
县政府	〔2017〕59 号	关于对中咀岭乡兽医站收回后出让给中咀岭信用社和划拨给中咀岭派出所的批复	2017.4.11
县政府	〔2017〕60 号	关于对商服用地出让方式供地的批复	2017.4.11
县政府	〔2017〕61 号	关于对交通运输用地公共管理与公共服务用地以划拨方式供地的批复	2017.4.11
县政府	〔2017〕62 号	关于积石山县 2017 年中部农村饮水安全巩固提升工程（一期）实施方案的批复	2017.4.12

续表

发文机关	文　号	文　件　标　题	发文日期
县政府	〔2017〕63号	关于对网民“居民”反映有关问题调查情况的批复	2017.4.12
县政府	〔2017〕64号	关于同意解决快速检验编制的批复	2017.4.12
县政府	〔2017〕65号	关于省政府教育督导评估团对积石山县人民政府教育工作督导评估意见的整改报告	2017.4.13
县政府	〔2017〕66号	关于设立积石山县异地扶贫搬迁安置点人饮工程项目建设管理办公室的批复	2017.4.13
县政府	〔2017〕67号	关于上报王兴安反映问题的报告	2017.4.14
县政府	〔2017〕68号	关于举办喜迎第七届敦煌行·丝绸之路国际旅游节暨甘青两省四县大河家商贸活动、五一·“农行杯”篮球运动会、积石山花儿会的请示	2017.4.14
县政府	〔2017〕69号	关于同意将石塬乡中心小学由石塬小学更名为肖红坪小学的批复	2017.4.17
县政府	〔2017〕70号	关于同意将吹麻滩中学更名为积石山县田家炳中学的批复	2017.4.17
县政府	〔2017〕71号	关于同意设置积石山县永康医院的批复	2017.4.17
县政府	〔2017〕72号	关于同意设置积石山县保安医院的批复	2017.4.17
县政府	〔2017〕73号	关于同意设置积石山县大河家阳光医院的批复	2017.4.17
县政府	〔2017〕74号	关于网民“海永发”反映有关问题调查情况的报告	2017.4.21
县政府	〔2017〕75号	关于网民高泽反映问题调查情况的报告	2017.4.22
县政府	〔2017〕76号	关于上报中央环境保护督查反馈意见积石山县整改问题清单的报告	2017.4.2
县政府	〔2017〕77号	关于积石山县2014年200套棚户区改造项目进行货币化补偿安置的批复	2017.4.25
县政府	〔2017〕78号	关于同意调整吹麻滩后阳洼易地搬迁安置点基础设施项目的批复	2017.4.25
县政府	〔2017〕79号	关于请求解决现代农业生产发展项目资金的报告	2017.4.25
县政府	〔2017〕80号	关于同意发放2016年易地扶贫建档立卡贫困搬迁住宅建设长期贴息贷款的批复	2017.5.3

续表

发文机关	文　号	文　件　标　题	发文日期
县政府	〔2017〕81号	积石山县人民政府关于表彰县政府质量奖的决定	2017.5.4
县政府	〔2017〕82号	关于确立积石山县2017年少数民族经济建设资金的批复	2017.5.5
县政府	〔2017〕83号	积石山县人民政府关于积石山县防汛应急预案的批复	2017.5.8
县政府	〔2017〕84号	关于同意调整刘集乡敬老院建设项目位置的批复	2017.5.9
县政府	〔2017〕85号	关于积石山县2012—2014年天然林保护工程集体及个人补偿工作实施方案的批复	2017.5.10
县政府	〔2017〕86号	关于上报《积石山县2017年旱作农业示范建设项目上半年工作总结》的报告	2017.5.11
县政府	〔2017〕87号	关于2017年全县人工影响天气工作计划的批复	2017.5.11
县政府	〔2017〕88号	关于邀请州上四大家领导出席甘肃的两省四县物资交流会启动仪式的报告	2017.5.12
县政府	〔2017〕89号	积石山县人民政府关于整合使用2017年农业综合开发项目中央和省级财政资金的报告	2017.5.12
县政府	〔2017〕91号	关于开展土地例行督察自查整改情况的报告	2017.5.16
县政府	〔2017〕92号	关于上报全县困难群众生活救助资金和扶贫资金审计调查中发现问题的整改报告	2017.5.17
县政府	〔2017〕93号	关于同意《县发改局关于请求同意建设大河家镇大墩村文化广场及附属设施建设项目和石塬乡石塬村、刘集乡高李村道路硬化工程的报告》的批复	2017.5.18
县政府	〔2017〕94号	关于对积石山县2016年保障性安居工程进行审计发现问题整改情况的报告	2017.5.18
县政府	〔2017〕95号	关于网民反映县城步行街小区乱倒垃圾无人管理情况的答复	2017.5.22
县政府	〔2017〕96号	关于上报全省民族团结进步示范单位、示范家庭和全省民族团结进步教育基地名单的报告	2017.5.23
县政府	〔2017〕97号	关于对积石山县关家川乡何家村等3个高标准农田建设项目申请立项的报告	2017.5.26

续表

发文机关	文　　号	文　件　标　题	发文日期
县政府	〔2017〕98 号	关于请求解决积石山县古冰川省级地质公园项目(二期)资金的报告	2017.5.26
县政府	〔2017〕99 号	关于对积石山县小关乡唐藏村等5个村高标准农田建设项目申请立项的报告	2017.5.26
县政府	〔2017〕100 号	关于对积石山县石塬乡三二家村不稳定斜坡防治工程申请立项的报告	2017.5.26
县政府	〔2017〕101 号	关于对积石山县石塬乡肖红坪村地裂缝灾害防治治理工程申请立项的报告	2017.5.26
县政府	〔2017〕102 号	关于对积石山县乩藏镇吊地洼村地质灾害防治工程申请立项的报告	2017.5.26
县政府	〔2017〕103 号	关于对积石山县吹麻滩镇前岭村等3个村高标准农田建设项目申请立项的报告	2017.5.26
县政府	〔2017〕104 号	积石山县人民政府关于支持吊坪、高关、后阳洼村部分扶贫项目资金的请示	2017.5.26
县政府	〔2017〕105 号	关于上报临夏州落实中央环保督查反馈意见、积石山县环境保护重点问题清单的报告	2017.5.27
县政府	〔2017〕106 号	关于对积石山县2016年二季度国家重大政策落实情况跟踪审计的报告	2017.5.31
县政府	〔2017〕107 号	关于积石山县异地搬迁基础设施建设项目调项的批复	2017.6.1
县政府	〔2017〕108 号	积石山县人民政府关于上报重点生态功能区产业准入负面清单的报告	2017.6.1
县政府	〔2017〕109 号	关于2017年森林生态效益补偿工作实施方案的批复	2017.6.2
县政府	〔2017〕110 号	关于2017年天然林保护工程方案的批复	2017.6.2
县政府	〔2017〕111 号	关于2017年富民林果产业培育项目建设方案的批复	2017.6.2
县政府	〔2017〕112 号	关于将积石山县林区改造部分项目指标调整为核批品种改良及建设项目的批复	2017.6.2
县政府	〔2017〕113 号	关于请求积石山县核桃品种改良的报告	2017.6.5

续表

发文机关	文　号	文　件　标　题	发文日期
县政府	〔2017〕114 号	关于 2017 年度分批(次) 城市建设用地转用征收地土地的请示	2017.6.8
县政府	〔2017〕115 号	关于申请大河家电站水库 1783 米高工程蓄水移安及库底清理工作的初验报告	2017.6.13
县政府	〔2017〕116 号	关于请求解决积石山县农业新技术推广利用项目的报告	2017.6.13
县政府	〔2017〕117 号	关于请求解决积石山县土地储备专项债券资金的报告	2017.6.13
县政府	〔2017〕118 号	关于上报质量发展督察反馈意见整改情况表的报告	2017.6.14
县政府	〔2017〕119 号	关于同意 2017 年棚户区改造质币的补偿安是实施的批复	2017.6.14
县政府	〔2017〕120 号	关于积石山县雪雁国际贸易中心棚户区改造项目有关问题调查处理情况的报告	2017.6.14
县政府	〔2017〕121 号	积石山县人民政府关于公布县政府工作取消调整后现行行政审批项目等事项的通知	2017.6.14
县政府	〔2017〕122 号	积石山人民政府关于奥凯问题电缆清查结果的报告	2017.6.16
县政府	〔2017〕123 号	关于与积石山县五宗国有建设用地使用权挂牌出让方案的批复	2017.6.16
县政府	〔2017〕124 号	关于同意解决刘集乡刘集村“六位一体”文化广场项目征地的批复	2017.6.16
县政府	〔2017〕125 号	关于同意解决刘集乡刘集村河堤治理费及树木补偿费的批复	2017.6.16
县政府	〔2017〕126 号	关于国民“积石儿女”反映在县城南滨河路附近乱放机械车辆和交通拥堵等有关问题情况的报告	2017.6.19
县政府	〔2017〕127 号	关于对国家土地例行督案反馈问题的整治报告	2017.6.19
县政府	〔2017〕128 号	关于同意甘河滩集中采矿区 4 号矿区 1 宗砂石厂矿业权和胡林家 1 号矿区等 4 宗黏土矿矿业权以挂牌方式出让的批复	2017.6.21
县政府	〔2017〕129 号	关于同意给吹麻滩中学依法划拨国有土地的批复	2017.6.21
县政府	〔2017〕130 号	关于纪少瑜副县长工作分工的通知	2017.6.22

续表

发文机关	文　　号	文　件　标　题	发文日期
县政府	〔2017〕131号	关于将S309线甘草店至积石山公路(鹦哥嘴大桥至吹麻滩段)改建工程建设资金调整至积石山县民俗村至大河家扶贫公路的报告	2017.6.22
县政府	〔2017〕132号	关于请求对国家三类城市语言文字工作进行评估的报告	2017.6.23
县政府	〔2017〕133号	关于网民“唐志平”反映县城道路损毁有关问题情况的报告	2017.6.28
县政府	〔2017〕134号	关于同意将贫困村环境综合整治和规模化畜禽养殖污染治理项目资金调整为扶持养殖项目的批复	2017.7.6
县政府	〔2017〕135号	关于上报积石山县开展统筹整合使用财政涉农资金试点工作实施方案的报告	2017.7.12
县政府	〔2017〕136号	关于黄河大河家水电站水库1778米—1783米高程蓄水移民安置、库底清理工作自验结论	2017.7.19
县政府	〔2017〕137号	关于对马坤云同志给予撤职处分的决定	2017.7.18
县政府	〔2017〕138号	关于请求解决积石山县城镇公共服务能力提升工程补助资金的报告	2017.7.19
县政府	〔2017〕139号	关于上报2016年国家重点生态功能区解决绩效评估考核的自查报告	2017.7.19
县政府	〔2017〕140号	关于国务院第四次大督工作开展自查整改情况的报告	2017.7.21
县政府	〔2017〕141号	关于积石山县城区供水水源改扩建工程(调蓄水池、净化水厂)变更签证的批复	2017.7.27
县政府	〔2017〕142号	关于积石山县银川河乩藏段堤防治理工程建设办公室的批复	2017.7.27
县政府	〔2017〕143号	关于积石山县银川河居集段堤防治理工程建设办公室的批复	2017.7.27
县政府	〔2017〕146号	关于设立积石山县教育精准扶贫基金会账户的通知	2017.7.31
县政府	〔2017〕147号	关于上报铺川乡戴家山群众马建仁反映问题调查情况的报告	2017.7.31
县政府	〔2017〕148号	关于上报群众马亚古白反映问题调查情况的报告	2017.7.31
县政府	〔2017〕149号	2014—2016年少数民族发展资金项目自查报告	2017.7.31

续表

发文机关	文　号	文　件　标　题	发文日期
县政府	〔2017〕150 号	关于群众向国务院督查组反映我县三支一扶考试有关问题的调查报告	2017.7.31
县政府	〔2017〕151 号	关于印发《积石山县实施草原禁牧的通告》的通知	2017.7.31
县政府	〔2017〕152 号	关于印发《积石山县新一轮草原补偿政策基本草原划定结果公告》的通知	2017.7.31
县政府	〔2017〕153 号	关于上报《积石山县 2017 年度“两个共同”示范建设项目有关情况的报告	2017.8.1
县政府	〔2017〕154 号	积石山县脱贫攻坚工作汇报	2017.8.2
县政府	〔2017〕155 号	上报积石山县地方政策举债行为自查情况报告	2017.8.2
县政府	〔2017〕156 号	关于请求成立积石山县经济开发区的报告	2017.7.26
县政府	〔2017〕157 号	关于同意将积石山大河家阳光医院等 3 家医疗机构纳入新农合综合定点医疗机构管理的批复	2017.8.3
县政府	〔2017〕158 号	关于上报积石山县 2017 年上半年卫计计生工作总结的报告	2017.8.8
县政府	〔2017〕159 号	关于同意积石山县旧城区道路改造及设施工程和县城生活污水处理一期工程合并招标的批复	2017.8.7
县政府	〔2017〕160 号	关于同意积石山县银川路道路改造及给排水工程和生活污水处理合并招标的批复	2017.8.7
县政府	〔2017〕161 号	关于 2017 年 1—4 月份县财政收支预算执行情况和县级预算执行中重要事项的报告	2017.8.9
县政府	〔2017〕162 号	关于 2017 年 5—7 月份县财政收支预算执行情况、债券资金使用计划和县级预算报告	2017.8.9
县政府	〔2017〕163 号	关于积石山县居集镇田家至茨滩公路建设项目用地的请示	2017.8.9
县政府	〔2017〕164 号	关于积石山县 2017 年度乡(镇)村分批次建设农用地转用的请示	2017.8.9
县政府	〔2017〕165 号	关于对积石山县古冰川省级地质公园规划进行调整的请示	2017.8.11
县政府	〔2017〕166 号	关于水域滩涂养殖证登记面积及法人名称变更的批复	2017.8.15

续表

发文机关	文　　号	文　件　标　题	发文日期
县政府	〔2017〕167 号	积石山县人民政府关于露天焚烧秸秆的通告	2017.8.16
县政府	〔2017〕168 号	积石山县人民政府关于核销往来款项的批复	2017.8.16
县政府	〔2017〕169 号	积石山县人民政府关于取消结账项目的批复	2017.8.16
县政府	〔2017〕170 号	关于请求调整积石山县 2015 年中央财政第一批特大地质灾害防治部分专项资金的请示	2017.8.17
县政府	〔2017〕171 号	环保工作上报	2017.8.22
县政府	〔2017〕172 号	关于进一步强化义务教育阶段控辍保学工作的安排意见	2017.8.21
县政府	〔2017〕173 号	关于同意对积石山县中医院重大火灾隐患进行挂牌督办的批复	2017.8.23
县政府	〔2017〕174 号	关于确认积石山县泉引及分散供水改造工程项目法人的通知	2017.8.23
县政府	〔2017〕175 号	关于对积石山县城临夏路和银川路道路及给排水工程和积石山县城生活污水处理配套管网二期工程施工和监理提前开标的报告	2017.8.23
县政府	〔2017〕176 号	关于对积石山县城旧城区道路改造及配套设施工程和石山县城生活污水处理配套管网一期工程施工和监理提前开标的报告	2017.8.23
县政府	〔2017〕177 号	关于调整宁家村六位一体建设剩余资金用途的批复	2017.8.23
县政府	〔2017〕178 号	关于调整积石山县人民政府法律咨询委员会的通知	2017.8.16
县政府	〔2017〕179 号	关于申请核查《积石山县土地承包经营权确权等登记颁证成果》的报告	2017.8.26
县政府	〔2017〕180 号	关于开展森林资源管理卫生执法工作的请示的批复	2017.8.28
县政府	〔2017〕181 号	关于积石山县民俗村至大河家扶贫公路建设项目用地的请示	2017.8.29
县政府	〔2017〕182 号	关于康乐莲麓至积石山县大河家旅游大通道公路建设工程用地的请示	2017.8.29
县政府	〔2017〕183 号	关于同意下拨旱灾生活补助资金的批复	2017.8.30
县政府	〔2017〕184 号	关于群众反映中咀岭乡小关乡非法采砂破坏环境问题的答复	2017.8.31

续表

发文机关	文　　号	文　件　标　题	发文日期
县政府	〔2017〕185 号	关于对积石山县药材公司家属楼住户反映问题的答复	2017.8.30
县政府	〔2017〕186 号	关于同意调整大河家镇控制性详细规划的批复	2017.8.30
县政府	〔2017〕187 号	关于上报《全国休闲农业与乡村旅游示范县申报表》的请示	2017.8.30
县政府	〔2017〕188 号	关于上报积石山县 2015—2017 年涉农资金整合情况的报告	2017.9.8
县政府	〔2017〕189 号	关于 2016 年积石山县保障性住房安居工程审计发现问题整改情况的报告	2017.9.11
县政府	〔2017〕190 号	关于上报积石山县农村 C 级 D 级危房核查摸底情况的报告	2017.9.13
县政府	〔2017〕191 号	关于 2016 年积石山县保障性住房安居工程审计发现问题整改情况的报告	2017.9.19
县政府	〔2017〕192 号	关于转发《州政府关于承接省级政府部门第十三批取消和调整行政审批项目等事项的通知》的通知	2017.9.19
县政府	〔2017〕193 号	关于同意将 2016—2017 年度新增建设用地土地有偿使用费用于房地一体调查等工作的批复	2017.9.19
县政府	〔2017〕194 号	关于印发积石山县城乡居民基本医保制度实施方案的通知	2017.9.19
县政府	〔2017〕195 号	关于整合积石山县 2018 年农业综合开发土地治理项目的报告	2017.9.20
县政府	〔2017〕196 号	关于积石山、临夏两县边界线联合检查的报告	2017.9.21
县政府	〔2017〕197 号	关于积石山、临夏、永靖三县边线交汇点联合检查工作的报告	2017.9.21
县政府	〔2017〕198 号	积石山县关于落实中央环境保护督查反馈意见整改工作进展情况的汇报	2017.9.21
县政府	〔2017〕199 号	关于落实中央环境保护督查反馈意见整改事项预警情况工作进展的汇报	2017.9.21
县政府	〔2017〕200 号	关于申请验收积石山县土地承包经营权确权登记颁证成果的报告	2017.9.22
县政府	〔2017〕201 号	关于同意积石山县城中东区集中供热公司燃煤进行公开招标的批复	2017.9.25

发文机关	文　号	文　件　标　题	发文日期
县政府	〔2017〕202号	关于县长、副县长工作分工的通知	2017.9.26
县政府	〔2017〕203号	关于请求减免积石山县部分特困生学费的报告	2017.9.26
县政府	〔2017〕204号	关于同意吹麻滩镇中庄村、石塬乡肖红坪村美丽村庄建设规划的批复	2017.9.26
县政府	〔2017〕205号	关于申请取消落实中央环境保护督查反馈意见整改事项预警的报告	2017.9.28
县政府	〔2017〕206号	关于《2017年贯彻落实国家重大政策落实情况跟踪审计报告(征求意见稿)》反馈意见的报告	2017.9.30
县政府	〔2017〕207号	关于请求解决积石山县脱贫攻坚存在的问题和困难的报告	2017.10.8
县政府	〔2017〕208号	关于请求对中央环保督察反馈意见第13项问题进行销号的报告	2017.10.14
县政府	〔2017〕209号	关于请求对中央环保督察反馈意见第5项问题整改清单销号的报告	2017.10.14
县政府	〔2017〕210号	关于请求对中央环保督察反馈意见第10项问题整改清单销号的报告	2017.10.14
县政府	〔2017〕211号	关于请求对中央环保督察反馈意见第11项问题整改清单销号的报告	2017.10.14
县政府	〔2017〕212号	关于请求对中央环保督察反馈意见问题情况销号的报告	2017.10.14
县政府	〔2017〕213号	关于请求对中央环保督察反馈意见第12项问题进行情况销号的报告	2017.10.14
县政府	〔2017〕214号	关于请求对中央环保督察反馈意见第8项问题进行情况销号的报告	2017.10.14
县政府	〔2017〕215号	关于发展城乡公交客用经费的报告	2017.10.17
县政府	〔2017〕222号	关于落实中央环保督察反馈意见整改进展情况的报告	2017.10.20
县政府	〔2017〕223号	关于州政协十二届一次会议提案办理情况的报告	2017.10.20
县政府	〔2017〕224号	关于网名平凡人生和何举手反映农村低保有关情况的答复	2017.10.23

发文机关	文　　号	文　件　标　题	发文日期
县政府	〔2017〕225 号	关于积石山县贯彻落实国务院安委会安全生产巡查反馈意见整改情况的报告	2017.10.25
县政府	〔2017〕226 号	关于对盛源养殖农民合作社土壤沼气工程项目科研招标的批复	2017.10.26
县政府	〔2017〕227 号	关于对 2017—2018 年沼气项目建设公开招标的报告	2017.10.26
县政府	〔2017〕228 号	关于对 2016—2017 年农村沼气维护项目政府采购的批复	2017.10.26
县政府	〔2017〕229 号	关于同意调整县城控制性详细规划的批复	2017.10.26
县政府	〔2017〕230 号	关于审计署兰州特派办关于甘肃省临夏回族自治州扶贫审计报告(征求意见稿)反馈意见的报告	2017.10.30
县政府	〔2017〕231 号	关于确认积石山县山洪灾害防治项目法人的批复	2017.11.2
县政府	〔2017〕232 号	关于上报《积石山县 2017—2018 年度旱作农业项目实施方案》的报告	2017.11.2
县政府	〔2017〕233 号	关于上报积石山县自然村通硬化路建设规划(2018—2020)的报告	2017.11.5
县政府	〔2017〕234 号	关于上报积石山县交通扶贫工作方案(2018—2020)的报告	2017.11.5
县政府	〔2017〕235 号	关于小关乡尕阴洼调蓄水池项目临时用地恢复情况的报告	2017.11.7
县政府	〔2017〕236 号	关于积石山县小型集中及分散供水改造工程实施方案的批复	2017.11.8
县政府	〔2017〕237 号	2017 年国家重点生态功能区县域生态环境质量考核	2017.11.9
县政府	〔2017〕238 号	关于请求对中央环保督察反馈意见第 14 项问题整改清单销号的报告	2017.11.9
县政府	〔2017〕239 号	关于请求对中央环保督察反馈意见第 15 项问题整改清单销号的报告	2017.11.9
县政府	〔2017〕240 号	关于请求对中央环保督察反馈意见第 16 项问题整改清单销号的报告	2017.11.9
县政府	〔2017〕241 号	关于请求对中央环保督察反馈意见第 17 项问题整改清单销号的报告	2017.11.9
县政府	〔2017〕242 号	关于上报三名村干部违规享受低保的整改报告	2017.11.10

续表

发文机关	文　号	文　件　标　题	发文日期
县政府	〔2017〕243号	关于上报积石山县盐业体制改革实施方案的报告	2017.11.15
县政府	〔2017〕244号	关于请求审查上报《积石山县土地利用总体规划(2010—2020年调整完善方案)》的请示	2017.11.22
县政府	〔2017〕245号	关于上报《积石山森林覆盖率森林蓄积量增长目标实施方案》的报告	2017.11.23
县政府	〔2017〕246号	关于印发《积石山县水利精准扶贫"一县一单"工作方案》的通知	2017.11.22
县政府	〔2017〕247号	关于上报积石山县农村土地承包经营权确权登记完成情况的报告	2017.11.23
县政府	〔2017〕248号	关于同意《积石山县公安局业务技术用房装饰工程实施方案》的批复	2017.11.23
县政府	〔2017〕249号	关于黄河干流甘肃段防洪治理工程建设项目用地的请示	2017.11.24
县政府	〔2017〕250号	关于上报省委第一巡视组移交的非巡视范围信访件3办理情况的报告	2017.11.27
县政府	〔2017〕251号	关于上报省委第一巡视组移交的非巡视范围信访件16办理情况的报告	2017.11.27
县政府	〔2017〕252号	关于上报省委第一巡视组移交的非巡视范围信访件18办理情况的报告	2017.11.27
县政府	〔2017〕253号	关于报送2017年重大政策落实跟踪审计整改情况的报告	2017.12.1
县政府	〔2017〕254号	关于国家审计署审计甘肃省积石山县2017春季学期普通高中建档立卡等家庭经济困难学生免学杂费落实不到位问题的整改报告	2017.12.6
县政府	〔2017〕255号	关于请求审议2017年8—10月份县级财政收支预算执行情况的报告	2017.12.7
县政府	〔2017〕256号	关于印发积石山县深入推进互联网+政务服务工作方案的通知	2017.12.12
县政府	〔2017〕257号	关于成立积石山县放管服改革领导小组的通知	2017.12.12
县政府	〔2017〕258号	关于县长、副县长工作分工的通知	2017.12.13
县政府	〔2017〕259号	关于确定县安全监督管理部门为行政执法单位的通知	2017.12.7

续表

发文机关	文　　号	文　件　标　题	发文日期
县政府	〔2017〕260 号	关于请求解决积石山县公安局业务技术用房附属工程及配套设施建设资金的报告	2017.12.20
县政府	〔2017〕261 号	关于请求解决石塬乡肖红坪村汽车客运站项目建设资金的报告	2017.12.20
县政府	〔2017〕262 号	关于落实中央环保督察反馈意见整改进展情况的报告	2017.12.22
县政府	〔2017〕263 号	关于落实中央环保督察反馈意见第九项问题整改进展情况的报告	2017.12.22
县政府	〔2017〕264 号	关于落实中央环保督察反馈意见第四项问题整改进展情况的报告	2017.12.22
县政府	〔2017〕265 号	关于落实中央环保督察反馈意见第六项问题整改进展情况的报告	2017.12.22
县政府	〔2017〕266 号	关于省委第一巡视组移交的非巡视受理信访件(11)办理情况的报告	2017.12.22
县政府	〔2017〕267 号	关于落实中央环保督察反馈意见第七项问题整改进展情况的报告	2017.12.22
县政府	〔2017〕268 号	关于尚月梅反映问题办理情况的报告	2017.12.22
县政府	〔2017〕269 号	关于田喜梅反映问题办理情况的报告	2017.12.22
县政府	〔2017〕270 号	关于马艾有布反映问题办理情况的报告	2017.12.22
县政府	〔2017〕271 号	关于永积公路桥头段建设和安集乡低保不公平问题情况的答复	2017.12.22
县政府	〔2017〕272 号	关于郭干乡派出所民警暴力执法情况的答复	2017.12.22
县政府	〔2017〕273 号	关于上报 2017 年度大气污染行动计划实施情况自查报告的报告	2017.12.25
县政府	〔2017〕274 号	关于《2017 年整合使用财政涉农资金年末调整情况》的批复	2017.12.27
县政府	〔2017〕275 号	关于对《积石山县 2017 年统筹整合使用财政涉农资金工作方案》申请备案的报告	2017.12.27
县政府	〔2017〕276 号	关于印发《开展统筹整合使用财政涉农资金试点工作实施方案》的通知	2017.12.27
县政府	〔2017〕277 号	关于印发《积石山县县级现行行政许可事项指导目录》的通知	2017.12.28
县政府	〔2017〕278 号	关于成立积石山县自然村道路建设项目管理办公室的通知	2017.12.28

续表

发文机关	文 号	文 件 标 题	发文日期
县政府	〔2017〕279 号	关于召开肃清王三运流毒民主生活会情况的报告	2017.12.29
县政府	〔2017〕280 号	关于上报积石山县 2017 政府债务限额情况及政府债券资金安排情况的报告	2017.12.27
政府办	〔2017〕1 号	关于 2017 年部分节假日安排的通知	2017.1.16
政府办	〔2017〕2 号	成立中部农村供水改造提升工程建设领导小组的通知	2017.1.17
政府办	〔2017〕3 号	关于调整积石山县退役士兵安置工作领导小组组成人员的通知	2017.2.8
政府办	〔2017〕4 号	关于印发积石山县退役士兵相关数据采集工作实施方案的报告	2017.2.8
政府办	〔2017〕5 号	关于转发《盘活部分存量资金的通知》的通知	2017.2.8
政府办	〔2017〕6 号	关于印发积石山县沙石料厂管理方案、砖瓦窑厂清理整顿规范工作安全生产的通知	2017.2.14
政府办	〔2017〕7 号	关于对 2016 年扶持人口较少民族发展资金项目进行检查验收的通知	2017.2.16
政府办	〔2017〕8 号	关于印发积石山县 2017 年贫困劳动力劳务技能培训工作方案的通知	2017.2.22
政府办	〔2017〕9 号	关于成立积石山县困难群众基本生活保障工作领导小组的通知	2017.2.22
政府办	〔2017〕10 号	关于进一步加强困难群众基本生活	2017.2.22
政府办	〔2017〕11 号	关于开展抗震救灾应急准备工作检查的通知	2017.2.23
政府办	〔2017〕12 号	关于成立积石山县复退军人稳定工作应急处置工作小组的通知	2017.3.3
政府办	〔2017〕13 号	关于成立积石山县复退军人稳定工作应急处理方案的通知	2017.3.3
政府办	〔2017〕14 号	关于做好 2017 年提高城乡低保标准和农村特困供养省级补助标准为民办实事工作的通知	2017.3.3
政府办	〔2017〕15 号	关于印发积石山县土地例行自查发现问题整改工作方案的通知	2017.3.6
政府办	〔2017〕16 号	积石山县人民政府办公室关于启用新印章的通知	2017.3.13

续表

发文机关	文　　号	文　件　标　题	发文日期
政府办	〔2017〕17号	积石山县人民政府办公室关于下达2017年农村危房改造任务的通知	2017.3.14
政府办	〔2017〕18号	关于成立农村通电机井符合领导小组的通知	2017.3.16
政府办	〔2017〕19号	关于印发积石山县畜禽养殖禁养区划定及整治方案的通知	2017.3.16
政府办	〔2017〕20号	积石山县人民政府办公室关于建设积石山县大河家中学项目的通知	2017.3.16
政府办	〔2017〕21号	关于认真做好全县食品药品安全监管工作的通知	2017.3.20
政府办	〔2017〕22号	关于对全县接待费支出管理情况进行自查的通知	2017.3.21
政府办	〔2017〕23号	关于成立积石山县生态红线划定工作领导小组的通知	2017.3.21
政府办	〔2017〕24号	关于马志俊同志的推荐榜	2017.3.21
政府办	〔2017〕25号	关于成立最严格水资源管理工作领导小组的通知	2017.3.23
政府办	〔2017〕26号	关于印发积石山县环保工作要点的通知	2017.3.23
政府办	〔2017〕27号	关于批转2017年审计工作计划的通知	2017.3.24
政府办	〔2017〕28号	关于成立临夏州康乐莲麓至积石山县大河家扶贫旅游大通道(积石山县段卧龙狗至大河家公路建设领导小组的成立）	2017.3.27
政府办	〔2017〕29号	关于积石山县2017年打击和处置非法集资工作专项行动方案	2017.3.31
政府办	〔2017〕30号	关于向公安机关提供社会动态信息的通知	2017.4.5
政府办	〔2017〕31号	关于上报积石山县违反县城总体规划强制性内容违法建设项目排查情况的报告	2017.4.7
政府办	〔2017〕32号	关于印发积石山县2016年度土地矿产卫片执法监督检查工作方案的通知	2017.4.6
政府办	〔2017〕33号	关于印发积石山县2017年度土地矿产卫片执法检查领导小组的通知	2017.4.6
政府办	〔2017〕34号	关于上报2016年度公共机构节能工作自查的报告	2017.4.14

续表

发文机关	文　　号	文　件　标　题	发文日期
政府办	〔2017〕35号	关于开展城乡居民基本养老保险待遇人员认证的通知	2017.4.17
政府办	〔2017〕36号	关于印发积石山县2017年依法行政工作要点的通知	2017.4.20
政府办	〔2017〕37号	关于印发积石山县危险化学品安全综合治理实施方案的通知	2017.4.20
政府办	〔2017〕38号	积石山县2017年度水污染防治工作计划	2017.4.20
政府办	〔2017〕39号	关于转发州政府办公室《甘肃省省级自然保护区范围和功能调整申报材料编制规范》	2017.5.3
政府办	〔2017〕40号	关于网上兵役登记情况的通报	2017.5.3
政府办	〔2017〕41号	关于成立全县永久基本农田划定工作的通知	20127.5.3
政府办	〔2017〕42号	关于调整积石山县防汛抗旱指挥部成员的通知	2017.5.8
政府办	〔2017〕43号	关于印发积石山县迎接国家土地例行督察工作方案的通知	2017.5.8
政府办	〔2017〕44号	关于调整积石山县食药局安委会组成人员的通知	2017.5.10
政府办	〔2017〕45号	关于加强积石山县规划实施管理工作有关问题的通知	2017.5.11
政府办	〔2017〕46号	关于转发《临夏州残疾人就业保障金征收使用管理实施细则》的通知	2017.5.15
政府办	〔2017〕47号	关于调整积石山县质量发展和标准化工作领导小组的通知	2017.5.15
政府办	〔2017〕49号	关于调整积石山县减灾委员会成员的通知	2017.5.25
政府办	〔2017〕50号	关于印发《积石山县自然灾害应急预案》的通知	2017.5.25
政府办	〔2017〕51号	关于调整积石山县教育考试招生委员会的通知	2017.5.18
政府办	〔2017〕52号	关于调整农村三四类低保对象补助标准的通知	2017.6.1
政府办	〔2017〕53号	关于重大执法决定法制审核制度试点工作实施方案	2017.6.2
政府办	〔2017〕54号	关于认真办理州政协提案和调整2017年部分县人大议案建议县政协案承办 单位的通知	2017.6.1
政府办	〔2017〕55号	关于印发积石山县2017年度农业保险工作实施方案的通知	2017.6.13

续表

发文机关	文　　号	文　件　标　题	发文日期
政府办	〔2017〕56号	关于印发积石山县2017年地质灾害防治方案的通知	2017.6.14
政府办	〔2017〕57号	关于印发积石山县2018年地质灾害应急预案的通知	2017.6.15
政府办	〔2017〕58号	关于贯彻落实《中华人民共和国国家语言文字法》的实施意见	2017.6.14
政府办	〔2017〕59号	关于印发《积石山县土地例行督察问题整改实施方案》的通知	2017.6.20
政府办	〔2017〕60号	关于进一步规范和加强临时救助工作实施意见的通知	2017.6.21
政府办	〔2017〕61号	关于认真组织开展应急预案修订完善工作的通知	2017.6.21
政府办	〔2017〕62号	关于调整积石山县防震减灾指挥部组成人员的通知	2017.6.21
政府办	〔2017〕63号	关于印发积石山县残疾人基本服务状况和需求信息数据动态更新工作实施方案的通知	2017.6.29
政府办	〔2017〕64号	关于印发积石山县土地污染防治工作方案的通知	2017.7.4
政府办	〔2017〕65号	关于开展全民参保登记工作领导小组的通知	2017.7.6
政府办	〔2017〕66号	关于转发《州政府办关于印发全州消防安全风险专项调研评估工作实施方案的通知》的通知	2017.7.8
政府办	〔2017〕67号	关于印发积石山县医疗卫生服务体系规划的通知	2017.7.12
政府办	〔2017〕68号	关于印发积石山县中医药“十三五”规划的通知	2017.7.12
政府办	〔2017〕69号	关于成立积石山县行业协会商会与行政机关脱钩联合工作的通知	2017.7.14
政府办	〔2017〕70号	关于成立积石山县银川河堤治理工程建设领导小组的通知	2017.7.18
政府办	〔2017〕71号	关于成立国务院第四次大督查协调保障工作领导小组的通知	2017.7.19
政府办	〔2017〕72号	关于切实做好国务院第四次大督查有关准备工作的通知	2017.7.19
政府办	〔2017〕73号	关于转发省政府办公厅《关于进一步加强重大公共基础设施建设项目实施集中式饮用水源保护区管理工作的通知》的通知	2017.7.19

续表

发文机关	文　　号	文　件　标　题	发文日期
政府办	〔2017〕74 号	积石山县环保目标责任书及环保重点工作半年督查考核反馈问题的整改清单	2017.8.1
政府办	〔2017〕76 号	关于启用新印章的通知	2017.8.1
政府办	〔2017〕77 号	关于成立积石山县入黄河流(银川河铁浪沟鲁坪沟)生态修复工程领导小组的通知	2017.8.3
政府办	〔2017〕78 号	关于进一步规范精准扶贫专项贷款工作的通知	2017.8.11
政府办	〔2017〕79 号	关于印发贫困大学生救助管理办法的通知	2017.8.17
政府办	〔2017〕80 号	积石山县人民政府办公室关于印发《积石山县河堤采砂规划2016—2020 年》的报告	2017.8.21
政府办	〔2017〕81 号	积石山县 2017—2018 年易地扶贫搬迁项目安置方案及资金补助办法的通知	2017.8.22
政府办	〔2017〕82 号	关于成立积石山县泉引及分散供水改造工程建设领导小组的通知	2017.8.22
政府办	〔2017〕83 号	关于印发《积石山县十三五残疾人事业发展规划》的通知	2017.8.28
政府办	〔2017〕84 号	关于印发积石山县 2017 年关闭搬迁禁养区内畜禽养殖场实施方案的通知	2017.9.8
政府办	〔2017〕85 号	三纠三促问题清单报告	2017.8.29
政府办	〔2017〕86 号	关于县城旧城区改造有关事宜的通知	2017.8.30
政府办	〔2017〕87 号	州政府督查积石山县政府门户网和甘肃政务服务网子站空白栏目有关问题的整改报告	2017.9.7
政府办	〔2017〕88 号	关于转发《积石山县森林资源管理卫片执法工作方案》的通知	2017.8.28
政府办	〔2017〕89 号	关于成立积石山县现代农业主导产业草食畜牧业发展项目建设项目领导小组的通知	2017.9.15
政府办	〔2017〕90 号	关于请求将积石山县人民政府督查室、政务中心、信息中心升格为正科级机构的报告	2017.9.12
政府办	〔2017〕91 号	关于开展行政执法主体资格审查和执法人员清理工作的通知	2017.9.12
政府办	〔2017〕92 号	关于开展 2017 年依法行政中期督查的通知	2017.9.12

续表

发文机关	文　　号	文　件　标　题	发文日期
政府办	〔2017〕93 号	关于做好 2017 年集中征缴城乡居民基本养老保险工作的通知	2017.9.14
政府办	〔2017〕94 号	关于成立积石山县农村房地一体确权登记发证工作领导小组的通知	2017.9.14
政府办	〔2017〕95 号	关于上报甘肃政务服务网积石山县子站删除便民服务事项空白栏目的报告	2017.9.15
政府办	〔2017〕96 号	积石山县人民政府办公室关于迅速整改放管服工作督查存在问题的通知	2017.9.15
政府办	〔2017〕97 号	关于迅速动员失辍学适龄少年儿童返校就读的紧急通知	2017.9.15
政府办	〔2017〕98 号	关于印发《积石山县残疾人精准康复服务实施方案》的通知	2017.9.19
政府办	〔2017〕99 号	积石山县人民政府办公室党支部组织生活会的报告	2017.9.12
政府办	〔2017〕100 号	关于印发《积石山县农村宅基地和集体建设用地房地一体确权登记发证工作实施方案》的通知	2017.9.27
政府办	〔2017〕101 号	关于上报县政府办 2016 年度干部职工考核结果的报告	2017.9.27
政府办	〔2017〕102 号	关于成立积石山县“平安农机县”创建工作领导小组的通知	2017.9.29
政府办	〔2017〕103 号	关于积石山县大墩村保安族特色村建设落实情况的汇报	2017.10.10
政府办	〔2017〕104 号	关于开展第二次全县污染源普查的通知	2017.10.13
政府办	〔2017〕105 号	关于对落实中央环境督察反馈意见整改工作进行预警的通知	2017.10.13
政府办	〔2017〕106 号	关于做好海沧区东西部扶贫劳务输转工作的通知	2017.10.20
政府办	〔2017〕107 号	关于印发《2017 年燃煤锅炉拆除改造工程实施方案》的通知	2017.10.24
政府办	〔2017〕108 号	关于印发《2018 年国家生态功能区县域环境质量细则评价考核实施方案》的通知	2017.10.25
政府办	〔2017〕109 号	关于调整居集镇业卜湾、红崖村驻村帮扶工作队的通知	2017.10.25
政府办	〔2017〕110 号	关于转发州政府办公室关于贯彻落实《全面推进政务公开工作意见实施细则》的通知的通知	2017.10.30

续表

发文机关	文　　号	文　件　标　题	发文日期
政府办	〔2017〕111号	关于做好砖厂周围山体生态恢复治理工作的紧急通知	2017.10.31
政府办	〔2017〕112号	关于做好甘肃政务网积石山子站空白栏目更新完美的通知	2017.11.2
政府办	〔2017〕113号	关于上报甘肃政务服务网积石山县子站相关数据填报及维护管理情况栏目的报告	2017.11.2
政府办	〔2017〕114号	关于成立2017年基层农技推广体系改革建设补助项目工作领导小组的通知	2017.11.2
政府办	〔2017〕115号	关于增加政府办公室2名公务员的报告	2017.11.5
政府办	〔2017〕116号	关于印发《积石山县110社会服务联动工作实施方案》的通知	2017.11.6
政府办	〔2017〕117号	关于进一步加强推进甘肃政务服务网政务服务事项网上办理工作的通知	2017.11.6
政府办	〔2017〕118号	关于转发州政府办《关于开展2017年度粮食责任制》考核工作的通知	2017.11.7
政府办	〔2017〕119号	关于印发积石山县人民政府信息公开指南的报告	2017.11.9
政府办	〔2017〕120号	关于做好今冬明春草原防火工作的通知	2017.11.10
政府办	〔2017〕121号	关于2017年度危房改造验收工作的报告	2017.11.13
政府办	〔2017〕122号	关于印发积石山县民用燃煤及销售情况调查工作的通知	2017.11.13
政府办	〔2017〕123号	关于成立积石山县国务院第四次大督查反馈问题整改领导小组的通知	2017.11.14
政府办	〔2017〕124号	关于做好国务院第四次大督查反馈问题整改工作和迎接省政府目标任务完成情况督查工作的通知	2017.11.14
政府办	〔2017〕125号	关于印发积石山县2017年土壤污染防治工作计划的通知	2017.11.15
政府办	〔2017〕126号	关于印发《进一步推动三生三一工作落实实施方案》的通知	2017.11.20
政府办	〔2017〕127号	关于印发《积石山县一业一策、一企一策、一事一议工作方案》的通知	2017.11.24
政府办	〔2017〕128号	关于成立积石山县农业水价综合改革领导小组的通知	2017.11.20

续表

发文机关	文　　号	文　件　标　题	发文日期
政府办	〔2017〕129号	关于对出麻滩镇后沟村马一奴四、马在乃白危房改造补充验收情况的报告	2017.11.22
政府办	〔2017〕131号	关于上报甘肃省政务服务网积石山县子站政务服务平台自查整改情况的报告	2017.11.30
政府办	〔2017〕132号	关于上报2017年公共机构节能工作情况及2018年工作要点的报告	2017.12.1
政府办	〔2017〕133号	关于印发《积石山县公共机构能源资源消费统计制度实施方案》的通知	2017.12.1
政府办	〔2017〕134号	关于切实做好新农合基金审计工作的通知	2017.12.11
政府办	〔2017〕135号	关于印发积石山县深入推进“放管服”改革重点任务奉公方案的通知	2017.12.12
政府办	〔2017〕136号	关于进一步做好政务公开与互联网+政务服务考核的工作通知	2017.12.12
政府办	〔2017〕137号	关于调整积石山县政务公开领导小组的通知	2017.12.12
政府办	〔2017〕138号	关于印发《积石山县农业水价综合改革实施方案》的通知	2017.12.21
政府办	〔2017〕139号	关于转发《临夏州人民政府办公室关于印发临夏州推行行政审批两集中两到位》的通知	2017.12.25
政府办	〔2017〕140号	关于转发《临夏州人民政府办公室关于印发临夏州政务信息系统整合共享实施方案》的通知	2017.12.25
政府办	〔2017〕141号	关于印发政府债务风险应急预案的通知	2017.12.25
政府办	〔2017〕142号	关于印发《积石山县“一乡一农机合作社”建设试点工作实施方案》的通知	2017.12.25
政府办	〔2017〕143号	关于转发《临夏州全面推行“双随机、一公开”监管工作实施方案》的通知	2017.12.26
政府办	〔2017〕144号	关于启用积石山县保安族东乡族撒拉族自治县河长制办公室印章的通知	2017.12.27
政府办	〔2017〕145号	关于成立积石山县自然村道路建设项目管理办公室的通知	2017.12.29

县政协文件

发文机关	文　号	文　件　标　题	发文日期
县政协党组	〔2017〕1 号	关于民主生活会召开情况的报告	2 月 15 日
县政协党组	〔2017〕2 号	关于呈报《县政协 2017 年工作要点》的报告	2 月 27 日
县政协党组	〔2017〕3 号	关于启用县政协党组印章的请示	4 月 26 日
县政协党组	〔2017〕4 号	县政协党组关于对维护政治生态领域工作自查自纠情况报告	5 月 27 日
县政协党组	〔2017〕5 号	关于印发《2017 年县政协机关“两学一做”学习教育工作安排工作意见》的通知	5 月 31 日
县政协党组	〔2017〕6 号	关于印发《积石山县政协机关开展“三纠三促”专项行动实施方案》的通知	8 月 28 日
县政协党组	〔2017〕7 号	关于印发《县政协推进“两学一做”学习教育常态化制度化实施方案》的通知	8 月 30 日
县政协党组	〔2017〕8 号	关于召开政协积石山县第九届委员会第二次会议的请示	12 月 1 日
县政协党组	〔2017〕9 号	关于成立积石山县政协委员联络室和建立乡镇政协工作联络组的请示	12 月 6 日
县政协党组	〔2017〕10 号	关于请求贯彻《中共临夏州委关于进一步加强政协工作推进人民政协协商民主建设的实施意见》的报告	12 月 6 日
县政协委员会	〔2017〕1 号	关于成立《积石山县史话》修订、再版编委会的通知	3 月 7 日
县政协委员会	〔2017〕2 号	关于积石山县银川乡安集乡石塬乡撤乡建镇的意见	4 月 18 日
县政协委员会	〔2017〕3 号	关于同意韩世强等同志辞去县政协九届委员会委员职务的通知	12 月 15 日
县政协委员会	〔2017〕4 号	关于增补张振华等同志为县政协九届委员会委员的决定	12 月 15 日
县政协委员会	〔2017〕5 号	关于何正元等同志任职的通知	12 月 15 日
县政协办公室	〔2017〕1 号	关于请求落实新增政协委员生活补助的报告	3 月 10 日
县政协办公室	〔2017〕2 号	关于县政协办公室会计出纳同一人兼任整改的情况	3 月 15 日
县政协办公室	〔2017〕3 号	关于请求解决《积石山县史话》修订、再版印刷经费的报告	3 月 23 日
县政协办公室	〔2017〕4 号	关于审计查出问题的整改报告	7 月 5 日
县政协办公室	〔2017〕5 号	《积石山县史话》经费补拨报告	8 月 2 日

续表

发文机关	文　号	文　件　标　题	发文日期
县政协办公室	〔2017〕6号	关于县政协办公楼防水建设项目立项的报告	8月21日
县政协办公室	〔2017〕7号	关于呈报《县政协办公室2017年工作总结》的报告	11月22日
县政协办公室	〔2017〕8号	积石山县政协关于机关公务员登记备案的情况说明	12月3日
县政协办公室党支部	〔2017〕1号	关于县政协办公室党支部换届选举结果的报告	1月3日

统计公报

2017 年积石山保安族东乡族撒拉族自治县国民经济和社会发展统计公报

2017 年，积石山县委、县政府深入贯彻落实党的十八大和十八届三中、四中、五中、六中、七中全会精神，认真学习贯彻党的的十九大精神，以习近平新时代中国特色社会主义思想为指导，按照“五位一体”总体布局和“四个全面”战略布局及中央、省委、州委经济工作会议精神，坚持稳中求进工作总基调，牢固树立和贯彻落实新发展理念，适应把握引领经济发展新常态，以提高经济发展质量和效益为中心，以推进供给侧结构性改革为主线，贯彻落实州委“六抓”思路举措，以县委既定的实施生态立县、教育强县两大战略，围绕一线布局抓文旅、主攻五大流域抓扶贫、突出组团协同抓发展总体发展思路，统筹安排、扎实工作，聚焦脱贫攻坚，着力改善民生，较好地完成了各项目标和任务，在实现同步小康的道路上迈出了坚实步伐。

一、综　合

初步核算。2017 年全年实现生产总值 153539 万元，比上年增长 3.70%。其中：第一产业增加值 35571 万元，比上年增长 5.20%；第二产业增加值 8215 万元，比上年增长 –5.10%；第三产业增加值 109753 万元，比上年增长 3.90% 。全县人均生产总值 6277 元。

产业结构。全县一、二、三产业的比重由 2016 年的 25.1 ：7.8 ：67.1 调整为 2017 年的 23.2 ：5.3 ：71.5。第一产业比重减少 1.9 个百分点，第二产业比重减少 2.5 个百分点，第三产业比重上升 4.4 个百分点。

二、农　业

2017 年年末耕地面积 27.55 万亩，人均耕地 1.16 亩。全年粮食作物播种面积 28.53 万亩，比上年增长 0.41%。油料播种面积 5.98 万亩，比上年下降 0.26，油料产量 15939 吨，比上年增长 1.88%。药材播种面积 0.57 万亩，比上年增长 1.78%。粮食产量达到 102738 吨，比上年增长 0.15%；平均亩产达到 372.9 千克，比上年增长 3.05%；农民人均占有粮 443.38 千克，比上年增长 0.23%。

主要农产品产量

单位：吨

指　标	数量	比上年增长（%）
粮食总产量	102738	0.15
夏粮	11071	–1.9
小麦	11009	–1.91
玉米	74695	0.26
洋芋	16167	1.02
糜子	805	0.25
经济作物		
油料	15939	1.88

农业总产值、增加值

单位：万元

指　　标	数量	比上年增长（%）
农业总产值	72210	5.23
其　　中		
农业	54906	5.29
林业	1792	–11.75
牧业	12840	8.82
渔业	137	24.06
农业增加值	36229.56	5.13
其　　中		
农业	27872.56	4.73
林业	896.41	–5.5
牧业	6680.6	8.62
渔业	121	27.59

2017 年林业生产情况。当年造林合格面积 7.42 万亩，比上年下降 2.25%，全年花椒面积 20.53 万亩，花椒产量达到 2772 吨，核桃产量达到 760 吨。

主要畜产品产量和牲畜存栏数如下：

单位：吨、万头、万只、箱

指　　标	数量	比上年增长（%）
肉类总产量	4553.65	4.59
其　　中		
牛肉产量	1842.64	8.8
猪肉产量	1617.09	3.9
羊肉产量	958.16	9.8
禽肉产量	76.33	40.4
大牲畜年末存栏	7.26	5.29
其　　中		
牛存栏	4.12	9.48
羊存栏	17.13	3.53
猪存栏	4.39	1.93
禽存栏	11.96	9.42
养蜂数量	265	–2.21

全县农业生产条件进一步改善，农业机械化水平进一步提高。农用化肥施用实物量 13575.6 吨，比上年增长 7.88%；农村用电量达到 1660.89 万千瓦时，比上年增长 1.73%；保证灌溉面积达到 6.7 万亩，比上年增长 0.01%；有效灌溉面积 9.01 万亩，比上年增长 0.02%；水平梯田达到 27.18 万亩，比上年增长 0.18%。

劳务输转拓展新思路。把劳务作为增收

第一产业，加大技能培训和有组织输转力度，劳务输转 6.91 万人次，同比增长 1.32%；实现劳务收入 11.01 亿元，同比增长 9.88%。

三、工业、建筑业

工业生产平稳增长。面对全县工业企业整体科技含量不高、产品竞争力不强、行业关联度不大的县情，注重培育中小企业，不断激发企业活力和创造力，全县工业企业的效益稳步提升。全年完成工业增加值 8215 万元，比上年下降 16.7%。

四、固定资产

投资规模持续扩大。坚持把项目建设作为加快发展的第一手段，实施 500 万元以上的重点项目 45 项，计划总投资 26.09 亿元，其中新开工 40 项、续建 5 项，全年完成固定资产投资 133646 万元，同比增长 -48.31%。

五、交通、旅游业和就业

交通运输发展较快。客运周转量 12284.19 万人 / 千米，比上年增长 10%；完成货物周转量 10661.57 万吨 / 千米，比上年增长 10%。

旅游基础设施建设力度不断加大。全年接待游客 83.29 万人次，同比增长 41.17%；实现旅游收入 3.6 亿元，同比增长 42.86%。

就业人员继续增加。年末全县从业人员 9331 人，在岗职工平均人数 9285 人。全县从业人员工资总额 52396.6 万元。全县城镇新增就业 2900 人，城镇登记失业率 2.74%，失业人员实现再就业人数 215 人，其中困难人员实现再就业 95 人。

六、商业贸易

积极培育新的消费热点。随着城乡居民收入的大幅增加和国家保障民生措施的见效，消费品市场继续保持较好的增长势头。全年完成社会消费品零售总额 58664.5 万元，比上年增长 8.9%。其中：城镇社会消费品零售额 34281.3 万元，比上年增长 5%；乡村社会消费品零售额 24363.2 万元，比上年增长 15%。按行业分：批发贸易业 8578 万元，零售贸易业 40711.3 万元，住宿业 132.8 万元，餐饮业 9222.4 万元，分别比上年增长 9.75%、12.5%、11.6%、5.9%。按消费形态分：餐饮收入 9355.2 万元，商品零售 49309.3 万元，分别比上年增长 7.23%、9.22%。

七、财政、金融和税收

财政保障明显增强。加强财源建设，大力组织收入，坚持依法理财，科学统筹调度资金，以小财政办大民生。全年累计完成大口径财政收入 21859 万元，比上年增长 5.53%。公共预算收入 15290 万元，比上年增长 8.19%；全年完成财政支出 238117 万元，比上年增长 20.55 %。有力支持了全县的基础设施建设和农业生产，确保了全县的社会稳定。

金融运行平稳。全县金融机构各项存款余额 299544 万元，比上年增长 2.10%。金融机构各项贷款余额 296709 万元，比上年增长 3.88%，积极支持了地方经济建设。

税收收入平稳增长。共计完成各项税收收入 6648 万元，与上年同期相比增长 44.87%。其中，增值税完成 4311 万元，企业所得税 696 万元，车购税完成 1635 万元，其他税收收入 6 万元。

八、文化、教育、卫生

2017 年末全县拥有县级级文化单位县艺术团、博物馆、文化馆、图书馆、民族文化苑、县野外文物保护管理所、非物质文化遗产保护中心、文化市场综合执法支队各 1 个，影剧院 2 个，乡镇综合文化站 17 个，农家书屋 145 个；建成文化信息资源共享工程县级支中心 1 个。

着力实施教育强县战略，进一步优化教育资源。落实边远山区学校教师艰边津贴、班主任津贴。全县高考民族本科以上上线 145 人，省内外高校录取 1401 人。2017 年底，全县适龄儿童入学率达到 99.81%，全县共有学校 221 所。其中：独立高中 2 所，初级中学 10 所，小学 171 所，幼儿园 37 所，职教中心 1 个。

中小学学生总数及教职工人数如下：

单位：人

指 标	数量	比上年增长（%）
中小学学生总数	49711	4.46
中学学生数	10975	–0.44
小学学生数	25382	–0.89
幼儿人数	13354	202.94
全县教职工总数	3972	–0.37
其中：专任教师	2944	2

全力加快卫生基础设施建设、医风医德建设和医疗保障机制建设。全县共有各级各类医疗卫生机构 362 个，其中县级机构 6 个，乡级机构 16 个，其他机构 340 个；县、乡两级共有在编在岗医疗卫生人员 362 人，县级 239 人，乡级 122 人，全县拥有病床数 1017 张。2017 年，完成业务收入 9894.55 万元。

九、人口、人民生活和社会保障

人口：2017 年全县总人口 26.68 万人，比上年增加 0.09 万人；常住人口 24.46 万人，比上年增加 0.05 万人。人口出生率 14.38‰，人口自然增长率为 5.85‰，死亡为 8.53‰。城镇人口 4.60 万人，城镇化率 18.81%。在总人口中，汉族 122844 人，占 46.04%；回族 84658 人；占 31.73%；东乡族 22611 人，占 8.47%，保安族 18297 人，占 6.85%，撒拉族 10307 人，占 3.86%；土族 6419 人，占 2.4%；藏族 1557 人，占 0.58%；其他少数民族 107 人，占 0.04%。

人民生活：城乡居民收入持续增加，生活水平逐步提高。2017 年全县城镇居民人均可支配收入为 18924.1 元，同比增长 7.8%；农村居民人均可支配收入 5239.2 元，同比增长 9.3% 。

1. 工资性纯收入平稳增长。工资性收入仍然是农民可支配收入的主要部分。2017

年农村居民工资性收入为 1563.5 元，同比增长 9.2%，占可支配收入的 29.8%，继续稳居主导地位。

2. 家庭经营净收入稳步上升。2017 年农村居民家庭经营净收入为 1719.11 元，同比增长 6.9%，占可支配收入的 32.8%。

3. 财产性可支配净收入和转移性净收入收入分别有不同程度上升。2017 年，农村居民人均财产净收入为 65.6 元，同比增长 14.5%，成为农民增收的一个重要补充。农村居民人均转移性收入为 1891.1 元，同比增长 11.5%，占可支配收入的 36.1%。

社会保障使人民生活不断得到改善：

新农合：2017 年全县参加新型农村合作医疗人数 186921 人，参合资金 2803.81 万元，参合率达到 78.21%。

低保：城市低保户数 1735 户，人口 5990 人，发放金额 2511375377 元。农村低保户数 15097 户，人口 65082 人，发放金额 98197356 元。

十、环境保护

环境保护：共办理建设项目环评 141 家，其中登记表 128 家，报告表 11 家。削减 COD：1754.66 吨、氨氮 109.72 吨，生活垃圾得到了及时有效的处理 。

十一、安全生产

严格落实安全生产“一岗双责”责任制，组织开展专项整治行动，严防发生生产事故，全县安全生产形势稳定。全县共发生各类安全生产事故 5 起，死亡 4 人，受伤 1 人，直接经济损失 0.1 万元。

年鉴供稿及编修人员名表

篇　目	承写单位	编写主管领导	采编人员	责任编辑	统稿总纂
编辑说明	县志编辑部	马力宁	杨永礼	杨永礼	杨永礼
专　载	县志编辑部	马力宁	石河云	石河云	杨永礼
大事记	党史办	马学梅	善义光	马力宁	杨永礼
概　述	县志编辑部	马力宁	杨永礼	杨永礼	杨永礼
中国共产党积石山县委员会	县委办	杨春文	安秀荣、马小忠、刘惠浩、赵青岩、樊　凌、马小俊、赵国俊	石河云	杨永礼
县委办公室工作	县委办	杨春文	安秀荣、马小忠、刘惠浩、赵青岩、樊　凌、马小俊、赵国俊	石河云	杨永礼
纪检监察工作	县纪委	唐占全	康希忠	石河云	杨永礼
组织工作	县委组织部	马成忠	何延伟、林瑞	石河云	杨永礼
宣传工作	县委宣传部	金作忠	多文伟、多文让	石河云	杨永礼
政法工作	县委政法委	吴玉良	李文虎、马满苏	樊小兰	杨永礼
统战工作	县委统战部	拜真明	马蓉	石河云	杨永礼
机关党建工作	县直机关工委	武彩霞	穆政明	石河云	杨永礼
信访工作	县委信访局	马永振	马进山	石河云	杨永礼
保密工作	县委保密局	马友军	海世俊、马正云	石河云	杨永礼
老干部工作	县委老干局	韩福林	张英梅、米玉玲	石河云	杨永礼
党校工作	县委党校	何永发	李郁平	石河云	杨永礼
党史工作	县委党史研究室	马学梅	善义光、司马晓俊、张清伟	马力宁	杨永礼
老龄工作	县老龄办	苏学忠	魏文德	石河云	杨永礼
工　会	县工会	马占良	马维明	董　娟	杨永礼
共青团	团县委	张进祥	边玲玲	董　娟	杨永礼
妇女联合会	县妇联	马玉兰	马　浩	董　娟	杨永礼
工商业者联合会	县工商联	马云良	马文	石河云	杨永礼

续表

篇　目	承写单位	编写主管领导	采编人员	责任编辑	统稿总纂
科学技术协会	县科协	马宏伟	马光明	安玉蓉	杨永礼
残疾人联合会	县残联	樊淑玲	赵华亮	石河云	杨永礼
伊斯兰教协会	县伊协	韩志明	马莉	马力宁	杨永礼
县人大常委会	县人大办	祁永仓	马和平	石河云	杨永礼
县人民政府	县政府办	马沛霆	齐怀举、马志贤、赵生辉、马海洋、马义	石河云	杨永礼
县政府办公室工作	县政府办	马沛霆	齐怀举、马志贤、赵生辉、马海洋、马义	石河云	杨永礼
政协积石山县委员会	县政协办	魏文忠	焦玉存、韩永朝、张清威	石河云	杨永礼
县人民武装部	县武装部	黄　忠	线海龙	石河云	杨永礼
经济计划	县发改局	祁文学	何文东、田仲鹏	杨永礼	杨永礼
国土资源管理	县国土局	科一鸣	曹学峰	马力宁	杨永礼
财　政	县财政局	马　涛	宁天恩	杨永礼	杨永礼
国家税务管理	县国家税务局	拜忠礼	杨正玉	杨永礼	杨永礼
地方税务管理	县地方税务局	王宏红	肖续智白菊	杨永礼	杨永礼
统计管理	县统计局	何生良	马尚明	杨永礼	杨永礼
物价管理	县物价局	马文华	田英女	马力宁	杨永礼
工商行政管理	县工商局	马惠明	李洲	杨永礼	杨永礼
审计管理	县审计局	张福林	马自英	杨永礼	杨永礼
质量技术监督	县质量技术监督局	马阳龙	马福海	杨永礼	杨永礼
盐业专卖管理	盐务管理局	马　勍	马　勍	杨永礼	杨永礼
安全生产管理	县安全生产监督管理局	马玉忠	焦兴鹏	杨永礼	杨永礼
农　业	县农业局	张学云	何文旭	杨永礼	杨永礼
农业机械化	县农机局	马延平	樊有海	杨永礼	杨永礼
林果业	县林业局	马清明	毛梁家	杨永礼	杨永礼
畜牧渔业	县畜牧(兽医)局	马全胜	祁理臣	杨永礼	杨永礼
水　利	县水利局	杨玉贤	杨玉贤	杨永礼	杨永礼

续表

篇　目	承写单位	编写主管领导	采编人员	责任编辑	统稿总纂
电　力	县电力局	马永林	徐华凯、徐生安	马力宁	杨永礼
交　通	县交通局	马如贤	张官俊	董　娟	杨永礼
邮　政	县邮政局	杜文俊	买　盛	董　娟	杨永礼
电信公司	县电信局	张志忠	朱玉森	马力宁	杨永礼
移动公司	县移动公司	谢长杰	鲁军红	董　娟	杨永礼
联通公司	县联通公司	王伟元	张小霞	董　娟	杨永礼
工　业	县工信局	张　立	王　云	马力宁	杨永礼
乡镇企业	县民营经济管理局	马文华	刘灵萍	杨永礼	杨永礼
商贸流通	县商务局	张志良	冯光学	杨永礼	杨永礼
供销合作商业	县供销社	包海云	蒋卫明	杨永礼	杨永礼
国营粮食商业	县粮食局	韩　义	韩　义	安玉蓉	杨永礼
集市贸易	县工商局	马惠明	李　洲	杨永礼	杨永礼
服务业	县工商局	马惠明	李　洲	杨永礼	杨永礼
非公经济	县工商局	马惠明	李　洲	杨永礼	杨永礼
招商引资	县招商局	马全晖	王占兰	安玉蓉	杨永礼
中国人民银行积石山县支行	县人行	马国良	拜　荣	马力宁	杨永礼
中国农业银行积石山县支行	县农行	焦兴国	李丕学	马力宁	杨永礼
信用合作社	县信用社	白完清	张官旺	马力宁	杨永礼
有限公司积石山县分公司	县财险公司	杨　渊	戴文静	董　娟	杨永礼
中国人寿保险股份有限公司积石山县分公司	县寿险公司	祁文成	祁文成	董　娟	杨永礼
城镇建设	县住房和城乡建设局	马延明	王小兵	安玉蓉	杨永礼
环境保护	县环保局	樊成锋	何生涛	樊小兰	杨永礼
地震服务	县地震局	王国福	马小芳	何生梅	杨永礼
旅游业	县旅游局	马成云	鲁存龙、章生发	董　娟	杨永礼

续表

篇　目	承写单位	编写主管领导	采编人员	责任编辑	统稿总纂
人力资源	人社局	马成义	拦继明	马力宁	杨永礼
劳务工作	县劳务办	杓进科	齐学文	董　娟	杨永礼
民政工作	县民政局	鲁怀孝	张立海	樊小兰	杨永礼
民族宗教事务管理	县宗教局	马正录	马进才	马力宁	杨永礼
库区移民工作	县移民局	马　彪	张清俊	樊小兰	杨永礼
扶　贫	县扶贫办	马占山	朱延鹏	樊小兰	杨永礼
基本养老保险	县社保局	李廷沛	豆齐伟	樊小兰	杨永礼
失业保险	县社保局	李廷沛	豆齐伟	樊小兰	杨永礼
城乡居民最低生活保障	县民政局	鲁怀孝	张立海	樊小兰	杨永礼
公　安	县公安局	陈元忠	祁光炳、李文东	樊小兰	杨永礼
检　察	县检察院	羊仲卫	马永祥	樊小兰	杨永礼
审　判	县法院	喇时雄	马鹏奇	樊小兰	杨永礼
司法行政	县司法局	马邦云	石光旭	樊小兰	杨永礼
教　育	县教育局	陶永鹏	周学林	安玉蓉	杨永礼
卫生　人口　计划生育	县卫计局	王启武	何巍巍、赵国旺、尤自强、张小琴	樊小兰	杨永礼
妇幼保健	县妇保站	马忠英	李逢鹏	樊小兰	杨永礼
地方病防治	县地病办	李永学	谢赟	马力宁	杨永礼
卫生和计划生育监督	县卫生和计划生育局综合监督执法所	马永武	张前武	安玉蓉	杨永礼
食品药品监督	县食品药品监督管理局	张　鹏	马正义	安玉蓉	杨永礼
科技成果	县科技局	肖永青	赵　亮	安玉蓉	杨永礼
文　化	县文化局	白万虎	赵翠花、安斌杰	马力宁	杨永礼
体　育	县体育局	李海元	齐文龙	马力宁	杨永礼
广播电视	县文化广播影视局	苟树智	樊潇潇	马力宁	杨永礼
地方志编纂	县志编	马力宁	马力宁	马力宁	杨永礼
档　案	县档案局	唐占全	陶学茂	马力宁	杨永礼

续表

篇　目	承写单位	编写主管领导	采编人员	责任编辑	统稿总纂
机构编制	县编办	范宏俊	李　源	樊小兰	杨永礼
运　政	县运管分局	刘清瑞	李永甫、康海燕	董　娟	杨永礼
公路养护管理	积石山公路　管理段	马向东	李昊洲、王晶	董　娟	杨永礼
疾病预防控制	县疾控中心	何绍武	刘达贺	何生梅	杨永礼
规　划	县规划局	白守海	张巨国	安玉蓉	杨永礼
引水工程	县引水局	马忠英	白　平	杨永礼	杨永礼
担　保	县融资发展中心	马　彪	马登辉	杨永礼	杨永礼
烟草专卖	县烟草专卖局	安浩杰	王海娥	杨永礼	杨永礼
农村调查	县农调队	王文林	朱桓刘尚仓	杨永礼	杨永礼
水土保持	县水保局	张福存	何赟杰	杨永礼	杨永礼
农村工作	县农村工作办公室	张志明	党正辉、祁光辉	石河云	杨永礼
金融工作	县金融办	韩淑芳	陕锦玉	石河云	杨永礼
佛教协会	县佛协	王占国	杨正岳	石河云	杨永礼
法制工作	县法制局	赵文忠	陈卫林	石河云	杨永礼
甘肃银行积石山县支行	甘肃银行	王　旭	何文俊	马力宁	杨永礼
民　委	县民委	马金华	马文俊、陕进明	马力宁	杨永礼
工　行	县工行	杨　宽	敏玉龙、马凌荣	马力宁	杨永礼
大河家镇概况	大河家镇	马　俊	张进海	乔　斌	杨永礼
刘集乡概况	刘集乡	韩彦青	张立发	乔　斌	杨永礼
石源乡概况	石源乡	何永明	刘尚文	乔　斌	杨永礼
柳沟乡概况	柳沟乡	马进英	张　俊	乔　斌	杨永礼
吹麻滩镇概况	吹麻滩镇	宗明江	买小龙	乔　斌	杨永礼
关家川乡概况	关家川乡	董国胜	张成元	乔　斌	杨永礼
胡林家乡概况	胡林家乡	李小军	宋远德	乔　斌	杨永礼
安集乡概况	安集乡	马正荣	张印元	乔　斌	杨永礼
铺川乡概况	铺川乡	马成海	张军和	乔　斌	杨永礼

续表

篇　目	承写单位	编写主管领导	采编人员	责任编辑	统稿总纂
银川乡概况	银川乡	李文垚	陈进强	乔　斌	杨永礼
乩藏镇概况	乩藏镇	马成海	安继林、杨正强	乔　斌	杨永礼
小关乡概况	小关乡	马长福	马得英	乔　斌	杨永礼
居集镇概况	居集镇	马清明	马学良	乔　斌	杨永礼
中咀岭乡概况	中咀岭乡	丁有杰	朱明明	乔　斌	杨永礼
寨子沟乡概况	寨子沟乡	樊成晖	董小斌	乔　斌	杨永礼
徐扈家乡概况	徐扈家乡	马海录	田军军	乔　斌	杨永礼
郭干乡概况	郭干乡	马忠山	董效发	乔　斌	杨永礼
人　物	县志编辑部	马力宁	马力宁、杨永礼、石河云、乔　斌、樊小兰、安玉蓉、董　娟	石河云	杨永礼
附　录	县志编辑部	马力宁	石河云	石河云	杨永礼
文献法规选编	县委办、人大办、政府办、政协办	杨春文、祁永仓、马沛霆、魏文忠	安秀荣、马小忠、刘惠浩、赵青岩、樊　凌、马小俊、赵国俊、马和平、齐怀举、马志贤、赵生辉、马海洋、马　义、焦玉存、韩永朝、张清威	石河云	杨永礼
2017 年“四大家”规范性文件索引	县委办、人大办、政府办、政协办	杨春文、祁永仓、马沛霆、魏文忠	安秀荣、马小忠、刘惠浩、赵青岩、樊　凌、马小俊、赵国俊、马和平、齐怀举、马志贤、赵生辉、马海洋、马　义、焦玉存、韩永朝、张清威	石河云	杨永礼
统计公报	县志编辑部	马力宁	杨永礼	杨永礼	杨永礼
地方文献辑录	县志编辑部	马力宁	石河云	石河云	杨永礼
年鉴供稿单位及人员名表	县志编辑部	马力宁	董　娟	董　娟	杨永礼
编后记	县志编辑部	马力宁	马力宁	马力宁	杨永礼

编 后 记

《积石山保安族东乡族撒拉族自治县年鉴（2018卷）》经过县志编辑部全体工作人员的不懈努力和紧张工作，终于编纂完成，和广大读者见面了。这是我县的第一部面向社会公开发行的年鉴，也是第二轮《积石山保安族东乡族撒拉族自治县志》续修的重要补充和翔实资料，年鉴客观、全面、系统地记述了全县2017年自然、政治、经济、文化、社会等各个方面所取得的重要成就，是近年来积石山县最全面的大型工具资料书籍，它的出版发行，将为各级领导进行科学决策提供县情依据，为各行各业提供咨询服务，促进积石山政治文明、精神文明、物质文明建设，为积石山县社会经济又好又快发展，与全国人民一起同步全面建成小康社会具有十分重要的现实意义。

本年鉴是根据国务院《地方志工作条例》和省州地方志工作会议精神，在县委、县政府的具体安排下编纂的。县委、县政府对这项工作高度重视和并给予了大力支持。县上还专门举办了积石山县第二轮修志暨年鉴工作培训会议，邀请省史志办、州史志办专家讲课培训，并先后两次召开督办会议，为第二轮修志及年鉴工作的开展打下了坚实的基础。年鉴编纂是一项艰巨而浩大的文化建设工程，从资料收集、初稿审阅、编辑修改到编纂成书的全过程，凝聚着广大编纂人员的艰苦工作和辛勤汗水，也凝结着编委会领导和各单位负责人的辛勤劳动。在编纂过程中，县委常委、宣传部部长张生炜和副县长马锦泽经常过问工作进展，协调解决存在的困难和问题，使编纂工作得以顺利进行。在业务方面，省史志办年鉴处王文生处长和县市指导处陈谦处长多次指导，出主意，想办法。年鉴送审稿完成后，县委书记马正业，县人大主任马义明，县委副书记、县长马尚文，县政协主席李征云审阅了书稿，编纂委员会召开专题审稿会，审定通过了年鉴稿。值此成书出版之际，我们编辑部全体工作人员表示由衷的感谢！

年鉴图文并茂，分类科学，融思想性、科学性、系统性、资料性为一体，努力突出地方特色、民族特色和时代特色，客观、真实、全面地再现了自治县2017年社会经济发展的全貌和各族人民拼搏进取、建设小康社会的昂扬斗志和精神风貌。

本年鉴的编纂完成，县志编辑部的同志们付出了辛勤的劳动，他们以高度的责任感和忘我的奉献精神，制定篇目和编纂方案，广泛收集资料，认真撰写文稿，在完成自己承写任务的同时，督促和指导各承写单位完成收集资料和初稿撰写任务。在此基础上，完成了分纂、总纂、初审、专项校对等任务。马力宁总编全盘主持编写工作，承担了大事记、党史工作、伊斯兰教协会、国土资源管理、物价管理、电信、工业、非公经济、人行、农行、信用社、人力资源、民族宗教、地方病防治、文化、体育、广播电视、地方志编纂、档案、甘肃银行、民委、工行、编后记的分纂任务和部分照片的拍摄及彩页的编排设计。杨永礼承担了编辑说明、概述、经济计划、财政、国家税务、地方税务、统计、工商行政管理、审计管理、质量技术监督、专卖管理、农业、林果业、畜牧业、水利、乡镇企业、农机、商业贸易、供销合作商业、集市贸易、服务业、引水工程、担保中心、农村调查、水土保持等分纂任务。石河云承担了专载、地方文献辑录、文献法规选编、“四大家”规范性文件索引、人物、附录、中国共产党积石山县委员会、县委办公室、县人大常委会、县人民政府、县政府办公室、政协积石山委员会、纪检监察工作、组织工作、宣传工作、文学艺术界、统战工作、机关党建工作、信访工作、保密工作、老干部工作、党校工作、老龄工作、工商业者联合会、残疾人联合会、县人民武装部、农村工作、金融工作、佛教协会、法制工作的分纂任务。何生梅承担了地震服务、疾病预防控制的分纂任务。乔斌承担了17个乡镇的分纂任务。樊小兰承担了环境保护、民政工作、库区移民工作、扶贫、基本养老保险、失业保险、城乡居民最低生活保障、公安、检察、审判、司法行政、卫生和计划生育、妇幼保健、机构编制的分纂任务。安玉蓉承担了科学技术协会、粮食、招商引资、城镇建设、教育、卫生和计划生育监督、食品药品监督、科技成果、规划的分纂任务。董娟承担了工会、共青团、妇女联合会、交通、旅游业、邮政、移动公司、联通公司、财险、寿险、劳务工作、运政、公路养护、年鉴供稿单位及人员名表的分纂任务。分纂稿完成后，杨永礼完成了总纂统稿任务，修订定稿。豆永霞、关润芳、张彩虹、马志刚参加了资料收集和编辑工作。他们夙夜在公，殚精竭虑，任劳任怨，一丝不苟，完成了积石山县年鉴的编纂出版任务，付出了心血和汗水，在此一同表示感谢。

《积石山保安族东乡族撒拉族自治县年鉴（2018）》虽然出版了，但由于这项工作涉及面广量大，加之第一次正式编纂，公开发行，编辑人员缺乏经验，能力有限，书稿中缺点和错误在所难免，敬请广大读者阅览时批评指正，予以谅解。

积石山保安族东乡族撒拉族自治县志编辑部

2018年8月5日